임원경제지
권21-22

예원지

藝畹志 2

임원경제지
권21-22

예원지

藝畹志 2

화훼농사 백과사전

권4 · 훼류 (관엽류)

권5 · 꽃 이름 고찰 (화명고)

풍석 서유구 지음 추담 서우보 교정 도올 김용옥 서문

임원경제연구소 김남이, 고연희, 정명현, 강민우 옮김

풍석문화재단

이 책은 ㈜DYB교육 송오현 대표와 ㈜우리문화 백경기 대표 외 수많은 개인의 기부 및 문화체육관광부의
지원으로 완역 출판되었습니다.

임원경제지 예원지2

지은이	풍석 서유구
교 정	추담 서우보
옮기고 쓴 이	🌿**임원경제연구소** [김남이, 고연희, 정명현, 강민우]
	교감·교열 : 최시남, 민철기, 김용미, 김광명, 김수연, 김현진
	서문 : 도올 김용옥
	감수 : 서정남(국립원예특작과학원 원예작물부 화훼과)
펴낸 곳	🏵**풍석문화재단**
	펴낸 이 : 신정수
	진행 : 박시현, 박소해
	전화 : 02)6959-9921 E-mail : pungseok@naver.com
일러스트	임원경제연구소
편집디자인	아트퍼블리케이션 디자인 고흐
인 쇄	상지사피앤비
펴낸 날	초판 1쇄 2022년 6월 30일
ISBN	979-11-89801-57-1

* 표지그림 : 신명연의 화훼도 (花卉圖)·남계우의 꽃과 나비(국립중앙박물관 소장)
* 사진 사용을 허락해주신 국가생물종지식정보시스템, 국립원예특작과학원, 국립고궁박물관, 국립민
   속박물관, 국립중앙박물관, 국립원예특작과학원 서정남 박사님, 전통염색가 박영진 풀꽃누리 대표님,
   산마루 분재원 여러분께 감사드립니다.

차례

일러두기

예원지 권제4 藝畹志卷第四 임원십육지 21 林園十六志二十一

훼류(卉類)(관엽류) 卉類

1. 석창포(石菖蒲) 石菖蒲

　1) 이름과 품종 名品　　　　　　　　　　　　　　　26

　2) 알맞은 토양 土宜　　　　　　　　　　　　　　　29

　3) 심거나 접붙이는 시기 時候　　　　　　　　　　30

　4) 창포 재배 총론 種蒲總訣　　　　　　　　　　　31

　5) 화분에 석창포 기르는 법 養盆蒲法　　　　　　33

　6) 돌에 석창포 기르는 법 養石上蒲法　　　　　　37

　7) 호수창포[虎鬚蒲, 잎이 호랑이수염[虎鬚]처럼 억센 창포] 기르는 법 養虎鬚蒲法　　41

　8) 용전창포[龍錢蒲] 기르는 법 養龍錢蒲法　　　　43

　9) 치료하기 醫治　　　　　　　　　　　　　　　　45

　10) 품등 品第　　　　　　　　　　　　　　　　　　45

2. 길상초(吉祥草) 吉祥草

　1) 이름과 품종 名品　　　　　　　　　　　　　　　46

　2) 알맞은 토양 土宜　　　　　　　　　　　　　　　47

　3) 파종과 가꾸기 種藝　　　　　　　　　　　　　　47

　4) 품등 品第　　　　　　　　　　　　　　　　　　47

3. 지초[芝] 芝

　1) 이름과 품종 名品　　　　　　　　　　　　　　　48

2) 알맞은 토양 土宜　　　　　　　　　　　　48

3) 관리 葺理　　　　　　　　　　　　　　　49

4. 파초[蕉] 蕉

1) 이름과 품종 名品　　　　　　　　　　　　50

2) 알맞은 토양 土宜　　　　　　　　　　　　53

3) 물주기와 거름주기 澆壅　　　　　　　　　53

4) 치료하기 醫治　　　　　　　　　　　　　54

5) 보관하기 收藏　　　　　　　　　　　　　54

6) 화분에 파초 심는 법 種盆蕉法　　　　　　55

7) 홍초(紅蕉) 심는 법 種紅蕉法　　　　　　　56

5. 서대초(書帶草) 書帶草

1) 이름과 품종 名品　　　　　　　　　　　　57

2) 품등 品第　　　　　　　　　　　　　　　58

6. 취운초(翠雲草, 부처손) 翠雲草

1) 이름과 품종 名品　　　　　　　　　　　　59

2) 파종과 가꾸기 種藝　　　　　　　　　　　59

3) 품등 品第　　　　　　　　　　　　　　　60

7. 노소년(老少年, 색비름) 老少年

1) 이름과 품종 名品　　　　　　　　　　　　61

2) 알맞은 토양 土宜　　　　　　　　　　　　62

3) 심거나 접붙이는 시기 時候　　　　　　　62

4) 파종과 가꾸기 種藝　　　　　　　　　　　62

5) 물주기와 거름주기 澆壅　　　　　　　　　63

6) 관리 葺理　　　　　　　　　　　　　　　63

8. 운향(芸香) 芸香

1) 이름과 품종 名品　　　　　　　　　　　　64

2) 파종과 가꾸기 種藝　　　　　　　　　　　65

3) 품등 品第   65

4) 쓰임새 功用   65

9. 만년송(萬年松, 향나무) 부록 화분에 노송 재배하기 萬年松 附 盆種老松

1) 이름과 품종 名品   67

2) 파종과 가꾸기 種藝   68

3) 물주기와 거름주기 澆壅   68

4) 보호하기 護養   68

5) 품등 品第   69

6) 화분에 노송 재배하는 법 盆種老松法   70

10. 초송(草松) 草松

1) 이름과 품종 名品   73

2) 파종과 가꾸기 種藝   74

3) 쓰임새 功用   74

11. 종죽(棕竹, 종려죽) 棕竹

1) 이름과 품종 名品   75

2) 심거나 접붙이는 시기 時候   75

3) 파종과 가꾸기 種藝   76

4) 물주기와 거름주기 澆壅   76

5) 보호하기 護養   76

6) 우리나라에서 화분에 종려죽 재배하는 법 東國盆竹法   76

12. 난천죽(闌天竹, 남천) 闌天竹

1) 이름과 품종 名品   78

2) 알맞은 토양 土宜   79

3) 파종과 가꾸기 種藝   80

4) 물주기와 거름주기 澆壅   80

5) 관리 葺理   80

13. 호자나무[虎刺] 虎刺

1) 이름과 품종 名品   81

2) 알맞은 토양 土宜   82

3) 파종과 가꾸기 種藝   82

4) 물주기와 거름주기 澆壅澆壅   83

5) 보호하기 護養   83

6) 주의사항 宜忌   83

14. 철초(鐵蕉, 소철) 鐵蕉

1) 이름과 품종 名品   84

2) 물주기와 거름주기 澆壅   88

3) 관리 葺理   88

4) 보호하기 護養   88

5) 치료하기 醫治   89

6) 쓰임새 功用   89

7) 자질구레한 말 瑣言   90

15. 종려(棕櫚) 棕櫚

1) 이름과 품종 名品   91

2) 파종과 가꾸기 種藝   92

3) 관리 葺理   93

4) 쓰임새 功用   93

예원지 권제5 藝畹志卷第五   임원십육지 22 林園十六志二十二

꽃 이름 고찰(화명고) 花名攷

1. 모란 牡丹

1) 황색류(20항목 20종) 黃類   100

    1-1) 요황(姚黃) 姚黃 100 | 1-2) 우황(牛黃) 牛黃 100 | 1-3) 감초황(甘草黃) 甘草黃

101 | 1-4) 승요황(勝姚黃) 勝姚黃 101 | 1-5) 천심황(千心黃) 千心黃 101 | 1-6) 단주황(丹州黃) 丹州黃 102 | 1-7) 민황(閔黃) 閔黃 102 | 1-8) 여진황(女眞黃) 女眞黃 102 | 1-9) 사두황(絲頭黃) 絲頭黃 102 | 1-10) 어포황(御袍黃) 御袍黃 103 | 1-11) 금원황(禁院黃) 禁院黃 103 | 1-12) 경운황(慶雲黃) 慶雲黃 104 | 1-13) 청심황(靑心黃) 靑心黃 104 | 1-14) 황기구(黃氣毬) 黃氣毬 104 | 1-15) 대황(大黃) 大黃 105 | 1-16) 소황(小黃) 小黃 105 | 1-17) 과양황(瓜瓤黃) 瓜瓤黃 106 | 1-18) 마노반(瑪瑙盤) 瑪瑙盤 106 | 1-19) 담아황(淡鵝黃) 淡鵝黃 106 | 1-20) 태평누각(太平樓閣) 太平樓閣 106

2) 홍색류(142항목 148종) 紅類　107
2-1) 위가화(魏家花) 魏家花 107 | 2-2) 정홍(輕紅) 輕紅 107 | 2-3) 헌래홍(獻來紅) 獻來紅 108 | 2-4) 학령홍(鶴翎紅) 鶴翎紅 108 | 2-5) 세엽수안(細葉壽安)·추엽수안(麤葉壽安) 細葉壽安、麤葉壽安 108 | 2-6) 단주홍(丹州紅)·연주홍(延州紅) 丹州紅、延州紅 109 | 2-7) 연화악(蓮花萼) 蓮花萼 109 | 2-8) 주사홍(朱砂紅) 朱砂紅 109 | 2-9) 장원홍(壯元紅) 壯元紅 109 | 2-10) 승위(勝魏)·도승(都勝) 勝魏、都勝 110 | 2-11) 서운홍(瑞雲紅) 瑞雲紅 110 | 2-12) 악산홍(岳山紅) 岳山紅 111 | 2-13) 간금(間金) 間金 111 | 2-14) 유사각(劉師閣) 劉師閣 112 | 2-15) 세장홍(洗妝紅) 洗妝紅 113 | 2-16) 축금구(蹙金毬) 蹙金毬 113 | 2-17) 탐춘구(探春毬) 探春毬 113 | 2-18) 축금루자(蹙金樓子) 蹙金樓子 114 | 2-19) 동운홍(彤雲紅) 彤雲紅 114 | 2-20) 전지홍(轉枝紅) 轉枝紅 115 | 2-21) 승로홍(承露紅) 承露紅 115 | 2-22) 옥루홍(玉樓紅) 玉樓紅 116 | 2-23) 상운홍(祥雲紅) 祥雲紅 117 | 2-24) 소흥춘(紹興春) 紹興春 117 | 2-25) 연지루(胭脂樓) 胭脂樓 117 | 2-26) 쌍두홍(雙頭紅) 雙頭紅 118 | 2-27) 부귀홍(富貴紅) 富貴紅 118 | 2-28) 일척홍(一尺紅) 一尺紅 118 | 2-29) 문공홍(文公紅) 文公紅 119 | 2-30) 영일홍(迎日紅) 迎日紅 119 | 2-31) 채하(彩霞) 彩霞 119 | 2-32) 첩라(疊羅) 疊羅 119 | 2-33) 승첩라(勝疊羅) 勝疊羅 120 | 2-34) 천향일품(天香一品) 天香一品 120 | 2-35) 만화일품(萬花一品) 萬花一品 120 | 2-36) 적주의(赤朱衣) 赤朱衣 120 | 2-37) 각홍(覺紅) 覺紅 121 | 2-38) 은홍교(銀紅嬌) 銀紅嬌 122 | 2-39) 수의홍(繡衣紅) 繡衣紅 122 | 2-40) 연판은홍(軟瓣銀紅) 軟瓣銀紅 122 | 2-41) 벽사롱(碧紗籠) 碧紗籠 123 | 2-42) 신홍교염(新紅嬌艶) 新紅嬌艶 123 | 2-43) 궁금(宮錦) 宮錦 124 | 2-44) 화홍수구(花紅繡毬) 花紅繡毬 124 | 2-45) 은홍수구(銀紅繡毬) 銀紅繡毬 124 | 2-46) 양비수구(楊妃繡毬)·투교홍(妬嬌紅) 楊妃繡毬、妬嬌紅 125 | 2-47) 화홍췌반(花紅萃盤) 花紅萃盤 125 | 2-48) 천기원금(天機圓錦) 天機圓錦 125 | 2-49) 은홍범(銀紅犯) 銀紅犯 125 | 2-50) 비연장(飛燕妝) 飛燕妝 126 | 2-51) 비연홍장(飛燕紅妝) 飛燕紅妝 126 | 2-52) 해당홍(海棠紅) 海棠紅 126 | 2-53) 신은홍구(新銀紅

毬) 新銀紅毬 127 | 2-54) 매주홍(梅州紅) 梅州紅 127 | 2-55) 승교용(勝嬌容) 勝嬌容 127 | 2-56) 투류홍(妬榴紅) 妬榴紅 128 | 2-57) 유화홍(榴花紅) 榴花紅 128 | 2-58) 화홍첩취(花紅疊翠) 花紅疊翠 128 | 2-59) 노은홍구(老銀紅毬) 老銀紅毬 128 | 2-60) 양비심취(楊妃深醉) 楊妃深醉 129 | 2-61) 화홍신품(花紅神品) 花紅神品 129 | 2-62) 화홍평두(花紅平頭) 花紅平頭 129 | 2-63) 화홍무청예(花紅舞青猊) 花紅舞青猊 130 | 2-64) 두견홍(杜鵑紅) 杜鵑紅 130 | 2-65) 화고홍(花膏紅) 花膏紅 130 | 2-66) 봉미화홍(鳳尾花紅) 鳳尾花紅 130 | 2-67) 추엽도홍(縐葉桃紅) 縐葉桃紅 131 | 2-68) 태진만장(太眞晩妝) 太眞晩妝 132 | 2-69) 평실홍(平實紅) 平實紅 132 | 2-70) 은홍금수(銀紅錦繡) 銀紅錦繡 132 | 2-71) 연분루(烟粉樓) 烟粉樓 133 | 2-72) 건막교홍(褰幕嬌紅) 褰幕嬌紅 133 | 2-73) 화홍전융(花紅翦絨) 花紅翦絨 133 | 2-74) 화홍영락(花紅纓絡) 花紅纓絡 134 | 2-75) 염노교(念奴嬌) 念奴嬌 134 | 2-76) 한궁춘(漢宮春) 漢宮春 134 | 2-77) 유병관주(琉瓶灌朱) 琉瓶灌朱 135 | 2-78) 교가서과양(喬家西瓜瓤) 喬家西瓜瓤 135 | 2-79) 진궁포(進宮袍) 進宮袍 135 | 2-80) 교홍누대(嬌紅樓臺) 嬌紅樓臺 136 | 2-81) 합환교(合歡嬌) 合歡嬌 136 | 2-82) 비하(非霞) 非霞 136 | 2-83) 옥루춘로(玉樓春老) 玉樓春老 137 | 2-84) 산호루(珊瑚樓) 珊瑚樓 137 | 2-85) 천고홍(蒨膏紅) 蒨膏紅 137 | 2-86) 대화주(大火珠) 大火珠 137 | 2-87) 의란교(倚欄嬌) 倚欄嬌 138 | 2-88) 대교홍(大嬌紅) 大嬌紅 138 | 2-89) 탈자류주(脫紫留朱) 脫紫留朱 138 | 2-90) 취성성(醉猩猩) 醉猩猩 138 | 2-91) 쇄금도홍(灑金桃紅) 灑金桃紅 139 | 2-92) 도홍루자(桃紅樓子) 桃紅樓子 139 | 2-93) 노승모(老僧帽) 老僧帽 139 | 2-94) 누금의(縷金衣) 縷金衣 140 | 2-95) 화홍독승(花紅獨勝) 花紅獨勝 140 | 2-96) 염양교(艶陽嬌) 艶陽嬌 140 | 2-97) 삼춘괴(三春魁) 三春魁 140 | 2-98) 은홍묘품(銀紅妙品)·은홍염장(銀紅艶妝)·은홍절창(銀紅絶唱) 銀紅妙品、銀紅艶妝、銀紅絶唱 141 | 2-99) 채하초(釆霞綃) 釆霞綃 141 | 2-100) 산호봉두(珊瑚鳳頭) 珊瑚鳳頭 141 | 2-101) 석류홍(石榴紅) 石榴紅 141 | 2-102) 조현장원홍(曹縣壯元紅) 曹縣壯元紅 142 | 2-103) 영일홍(映日紅) 映日紅 142 | 2-104) 왕가대홍(王家大紅) 王家大紅 142 | 2-105) 대홍서과양(大紅西瓜瓤) 大紅西瓜瓤 142 | 2-106) 대홍무청예(大紅舞青猊) 大紅舞青猊 142 | 2-107) 도홍무청예(桃紅舞青猊) 桃紅舞青猊 143 | 2-108) 칠보관(七寶冠) 七寶冠 143 | 2-109) 취연지(醉臙脂) 醉臙脂 143 | 2-110) 대엽도홍(大葉桃紅) 大葉桃紅 143 | 2-111) 전춘방(殿春芳) 殿春芳 143 | 2-112) 미인홍(美人紅) 美人紅 144 | 2-113) 연예홍(蓮蕊紅) 蓮蕊紅 144 | 2-114) 취홍장(翠紅妝) 翠紅妝 144 | 2-115) 진주홍(陳州紅) 陳州紅 144 | 2-116) 금포홍(錦袍紅) 錦袍紅 144 | 2-117) 도홍서과양(桃紅西瓜瓤) 桃紅西瓜瓤 145 | 2-118) 대홍

전융(大紅翦絨) 大紅翦絨 145 | 2-119) 양혈홍(羊血紅) 羊血紅 146 | 2-120) 석가홍(石家紅) 石家紅 146 | 2-121) 수춘홍(壽春紅) 壽春紅 146 | 2-122) 채하홍(彩霞紅) 彩霞紅 146 | 2-123) 해천하(海天霞) 海天霞 146 | 2-124) 소엽대홍(小葉大紅) 小葉大紅 146 | 2-125) 매홍평두(梅紅平頭) 梅紅平頭 147 | 2-126) 서자홍(西子紅) 西子紅 147 | 2-127) 해운홍(海雲紅) 海雲紅 147 | 2-128) 도홍선(桃紅線) 桃紅線 147 | 2-129) 도홍봉두(桃紅鳳頭) 桃紅鳳頭 147 | 2-130) 천교홍(淺嬌紅) 淺嬌紅 147 | 2-131) 경라홍(輕羅紅) 輕羅紅 148 | 2-132) 천홍교(淺紅嬌) 淺紅嬌 148 | 2-133) 취교홍(醉嬌紅) 醉嬌紅 148 | 2-134) 출경도홍(出莖桃紅) 出莖桃紅 148 | 2-135) 서자(西子) 西子 148 | 2-136) 대홍수구(大紅繡毬) 大紅繡毬 149 | 2-137) 앵속홍(罌粟紅) 罌粟紅 149 | 2-138) 승정홍(勝䞓紅) 勝䞓紅 149 | 2-139) 매홍루자(梅紅樓子) 梅紅樓子 149 | 2-140) 교홍(嬌紅) 嬌紅 150 | 2-141) 도홍서번두(桃紅西番頭) 桃紅西番頭 150 | 2-142) 사면경(四面鏡) 四面鏡 150

3) 분홍색류(22항목 25종) 粉紅類 151
3-1) 구악홍(九蕚紅) 九蕚紅 151 | 3-2) 월산홍누자(越山紅樓子) 越山紅樓子 151 | 3-3) 자사선심(紫絲旋心) 紫絲旋心 152 | 3-4) 불훈홍(不暈紅)·수장홍(壽妝紅)·옥반장(玉盤妝) 不暈紅, 壽妝紅, 玉盤妝 152 | 3-5) 취서시(醉西施) 醉西施 152 | 3-6) 수학선(睡鶴仙) 睡鶴仙 153 | 3-7) 이분홍(膩粉紅) 膩粉紅 153 | 3-8) 정화춘(政和春) 政和春 154 | 3-9) 서로선(瑞露蟬) 瑞露蟬 154 | 3-10) 건화(乾花) 乾花 155 | 3-11) 대천엽(大千葉)·소천엽(小千葉) 大千葉小千葉 155 | 3-12) 경천향(慶天香) 慶天香 155 | 3-13) 육서(肉西) 肉西 155 | 3-14) 수홍구(水紅毬) 水紅毬 155 | 3-15) 합환화(合歡花) 合歡花 156 | 3-16) 관음면(觀音面) 觀音面 156 | 3-17) 분아교(粉娥嬌) 粉娥嬌 156 | 3-18) 취양비(醉楊妃) 醉楊妃 156 | 3-19) 적옥반(赤玉盤) 赤玉盤 157 | 3-20) 회회분서(回回粉西) 回回粉西 157 | 3-21) 서천향(西天香) 西天香 157 | 3-22) 백엽선인(百葉仙人) 百葉仙人 158

4) 자색류(27항목 28종) 紫類 159
4-1) 좌화(左花) 左花 159 | 4-2) 엽저자(葉底紫) 葉底紫 159 | 4-3) 다엽자(多葉紫) 多葉紫 160 | 4-4) 좌자(左紫) 左紫 160 | 4-5) 자수구(紫繡毬) 紫繡毬 161 | 4-6) 안승자(安勝紫) 安勝紫 162 | 4-7) 대송자(大宋紫) 大宋紫 162 | 4-8) 순성(順聖) 順聖 163 | 4-9) 진주자(陳州紫)·원가자(袁家紫) 陳州紫、袁家紫 163 | 4-10) 건도자(乾道紫) 乾道紫 163 | 4-11) 갈건자(葛巾紫) 葛巾紫 164 | 4-12) 복엄자(福嚴紫) 福嚴紫 164 | 4-13) 조천자(朝天紫) 朝天紫 164 | 4-14) 자무청예(紫舞青猊) 紫舞青猊

164 | 4-15) 자루자(紫樓子) 紫樓子 165 | 4- 16) 서향자(瑞香紫) 瑞香紫 165 | 4-17)

평두자(平頭紫) 平頭紫 165 | 4-18) 서가자(徐家紫) 徐家紫 165 | 4-19) 자라포(紫

羅袍) 紫羅袍 165 | 4-20) 자중루(紫重樓) 紫重樓 165 | 4-21) 자홍방(紫紅芳) 紫紅芳

166 | 4-22) 연롱자(烟籠紫) 烟籠紫 166 | 4-23) 자금하(紫金荷) 紫金荷 166 | 4-24)

금단록(錦團綠) 錦團綠 166 | 4-25) 포금자(包金紫) 包金紫 167 | 4-26) 자운방(紫雲芳)

紫雲芳 168 | 4-27) 봉래상공(蓬萊相公) 蓬萊相公 168

5) 백색류(52항목 56종) 白類   169

5-1) 옥판백(玉板白) 玉板白 169 | 5-2) 옥천엽(玉千葉) 玉千葉 169 | 5-3) 옥루춘

(玉樓春) 玉樓春 170 | 5-4) 옥증병(玉蒸餅) 玉蒸餅 170 | 5-5) 일백오(一百五) 一百五

170 | 5-6) 옥루자(玉樓子) 玉樓子 171 | 5-7) 유사가(劉師哥) 劉師哥 172 | 5-8) 옥복

분(玉覆盆) 玉覆盆 172 | 5-9) 만첩설봉(萬疊雪峯) 萬疊雪峯 172 | 5-10) 쇄판무하옥(碎

瓣無瑕玉) 碎瓣無瑕玉 172 | 5-11) 청심무하옥(靑心無瑕玉) 靑心無瑕玉 172 | 5-12) 대

소(大素)·소소(小素) 大素、小素 173 | 5-13) 벽옥루(碧玉樓) 碧玉樓 174 | 5-14) 옥잠

백(玉簪白) 玉簪白 174 | 5-15) 앵무백(鸚鵡白) 鸚鵡白 174 | 5-16) 백학정(白鶴頂) 白鶴頂

174 | 5-17) 심가백(沈家白) 沈家白 174 | 5-18) 옥미인(玉美人) 玉美人 175 | 5-19) 백

련화(白蓮花) 白蓮花 175 | 5-20) 옥루관음현(玉樓觀音現) 玉樓觀音現 175 | 5-21) 결백

(潔白) 潔白 176 | 5-22) 교백무쌍(嬌白無雙)·초소군(楚素君)·백옥공경(白屋公卿)·연

성옥(連城玉) 嬌白無雙、楚素君、白屋公卿、連城玉 176 | 5-23) 요대옥로(瑤臺玉露) 瑤臺玉

露 176 | 5-24) 운소(雲素) 雲素 176 | 5-25) 왕가대백(王家大白) 王家大白 176 | 5-26)

옥부용(玉芙蓉) 玉芙蓉 177 | 5-27) 소만교(素鸞嬌) 素鸞嬌 177 | 5-28) 옥중루(玉重

樓) 玉重樓 177 | 5-29) 양지옥(羊脂玉) 羊脂玉 177 | 5-30) 백무청예(白舞靑猊) 白舞靑

猊 177 | 5-31) 취옥루(醉玉樓) 醉玉樓 177 | 5-32) 백전융(白氈絨) 白氈絨 178 | 5-33)

옥반우(玉盤盂) 玉盤盂 178 | 5-34) 연향백(蓮香白) 蓮香白 178 | 5-35) 분서시(粉

西施) 粉西施 179 | 5-36) 만권서(萬卷書) 萬卷書 179 | 5-37) 수정구(水晶毬) 水晶毬

179 | 5-38) 경천향(慶天香) 慶天香 179 | 5-39) 옥천선(玉天仙) 玉天仙 179 | 5-40) 옥

선장(玉仙粧) 玉仙粧 179 | 5-41) 단심옥봉(檀心玉鳳) 檀心玉鳳 180 | 5-42) 옥수구

(玉繡毬) 玉繡毬 180 | 5-43) 청심백(靑心白) 靑心白 180 | 5-44) 복가백(伏家白) 伏家白

180 | 5-45) 봉미백(鳳尾白) 鳳尾白 180 | 5-46) 금사백(金絲白) 金絲白 180 | 5-47) 평

두백(平頭白) 平頭白 180 | 5-48) 지래백(遲來白) 遲來白 181 | 5-49) 취춘용(醉春容) 醉

春容 181 | 5-50) 옥완백(玉盌白) 玉盌白 181 | 5-51) 옥천향(玉天香) 玉天香 181

6) 녹색류(1항목 1종) 綠類   182

6-1) 팔염장록화(八艶粧綠花) 八艶粧綠花 182

7) 흑색류(6항목 6종) 黑類   182

7-1) 묵규(墨葵) 墨葵 182 | 7-2) 유홍(油紅) 油紅 182 | 7-3) 묵전융(墨翦絨) 墨翦絨 182 | 7-4) 흑수구(墨繡毬) 墨繡毬 183 | 7-5) 발묵자(潑墨紫) 潑墨紫 183 | 7-6) 즉묵자(卽墨子) 卽墨子 183

8) 갈색류(1항목 1종) 褐色   183

8-1) 타갈구(駝褐裘) 駝褐裘 183

9) 밀랍색(1항목 1종) 密色   183

9-1) 밀교(密嬌) 密嬌 183

10) 우색(藕色, 옅은 회홍색)류(1항목 1종) 藕色   184

10-1) 담우사(淡藕絲) 淡藕絲 184

11) 특이한 색류(30항목 32종) 異色類   184

11-1) 첨색홍(添色紅) 添色紅 184 | 11-2) 도훈단심(倒暈檀心) 倒暈檀心 184 | 11-3) 일엽홍(一撚紅) 一撚紅 185 | 11-4) 구예진주홍(九蘂眞珠紅) 九蘂眞珠紅 185 | 11-5) 녹태화(鹿胎花) 鹿胎花 185 | 11-6) 이색홍(二色紅) 二色紅 185 | 11-7) 쇄금홍(碎金紅) 碎金紅 186 | 11-8) 옥루홍(玉樓紅) 玉樓紅 186 | 11-9) 쌍두홍(雙頭紅)·쌍두자(雙頭紫) 雙頭紅、雙頭紫 187 | 11-10) 순성(順聖) 順聖 187 | 11-11) 금요루(金腰樓)·옥요루(玉腰樓) 金腰樓、玉腰樓 187 | 11-12) 녹태홍(鹿胎紅) 鹿胎紅 188 | 11-13) 취서시(醉西施) 醉西施 188 | 11-14) 해당홍(海棠紅) 海棠紅 188 | 11-15) 추수장(秋水粧) 秋水粧 189 | 11-16) 승서시(勝西施) 勝西施 190 | 11-17) 교용삼변(嬌容三變) 嬌容三變 190 | 11-18) 취옥환(醉玉環) 醉玉環 190 | 11-19) 계파옥(界破玉) 界破玉 191 | 11-20) 전지(轉枝) 轉枝 192 | 11-21) 회면교(靧面嬌) 靧面嬌 192 | 11-22) 관음현(觀音現) 觀音現 193 | 11-23) 연지계분(臙脂界粉) 臙脂界粉 193 | 11-24) 금정설랑(金精雪浪) 金精雪浪 193 | 11-25) 오운루(五雲樓) 五雲樓 194 | 11-26) 금화장원홍(金花壯元紅) 金花壯元紅 194 | 11-27) 금사대홍(金絲大紅) 金絲大紅 194 | 11-28) 옥토천향(玉兔天香) 玉兔天香 194 | 11-29) 악록화(萼綠華) 萼綠華 195 | 11-30) 요금자(腰金紫) 腰金紫 195

12) 우리나라 모란(1항목 4종) 東國牡丹   196

12-1) 황모란(黃牡丹)·백모란(白牡丹)·정홍모란(頳紅牡丹)·낙양홍(洛陽紅) 黃牡丹、白牡丹、頳紅牡丹、洛陽紅 196

2. 작약(芍藥) 芍藥

1) 황색류(7항목 7종) 黃類   198

1-1) 어의황(御衣黃) 御衣黃 198 | 1-2) 황루자(黃樓子) 黃樓子 198 | 1-3) 원황관자(袁

黃冠子) 袁黃冠子 199 | 1-4) 협석황관자(峽石黃冠子) 峽石黃冠子 199 | 1-5) 포황관자 (鮑黃冠子) 鮑黃冠子 199 | 1-6) 도장성(道粧成) 道粧成 199 | 1-7) 투아황(妬鵝黃) 妬鵝 黃 200

2) 홍색류(21항목 21종) 紅類   201

2-1) 관군방(冠群芳) 冠群芳 201 | 2-2) 새군방(賽群芳) 賽群芳 201 | 2-3) 진천공 (盡天工) 盡天工 201 | 2-4) 점장홍(點粧紅) 點粧紅 202 | 2-5) 적교홍(積嬌紅) 積嬌 紅 203 | 2-6) 취서시(醉西施) 醉西施 203 | 2-7) 소장잔(素粧殘) 素粧殘 203 | 2-8) 천장균(淺粧均) 淺粧均 204 | 2-9) 취교홍(醉嬌紅) 醉嬌紅 204 | 2-10) 투교홍(妬嬌 紅) 妬嬌紅 204 | 2-11) 누금낭(縷金囊) 縷金囊 204 | 2-12) 원춘홍(怨春紅) 怨春紅 205 | 2-13) 시농장(試濃粧) 試濃粧 205 | 2-14) 족홍사(簇紅絲) 簇紅絲 205 | 2-15) 취차장(取次粧) 取次粧 206 | 2-16) 효은장(效殷粧) 效殷粧 206 | 2-17) 합환방(合 歡芳) 合歡芳 206 | 2-18) 회삼영(會三英) 會三英 206 | 2-19) 의수천(擬繡韉) 擬繡韉 207 | 2-20) 호힐(湖纈) 湖纈 207 | 2-21) 민지홍(黽池紅) 黽池紅 207

3) 자색류(6항목 6종) 紫類   208

3-1) 보장성(寶粧成) 寶粧成 208 | 3-2) 첩향영(疊香英) 疊香英 208 | 3-3) 잠금향 (蘸金香) 蘸金香 208 | 3-4) 숙장은(宿粧殷) 宿粧殷 209 | 3-5) 취향사(聚香絲) 聚香絲 209 | 3-6) 의향영(擬香英) 擬香英 209

4) 백색류(5항목 5종) 白類   210

4-1) 양화관자(楊花冠子) 楊花冠子 210 | 4-2) 국향경(掬香瓊) 掬香瓊 210 | 4-3) 효장 신(曉粧新) 曉粧新 210 | 4-4) 시매장(試梅粧) 試梅粧 211 | 4-5) 은함릉(銀合稜) 銀合稜 211

5) 우리나라 작약(1항목 3종) 東國芍藥   212

5-1) 백작약(白芍藥)·홍작약(紅芍藥)·분홍작약(粉紅芍藥) 白芍藥、紅芍藥、粉紅芍藥 212

3. 난(蘭, 난화) 蘭

1) 자색류(17항목 17종) 紫類   213

1-1) 진몽량(陳夢良) 陳夢良 213 | 1-2) 오란(吳蘭) 吳蘭 215 | 1-3) 반화(潘花) 潘花 215 | 1-4) 조십사(趙十四) 趙十四 216 | 1-5) 하란(何蘭) 何蘭 217 | 1-6) 금릉변 (金稜邊) 金稜邊 218 | 1-7) 대장청(大張靑) 大張靑 218 | 1-8) 포통령(蒲統領) 蒲統 領 219 | 1-9) 진팔사(陳八斜) 陳八斜 219 | 1-10) 순감량(淳監糧) 淳監糧 220 | 1-11) 허경초(許景初) 許景初 221 | 1-12) 석문홍(石門紅) 石門紅 221 | 1-13) 소중화(蕭

仲和) 蕭仲和 222 | 1-14) 하수좌(何首座) 何首座 222 | 1-15) 임중공(林仲孔) 林仲孔
223 | 1-16) 분장성(粉粧成) 粉粧成 223 | 1-17) 모란(茅蘭) 茅蘭 223

2) 백색류(24항목 24종) 白類   225

2-1) 제로(濟老) 濟老 225 | 2-2) 조산(竈山) 竈山 226 | 2-3) 황전강[黃殿講, 시화
(施花)] 黃殿講 227 | 2-4) 이통판(李通判) 李通判 227 | 2-5) 엽대시(葉大施) 葉大施
228 | 2-6) 혜지용(惠知容) 惠知容 228 | 2-7) 마대동(馬大同) 馬大同 229 | 2-8) 정소
거(鄭少擧) 鄭少擧 229 | 2-9) 황팔형(黃八兄) 黃八兄 230 | 2-10) 주염화(周染花) 周染
花 231 | 2-11) 석양홍(夕陽紅) 夕陽紅 231 | 2-12) 관당주(觀堂主) 觀堂主 232 | 2-13)
명제(名弟) 名弟 232 | 2-14) 약각(弱脚) 弱脚 232 | 2-15) 어심란(魚魷蘭) 魚魷蘭
233 | 2-16) 시란(施蘭) 施蘭 233 | 2-17) 정백양(鄭白羊) 鄭白羊 234 | 2-18) 선하
(仙霞) 仙霞 235 | 2-19) 주란(朱蘭) 朱蘭 235 | 2-20) 운교(雲嶠) 雲嶠 236 | 2-21)
임군마(林郡馬) 林郡馬 236 | 2-22) 청포(靑蒲) 靑蒲 236 | 2-23) 벽란(碧蘭) 碧蘭
237 | 2-24) 건란(建蘭) 建蘭 237

3) 기타 종류(14항목 14종) 雜種類   239

3-1) 항란(杭蘭) 杭蘭 239 | 3-2) 세란(歲蘭) 歲蘭 240 | 3-3) 흑란(黑蘭) 黑蘭
240 | 3-4) 남경란(南京蘭) 南京蘭 241 | 3-5) 백란(白蘭) 白蘭 241 | 3-6) 외란(隈蘭)
隈蘭 241 | 3-7) 춘란(春蘭) 春蘭 241 | 3-8) 혜란(蕙蘭) 蕙蘭 242 | 3-9) 은란(銀蘭)
銀蘭 243 | 3-10) 청란(靑蘭) 靑蘭 243 | 3-11) 봉란(棒蘭) 棒蘭 244 | 3-12) 풍란(風
蘭) 風蘭 244 | 3-13) 내오란(奈吾蘭) 奈吾蘭 245 | 3-14) 유구풍란(琉球風蘭) 琉球風蘭
245

4) 우리나라 난화(1항목 1종) 東國蘭花   246

4-1) 자란(紫蘭) 紫蘭 246

4. 국화[菊] 菊

1) 황색류(105항목 106종) 黃類   247

1-1) 감국(甘菊) 甘菊 247 | 1-2) 도승(都勝) 都勝 249 | 1-3) 어애(御愛) 御愛
250 | 1-4) 금작약(金芍藥) 金芍藥 250 | 1-5) 황학령(黃鶴翎) 黃鶴翎 251 | 1-6) 대금
황(大金黃) 大金黃 251 | 1-7) 소금황(小金黃) 小金黃 252 | 1-8) 승금황(勝金黃) 勝金黃
253 | 1-9) 황라산(黃羅繖) 黃羅繖 254 | 1-10) 보군지(報君知) 報君知 254 | 1-11) 금
쇄구(金鎖口) 金鎖口 254 | 1-12) 은쇄구(銀鎖口) 銀鎖口 255 | 1-13) 원앙면(鴛鴦錦) 鴛
鴦錦 256 | 1-14) 어포황(御袍黃) 御袍黃 256 | 1-15) 청경어포황(靑梗御袍黃) 靑梗御袍
黃 257 | 1-16) 측금잔(側金盞) 側金盞 258 | 1-17) 장원황(壯元黃) 壯元黃 258 | 1-18)

전금구(翦金毬) 翦金毬 259 ∣ 1-19) 황수구(黃繡毬) 黃繡毬 259 ∣ 1-20) 만황구(晚黃毬) 晚黃毬 260 ∣ 1-21) 십채구(十采毬) 十采毬 260 ∣ 1-22) 대금구(大金毬) 大金毬 260 ∣ 1-23) 소금구(小金毬) 小金毬 260 ∣ 1-24) 구자(毬子) 毬子 261 ∣ 1-25) 금령국(金鈴菊) 金鈴菊 261 ∣ 1-26) 금만령(金萬鈴) 金萬鈴 262 ∣ 1-27) 대금령(大金鈴) 大金鈴 262 ∣ 1-28) 소금령(小金鈴) 小金鈴 263 ∣ 1-29) 하금령(夏金鈴) 夏金鈴 264 ∣ 1-30) 추금령(秋金鈴) 秋金鈴 264 ∣ 1-31) 봉령(蜂鈴) 蜂鈴 265 ∣ 1-32) 금전(金錢) 金錢 265 ∣ 1-33) 천엽소금전(千葉小金錢) 千葉小金錢 266 ∣ 1-34) 단엽소금전(單葉小金錢) 單葉小金錢 266 ∣ 1-35) 소금전(小金錢) 小金錢 266 ∣ 1-36) 대금전(大金錢) 大金錢 266 ∣ 1-37) 여지국(荔枝菊) 荔枝菊 267 ∣ 1-38) 금여지(金荔枝) 金荔枝 267 ∣ 1-39) 여지홍(荔枝紅) 荔枝紅 268 ∣ 1-40) 체당(棣棠) 棣棠 268 ∣ 1-41) 금추자(金鎚子) 金鎚子 269 ∣ 1-42) 구련금(九煉金) 九煉金 269 ∣ 1-43) 황이색(黃二色) 黃二色 269 ∣ 1-44) 등국(橙菊) 橙菊 270 ∣ 1-45) 소어포황(小御袍黃) 小御袍黃 271 ∣ 1-46) 황만권(黃萬卷) 黃萬卷 271 ∣ 1-47) 등주황(鄧州黃) 鄧州黃 271 ∣ 1-48) 금사국(金絲菊) 金絲菊 272 ∣ 1-49) 수사국(垂絲菊) 垂絲菊 273 ∣ 1-50) 금모란(錦牡丹) 錦牡丹 273 ∣ 1-51) 단향구(檀香毬) 檀香毬 273 ∣ 1-52) 사향황(麝香黃) 麝香黃 274 ∣ 1-53) 황한국(黃寒菊) 黃寒菊 274 ∣ 1-54) 장미(薔薇) 薔薇 274 ∣ 1-55) 아모(鵝毛) 鵝毛 275 ∣ 1-56) 금공작(金孔雀) 金孔雀 275 ∣ 1-57) 황오구국(黃五九菊) 黃五九菊 276 ∣ 1-58) 구일황(九日黃) 九日黃 276 ∣ 1-59) 전추황(殿秋黃) 殿秋黃 277 ∣ 1-60) 소전추황(小殿秋黃) 小殿秋黃 277 ∣ 1-61) 첩라황(疊羅黃) 疊羅黃 277 ∣ 1-62) 산개황(繖蓋黃) 繖蓋黃 278 ∣ 1-63) 소금안(小金眼) 小金眼 278 ∣ 1-64) 태진황(太眞黃) 太眞黃 279 ∣ 1-65) 황목향(黃木香) 黃木香 279 ∣ 1-66) 황전융(黃翦戎) 黃翦戎 279 ∣ 1-67) 황분단(黃粉團) 黃粉團 279 ∣ 1-68) 황랍판(黃蠟瓣) 黃蠟瓣 279 ∣ 1-69) 금작설(錦雀舌) 錦雀舌 279 ∣ 1-70) 금영롱(金玲瓏) 金玲瓏 280 ∣ 1-71) 금사도(錦絲桃) 錦絲桃 280 ∣ 1-72) 황모란(黃牡丹) 黃牡丹 280 ∣ 1-73) 금뉴사(金紐絲) 金紐絲 280 ∣ 1-74) 금서시(錦西施) 錦西施 281 ∣ 1-75) 황서시(黃西施) 黃西施 281 ∣ 1-76) 마노서시(瑪瑙西施) 瑪瑙西施 281 ∣ 1-77) 이색마노(二色瑪瑙) 二色瑪瑙 281 ∣ 1-78) 금포사(錦褒姒) 錦褒姒 281 ∣ 1-79) 원앙국(鴛鴦菊) 鴛鴦菊 281 ∣ 1-80) 파사국(波斯菊) 波斯菊 282 ∣ 1-81) 말리국(茉莉菊) 茉莉菊 282 ∣ 1-82) 자분단(紫粉團) 紫粉團 283 ∣ 1-83) 금기린(錦麒麟) 錦麒麟 283 ∣ 1-84) 앵우황(鶯羽黃) 鶯羽黃 283 ∣ 1-85) 누자불두(樓子佛頭) 樓子佛頭 283 ∣ 1-86) 황불정(黃佛頂) 黃佛頂 284 ∣ 1-87) 황불두(黃佛頭) 黃佛頭 285 ∣ 1-88) 불두국(佛頭菊) 佛頭菊 285 ∣ 1-89) 소황불정(小黃佛頂) 小黃佛頂 285 ∣ 1-90) 토색황(兔色黃) 兔色黃 285 ∣ 1-91) 들국

화[野菊, 야국] 野菊 286 | 1-92) 금돈국(金墩菊) 金墩菊 286 | 1-93) 밀우(密友) 密友 287 | 1-94) 은대(銀臺) 銀臺 287 | 1-95) 등국(藤菊) 藤菊 288 | 1-96) 사자국(柤子菊) 柤子菊 288 | 1-97) 지정국(枝亭菊) 枝亭菊 289 | 1-98) 봉아국(蜂兒菊) 蜂兒菊 289 | 1-99) 만당금(滿堂金)·수안진주(壽安眞珠) 滿堂金·壽安眞珠 289 | 1-100) 소은황국(銷銀黃菊) 銷銀黃菊 289 | 1-101) 송국(松菊) 松菊 289 | 1-102) 능풍국(凌風菊) 凌風菊 290 | 1-103) 감자국(柑子菊) 柑子菊 290 | 1-104) 양비국(楊妃菊) 楊妃菊 290 | 1-105) 천금국(川金菊) 川金菊 290

2) 홍색류(37항목 37종) 紅類   291

2-1) 홍이색(紅二色) 紅二色 291 | 2-2) 연지국(臙脂菊) 臙脂菊 291 | 2-3) 하월불정국(夏月佛頂菊) 夏月佛頂菊 291 | 2-4) 건홍국(乾紅菊) 乾紅菊 292 | 2-5) 장원홍(狀元紅) 狀元紅 292 | 2-6) 금심수구(錦心繡口) 錦心繡口 292 | 2-7) 자포금대(紫袍金帶) 紫袍金帶 293 | 2-8) 대홍포(大紅袍) 大紅袍 294 | 2-9) 자하상(紫霞觴) 紫霞觴 294 | 2-10) 홍라산(紅羅織) 紅羅織 295 | 2-11) 경운홍(慶雲紅) 慶雲紅 295 | 2-12) 해운홍(海雲紅) 海雲紅 296 | 2-13) 누금장(縷金妝) 縷金妝 296 | 2-14) 출로금(出爐金) 出爐金 296 | 2-15) 화련금(火煉金) 火煉金 297 | 2-16) 목홍구(木紅毬) 木紅毬 297 | 2-17) 자골타(紫骨朶) 紫骨朶 297 | 2-18) 취양비(醉楊妃) 醉楊妃 298 | 2-19) 태진홍(太眞紅) 太眞紅 299 | 2-20) 누자홍(樓子紅) 樓子紅 299 | 2-21) 홍만권(紅萬卷) 紅萬卷 299 | 2-22) 일념홍(一捻紅) 一捻紅 299 | 2-23) 홍전융(紅翦絨) 紅翦絨 300 | 2-24) 금수구(錦繡毬) 錦繡毬 300 | 2-25) 학정홍(鶴頂紅) 鶴頂紅 301 | 2-26) 계관홍(鷄冠紅) 鷄冠紅 301 | 2-27) 성성홍(猩猩紅) 猩猩紅 301 | 2-28) 수부용(繡芙蓉) 繡芙蓉 302 | 2-29) 금려지(錦荔枝) 錦荔枝 302 | 2-30) 홍모란(紅牡丹) 紅牡丹 302 | 2-31) 홍말리(紅茉莉) 紅茉莉 302 | 2-32) 부용국(芙蓉菊) 芙蓉菊 303 | 2-33) 이색련(二色蓮) 二色蓮 303 | 2-34) 양양홍(襄陽紅) 襄陽紅 303 | 2-35) 빈주홍(賓州紅) 賓州紅 304 | 2-36) 토주홍(土硃紅) 土硃紅 304 | 2-37) 동국(冬菊) 冬菊 304

3) 분홍색류(22항목 22종) 粉紅類   306

3-1) 수사분홍(垂絲粉紅) 垂絲粉紅 306 | 3-2) 양비(楊妃) 楊妃 306 | 3-3) 합선(合蟬) 合蟬 306 | 3-4) 도화(桃花) 桃花 307 | 3-5) 분학령(粉鶴翎) 粉鶴翎 308 | 3-6) 분랍판(粉蠟瓣) 粉蠟瓣 309 | 3-7) 분서시(粉西施) 粉西施 309 | 3-8) 쇄금홍(灑金紅) 灑金紅 310 | 3-9) 홍분단(紅粉團) 紅粉團 310 | 3-10) 누자분서시(樓子粉西施) 樓子粉西施 311 | 3-11) 취서시(醉西施) 醉西施 311 | 3-12) 승비도(勝緋桃) 勝緋桃 312 | 3-13) 분포사(粉褒姒) 粉褒姒 312 | 3-14) 대양비(大楊妃) 大楊妃 312 | 3-15) 새양비(賽楊妃) 賽楊妃 313 | 3-16) 분영롱(粉玲瓏) 粉玲瓏 313 | 3-17) 팔보마노(八寶瑪瑙) 八寶瑪

瑙 314 | 3-18) 자부용(紫芙蓉) 紫芙蓉 314 | 3-19) 분만권(粉萬卷) 粉萬卷 314 | 3-20) 분수구(粉繡毬) 粉繡毬 315 | 3-21) 불견소(佛見笑) 佛見笑 315 | 3-22) 홍부분(紅傅粉) 紅傅粉 315

4) 자색류(32항목 32종) 紫類   316

4-1) 순성천자(順聖淺紫) 順聖淺紫 316 | 4-2) 하만령(夏萬鈴) 夏萬鈴 316 | 4-3) 추만령(秋萬鈴) 秋萬鈴 317 | 4-4) 수구(繡毬) 繡毬 318 | 4-5) 여지자(荔枝紫) 荔枝紫 318 | 4-6) 해아국(孩兒菊) 孩兒菊 319 | 4-7) 자말리(紫茉莉) 紫茉莉 319 | 4-8) 조천자(朝天紫) 朝天紫 319 | 4-9) 장원자(壯元紫) 壯元紫 320 | 4-10) 자모란(紫牡丹) 紫牡丹 320 | 4-11) 벽강하(碧江霞) 碧江霞 321 | 4-12) 쌍비연(雙飛燕) 雙飛燕 321 | 4-13) 전하초(翡霞綃) 翡霞綃 321 | 4-14) 불좌련(佛座蓮) 佛座蓮 321 | 4-15) 서향자(瑞香紫) 瑞香紫 322 | 4-16) 자사도(紫絲桃) 紫絲桃 322 | 4-17) 묵국(墨菊) 墨菊 322 | 4-18) 자포사(紫褒姒) 紫褒姒 323 | 4-19) 새서시(賽西施) 賽西施 323 | 4-20) 자작약(紫芍藥) 紫芍藥 324 | 4-21) 자학령(紫鶴翎) 紫鶴翎 324 | 4-22) 자옥련(紫玉蓮) 紫玉蓮 324 | 4-23) 마노반(瑪瑙盤) 瑪瑙盤 325 | 4-24) 자장미(紫薔薇) 紫薔薇 325 | 4-25) 자라산(紫羅繖) 紫羅繖 325 | 4-26) 자수구(紫繡毬) 紫繡毬 325 | 4-27) 자전융(紫翦絨) 紫翦絨 326 | 4-28) 금사국(金絲菊) 金絲菊 326 | 4-29) 수홍련(水紅蓮) 水紅蓮 326 | 4-30) 계관자(鷄冠紫) 鷄冠紫 327 | 4-31) 복주자(福州紫) 福州紫 327 | 4-32) 소금자국(銷金紫菊) 銷金紫菊 327

5) 백색류(76항목 76종) 白類   328

5-1) 구화국(九華菊) 九華菊 328 | 5-2) 희용(喜容) 喜容 328 | 5-3) 금배옥반(金杯玉盤) 金杯玉盤 329 | 5-4) 분단(粉團) 粉團 329 | 5-5) 신라(新羅) 新羅 330 | 5-6) 용뇌(龍腦) 龍腦 331 | 5-7) 옥구(玉毬) 玉毬 331 | 5-8) 옥령(玉鈴) 玉鈴 332 | 5-9) 도미(酴醾) 酴醾 333 | 5-10) 옥분(玉盆) 玉盆 333 | 5-11) 등주백(鄧州白) 鄧州白 333 | 5-12) 백국(白菊) 白菊 334 | 5-13) 은분(銀盆) 銀盆 334 | 5-14) 오월국(五月菊) 五月菊 335 | 5-15) 어의황(御衣黃) 御衣黃 335 | 5-16) 만령국(萬鈴菊) 萬鈴菊 336 | 5-17) 연화국(蓮花菊) 蓮花菊 336 | 5-18) 부용국(芙蓉菊) 芙蓉菊 336 | 5-19) 말리국(茉莉菊) 茉莉菊 337 | 5-20) 목향국(木香菊) 木香菊 337 | 5-21) 애엽국(艾葉菊) 艾葉菊 338 | 5-22) 백사향(白麝香) 白麝香 338 | 5-23) 은행국(銀杏菊) 銀杏菊 339 | 5-24) 백려지(白荔枝) 白荔枝 339 | 5-25) 파사국(波斯菊) 波斯菊 339 | 5-26) 출로은(出爐銀) 出爐銀 339 | 5-27) 백수구(白繡毬) 白繡毬 340 | 5-28) 옥모란(玉牡丹) 玉牡丹 340 | 5-29) 옥부용(玉芙蓉) 玉芙蓉 341 | 5-30) 은뉴사(銀紐絲) 銀紐絲 341 | 5-31) 일늑설(一搦雪) 一搦雪 342 | 5-32) 옥보상(玉寶相) 玉寶相 342 | 5-33) 납판서시(蠟瓣西施) 蠟瓣西施

343 | 5-34) 백첩라(白疊羅) 白疊羅 343 | 5-35) 일단설(一團雪) 一團雪 344 | 5-36) 옥영롱(玉玲瓏) 玉玲瓏 344 | 5-37) 월하백(月下白) 月下白 345 | 5-38) 수정구(水晶 毬) 水晶毬 345 | 5-39) 상아구(象牙毬) 象牙毬 345 | 5-40) 벽파옥(劈破玉) 劈破玉 346 | 5-41) 대소국(大笑菊) 大笑菊 346 | 5-42) 배회국(徘徊菊) 徘徊菊 346 | 5-43) 옥루춘(玉樓春) 玉樓春 347 | 5-44) 백서시(白西施) 白西施 348 | 5-45) 은반(銀 盤) 銀盤 348 | 5-46) 금잔은대(金盞銀臺) 金盞銀臺 348 | 5-47) 불정국(佛頂菊) 佛 頂菊 349 | 5-48) 소백불정(小白佛頂) 小白佛頂 350 | 5-49) 회남국(淮南菊) 淮南菊 350 | 5-50) 옥반국(玉盤菊) 玉盤菊 351 | 5-51) 분장미(粉薔薇) 粉薔薇 352 | 5-52) 옥구국(玉甌菊) 玉甌菊 352 | 5-53) 백포사(白褒姒) 白褒姒 352 | 5-54) 백오구국 (白五九菊) 白五九菊 352 | 5-55) 팔선국(八仙菊) 八仙菊 353 | 5-56) 납판분서시 (蠟瓣粉西施) 蠟瓣粉西施 353 | 5-57) 백모란(白牡丹) 白牡丹 353 | 5-58) 노사국(鷺 鷥菊) 鷺鷥菊 353 | 5-59) 잠금백(蘸金白) 蘸金白 354 | 5-60) 경영롱(瓊玲瓏) 瓊玲 瓏 354 | 5-61) 벽예영롱(碧蕊玲瓏) 碧蕊玲瓏 354 | 5-62) 백융구(白絨毬) 白絨毬 354 | 5-63) 백전융(白翦絨) 白翦絨 355 | 5-64) 은려지(銀荔枝) 銀荔枝 355 | 5-65) 벽도국(碧桃菊) 碧桃菊 355 | 5-66) 백학정(白鶴頂) 白鶴頂 355 | 5-67) 백학령(白 鶴翎) 白鶴翎 355 | 5-68) 분호접(粉蝴蝶) 粉蝴蝶 356 | 5-69) 백랍판(白蠟瓣) 白蠟瓣 356 | 5-70) 전추백(殿秋白) 殿秋白 356 | 5-71) 한국(寒菊) 寒菊 356 | 5-72) 첨색희 용(添色喜容) 添色喜容 357 | 5-73) 단심국(單心菊) 單心菊 357 | 5-74) 누자국(樓子菊) 樓子菊 357 | 5-75) 뇌자국(腦子菊) 腦子菊 357 | 5-76) 수정국(水晶菊) 水晶菊 357

6) 특이한 품종류(17항목 17종) 異品類 358
6-1) 주자국(珠子菊) 珠子菊 358 | 6-2) 단국(丹菊) 丹菊 358 | 6-3) 만천성(滿天星) 滿 天星 358 | 6-4) 이색서시(二色西施) 二色西施 359 | 6-5) 이색양비(二色楊妃) 二色楊妃 359 | 6-6) 적금반(赤金盤) 赤金盤 359 | 6-7) 금정향(錦丁香) 錦丁香 360 | 6-8) 단향 국(檀香菊) 檀香菊 360 | 6-9) 매화국(梅花菊) 梅花菊 361 | 6-10) 해당국(海棠菊) 海棠 菊 361 | 6-11) 밀서시(蜜西施) 蜜西施 362 | 6-12) 밀학령(蜜鶴翎) 蜜鶴翎 362 | 6-13) 밀수구(蜜繡毬) 蜜繡毬 362 | 6-14) 자융구(紫絨毬) 紫絨毬 363 | 6-15) 승의갈(僧 衣褐) 僧衣褐 364 | 6-16) 자위국(刺蝟菊) 刺蝟菊 364 | 6-17) 십양금(十樣錦) 十樣錦 364

7) 우리나라 국화 품종(26항목 36종) 東國菊品 365
7-1) 감국(甘菊) 甘菊 365 | 7-2) 황학령(黃鶴翎) 黃鶴翎 365 | 7-3) 백학령(白鶴翎) 白 鶴翎 365 | 7-4) 홍학령(紅鶴翎) 紅鶴翎 365 | 7-5) 대설백(大雪白) 大雪白 366 | 7-6) 오홍(烏紅) 烏紅 366 | 7-7) 금원황(禁苑黃) 禁苑黃 367 | 7-8) 취양비(醉楊妃) 醉楊

妃 367 | 7-9) 왜황(倭黃) 倭黃 367 | 7-10) 왜백(倭白) 倭白 367 | 7-11) 노인홍(老人紅) 老人紅 367 | 7-12) 통주홍(通州紅) 通州紅 368 | 7-13) 통주백(通州白) 通州白 368 | 7-14) 취서시(醉西施) 醉西施 368 | 7-15) 백운타(白雲朶) 白雲朶 368 | 7-16) 자하총(紫霞叢) 紫霞叢 369 | 7-17) 황금루(黃金縷) 黃金縷 369 | 7-18) 연홍(蓮紅) 蓮紅 369 | 7-19) 별홍(別紅)·도홍(桃紅)·선금사홍(仙金絲紅) 別紅·桃紅·仙金絲紅 369 | 7-20) 대판분홍(大瓣粉紅) 大瓣粉紅 369 | 7-21) 소판분홍(小瓣粉紅) 小瓣粉紅 370 | 7-22) 왜별홍(倭別紅)·왜진홍(倭眞紅)·왜대홍(倭大紅)·왜별황(倭別黃) 倭別紅·倭眞紅·倭大紅·倭別黃 370 | 7-23) 별황(別黃) 別黃 370 | 7-24) 조개황(早開黃) 早開黃 370 | 7-25) 대설황(大雪黃)·대감국(大甘菊)·승금황(勝金黃) 大雪黃·大甘菊·勝金黃 370 | 7-26) 소설백(掃雪白)·별백(別白)·노인백(老人白)·당백(唐白) 掃雪白·別白·老人白 371

《예원지》참고문헌 서목 372
색인 379

일러두기

- 이 책은 풍석 서유구의 《임원경제지》를 표점, 교감, 번역, 주석, 도해한 것이다.
- 저본은 정사(正寫) 상태, 내용의 완성도, 전질의 구성 등을 고려하여 고려대학교 도서관 소장본으로 했다.
- 현재 남아 있는 이본 가운데 오사카 나카노시마부립도서관본, 서울대학교 규장각한국학연구원본과
  교감하고, 교감 사항은 각주로 처리했으며, 각각 오사카본, 규장각본으로 약칭했다.
- 교감은 본교(本校) 및 대교(對校)와 타교(他校)를 중심으로 하고, 필요에 따라서는 이교(理校)를
  반영했으며 교감 사항은 각주로 밝혔다.
- 번역주석의 번호는 일반 숫자(9)로, 교감주석의 번호는 네모 숫자(⑨)로 구별했다.
- 원문에 네모 칸이 쳐진 注와 서유구의 의견을 나타내는 案, 又案 등은 원문의 표기와 유사하게 네모를
  둘러 표기했다.
- 원문의 주석은 【 】로 표기했고, 주석 안의 주석은 〔 〕로 표기했다.
- 서명과 편명은 원문에는 모두 《 》로 표시했고, 번역문에는 각각 《 》 및 〈 〉로 표시했다.
- 표점 부호는 마침표(.), 쉼표(,), 물음표(?), 느낌표(!), 쌍점(:), 쌍반점(;), 인용부호(" ", ' '), 가운데점(·),
  모점(,), 괄호(( )), 서명 부호(《 》)를 사용했고 인명, 지명 등 고유명사에는 밑줄을 그었다.
- 字, 號, 諡號 등으로 표기된 인명은 성명으로 바꿔서 옮겼다.

4

예원지 권제 4

藝畹志 卷第四

임원십육지 21

林園十六志二十一

I. 훼류(관엽류)

일반적으로 초목 중 돌 위에서 나는 초목은 반드시 약간의 흙을 그 뿌리에 부착시켜 주어야 한다. 그런데 석창포만은 돌과 함께 취한 다음 진흙을 씻어 내고 맑은 물에 담갔다가 화분 안에 두면 수십 년 동안 시들지 않을 수 있다. 비록 매우 무성해지지는 않더라도 마디진 잎은 굳세면서도 가늘며 뿌리수염이 서로 얽히기 때문에 책상 어귀에서 파릇하여 오랠수록 더욱 즐길 만하다.

- Ⅰ -

훼류(관엽류)

卉類

1 석창포〔石菖蒲〕

2 길상초〔吉祥草〕

3 지초〔芝〕

4 파초〔蕉〕

5 서대초〔書帶草〕

6 취운초〔翠雲草, 부처손〕

7 노소년〔老少年, 색비름〕

8 운향〔芸香〕

9 만년송〔萬年松, 향나무〕

부록 화분에 노송 재배하기

10 초송〔草松〕

11 종죽〔棕竹, 종려죽〕

12 난천죽〔蘭天竹, 남천〕

13 호자나무〔虎刺〕

14 철초〔鐵蕉, 소철〕

15 종려〔棕櫚〕

1. 석창포(石菖蒲)[1]

石菖蒲

1) 이름과 품종

名品

일명 '창양(昌陽)', '창촉(菖歜)', '요구(堯韭)', '손(蓀)'
이다.[2]

一名"昌陽", 一名"菖歜", 一
名"堯韭", 一名"蓀".

【 본초강목(本草綱目) 】[3][4] 창포(菖蒲)는 곧 부들[蒲]의
종류 중에 창성한[昌盛] 식물이라는 뜻이다. 그러므
로 '창포'라 한다. 《여씨춘추(呂氏春秋)》[5]에 "동지 후
57일이 되면 창포가 처음 나온다. 창포는 온갖 풀
중에 먼저 나는 풀이다. 이때에 비로소 농부들이 밭
을 간다."[6]라 했으니, '창포'나 '창양'은 이런 뜻을 취
한 이름이다.

【 本草綱目 】 菖蒲乃蒲類之
昌盛者, 故日"菖蒲".《呂
氏春秋》云"冬至後五十七
日, 菖始生. 菖者, 百草之
先生者, 於是始耕", 則菖
蒲、昌陽又取此義也.

그 종류에는 다음과 같이 5가지가 있다. ① 못에

其種有五: 生於池澤, 葉

---

1 석창포(石菖蒲) : 외떡잎식물 천남성목 천남성과의 여러해살이풀.
2 일명……손(蓀)이다 :《二如亭群芳譜》〈貞部〉第5 "卉譜" 1 '菖蒲'(《四庫全書存目叢書補遍》80, 803쪽)에
   보인다.
3 본초강목(本草綱目) : 중국 명(明)나라의 본초학자(本草學者) 이시진(李時珍, 1518~1593)이 편찬한 본초
   서. 약용으로 쓰이는 사물을 수부(水部)·화부(火部)·토부(土部)·금석부(金石部)·초부(草部)·곡부(穀
   部)·채부(菜部)·과부(果部)·목부(木部)·복기부(服器部)·충부(蟲部)·인부(鱗部)·개부(介部)·수부(獸
   部)·인부(人部)로 분류하고, 산지와 모양부터 기미(氣味)·주치(主治)·처방(處方)까지 망라하여 정리하였
   다. 중국 역사에서 가장 완정한 본초서로 평가되며, 서유구는 《인제지》에서 조선이 하루빨리 《본초강목》
   의 내용을 받아들여 의약 수준의 선진화를 이루어야 한다고 역설하기도 했다.
4 《本草綱目》卷19〈草類〉"菖蒲", 1356~1357쪽.
5 여씨춘추(呂氏春秋) : 중국 진시황(秦始皇)의 재상 여불위(呂不韋, B.C. ?~235)가 식객들을 시켜 짓게 한
   책. 26권. 별칭은 《여람(呂覽)》. 전국 시대 말기 각 학술가의 사상을 8람(覽), 6론(論), 12기(紀)로 분류하
   여 수록했다.
6 동지……간다 :《呂氏春秋》〈士容論〉第6 "任地"(《呂氏春秋譯注》, 899쪽).

서 나고, 잎이 기름지며, 뿌리의 높이가 2~3척인 창포는 이창포(泥菖蒲) 또는 백창포(白菖蒲)[7]이다. ② 계곡이나 시냇가에 나고, 잎이 가늘고 뿌리의 높이가 2~3척인 창포는 수창포(水菖蒲) 또는 계손(溪蓀)이다.

③ 물속 돌 틈에 나고, 잎에 칼날 같은 줄[脊]이 있고, 가는 뿌리가 조밀하게 뻗고 마디가 있으며, 그 높이가 1척 남짓인 창포는 석창포(石菖蒲)이다. ④ 사석(沙石)[8]에 키우면서 잎을 떼어 낼수록 더욱 가늘어지며, 높이가 0.4~0.5척이고, 잎은 부춧잎과 같고, 뿌리는 숟가락자루의 굵기만큼 굵은 창포 또한 석창포이다.

⑤ 또 뿌리의 길이가 0.02~0.03척이고, 잎의 길이가 0.1척 정도여서, 책상에 두고 청아한 감상거리로 쓰이는 창포는 전포(錢蒲)이다. 식용으로나 약재로는 여러 종류의 석창포를 사용하며, 그 나머지 창포는 모두 먹거나 약으로 쓰지 않는다.

肥, 根高二三尺者, 泥菖蒲、白菖也; 生於溪澗, 葉瘦, 根高二三尺者, 水菖蒲、溪蓀也.

生於水石之間, 葉有劍脊①, 瘦根密節, 高尺餘者, 石菖蒲也; 養以沙石, 愈剔愈細, 高四五寸, 葉如韭, 根如匙柄粗者, 亦石菖蒲也.

又有根長二三分, 葉長寸許, 置之几案, 用供清賞者, 錢蒲也. 服食入藥, 用諸種石菖蒲, 餘皆不堪.

군방보(群芳譜) [9][10] 석창포의 종류에는 호수포(虎鬚蒲)[11]·용전포(龍錢蒲)[12] 등이 있으며, 또한 향묘(香苗)·

群芳譜 石菖蒲之種有虎鬚蒲、龍錢蒲, 又有香苗、

---

7 이창포(泥菖蒲) 또는 백창포(白菖蒲) : 같은 종의 이칭이다. 아래 수창포(水菖蒲) 또는 계손(溪蓀)도 마찬가지이다.

8 사석(沙石) : 자갈이 섞인 모래흙. 사석토(沙石土)라고도 한다.

9 군방보(群芳譜) : 중국 명(明)나라의 학자 왕상진(王象晉, 1561~1653)이 편찬한 농서. 곡물(穀物)·소과(蔬菓)·화훼(花卉) 등의 종류, 재배법, 효능, 요리법 등을 서술하였다. 청(淸)나라 강희(康熙) 연간(1662~1722)에 왕호(汪灝) 등이 왕명을 받아 《광군방보(廣群芳譜)》 100권으로 증보하여 간행했다.

10 《二如亭群芳譜》 〈貞部〉 第5 "卉譜" 1 '菖蒲'(《四庫全書存目叢書補遍》 80, 804쪽).

11 호수포(虎鬚蒲) : 잎이 호랑이수염 같은 석창포. 아래 "호수창포"에 자세히 나온다.

12 용전포(龍錢蒲) : 뿌리가 서리는 모습이 볼만한 창포로 물이 부족해도 잘 사는 종이다. 아래 "용전창포 기르는 법"에 자세히 보인다.

① 脊 : 저본에는 "春". 오사카본·규장각본·《二如亭群芳譜·貞部·卉譜》에 근거하여 수정.

자생지의 석창포

검척(劍脊, 잎에 칼날 같은 줄이 있는 석창포)·금전(金錢)·우   劍脊、金錢、牛頂、臺蒲, 皆
정(牛頂)·대포(臺蒲) 등은 모두 품등이 좋은 품종이다】   品之佳者也】

2) 알맞은 토양

석창포는 요즘 사람들이 건조한 사석토(沙石土, 모래 자갈 섞인 흙)에 많이 심는다.《도경본초(圖經本草)13)》14

일반적으로 초목 중 돌 위에 나는 초목은 반드시 약간의 흙을 그 뿌리에 부착시켜 주어야 한다. 그런 데 석창포만은 돌과 함께 취한 다음 진흙을 씻어 내 고 맑은 물에 담갔다가 화분 안에 두면 수십 년 동 안 시들지 않을 수 있다.

비록 매우 무성해지지는 않더라도 마디진 잎은 굳세면서도 가늘며 뿌리수염이 서로 얽히기 때문에 책상 어귀에서 파릇하게 자라 오래 될수록 더욱 즐 길 만하다.《동파집(東坡集)15)》16

창포는 장맛비가 내릴 때 돌 위에 심으면, 무성하 면서도 잎은 가늘다. 흙을 쓰면 잎이 굵어진다.《예 화보(藝花譜)17)》18

土宜

石菖蒲, 今人多植之, 乾燥 沙石土中.《圖經本草》

凡②草木之生石上者, 必 須微土以附其根. 惟石菖 蒲, 竝石取之, 濯去泥土, 漬以淸水, 置盆中, 可數十 年不枯.
雖不甚茂, 而節葉堅瘦, 根鬚③連絡, 蒼然于几案 間, 久而益可喜也.《東坡 集》

菖蒲, 梅雨種石上, 則盛而 細. 用土則麤.《藝花譜》

---

13 도경본초(圖經本草):《본초도경(本草圖經)》의 이칭. 1061년에 중국 송나라의 의학자 소송(蘇頌, 1020~1101)이 편찬하여 20권으로 간행한 의서. 중국 각 군현(郡縣)의 약초와 해외의 약물 자료를 수집하 고, 여러 학자의 학설을 참고하고 정리해서 만들었다. 원서는 없어졌으나, 그 내용이《본초강목》·《증류본 초(證類本草)》등에 전한다.《도경(圖經)》이라 약칭하기도 한다.

14 《本草圖經》卷4〈草部〉"上品之上"'菖蒲, 83쪽.

15 동파집(東坡集):중국 북송(北宋) 시대의 시인 소식(蘇軾, 1036~1101)의 문집.

16 《東坡集》卷94〈撰贊三十七首〉"石菖蒲贊"《文淵閣四庫全書》1108, 518쪽).

17 예화보(藝花譜):중국 명(明)나라 고렴(高濂)이 쓴 화보.《광군방보》나《격치경원(格致鏡原)》卷71, 72에 그 일부가 실려 있다.

18 출전 확인 안 됨;《二如亭群芳譜》〈貞部〉第5"卉譜"1'菖蒲'《四庫全書存目叢書補遍》80, 805쪽).

② 凡:저본에는 없음. 오사카본·규장각본·《東坡集·撰贊三十七首·石菖蒲贊》에 근거하여 보충.

③ 鬚:《東坡集·撰贊三十七首·石菖蒲贊》에는 "須".

3) 심거나 접붙이는 시기

12월에 옮겨 심으면, 더욱 쉽게 살아난다. 《도경본초》[19]

時候

臘月移之, 尤易活. 《圖經本草》

어떤 이는 "4월 14일은 창포의 생일이다."[20]라 했다. 보관할 때 뿌리와 잎을 잘라 다듬고 성긴 대나무발이나 가는 대바구니 따위로 덮어 두어야 한다. 날이 따뜻해지면 푸른색 잎이 쉽게 난다. 《증보도주공서(增補陶朱公書)[21]》[22]

或云:"四月十四, 菖蒲生日."宜修翦根葉, 覆以疏簾、微籠. 煖日則靑翠易生. 《增補陶朱公書》

---

19 《圖經本草》卷4 〈草部〉"上品之上" '菖蒲'(《本草圖經》, 83쪽).

20 4월……생일이다 : 출전 확인 안 됨 ; 《二如亭群芳譜》 〈貞部〉 第5 "卉譜" 1 '菖蒲'(《四庫全書存目叢書補遍》 80, 804쪽).

21 증보도주공서(增補陶朱公書) : 저자 미상. 도주공(陶朱公)은 중국 춘추 시대 월(越)나라 왕 구천(句踐)의 신하인 범려(范蠡)이다. 범려는 화식(貨殖, 재물 증식)에 뛰어났기에 상왕(商王)으로 불렸다. 그런 그의 이름에 가탁하여 쓴 책으로 추정된다. 중국 명(明)나라 말기의 문인 진계유(陳繼儒)가 지은 《증보도주공치부기서(增補陶朱公致富奇書)》가 전해지며, 본문의 《증보도주공서》 기사와 일치하는 부분이 일부 있지만 같은 책인지 확정할 수 없다.

22 출전 확인 안 됨 ; 《御定月令輯要》, 위와 같은 곳.

4) 창포 재배 총론

석창포는 질그릇이나 석기(石器)에 심는다. 아침저녁으로 물을 갈아 주면 무성해진다. 만약 물이 탁하거나 진흙찌꺼기가 있으면 시든다. 《본초별설(本草別說)23》24

창포를 잘 기르려면 오래된 도랑 속의 질그릇을 가루 내어 여기에 창포를 심는다. 《거가필용(居家必用)25》26

돌에 심은 창포를 '석창포'라 부른다. 그러나 질그릇조각이나 자갈을 넣은 도자기에도 모두 심을 수 있다. 이런 경우에는 누런 장맛비를 많이 받아 두었다가 이 물을 주어야 한다. 창포를 기르는 법은 봄에 따기[撂], 여름에 자르기[翦], 가을에 밖에 두기[露], 겨울에 갈무리하기[藏]이다.

'따기[撂]'는 춘분(春分, 양력 3월 20·21일경)이 지난 뒤에 그 누런 잎끝을 따내는 일이다. '자르기[翦]'는 4월 14일에 뿌리 가까이에 붙은 묵은 잎을 잘라 내야 새로 나오는 잎이 가늘게 되는 일이다. '밖에 두기[露]'

種蒲總訣

石菖蒲, 以瓦、石器種之. 朝暮易水則茂. 水濁及有泥滓則萎.《本草別說》

養菖蒲, 以積年溝渠瓦爲末, 種之.《居家必用》

種於石者, 呼爲"石菖蒲". 然瓦礫磁器內俱可栽, 宜多畜黃梅水灌之. 其法, 春撂、夏翦、秋露、冬藏.

撂者, 春分後撂去其黃葉梢也; 翦者, 四月十四日, 着根翦去舊葉, 方出而細也; 露者, 秋得露而蔥蒨也; 藏者,

---

23 본초별설(本草別說) : 중국 송(宋)나라 의학가 진승(陳承, ?~?)이 《가우보주신농본초(嘉祐補注神農本草)》와 《도경본초(圖經本草)》를 합쳐 고금의 설과 자신의 견문을 붙여 원우(元祐) 7년(1092) 《중광보주신농본초병도경(重廣補注神農本草幷圖經)》23권을 완성했다. 이를 《본초별설》이라 한다. 진승은 북송(北宋) 원우(元祐, 1086~1093) 연간에 의술로 이름이 알려져 있었다. 진승은 대관(大觀, 1107~1110) 연간에 《인제국방(印劑局方)》의 수정, 보완 작업에 참여하기도 하였다.

24 출전 확인 안 됨;《本草綱目》卷19〈草類〉"菖蒲", 1357쪽.

25 거가필용(居家必用) : 중국 원나라 때 편찬된 작자 미상의 유서. 갑집(甲集)부터 계집(癸集)까지 10집으로 구성되어 있다.

26 《居家必用》戊集〈花草類〉"養菖蒲"(《居家必用事類全集》, 193쪽).

는 가을에 이슬을 맞혀 새파랗게 되도록 하는 일이
다. '갈무리하기[藏]'는 상강(霜降, 양력 10월 23·24일경)
후 땅 위에서 항아리로 덮어 두어 쥐가 들어가지 못
하도록 하는 일이다.《삼재도회(三才圖會)27》28

霜降後以缸覆在地上, 不可
容鼠入也.《三才圖會》

---

27 삼재도회(三才圖會): 중국 명(明)나라 때 왕기(王圻)가 편찬한 총 106권으로 된 유서(類書). 여러 서적의
도보(圖譜)를 모으고 그 그림에 근거하여 사물을 설명하였다.
28 《三才圖會》〈草木〉卷12 "石菖蒲", 212쪽.

5) 화분에 석창포 기르는 법

맑은 샘물 속에 있던 깨끗한 돌에 심고, 오래된 도랑 속에 있던 질그릇가루로 북주면 잎이 가늘어진다. 열기가 있는 손으로 어루만지거나, 술기운, 비린 맛, 기름기, 먼지 등으로 오염되는 것을 꺼린다. 만약 해를 보게 하거나, 서리 혹은 눈을 맞히거나, 불이나 연기에 그을리게 되면 잎이 모두 아래로 쳐진다.

석창포는 비와 이슬을 좋아하므로 흠뻑 맞힌다. 밤이 끝나고 동이 틀 때까지 잎 끝에 이슬방울이 맺힌다. 그러면 솜을 말아 만든 작은 봉으로 이 이슬방울을 닦아 내야 한다. 그러면 잎 끝이 누렇게 되지 않는다.

석창포는 뿌리를 물로 씻어 주는 것을 좋아한다. 만약 뿌리에 진흙을 남겨 두면 잎이 기름지고 굵어진다. 항상 물찌꺼기를 제거하면서 맑은 물만 취하

養盆蒲法

種以淸泉潔石, 甕以積年溝中瓦末則葉細. 畏熱手撫摩, 及酒氣、腥味、油膩、塵垢汚染. 若見日及霜雪、烟火, 皆蔫.

喜雨露, 遂挾而驕, 夜息至天明, 葉端有綴珠, 宜作綿捲小杖挹去, 則葉杪不黃.

愛滌根. 若留以泥土, 則肥而粗, 須常易去水滓, 取淸者續以新水養之. 久則細

석창포(《삼재도회》)

여 계속 새 물로 갈아 주면서 길러야 한다. 이렇게 하기를 오래 하면 석창포잎이 가늘고 짧으며 푸르고 무성하다. 물은 빗물을 사용한다.

한겨울에 얼음이 얼면 뿌리가 들뜨면서 시들어 썩을 것이다. 9월에는 방 안으로 옮겨 두되, 물이 부족하게 해서는 안 된다. 11월에는 물을 빼버리고 바람과 추위가 없는 밀실에 보관해 둔 다음 밀실의 창은 항상 진흙을 발라 봉해야 한다.

날이 따뜻해진 뒤에 물을 조금 주거나 작은 항아리 2개를 위아래로 합하여 덮어 두면, 기운과 물이 충분하여 잘 자랄 수 있다. 그렇지 않으면 곧 말라 죽을 것이다. 석창포는 봄바람을 매우 두려워하므로 늦은 봄에야 비로소 꽃이 핀다. 꽃이 피면 바람이 불지 않는 곳에 둔다. 곡우(穀雨, 양력 4월 19·20일경)가 지나면 걱정할 것이 없다.

사람들 말에 다음과 같은 내용이 있다. "'봄에는 늦게 내 놓는다[春遲出].'라 함은 춘분에야 방에서 내 놓아야 하고 게다가 비를 맞게 해서는 안 된다는 뜻이다. '여름에는 아끼지 않는다[夏不惜].'라 함은 3번은 잘라 주어야 한다는 뜻이다.[29]

'가을에는 물을 깊이 스며들도록 준다[秋水深].'라 함은 하늘에서 내리는 물로 기르라는 뜻이다. '겨울에는 꼭 덮어 보관하라[冬藏密].'라 함은 10월이 지나면 항아리 2개를 합하여 꽉 덮어 두라는 뜻이다."

短, 油然蔥蒨. 水用天雨.

嚴冬經凍, 則根浮萎腐. 九月移置房中, 不可缺水. 十一月, 宜去水藏於無風 寒密室中, 常墐其戶.

遇天日暖, 少用水澆, 或以 小缸合之, 則氣水洋溢, 足 以滋生. 不然便枯死. 菖蒲 極畏春風, 春末始開, 置無 風處. 穀雨後則無患矣.

語云: "'春遲出', 春分出室, 且莫見雨; '夏不惜', 可翦 三次;

'秋水深', 以天落水養之; '冬藏密', 十月後以缸合密."

---

29 내용상 다음 단락과 붙여 한 단락으로 만들어야 하나, 가독성을 위해 단락을 나눴다. 원문도 이와 마찬가지이다. 뒤에도 이와 유사한 사례로 편집한 곳이 있다.

또 다음과 같이 말했다. "'물을 더하되, 물을 바꾸지 않는다[添水不換水].'라 함은 물을 더해주면 석창포를 윤택하게 하지만 물을 바꾸면 그 원기를 손상시킨다는 뜻이다. '하늘을 보되 해를 보지 않게 한다[見天不見日].'라 함은 하늘을 보여 비나 이슬을 맞히지만, 해를 보여 잎이 굵고 누렇게 될까 걱정할 일을 만들지 않는다는 뜻이다.

'잎은 잘라 주되, 포기를 나누어서는 안 된다[宜翦不宜分].'라 함은 잎을 자주 잘라 주면 창포잎이 짧고 가늘어지지만 포기를 자주 나누어 주면 잎이 굵고 성글어진다는 뜻이다. '뿌리를 물에 담그되, 잎을 물에 담그지 말라[浸根不浸葉].'라 함은 뿌리를 담그면 잘 자라지만 잎을 담그면 썩는다는 뜻이다."

또 다음과 같이 말했다. "초봄에는 누런 잎을 일찍 제거해 주어야 한다. 해가 긴 여름날에는 물을 듬뿍 주어야 한다. 늦가을에는 이슬에 흠뻑 젖도록 해야 한다. 겨울에는 햇볕을 따뜻하게 쬐고 바람과 서리를 피해야 한다."

또 다음과 같이 말했다. "춘분에는 꽃피기를 재촉하는 비를 가장 금한다. 여름에는 시원한 물이 뜨거워져 끓는 물과 비슷해지는 일을 두려워한다. 가을에는 잎에 물자국이 나고 물때가 끼는 일을 두려워한다. 한겨울에는 다만 바람이나 서리 맞는 일을 두려워한다."《군방보》[30]

又云: "'添水不換水', 添水使其潤澤, 換水傷其元氣. '見天不見日', 見天挹雨露, 見日恐粗黃;

'宜翦不宜分', 頻翦則短細, 頻分則粗稀; '浸根不浸葉', 浸根則滋生, 浸葉則潰爛."

又云: "春初宜早除黃葉, 夏日長宜滿灌漿, 秋季更宜沾重露, 冬宜煖日避風霜."

又云: "春分最忌摧花雨, 夏畏涼漿熱似湯, 秋畏水痕生垢膩, 嚴冬止畏見風霜."《群芳譜》

---

30 《二如亭群芳譜》〈貞部〉第5 "卉譜" 1 '菖蒲'(《四庫全書存目叢書補遍》80, 804~805쪽).

석창포를 돌보는 법: 석창포를 기르는 빼어난 법
은 진흙에 키워 줄기가 두터워지지 않게 하는 점이
가장 중요하다. 또 우물물을 주지 말아야 한다. 이
는 잎 위에 흰 점이 생겨 싹을 상하게 하기 때문이
다. 햇볕을 쪼이지 말고, 이슬과 눈을 맞히지 말며,
취한 사람에게 보이거나 기름기 있는 손에 닿게 하
지 말아야 한다. 이 몇 가지가 여러 조심할 일 중에
가장 중요한 점들이다.

곤석(崑石)[31]이나 물 위에 떠 있는 돌 속에 창포
를 심고는 싹이 푸르고 무성하게 자라기를 바라지만
세월이 흐르지 않고는 불가능하다. 대체로 창포류
의 식물은 야생에서는 쉽게 볼 수 있지만 이를 화분
에 심어 오래 살게 하기는 어렵다. 《준생팔전(遵生八
牋)[32]》[33]

看蒲之法: 妙在勿令見泥與
肥爲上. 勿澆井水, 使葉上
有白星, 壞苗, 不令日曝,
勿冒霜雪, 勿見醉人油手,
數事爲最.

種之崑石、水浮石中, 欲其
苗之蒼翠蕃衍, 非歲月不
可. 大率蒲草易看, 盆古爲
難.《遵生八牋》

---

31 곤석(崑石) : 중국 강소성(江蘇省) 곤산시(昆山市) 옥봉산(玉峰山) 일대에서 산출되는 돌. 우화석(雨花石)과
　함께 강소성 3대 명석(名石)으로 불린다. 풍석 서유구 지음, 임원경제연구소 옮김, 《임원경제지 이운지》1,
　풍석문화재단, 2019, 464쪽에 곤석에 석창포 심는 법이, 530~531쪽에 곤석에 대해 자세히 나온다.
32 준생팔전(遵生八牋) : 중국 명나라의 고렴(高濂, 1573~1620)이 지은 유서. 8가지 대분류로 구성되어 있다.
33 《遵生八牋》卷7〈起居安樂牋〉"高子盆景說"(《遵生八牋校注》, 231~232쪽).

6) 돌에 석창포 기르는 법

망종(芒種, 양력 6월 6·7일경) 때 석창포를 주먹만 한 돌에 심으면, 기이한 봉우리 아래 맑은 물결 일고, 창포의 푸른 잎이 무성해져, 역시 책상어귀의 우아한 완상거리가 된다. 돌은 물 위에 올라올 정도의 크기라야 좋다. 석창포뿌리는 물을 머금어야 하지만 잎이 물에 가워서는 안 된다.

나무판자에 구멍을 뚫어 만든 받침대에 석창포 심은 돌을 올려 물이 넉넉히 담긴 독 가운데에 얹고 그늘진 곳에 두면 잎이 위쪽을 향한다.[34] 만약 실내라면 빛이 드는 쪽을 향하여 둔다. 잎의 길이가 길어져 다시 옮겨 심을 만해지면 옮겨 둔다.

무강석(武康石)[35]은 강도가 약하여 취하기가 매우

養石上蒲法

芒種時, 種以拳石, 奇峰淸漪, 翠葉蒙茸, 亦几案間雅翫也. 石須上水者爲良, 根宜蓄水, 而葉不宜近水.

以木板刻穴架, 置寬水甕中, 停陰所則葉向上. 若室內卽向見明處. 長當更移, 轉置之.

武康石, 浮鬆極易取, 眼

곤석

---

34 나무판자에……향한다:바로 앞에서 말한, 돌은 물 위에 두고, 뿌리에 물을 머금게 하며, 잎은 물과 가깝지 않게 하는 방법이다.

35 무강석(武康石):중국 절강성 무강현(武康縣)에서 나는 돌. 적색·청색·황색·흑색 등 다양한 색이 있고 구멍이 많다. 수석용으로 애호된다. 풍석 서유구 지음, 임원경제연구소 옮김, 《임원경제지 이운지》 1, 풍석문화재단, 2019, 529~530쪽에 자세히 보인다.

쉽고 눈으로 보기에도 가장 좋다. 뿌리가 얽힌 창포는 한 번 옮겨 심으면 곧 살아난다. 그러나 이러한 돌은 매우 흔하여, 기이한 품등이 되기에는 부족하다.

오로지 곤산(崑山)에서 난 기이한 곤석(崑石)이 가장 좋다. 다만 새로 얻은, 짙은 적색의 곤석은 화성(火性)[36]이 없어지지 않았기 때문에 여기에 석창포를 옮겨 심기에는 알맞지 않다. 반드시 상해서 신맛이 나는 쌀뜨물에 담가 1개월 남짓 뜰에 둔 다음 햇볕을 쪼이고 비를 맞힌다. 그렇게 한 해가 지난 뒤에 곤석의 색이 순백색이 된 뒤에야 이 돌에 창포를 심는다.

대껍질 조각을 자기분의 밑에 채워 깔고 물을 깊게 채워 무성해지도록 기르면 1개월이 지난 후에 곧 뿌리가 자라 서로 얽힌다. 곤석에 심으면 여러 종류의 무강석에 심은 것에 비하여 석창포잎이 더 가늘고 게다가 짧아진다.

最好. 紫根一栽便活. 然此等石甚賤, 不足爲奇.

惟<u>崑山</u>巧石爲上. 第新得深赤色者, 火性未絶, 不堪栽種. 必用酸米泔水, 浸月餘置庭中, 日曬雨淋, 經年後, 其色純白, 然後種之.

篦片抵實, 深水盛養, 一月後, 便紫根. 比之武康諸石, 細而且短.

무강석

양두석

---

36 화성(火性) : 불의 본성. 붉은 돌은 불기운 때문이 아니라 산화철 성분이 많아서 붉은 것인데, 여기서는 불처럼 붉은 색깔만을 가지고 말했기 때문에 '화성(火性)'이라 표현한 것으로 보인다.

양두석(羊肚石)[37]은 곤석의 다음이다. 양두석의 본성은 돌 중에 가장 짜기 때문에 이를 바로 쓰면 석창포가 종종 겨울을 날 수 없다. 따라서 새로 얻은 양두석은 바짝 말렸다가 마찬가지로 1년 동안 물에 담가 두어 짠맛이 모두 물에 녹은 후에 석창포를 심어야 한다. 그러면 오래갈 수 있을 것이다.

일반적으로 돌 위에 심은 창포는 잠시라도 물이 부족하게 해서는 안 된다. 게다가 뿌리를 씻어 주고, 빗물을 주어야 하며, 바람이나 연기를 쏘이지 말아야 한다. 밤에 밖으로 옮겨 이슬을 맞혔으면 해가 뜨자마자 곧장 들여 놓는다.

만약 잎이 누렇게 될까 걱정되면 쥐똥 혹은 박쥐똥으로 북주었다가 물을 뿌려 준다. 만약 잎이 곧게 자라기를 원한다면 면으로 창포뿌리를 싸 주고 매일 아침 손으로 잎을 어루만져 주는 것도 좋다. 만약 숯 위에 심는다면 숯에 반드시 나무껍질이 붙어 있어야 좋다. 《군방보》[38]

괴석 위에 석창포 심는 법: 초봄에 뿌리가 서리고 잎이 가는 창포를 캐다가 가위로 수염뿌리를 잘라 내고 괴석 밑에 나란히 늘어 놓은 후 자잘한 돌로 뿌리를 누른다. 돌틈에서 나오는 샘물을 부어 주고 물에서 냄새가 나지 않도록 자주 갈아 주면 자연

羊肚石爲次, 其性最鹹, 往往不能過冬. 新得者枯渴, 亦須浸養期年, 使其鹹渴盡解, 然後種之, 庶可久耳.

凡石上菖蒲, 不可時刻缺水, 尤宜洗根, 澆以雨水, 勿見風烟. 夜移見露, 日出即收.

如患葉黃, 壅以鼠糞或蝙蝠糞, 用水灑之. 若欲其直, 以綿裹筋頭, 每朝捋之亦可. 若種炭上, 炭必有皮者佳.《群芳譜》

怪石上種石昌蒲法: 春初採盤根細葉者, 翦鬚根, 列置怪石下, 用碎石鎭之. 以石泉浸灌, 勿令水有臭氣, 自然生根, 盤結石上.

---

37 양두석(羊肚石) : 백색의 불투명한 돌로, 규산염을 다량 함유하고 있어 짠맛이 강한 돌. 표면이 양의 위장처럼 생겨서 '양두석'이라는 이름이 붙었다. 다른 돌보다 질량이 비교적 가벼워 물에 뜨기 때문에 부석(孚石)이라고도 한다. 주로 대나무와 창포나 부들을 심은 화분에 쓰인다. 해독 기능이 있어 약재로도 쓰인다.
38 《二如亭群芳譜》〈貞部〉第5 "卉譜" 1 '菖蒲'(《四庫全書存目叢書補遍》80, 805쪽).

히 뿌리가 생겨 그 뿌리가 돌 위에 서려 붙는다.

또 다른 법으로, 사기나 돌로 된 화분이나 용기에 냇가에서 나는 반들반들한 돌을 채운 다음 그 위에 8~9개의 뿌리를 심고 자주 물을 갈아 주면 무성해진다. 다만 아쉬운 점은 물에 오래 잠겨 있으면 잎이 점차 자라나 도리어 서대초(書帶草)39처럼 길게 된다.

又有用磁石盆碗, 盛溪邊水磨石, 上植八九根, 頻頻易水則盛. 但浸灌歲久則葉漸長, 還如書帶.

따라서 여름에 자주 그 잎을 잘라 주어야만 잎이 가늘어진다. 보관할 때는 너무 따뜻하게 하지 말아야 한다. 너무 따뜻하면 시들어 죽기 때문이다.《청천양화록(菁川養花錄)40》41

須於夏月頻翦其葉則葉細. 收藏, 勿令太暖, 以致萎敗.《菁川養花錄》

---

39 서대초(書帶草):아래 '5. 서대초' 항목 참조.
40 청천양화록(菁川養花錄):조선의 문신이자 서화가인 강희안(姜希顔, 1417~1464)이 직접 꽃을 키우며 지은 원예서. 노송·만년송·오반죽·국화·매화·난혜·서향 등 16종의 식물과 괴석에 대해 재배법, 종자 보관법 등이 자세히 기술되어 있다. 그의 동생 강희맹(姜希孟, 1424~1483)이 편찬한《진산세고(晉山世稿)》에《양화소록(養花小錄)》이라는 서명으로 수록되어 있다.
41 《養花小錄》〈石菖蒲〉, 170~169쪽.

7) 호수창포[虎鬚蒲[42], 잎이 호랑이수염[虎鬚][43]처럼 억센 창포] 기르는 법

養虎鬚蒲法

창포꽃이 씨를 맺어 익으면 씨를 거두어 둔다. 장마철이 되면 미음을 씨와 함께 잘게 씹어 큰 숯 위에 뿜어 주면 숯에서 자연히 싹이 난다. 그 잎이 아주 가늘어 사랑스럽다. 그러나 잎이 호랑이수염과 같이 억셀 뿐이다. 《계신잡지(癸辛雜識)[44]》[45]

菖蒲花候結子老, 收之. 至梅月, 用米飲同子嚼碎, 噴在大炭上, 則自然生苗, 極細可愛. 然止是虎鬚耳.《癸辛雜識》

등잔 앞에 석창포화분 하나를 놓아 두면 석창포가 등잔의 그을음을 빨아들일 수 있어서 눈이 맵지 않다. 심는 법은 다음과 같다. 4월 초순에 몇 뿌리를 거두어 모아서 잎의 굵기에 상관없이 대나무칼로 잎을 깨끗이 잘라 낸다.

燈前置一盆, 可收燈烟, 不薰眼. 種法: 當于四月初旬, 收緝幾許, 不論粗細, 用竹翦淨翦.

호수창포

호랑이수염장식(국립중앙박물관)

---

42 호수창포[虎鬚蒲]:《매원화보》에서는 골풀이라 했다. 골풀은 습한 땅이나 개울가에서 자라며 이칭은 등심초(燈心草)이다. 그러나 이를 입증할 만한 단서는 없어서 향후 고증이 필요한 식물이다.

43 호랑이수염[虎鬚]:조선 시대의 융복(戎服) 차림을 할 때 입자(笠子, 머리에 쓰는 모자)에 호랑이수염으로 만든 장식을 꽂았다.

44 계신잡지(癸辛雜識):중국 남송의 주밀(周密, 1232~1298)이 지은 유서. 4권 481개의 조항으로 구성되어 있다.

45 《癸辛雜識》〈續集〉下 "菖蒲子"《文淵閣四庫全書》1040, 101쪽).

단단한 와기를 부수어 가루 낸 다음 거친 덩이는 체로 걸러 내고 미세한 먼지는 물로 일어 낸다. 이 와기가루에 석창포 끼리의 간격을 조밀하게 하여 꽉 채워 심고, 물을 깊게 부어 준 다음 해를 보지 않게 한다. 보름이 지난 후 길게 자라면 굵은 잎들은 따 낸다. 초가을에 다시 한 번 잎을 잘라 내면, 점차 잎이 가늘어진다.

한 해가 깊어지고 달수가 오래되면 뿌리가 서리면서 마디가 얽힌다. 먼지·때나 기름에 더러워지는 일이 없도록 하고, 햇볕이 들어오지 못하도록 한다. 그러면 간격이 자연히 조밀해지면서 잎이 자연히 가늘고 짧아진다. 장맛비를 받아 두어 점차 이를 흡수하면서 자라나게 해야 한다.

천주(泉州)46에서 나는 석창포는 많이 얻기가 어렵고, 소주(蘇州)47에서 나는 석창포는 그 잎이 너무 굵다. 대개 창포는 본성이 흙에 심으면 잎이 굵어지고, 돌에 심으면 가늘어진다. 소주에서는 대부분 흙에 심으니, 다만 창포가 쉽게 자라는 점만을 취한 셈이다.

어떤 사람은 "4월 14일은 창포의 생일이다. 뿌리와 잎을 잘라 손질해 준다. 이때를 넘기지 말아야 한다."48라 했다.《군방보》49

堅瓦敲屑, 篩去麤頭, 淘去細垢, 密密④種實, 深水蓄之, 不令見日. 半月後長成, 麤葉修去. 秋初再翦一番, 斯漸纖細.

至年深月久, 盤根錯節, 無塵埃、油膩相染, 無日色相干, 則自然稠密, 自然細短. 宜積梅水, 漸滋養之.

泉州者不可多得, 蘇州者種類極粗. 蓋菖蒲本性, 見土則粗, 見石則細. 蘇州多植土中, 但取其易活耳.

或曰: "四月十四, 菖蒲生日, 修翦根葉, 無踰此時."《群芳譜》

---

46 천주(泉州) : 중국 복건성(福建省) 남동부, 진강(晉江) 하구 북안(北岸)에 있는 지역.
47 소주(蘇州) : 중국 강소성(江蘇省) 남부, 태호(太湖) 동안(東岸)에 있는 지역.
48 4월……한다 :《御定月令輯要》卷9〈四月令〉"日次" '四月'《文淵閣四庫全書》467, 337쪽).
49《二如亭群芳譜》〈貞部〉第5"卉譜" 1 '菖蒲'《四庫全書存目叢書補遍》80, 804쪽).
④ 密 : 저본에는 "蜜". 오사카본·규장각본·《二如亭群芳譜·貞部·卉譜》에 근거하여 수정.

8) 용전창포[龍錢蒲] 기르는 법

이 종은 뿌리가 서리는 모습이 사랑스러운 데다 그 모습에 변화가 무궁하며 물이 부족해도 산다. 초여름 구름이 비껴 낀 산의 모래흙을 가져다가 큰 자갈을 골라 낸다. 물로 굵은 모래를 깨끗이 일어 낸 다음 이 모래로 먼저 화분의 반을 채운다. 이어서 물이 잘 빠져나갈 만한 고운 흙으로 표면을 덮되, 높이는 화분의 아가리와 서로 수평이 되게 한다.

큰 뿌리는 1개를 10개로 나눌 수 있고, 작은 뿌리는 1개를 2~3개로 나눌 수 있다. 둥글면서 꽉 차고 약간 큰 뿌리를 중심으로 삼아 중앙에 심는다. 나머지는 화분의 크기를 살펴 빙 둘러 짝지어 심는다.

대체로 첫 번째 줄에 둘러 심을 때는 5~6개의 뿌리만 심는다. 2번째 줄에 둘러 심을 때는 1배를

養龍錢蒲法

此種, 盤旋可愛, 且變化無窮, 缺水亦活. 夏初取橫雲山砂土, 揀去大塊, 以水淘淨粗者, 先盛半盆. 取其洩水細者蓋面, 與盆口相平.

大窠一可分十, 小窠一可分二三. 取圓滿而差大者作主, 餘則視盆大小旋繞朋[5]植.

大率第一迴, 不過五窠、六窠, 二迴倍一, 三[6]迴倍

용전창포

---

⑤ 朋:《二如亭群芳譜·貞部·卉譜》에는 "明".
⑥ 三: 저본에는 "二". 오사카본·규장각본·《二如亭群芳譜·貞部·卉譜》에 근거하여 수정.

더하여 심는다. 3번째 줄에 둘러 심을 때는 그 2배
를 더해 심는다. 그러면 가지런하여 볼 만하게 된다.

　비가 내린 뒤 그 뿌리가 크게 드러나면 모래로 다
시 북준다. 이때는 반드시 그늘진 곳에만 두어야 하
고 아침저녁으로 물을 약간씩 뿌려 주면 자연히 무
성해질 것이다. 굳이 물을 가득 채워 기를 필요는
없다.

　심은 지 1개월 후에는 곧 아름다운 장관을 이룬
다. 1년 후에는 화분 안에 남은 공간이 없이 꽉 찰
것이다. 2년이 지나면 모두 포기를 나누어 심어도
된다.《군방보》[50]

二, 斯齊整可觀.

經雨後其根大露, 以沙再
壅之, 只須置陰處, 朝夕微
微灑水, 自然榮茂, 不必
盛水養之.

一月後便成美觀, 一年後
盆無餘地, 二年儘可分植
矣.《群芳譜》

---

[50]《二如亭群芳譜》, 위와 같은 곳.

9) 치료하기

석창포를 기를 때 잎이 힘이 없고 누렇게 된 경우에는 쥐똥을 뿌려 준다. 《물류상감지(物類相感志)[51]》[52]

10) 품등

석창포라는 식물은 햇볕을 필요로 하지 않고, 채 0.1척의 흙에도 의지하지 않으며, 계절을 가리지도 않는다. 오랠수록 더욱 배게 나고, 환경이 척박할수록 잎이 더욱 가늘어진다. 이런 환경에서는 석창포가 그 성정대로 자랄 수 있고, 그 본성을 기를 수 있다. 서재의 좌우에 이 석창포를 하나 두면 곧 청아한 운취와 여유를 느끼게 되니, 어찌 범상한 품등이라 지목할 수 있겠는가? 《군방보》[53]

醫治

養石菖蒲, 無力而黃者, 用鼠糞灑之. 《物類相感志》

品第

石菖蒲之爲物, 不假日色, 不資寸土, 不計春秋. 愈久則愈密, 愈瘠則愈細, 可以適情, 可以養性. 書齋左右, 一有此君, 便覺淸趣瀟灑, 烏可以常品目之哉? 《群芳譜》

무늬석창포

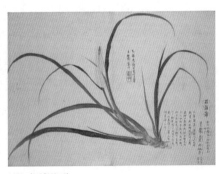

석창포(《매원화보》)

---

51 물류상감지(物類相感志) : 중국 송나라의 소식(蘇軾, 1036~1101)이 지은 유서(類書).
52 《物類相感志》〈花竹〉《叢書集成初編》1344, 23쪽).
53 《二如亭群芳譜》〈貞部〉第5 "卉譜" 1 '菖蒲(《四庫全書存目叢書補遍》80, 804쪽).

2. 길상초(吉祥草)[1]

吉祥草

1) 이름과 품종

名品

【군방보】[2] 길상초는 떨기지어 난다. 색은 항상 청색이며, 줄기가 부드럽고, 잎은 청록색이다. 꽃은 자색 봉오리이고, 작고 붉은 씨가 맺힌다. 그러나 꽃이 쉽게 피지 않기 때문에 어떤 사람은 "꽃이 피면 나라에 죄인의 사면이 있다."라 하고, 또 어떤 사람은 "꽃이 피면 집안에 경사스러운 일이 있다."라 한다.

사람들은 길하고 상서롭다[吉祥]는 이름의 뜻이 좋기 때문에 길상초 심기를 대부분 좋아한다. 어떤 사람은 "길상초는 푸르기가 건란(建蘭)[3]과 같고, 흙에 의지하지 않고서도 절로 잘 자라며, 겨울 내내 마르지 않는다."[4]라 한다. 항주(杭州)[5] 사람들은 대부분 사기동이에 심어 책상 어귀에 둔다. 오늘날 흙에 심은 것 중에 줄기가 갈라진 식물은 길상초가 아니다】

【群芳譜】叢生. 色長靑, 莖柔, 葉靑綠色, 花紫蓓, 結小紅子. 然不易開[1]花, 或云"花開則有赦", 一云"花開則家有喜慶事."

人以其名佳, 多喜種之. 或云: "吉祥草, 蒼翠若建蘭, 不藉土而自活, 涉冬不枯." 杭人多植瓷盆, 置几案間. 今以土栽有歧枝者非是】

---

1 길상초(吉祥草) : 백합과의 여러해살이풀. 줄기는 땅으로 뻗으며, 잎은 돗바늘모양이다. 가을에 연보라색 꽃이 꽃줄기 끝에 이삭모양으로 핀다. 열매는 처음에는 붉으나 마르면 검은색으로 바뀐다. 인도에서 유래한 쿠샤(Kusha)도 길상초라는 이름으로 불리나, 본문 내용과는 사뭇 다르다.
2 《二如亭群芳譜》〈貞部〉第5 "卉譜" 1 '吉祥草'《四庫全書存目叢書補遍》80, 808쪽).
3 건란(建蘭) : 난초과에 딸린 여러해살이풀. 잎은 무더기로 나고, 가늘고 길며, 마르면 맥줄이 둥그렇게 된다. 여름에 잎 사이에서 나온 긴 꽃줄기에 황록색으로 얼룩진 꽃이 여남은 송이씩 핀다.
4 길상초는……않는다:《西湖遊覽志餘》卷24〈委巷叢談〉《文淵閣四庫全書》585, 601~602쪽).
5 항주(杭州) : 중국 절강성(浙江省)에 있는 항주시(杭州市) 일대.
[1] 開 : 저본에는 없음.《二如亭群芳譜·卉譜·吉祥草》에 근거하여 보충.

2) 알맞은 토양

물이든 흙이든 돌이든 가리지 않고 이 모두에 심어도 된다.《군방보》[6]

土宜

不拘水土、石上, 俱可種.
《群芳譜》

3) 파종과 가꾸기

비가 온 다음 그 뿌리를 나누어 그늘지고 경사진 곳에 심으면 곧 살아난다. 물을 잘 줄 수 있어야만 아름답게 된다.《군방보》[7]

種藝

候雨過, 分其根, 種於陰崖處卽活. 惟得水爲佳.
《群芳譜》

4) 품등

화분에 올릴 때는, 돌 1개와 영지(靈芝)를 짝하여 놓으면, 매우 청아할 것이다. 서재 창가의 아름다운 완상거리가 될 만하다.《군방보》[8]

品第

登盆, 用以伴孤石、靈芝, 淸雅之甚, 堪作書窓佳玩.
《群芳譜》

길상초

길상초

---

6 《二如亭群芳譜》〈貞部〉第5 "卉譜" 1 '吉祥草'(《四庫全書存目叢書補遍》80, 808쪽).
7 《二如亭群芳譜》, 위와 같은 곳.
8 《二如亭群芳譜》, 위와 같은 곳.

3. 지초[芝][1]

芝

1) 이름과 품종

【 구선신은서(臞仙神隱書) [2][3] 지초[芝]에는 2가지의 종류가 있으니 자색과 백색이다. 모양은 버섯[菌]과 같다. 썩은 나무뿌리나 썩은 흙에서 자라는 것은 버섯이다. 지초는 줄기가 있다. 그 길이가 1척 남짓이고, 영지(靈芝)와 비슷하다.

영지는 돌 위에 난다. 그 모양은 돌과 같고, 복용할 수 있으며, 가을에 딴다】

2) 알맞은 토양

버섯이나 지초[芝]는 계단 앞에 심을 수 있다. 《구선신은서》[4]

【 臞仙神隱書 芝有二種, 紫白二色, 形如菌. 生於朽木根、朽壤上者, 菌也. 芝則有莖, 長尺餘, 與靈芝相似.

其靈芝生石上, 形如石, 可服, 秋採之】

土宜

菌芝可種于堦前.《臞仙神隱書》

---

1 지초[芝] : 영지와 비슷한 불로초과 식물. 여름철 활엽수에서 돋아나는 불로초과 1년생 버섯인 영지를 영지초(靈芝草), 지초(芝草), 불로초(不老草)라고 부르기도 하는 것에 근거해 보면 키가 좀 크고 돗바늘형 잎줄기가 있는 종을 영지와 구별하여 설명한 것으로 보인다.《삼재도회》의 지초 그림을 보면 영지와 같은 모양이지만 영지에는 없는 긴 잎줄기가 있다. 영지보다 상위 개념의 식물 종을 뜻하기도 한다.
2 구선신은서(臞仙神隱書) : 중국 명(明)나라 태조 주원장의 제17자인 주권(朱權, 1378~1448)이 신선(神仙)·은둔(隱遁)·섭생(攝生) 등을 다룬 의서. 구선(臞仙)은 주권의 호(號)이다.
3 《臞仙神隱書》卷下〈七月〉 "仙道"(《四庫全書存目叢書》 260, 61쪽);《二如亭群芳譜》〈貞部〉 第5 "卉譜" 1 '芝'(《四庫全書存目叢書補遍》 80, 802쪽).
4 《臞仙神隱書》, 위와 같은 곳.

지초(《삼재도회》)

여러 모양의 지(芝)
《본초강목》

영지(임원경제연구소, 파주시 금촌동 고기랑찌개랑에서
촬영)

3) 관리

영지는 선계(仙界)의 품등이다. 산중에서 캐어 가
지고 돌아와 광주리에 담아서 밥 찌는 시루 위에 얹
은 다음, 푹 쪄서 익히고 햇볕을 쪼여 말린다. 그
러면 보관해 두어도 썩지 않는다. 주석으로 대롱
을 만들어 영지뿌리에 대롱을 씌운다. 이를 물병
에 꽂은 다음 댓잎이나 길상초와 짝지어 두면 그 뿌
리가 썩지 않는다. 화분에 심을 때도 이 법을 쓴다.
《군방보》[5]

葺理

靈芝仙品也. 山中採歸, 以
籠盛置飯甑上, 蒸熟曬乾,
藏之不壞. 用錫作管套根,
揷水瓶中, 伴以竹葉、吉祥
草, 則根不朽. 上盆, 亦用
此法.《群芳譜》

---

5 《二如亭群芳譜》〈貞部〉第5 "卉譜" 1 '芝'(《四庫全書存目叢書補遍》80, 802쪽).

4. 파초[蕉]¹

蕉

1) 이름과 품종

名品

일명 '감초(甘蕉)', '파초(芭蕉)', '파저(芭苴)', '천저(天苴)', '녹천(綠天)', '선선(扇仙)'이다.²

一名"甘蕉", 一名"芭蕉", 一名"芭苴", 一名"天苴", 一名"綠天", 一名"扇仙".

【군방보】³ 잎은 청색이며, 잎의 길이가 가장 길고 크다. 양끝이 제법 뾰족하다. 국화꽃이 지지 않으면 파초 잎도 떨어지지 않는다.

【群芳譜】葉青色, 最長大, 首尾稍尖. 菊①不落花, 蕉不落葉.

잎이 하나가 나면 다른 하나의 잎은 타들어가듯[焦] 시든다. 그러므로 '파초(芭蕉)'라 이름한 것이다. 그 줄기는 연하면서, 여러 겹의 껍질이 서로 싸고 있다. 바깥 껍질은 약간 청색이며 그 안쪽은 백색이다. 3년 이상 자라면 꽃이 핀다.

一葉生, 一葉焦, 故謂之"芭蕉". 其莖軟而重皮相裹, 外微青裏白. 三年以上卽著花.

꽃은 중심에서 1개의 줄기가 나와 처음에는 커다란 꽃송이가 난다. 이 꽃송이는 마치 거꾸로 늘어진 연꽃봉오리와 같다. 꽃받침이 십수 겹으로 달리며,

自心中抽出一莖, 初生大蕚, 似倒垂菡萏, 有十數層, 層皆作瓣, 漸大則花出

---

1 파초[蕉]:외떡잎식물 생강목 파초과의 여러해살이풀. 꽃이삭이 자라면서 밑부분에 암꽃과 수꽃이 같이 피고 윗부분에는 수꽃만 달린다. 중국이 원산지이고, 한국 남부 지방에 분포하여 자란다. 바나나와 비슷하게 생겼지만, 바나나는 열대식물이고 파초는 온대식물이다.

2 일명……선선(扇仙)이다:《二如亭群芳譜》〈貞部〉第6 "卉譜" 2 '芭蕉'(《四庫全書存目叢書補遍》80, 817쪽)에 보인다.

3 《二如亭群芳譜》〈貞部〉第6 "卉譜" 2 '芭蕉'(《四庫全書存目叢書補遍》80, 817~818쪽).

① 菊:저본에는 "鞠".《二如亭群芳譜·貞部·卉譜》에 근거하여 수정.

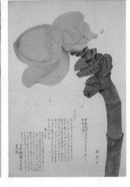

파초꽃
(이상 《매원화보》)

파초꽃

파초꽃받침(이상 YTN뉴스, 2017. 6월 29일 보도)

각 겹이 모두 꽃받침이다. 꽃받침이 점차 커지면 꽃들이 꽃받침 속에서 나와 아주 무성하게 핀다.

瓣中, 極繁盛.

큰 파초는 한 아름 남짓 된다. 잎은 길이가 10척 정도이고, 너비는 1~2척에 이른다. 흙에서 자란 파초는 꽃턱잎[花苞]⁴ 속에 꿀과 같이 단물이 고인다. 이를 '감로(甘露)'라 한다. 동틀 무렵에 받아 먹으면 매우 달고 또한 갈증을 멎게 해 준다.

大者一圍餘. 葉, 長丈許, 廣一尺至二尺. 生中土者, 花苞中積水如蜜, 名 "甘露". 侵晨取食, 甚香甘, 止渴.

열매는 열리지 않는다. 다만 민(閩)⁵ 지역·광(廣)⁶ 지역에서 나는 파초는 열매가 열린다.⁷ 그 열매는 달고도 부드럽다. 그 크기는 손가락만 하기도 하고, 달걀만 하기도 하며, 연밥만 하기도 하다.

不結實. 生閩、廣者結子, 甜脆. 或大如指, 或大如鷄卵, 或大如蓮子.

또 그 품종에는 미인초(美人蕉)·봉미초(鳳尾蕉)·담병초(膽瓶蕉)·주초(朱蕉)·황초(黃蕉)·아초(牙蕉)·수초(水蕉) 등 여러 종이 있다.

又有美人蕉、鳳尾蕉、膽瓶蕉、朱蕉、黃蕉、牙蕉、水蕉諸種.

안 우리나라에서 나는 파초는 반드시 여러 해 묵은 뿌리라야 비로소 꽃이 핀다. 그러나 꽃이 피더라도 오래가지 못하고, 게다가 씨가 맺히는 경우는 본 적이 없다.⁸ 이는 대개 우리나라의 땅기운이 항상 따뜻하지는 않기 때문이다.

案 我東之産, 須多年宿根, 始開花. 然開亦不久, 未曾見結子者. 蓋由地氣不常暖.

해마다 겨울이 되면 그 가지와 잎은 잘라 내고 뿌

每至冬月, 輒翦其莖葉, 埋

4　꽃턱잎[花苞]:화포. 꽃대의 밑이나 꽃자루의 밑을 받치고 있는 녹색 비늘 모양의 잎. 파초의 꽃턱잎은 붉은색인 바나나와 달리 주로 노란색이다.

5　민(閩):중국의 남동부 복건성(福建省) 지역. 타이완 해협에 면하는 성으로, 성도(省都)는 복주(福州)이다.

6　광(廣):중국 남부 광동성(廣東省)과 서남부 광서성(廣西省) 일대.

7　다만……열린다:여기서 말하는 열매는 파초열매가 아니라, 이와 유사한 바나나를 가리키는 듯하다.

8　우리나라에서……없다:최근 기후변화로 인해 아열대 기후 현상이 나타나면서 우리나라에서도 파초열매가 맺혀 큰 화제가 되었다. 역설적으로 기후의 변화가 오히려 서유구가 기다리던 호사자가 된 셈이다.

리를 움집에 묻어 두었다가 봄에 따뜻해지면 다시 심어야 한다. 이는 우리나라 날씨가 사계절 내내 항상 땅에 심어 둘 수 있는 중국 민(閩) 지역이나 광(廣) 지역 등과 같지 않기 때문이다.

진실로 좋은 종자를 얻어서 영남(嶺南) 혹은 호남(湖南)의 가장 남쪽 지방에 심은 뒤에 물주기를 알맞은 법에 따라 잘 하면 열매를 맺지 못할 이유도 없을 것이다. 다만 그런 호사자(好事者)가 없을까 걱정스러울 뿐이다】

根土窖, 春暖再植之. 不若閩、廣等地之四時常植在土也.

誠得佳種, 種於嶺、湖極南地方, 如法澆灌, 無由不結實, 但患無好事者耳】

2) 알맞은 토양

파초의 본성은 가장 무르고 연약하여 너무 건조하면 잎이 타들어가고, 너무 습하면 썩어 문드러진다. 봄에 날이 따뜻하여 땅이 녹고 서리가 없는 때에 햇볕과 그늘이 번갈아 드는 곳을 택하여 심는다. 《증보산림경제(增補山林經濟)[9]》[10].

土宜

性最軟脆, 太燥則焦, 太濕則敗. 春暖土融無霜之時, 擇陰陽備處種之.《增補山林經濟》

3) 물주기와 거름주기

부드럽고 기름진 흙으로 거름주되 잠시라도 마르게 해서는 절대 안 된다. 줄기와 잎이 돋아나거든 썩은 짚신을 말오줌에 담갔다가 파초뿌리 곁에 둔다.

澆壅

壅軟肥土, 沃勿暫晞, 莖葉抽出, 以敗草屨漬馬溲, 置根傍, 或以馬糞培之, 或

9 증보산림경제(增補山林經濟) : 유중림(柳重臨, 1705~1771)이 홍만선(洪萬選)의 《산림경제(山林經濟)》를 증보하여 1766년에 편찬한 유서(類書). 복거(卜居)·치농(治農)·종수(種樹)·양화(養花)·양잠(養蠶)·목양(牧養)·치포(治圃)·섭생(攝生)·치선(治膳)·구황(救荒)·가정(家政)·구사(救嗣)·구급(救急)·증보사시찬요(增補四時纂要)·사가점후(四家占候)·선택(選擇)·잡방(雜方)·동국산수록(東國山水錄)·남사고십승보신지(南師古十勝保身地)·동국승구록(東國勝區錄) 등 23항목으로 구성되었다. 《임원경제지(林園經濟志)》 편찬의 근간이 되었다.
10 《增補山林經濟》 卷4〈養花〉 "芭蕉"(《農書》 3, 249~250쪽).

혹은 말똥으로 거름주거나, 말오줌을 물과 섞어서 뿌려 주기도 한다. 《증보산림경제》[11]

以馬溲和水澆之. 《增補山林經濟》

4) 치료하기

파초가 마르거나 상해서 죽으려 하면, 쇳가루로 북주거나 쇠못으로 그 뿌리를 찌르면 살아난다. 대개 파초는 물기운[水氣]을 타고난다. 이는 오행(五行)의 상생관계에서 쇠못의 금(金)기운이 파초의 물기운을 살려 주기[金生水] 때문이다.[12] 《증보산림경제》[13]

醫治

遇枯損欲死, 以鐵花壅之, 或以鐵釘其根則活. 蓋芭蕉稟水氣以生, 而金生水故也. 《增補山林經濟》

5) 보관하기

파초의 본성은 추위를 두려워한다. 겨울에 잎을 잘라 낸 다음 부드러운 볏짚으로 감싸 움집에 넣어 두고서, 서리나 눈을 맞아 얼게 해서는 안 된다. 《군방보》[14]

收藏

性畏寒. 冬間删去葉, 以柔穰苴之, 納地窖中, 勿着霜雪氷凍. 《群芳譜》

서리가 내리고 잎이 시들어 꺾이면 뿌리를 파내어 줄기는 1척 정도 남기고 잘라 낸다. 이를 움집에 넣고 마른 쌀겨로 덮어 추위로부터 보호한다. 사람의 기운이나 불기운의 따뜻함은 파초에게 좋다. 파초는 냉한 습기를 가장 꺼린다. 냉한 습기가 있으면

霜落葉摧, 掘出根, 留莖一尺而截之, 納於土宇, 覆以乾糠, 不怕寒. 人氣烘煖爲良. 最忌冷濕, 易致損傷. 《增補山林經濟》

---

11 《增補山林經濟》卷4〈養花〉"芭蕉"(《農書》3, 250쪽).

12 이는……때문이다 : 음양오행(陰陽五行) 이론에서 오행(五行)인 목(木)·화(火)·토(土)·금(金)·수(水) 중 금(金)이 수(水)를 생(生)하게 해 주는 관계를 말한다. 오행의 상생관계는 목생화(木生火)·화생토(火生土)·토생금(土生金)·금생수(金生水)·수생목(水生木)이다.

13 《增補山林經濟》, 위와 같은 곳.

14 《二如亭群芳譜》〈貞部〉第6 "卉譜" 2 '芭蕉'(《四庫全書存目叢書補遍》80, 818쪽).

손상되기 쉽다. 《증보산림경제》[15]

파초는 보관하기가 가장 어렵다. 너무 말라도 죽고, 너무 습해도 죽고, 너무 추워도 죽고, 너무 따뜻해도 죽는다. 그러므로 반드시 높고 건조하며 햇볕이 잘 드는 곳을 택하여 움집을 깊게 만든 다음 움집 정중앙에 3~4척 길이의 말뚝을 세운다. 풀이나 짚으로 파초뿌리를 꼭 싼 후 그 말뚝에 매달아 놓는다. 이때 파초의 상하와 사방이 흙에 닿지 않도록 해야 좋다. 《금화경독기(金華耕讀記)[16]》[17]

芭蕉最難藏種. 燥死, 濕死, 寒死, 煖死. 須擇高燥向陽地, 深作土宇. 正中竪三四尺橛, 用草、穰裹定蕉根, 懸之于橛, 令上下四旁不櫬土可也. 《金華耕讀記》

6) 화분에 파초 심는 법

싹이 나올 때 그 겉순[句萌][18]을 나누어 별도로 작은 파초를 심을 수 있다. 머릿기름 묻은 비녀로 뿌리를 가로로 뚫어 2개의 구멍을 내 주면 크게 자라지 않기 때문에 분경(盆景, 화분에 심어 완상하는 화초)으로 만들 수 있다. 《군방보》[19]

種盆蕉法

發時, 分其句萌, 可別植小者. 以油簪橫穿其根二眼, 則不長大, 可作盆景. 《群芳譜》

---

15 《增補山林經濟》卷4〈養花〉"芭蕉"(《農書》3, 250쪽).

16 금화경독기(金華耕讀記) : 서유구(徐有榘, 1764~1845)가 지은 독서기. "금화(金華)에서 농사를 지으며 독서를 한 기록"이라는 제목에서 표방하듯이, 단순한 독서의 기록이 아니라 밭 갈고 농사지으며 실천한 기록이다. 수록 범위가 곡물농사, 건축, 생활용구, 음식, 기상 예측, 사냥, 정원꾸미기, 예술품 감상법, 집터 잡는 법, 팔도의 시장 등 《임원경제지》전 영역에 걸쳐 있다. 농업전문서이면서 수필집이요, 산업기술서이면서 역사서이다. 하지만 현전하는 필사본에는 《임원경제지》에서 인용한 기사의 대부분이 확인되지 않는다. 이로써 완정본 《금화경독기》는 현전본보다 훨씬 분량이 많을 것으로 추정된다. 진재교 등이 번역하여 《금화경독기》(2019, 자연경실)로 출간했다.

17 출전 확인 안 됨.

18 겉순[句萌] : 식물의 어린 싹. 모양이 구부러진 싹을 '구(句)'라 하고 털이 있으면서 곧은 싹을 '맹(萌)'이라 한다.

19 《二如亭群芳譜》〈貞部〉第6 "卉譜" 2 '芭蕉'(《四庫全書存目叢書補遍》80, 818쪽).

겉순

파초

강세황필 파초도(국립중앙박물관)

홍초(칸나)

7) 홍초(紅蕉)[20] 심는 법

홍초의 종자는 민월(閩粤)[21] 지역에서 왔다. 일명 '난초(蘭蕉)'이다. 꽃은 난초와 같고 색은 석류와 같이 붉다. 2월에 씨를 심는다. 초겨울에 햇볕이 잘 드는 온실에 씨를 내어 놓았다가 그곳에 구덩이를 파서 묻는다. 흙이 마르면 차갑게 식은 찻물로 적셔 준다.

이듬해 봄이 되면 씨를 꺼내어 심는다. 그러나 이렇게 씨를 심는 것은 뿌리를 나누어 바로 그해에 꽃을 보는 것만 못하다. 《증보도주공서》[22]

種紅蕉法

紅蕉種, 自閩粤來. 一名 "蘭蕉". 花若蘭而色若榴. 二月下子, 冬初放向陽屋 內, 掘坑埋之, 如乾燥, 潤 以冷茶.

來春取出, 然種子不如分 根當年有花.《增補陶朱公 書》

---

20 홍초(紅蕉):파초과에 딸린 여러해살이풀인 칸나로 추정된다. 파초(芭蕉)와 비슷하면서도 잎이 그보다 조금 작으며, 잎몸의 길이는 1~2m이고, 긴 잎꼭지가 있다. 여름에 다홍색이나 노란색의 포(苞)를 가진 꽃이 핀다.
21 민월(閩粤):중국의 복건성(福建省) 지역.
22 출전 확인 안 됨.

5. 서대초(書帶草)[1]

書帶草

1) 이름과 품종

名品

【군방보[2] 떨기지어 난다. 잎은 부추잎과 같지만 부추잎보다 더 가늘고, 본성이 부드러운 끈과 같다. 색은 비취빛 녹색이면서 선명하고 곱다. 산동(山東)[3]의 치천현(淄川縣)[4] 협산(藋山)[5] 정강성(鄭康成, 정현)[6]이 독서하던 곳에서 났기 때문에 '강성서대초(康成書帶草, 정강성이 책을 묶었던 풀)'라 불린다.

【群芳譜 叢生. 葉如韭而更細, 性柔紉, 色翠綠鮮妍. 出山東 淄川縣 藋山 鄭康成讀書處, 名"康成書帶草".

안 우리나라에도 이 서대초가 곳곳에 있다. 그러나 서대초가 과연 치천현에서 나는 품종과 같은 지는 아직 모르겠다】

案 我東亦處處有之, 未知果是淄川種也】

---

1 서대초(書帶草) : 중국 한(漢)나라 정현(鄭玄)이 불기산(不其山) 기슭에서 후학을 가르칠 때 자라났다는 풀로, 줄기가 부추처럼 가늘고 길며 성질이 질겨 책을 묶는 띠로 사용했다 한다. 이후로 스승의 유적지를 말할 때 쓰이는 명칭을 의미하기도 한다.
2 《二如亭群芳譜》〈貞部〉第6 "卉譜" 2 '書帶草'《四庫全書存目叢書補遍》80, 820쪽).
3 산동(山東) : 중국 하남성(河南省) 서쪽의 효산(崤山)과 함곡관(函穀關) 동쪽의 땅.
4 치천현(淄川縣) : 중국 산동성 제남부(濟南府)에 있던 현의 이름.
5 협산(藋山) : 중국 산동성 치천현 북쪽에 있는 산의 이름.
6 정강성(鄭康成, 정현) : 127~200. 중국 후한(後漢) 말기의 대표적 유학자. 이름은 현(玄). 시종 재야 학자로 지냈다. 제자들에게는 물론 일반인들에게서도 훈고학·경학의 시조로 깊은 존경을 받았다. 경학의 금문(今文)과 고문(古文) 외에 천문(天文)·역수(曆數)에 이르기까지 해박했다. 《주역(周易)》·《상서(尙書)》·《모시(毛詩)》·《주례(周禮)》·《의례(儀禮)》·《예기(禮記)》·《논어(論語)》·《효경(孝經)》등의 경서를 주석했다. 풀이름에 정현의 자가 들어가므로, '정현'으로 하지 않고 '정강성'으로 적었다.

서대초(《매원화보》) 서대초(《비전화경》)

2) 품등

화분에다 재배하면 무성하게 사방으로 늘어져
제법 청아한 감상거리로 삼을 만하다. 《군방보》[7]

品第

藝之盆中, 蓬蓬四垂, 頗堪
淸賞. 《群芳譜》

---

7 《二如亭群芳譜》, 위와 같은 곳.

6. 취운초(翠雲草, 부처손)[1]

翠雲草

1) 이름과 품종

名品

【군방보[2] 가는 잎과 부드러운 줄기가 겹겹이 잘게 밀집해 있는 모습이 꼭 취전(翠鈿)[3] 모양과 같다. 그 푸른 비취빛이 사랑스럽다】

【群芳譜 細葉柔莖, 重重碎靉, 儼若翠鈿, 蒼翠可愛】

부처손

취전

2) 파종과 가꾸기

種藝

봄비 내릴 때 그 어린싹[句萌]을 나누어 한적한 언덕이나 깊은 계곡에 심어 두면 살아난다.《군방보》[4]

春雨時, 分其句萌, 種於幽厓、深谷之間卽活.《群芳譜》

---

1 취운초(翠雲草, 부처손) : 관다발식물 석송목 부처손과의 여러해살이풀. 그늘지고 건조한 바위면에서 잘 자란다.
2 《二如亭群芳譜》〈貞部〉第6 "卉譜" 2 '翠雲草'(《四庫全書存目叢書補遍》80, 821쪽).
3 취전(翠鈿) : 금속제로서 비취색의 칠보(七寶)를 상감(象嵌)한 머리 장식품.
4 《二如亭群芳譜》, 위와 같은 곳.

부처손

3) 품등

취운초의 본성은 그늘을 좋아한다. 그 뿌리는 흙만 있으면 곧 살지만, 해를 보면 시든다. 호자나무[虎刺]⁵·파초·추해당(秋海棠, 베고니아) 등의 아래에 심으면 매우 보기 좋다.《군방보》⁶

品第

性好陰. 其根遇土便生, 見日則消. 種於虎刺、芭蕉、秋海棠下, 極佳.《群芳譜》

---

5 호자나무[虎刺]: 낙엽 혹은 상록소관목. 아래 '13. 호자나무' 항목에 자세히 보인다.
6 《二如亭群芳譜》, 위와 같은 곳.

7. 노소년(老少年, 색비름)¹

老少年

1) 이름과 품종

일명 '안래홍(雁來紅)'²이다³.

【군방보】⁴ 가을이 깊어지면, 잎자루 쪽이 짙은 자색이며, 잎끝은 아리따운 홍색이다. 그리하여 '안래홍'이라 이름한 것이다.

【증보도주공서】⁵ 그 잎이 처음에 날 때부터 순홍색인 것을 '노소년(老少年)'이라 한다. 그 잎이 처음 날 때는 녹색으로 비름[莧]과 차이가 없다. 그러다가 가을이 깊어지면서 새 잎이 나올 때는, 홍색과 황색이 섞여 있다. 이것을 '십양금(十樣錦)'⁶이라 하고, 또 '금서풍(錦西風)'이라 한다】

名品

一名"雁來紅".

【群芳譜】至秋深, 脚葉深紫, 而頂葉嬌紅, 故名"鴈來紅".

【增補陶朱公書】其葉自初生時, 卽純紅者, 名"老少年". 其葉初出時綠色, 與莧無異, 秋深秀出新葉, 紅黃相間者, 名"十樣錦", 又名"錦西風"】

---

1 노소년(老少年, 색비름):비름과에 속하는 한해살이풀. 당비름이라고도 한다.
2 안래홍(雁來紅):기러기가 날아올 때 붉어진다고 해서 붙여진 이름이다.
3 일명 안래홍(雁來紅)이다:《二如亭群芳譜》〈貞部〉第6 "卉譜" 2 '老少年'(《四庫全書存目叢書補遍》80, 821쪽)에 보인다.
4 《二如亭群芳譜》, 위와 같은 곳.
5 출전 확인 안 됨:《遵生八牋》卷16〈燕閑淸賞牋〉下 "四時花紀" '十樣錦'(《遵生八牋校注》, 627쪽).
6 십양금(十樣錦):알록달록 여러 가지[十樣] 색이 섞여 있으므로 붙여진 이름이다.

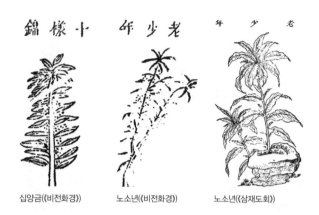

십양금(《비전화경》)   노소년(《비전화경》)   노소년(《삼재도회》)

2) 알맞은 토양

기름진 땅을 좋아한다. 《군방보》[7]

土宜

喜肥地.《群芳譜》

3) 심거나 접붙이는 시기

춘분에 씨를 심었다가, 싹이 난 뒤에 옮겨 심는다.《증보도주공서》[8]

時候

春分下種, 出後移栽.《增補陶朱公書》

4) 파종과 가꾸기

씨를 심을 때는 1월에 김맨 풀을 묵혀 둔 기름진 땅 위에 뿌리고 그 위에 터럭 태운 재를 덮어서 개미가 먹는 것을 막는다. 2월에 싹이 돋으면 또한 더욱 조심하며 북주고 가꾸어야 한다. 만약 화단[花臺]에 씨를 여기저기 뿌리면 왕개미나 그리마 같은 벌레들이 잎을 손상시켜 살지 못할 것이다.《군방보》[9]

種藝

以子種, 正月撒於耨熟肥土上, 加毛灰蓋之, 以防蟻食. 二月中卽生, 亦要加意培植. 若亂撒花臺, 則蜉蚰傷葉而不生矣.《群芳譜》

---

7 《二如亭群芳譜》, 위와 같은 곳.
8 출전 확인 안 됨.
9 《二如亭群芳譜》〈貞部〉第6 "卉譜" 2 '老少年'(《四庫全書存目叢書補遍》80, 821쪽).

5) 물주기와 거름주기

닭똥으로 거름준다. 《군방보》[10]

澆壅

以鷄糞壅之.《群芳譜》

6) 관리

긴 대나무로 색비름을 지탱해 주면 담장 위로 자랄 것이다. 그러면 가을 풍경을 아름답게 하기에 충분하다. 《군방보》[11]

葺理

長竹扶之, 可以過墻, 足壯秋色.《群芳譜》

색비름

색비름(《매원화보》)

---

10 《二如亭群芳譜》〈貞部〉第6 "卉譜" 2 '老少年'(《四庫全書存目叢書補遍》80, 822쪽).
11 《二如亭群芳譜》, 위와 같은 곳.

8. 운향(芸香)[1]

芸香

1) 이름과 품종

일명 '산반(山礬)', '정화(椗花)', '자화(柘花)', '탕화(瑒花)', '춘계(春桂)', '칠리향(七里香)'[2]이다[3].

【군방보】[4] 잎은 완두(豌豆)[5]잎과 유사하며 산과 들에 나서 작은 떨기를 이룬다. 3월에 작고 하얀 꽃이 피고 번성하며, 향[香馥]이 매우 멀리 간다. 가을에는 잎 위에 미백색의 분(粉, 가루) 같은 것이 생긴다. 강남(江南, 중국 양자강 이남) 지역에 매우 많다.

안 우리나라에는 이러한 종이 없으니, 중국에서 사다가 널리 심어야 한다】

名品

一名"山礬", 一名"椗花", 一名"柘花", 一名"瑒花", 一名"春桂", 一名"七里香".

【群芳譜】葉類豌豆, 生山野作小叢. 三月開小白花而繁, 香馥甚遠. 秋間葉上, 微白如粉. 江南極多.

案 我東無其種, 宜購諸中國而廣蒔之】

---

1 운향(芸香) : 정향과 마찬가지로 향신채 식물과 관상용 식물을 동일한 이름으로 사용한 것으로 추정된다. 관상용 식물일 경우에는 무르라이아 파니쿨라타(오렌지 자스민, *Murraya paniculata*)로 추정된다. 본문에 우리나라에는 없다고 했고, 권4에 포함시킨 점이 현재와 동일하게 관상가치를 꽃보다는 잎에 둔 것으로 추정된다.
2 칠리향(七里香) : 지금 칠리향이라 부르는 식물과는 구별해야 한다.
3 일명……칠리향(七里香)이다 : 《二如亭群芳譜》〈貞部〉第6 "卉譜" 2 '芸香'(《四庫全書存目叢書補遍》80, 816쪽)에 보인다.
4 《二如亭群芳譜》, 위와 같은 곳.
5 완두(豌豆) : 콩과에 속하는 1년생 초본식물. 완두콩이 열린다.

운향(오렌지 쟈스민, *Murraya paniculata*)

2) 파종과 가꾸기

운향은 가장 쉽게 자라는 식물이다. 봄에 나누어 심고 휘묻이했다가 뿌리가 생기면 옮겨 심는다.《군방보》[6]

種藝

此物最易生. 春月分而壓之, 俟生根, 移種.《群芳譜》

3) 품등

대체로 향초(香草)는 꽃이 지면 향도 더 이상 나지 않는다. 비록 잎에 향이 있는 풀이라도 잎을 따서 코를 대고 맡아 보아야 향이 난다. 그런데 이 향초의 향은 수십 보(步) 밖에까지 풍긴다. 정원이나 정자 주위에 심으면 봄부터 가을까지 맑은 향이 그치지 않으니, 완상할 만한 최고의 품등이다.《군방보》[7]

品第

大率香草, 花過則已. 縱有葉香者, 須探而嗅之方香. 此草香聞數十步外. 栽園亭間, 自春至秋, 淸香不歇, 絶可玩.《群芳譜》

4) 쓰임새

운향을 머리에 꽂으면 머리카락이 연약해져서 이

功用

簪之可以鬆髮, 置席下去

---

6 《二如亭群芳譜》〈貞部〉第6 "卉譜" 2 '芸香'(《四庫全書存目叢書補遍》80, 817쪽).
7 《二如亭群芳譜》〈貞部〉第6 "卉譜" 2 '芸香'(《四庫全書存目叢書補遍》80, 817~818쪽).

새싹 나는 운향(임원경제연구소, 국립원예특　　운향(약재로 쓰이는 운향)
작과학원에서 촬영)

것을 듬성하게 만들고, 방석 아래 두면 벼룩과 이를
제거하며, 책갑 속에 두면 좀을 제거한다. 옛 사람들
중에는 '운향'으로 누각의 이름을 지은 이가 있다.
《군방보》[8]

蚤虱, 置書帙中去蠹. 古人
有以名閣者.《群芳譜》

8　《二如亭群芳譜》〈貞部〉第6 "卉譜" 2 '芸香'(《四庫全書存目叢書補遍》80, 818쪽).

9. 만년송(萬年松, 향나무)[1]
부록 화분에 노송 재배하기

萬年松 附 盆種老松

1) 이름과 품종

【금화경독기】[2] 만년송은 금강산(金剛山)[3]·묘향산(妙香山)[4] 등 여러 산에서 난다. 그러나 《오잡조(五雜組)》[5]를 살펴보니, 다음의 내용이 있다. "초(楚)[6] 지역에 만년송이 있었다. 그 길이가 0.2척 정도이고, 잎은 측백나무와 같다. 상자에 보관해 두거나 책들 사이에 끼워 두어도 해가 지나도록 말라 죽지 않는다. 이를 가져다 모래흙에 두고 물을 주면 금세 다시 살아난다."[7] 이것이 '만년송'이라 부르는 까닭이다. 우리나라에서 나는 것은 확실히 그보다 못한 품등이다. 다만 그 이름만을 따서 붙였을 뿐이다.

안 소나무류 중에서 분경(盆景)으로 만들 만한 종은

名品

【金華耕讀記】萬年松, 産金剛·妙香諸山. 然攷《五雜組》, 云: "楚中有萬年松, 長二寸許, 葉似側柏. 藏篋笥中, 或夾冊子內, 經歲不枯. 取置沙土中, 以水澆之, 俄頃復活." 此所以名"萬年松"也. 東産者殊覺麤劣, 特冒其名耳.

案 松類之可作盆景者, 惟

---

1 만년송(萬年松, 향나무) : 소나무 종류가 아니라 향나무(*Juniperus chinensis*) 또는 눈향나무.
2 출전 확인 안 됨.
3 금강산(金剛山) : 태백산맥 북부 강원도(북한) 금강군·고성군·통천군에 걸쳐 광범위하게 펼쳐진 산. 해발 1638m.
4 묘향산(妙香山) : 평안북도 영변군·희천군과 평안남도 덕천군에 걸쳐 있는 산. 해발 1909m.
5 오잡조(五雜組) : 중국 명나라 박물학자인 사조제(謝肇淛, 1567~1624)가 편찬한 책. 천부(天部)·지부(地部)·인부(人部)·물부(物部)·사부(事部)로 구성되어 있다.
6 초(楚) : 중국 춘추전국 시대 전국칠웅의 하나인 초(楚)나라가 있던 호북성(湖北省) 일대.
7 초(楚)……살아난다 :《五雜組》卷10〈物部〉, 122쪽(국립중앙도서관본).

오직 만년송과 천지송(千枝松)8 그리고 민간에서 '노송(老松)'이라 부르는 종뿐이다. 노송에 대해서는《만학지》에 상세하게 보인다.9

천지송(千枝松)은 곳곳에 있다. 높이는 2~3척 이며 가지가 마치 독(纛)10과 같이 촘촘히 난다】

萬年松、千枝松及俗所呼 "老松"而已. 老松詳見《晚學志》.

千枝松①, 在處有之. 長數三尺, 而枝條攢簇如纛】

2) 파종과 가꾸기

만년송은 금강산과 묘향산 이 두 산의 꼭대기에서 난다. 2~3월에 보기 좋은 것을 골라 가지를 자른 다음 화분에 꽂는다. 이를 음지에 두고 천천히 물을 주면 산다. 다시 새잎이 날 때는 꼭 삐죽삐죽 가시가 돋친 듯하다가 여러 해가 되면 다시 술[條絲]처럼 된다.《청천양화록》11

種藝

萬年松産金剛、妙香兩山絶頂. 二三月, 擇佳者, 折枝挿盆, 置陰處, 徐徐澆水則活. 更敷新葉, 必鬆鬆有刺, 年久還如條絲.《菁川養花錄》

3) 물주기와 거름주기

물을 주어, 건조하게 하지 말아야 한다.《청천양화록》12

澆壅

澆水, 勿令乾.《菁川養花錄》

4) 보호하기

만년송의 본성은 사람기운과 불기운을 싫어하고, 또한 추위를 잘 견딘다. 겨울에는 햇볕이 잘 드는 곳으로 옮겨 심었다가 그 이듬해 봄에 다시 화분

護養

性惡人氣、火氣, 亦能耐寒. 冬月移栽向陽地, 明春復栽盆中.《菁川養花錄》

---

8 천지송(千枝松) : 줄기가 지표면에서부터 갈라져 나와 우산모양으로 퍼지는 소나무. 반송(盤松)이라고도 한다.
9 만학지에……보인다 :《임원경제지 만학지》권4〈나무류〉"노송"에 자세히 보인다.
10 독(纛) : 새의 깃이나 짐승털로 만든 무용 도구, 또는 깃발 장식.
11 출전 확인 안 됨;《增補山林經濟》卷4〈養花〉"萬年松"(《農書》3, 214쪽).
12 《養花小錄》〈萬年松〉, 212쪽;《增補山林經濟》, 위와 같은 곳.
① 松 : 저본에는 "枝". 오사카본·규장각본에 근거하여 수정.

에 심는다. 《청천양화록》13

나무그늘 아래에 두지 말아야 한다. 《청천양화   勿置樹陰下. 同上
록》14

5) 품등   品第

만년송은 층이 진 비취색 잎이 술[條]처럼 아래로   萬年松, 以層枝翠葉, 如條
늘어진다. 몸통이 구불구불하여 마치 붉은 뱀이 숲   下垂. 身幹回曲, 如赤蛇騰

의성 사촌리 만취당 향나무

---

13 《養花小錄》, 위와 같은 곳.
14 《養花小錄》, 위와 같은 곳.

을 오르는 듯한 모습이 아름답다. 잎이 백색이고 가시가 있는 것은 품등이 매우 떨어지는 종이다.《청천양화록》15

林者, 爲佳. 葉白有刺者, 品殊劣也.《菁川養花錄》

6) 화분에 노송 재배하는 법

盆種老松法

일반적으로 노송의 가지와 줄기는 구불구불하면서 우뚝 서 있으며, 마르고 늙은 옹이가 많다. 잎은 바늘처럼 가늘고 짧으며, 가지 끝에는 솔방울이 달리고, 만년화(萬年花)16가 붙어 있다. 암석 사이에 의지해 자라는 것이 상품이다.

凡老松枝幹, 屈曲嶙峋, 多枯槎老枿, 葉針細短, 梢帶子, 粘着萬年花. 寄生巖石間者爲上.

그러나 노송은 본성이 까다로워 잘 살지 못하는 것이 많다. 금년에 큰 뿌리를 자르고 흙으로 북준 다음 이듬해에 화분에 옮기면 산다. 3일에 1번 물을 주고, 그늘진 곳에 두지 말아야 한다. 장마철에는 뿌리를 덮어 주어 습기에 쪄지지 않도록 해야 한다. 겨울에는 움집에 넣어 둔다.《청천양화록》17

然性慘②多不活. 今歲截大根壅土, 次年登盆則活. 三日一澆水, 勿置陰處. 霖雨須覆根, 勿令蒸濕. 冬月收入土宇.《菁川養花錄》

화분에 심은 소나무는 흙기운[土氣]이 약하므로 반드시 해마다 뿌리에 묻은 묵은 흙을 제거하고, 양성(釀成)18한 기름진 흙을 더해 준다. 흙이 마르면 물

盆松土氣淺薄, 必每年去根面故土, 加以釀成肥土. 土乾卽灌.《增補山林經

---

15 《養花小錄》〈萬年松〉, 213~212쪽.
16 만년화(萬年花) : 지의류(地衣類)에 속하는 은화식물(隱花植物, 꽃이 피지 않고 포자로 번식하는 식물). 이끼의 한 종류.
17 《養花小錄》〈老松〉, 215~214쪽.
18 양성(釀成) : 부엽토나 퇴비와 같이 영양이 풍부한 흙으로 만드는 과정.
② 慘 : 저본에는 "燥".《養花小錄·老松》에 근거하여 수정.

눈향나무

분재노송

을 준다. 《증보산림경제》[19]

《增補山林經
濟》

괴석 위에 자란 노송이 만약 그 몸체가 무거워져 움집에 보관하기가 어려우면, 초겨울에 뗏장 잔디[莎草] 몇 장을 크게 떼어 낸 뒤, 질척한 흙이 있는 부분이 소나무와 괴석 전체에 닿도록 둘러싸 준다. 소나무가 괴석 위로 높이 자란 부분은 굳이 싸 줄 필요 없다.

그런 뒤에 공섬[草篇, 빈 가마니]으로 뗏장 바깥쪽을 덧싸 준 다음 이를 새끼줄로 묶는다【이에 앞서 괴석 바닥의 물을 제거하여 괴석이 얼어 단단해지지 않도록 한다】.

또 다른 방법: 공섬으로 괴석과 소나무 전체를 함께 싸서 땅속에 묻되, 이때 소나무가지끝이 밖으

怪石上老松, 如體重難於收窖, 則初冬劚起莎草[3]數大片[4], 以其粘[5]土處, 合包松、石全身. 其松高出石上者, 不必包之.

用草[6]篇加包莎外, 以索縛之【先去怪石底水, 勿令凍堅】.

又法: 以篇包石竝松全身, 埋地中, 而露出松梢. 至春

19 《增補山林經濟》卷4〈養花〉"老松"(《農書》3, 213쪽).
③ 草:《增補山林經濟·養花·老松》에는 "土".
④ 片: 저본에는 "岸".《增補山林經濟·養花·老松》에 근거하여 수정.
⑤ 粘:《增補山林經濟·養花·老松》에는 "有".
⑥ 草:《增補山林經濟·養花·老松》에는 "空".

로 나오도록 한다. 봄이 되면 이를 꺼낸다.《증보산　　出之. 同上
림경제》[20]

구불구불 뱀이 오르는 듯한 순천 쌍향수

---

20 《增補山林經濟》卷4〈養花〉"老松"(《農書》3, 212~213쪽).

10. 초송(草松)[1]

草松

1) 이름과 품종

名品

【<u>금화경독기</u>】[2] 풀의 몸체에 솔잎모양의 잎이 달린 식물을 '초송(草松)'이라 한다. 넝쿨식물이다. 옛날에는 이 종이 없었다가 근래에 연계(燕薊)[3]로부터 왔다】

【<u>金華耕讀記</u>】 草身而松葉, 曰"草松". 蔓草也. 舊無其種, 近自<u>燕薊</u>來】

---

1 초송(草松) : 열대 아메리카 원산인 유홍초(留紅草, *Ipomoea quamoclit*)로 추정된다. 《예원지》에서 관엽 화훼를 다룬 권4에 수록한 것을 보면 저자는 유홍초의 꽃은 관상가치가 없다고 판단했다. 흥미로운 점이다. 조선 후기 박윤묵(朴允默, 1771~1849)의 《존재집(存齋集)》 권5에 중국에서 들여온 초송을 묘사한 시가 있다. 초송의 모양뿐만 아니라 도입 과정과 가격, 느낌까지 나타나 있어 전문을 소개한다.
초송(草松)
화초인데 소나무와 매우 비슷해/그 품격 참으로 진귀하네.
줄기와 잎 몇 척 남짓으로 늘어져/무성하게 엉겨 서로 의지하네.
너울너울 비취색 수염 가늘고/또렷한 홍색꽃 드리우네.
치렁치렁 서로 덮어씌우니/의연한 자태 하늘에 우뚝하네.
소문에 호사가가/이 화초 북경에서 들여왔다는군.
한 그루에 십금(金)이나 한다니/부호나 얻을 수 있으리.
지금은 도성에 두루 알려져 /나 또한 아는 바일세.
이제야 보는 건 늦었지만/애틋한 맘 오롯이 여기에 있네.
비록 진짜 시냇가는 아니지만/내가 전원(田園)에 있는듯.
하루 하루 세 번 초송향 맡는데/비바람에 향 옅어지면 어쩌나.
以草能類松, 爲品乃爾奇. 蔓延幾尺餘, 鬱結共相持.
魷魷翠髯細, 的的紅蕚垂. 煙霏互蒙翳, 依然凌雲姿.
聞說好事者, 此種自燕移. 一本價十金, 貴客能致之.
如今遍京洛, 亦爲我所知. 今見雖云晩, 幽情良在玆.
縱非澗畔質, 起我林下思. 一日三嗅香, 或恐風雨虧.
2 출전 확인 안 됨.
3 연계(燕薊) : 지금의 중국 북경(北京). 연경(燕京). 중국 춘추 시대 때 계(薊)나라를 연(燕)나라가 정복하여 도읍지로 삼았던 계주(薊州) 지역이다. 당(唐)나라 현종(玄宗) 때 안록산(安祿山)이 난을 일으켰던 지역이기도 하다.

초송

2) 파종과 가꾸기

2월에 씨를 뿌리면 4~5월에 넝쿨이 지지대 위까지 뻗는다.《금화경독기》[4]

種藝

二月下子, 四五月, 蔓延上架.《金華耕讀記》

3) 쓰임새

그 잎이 펼쳐지면서 바늘 같은 수염이 되면, 솔잎과 꼭 닮았다. 건물 좌우의 처마에 지지대를 만들어 여기에 초송이 타고 올라가게 하면 뙤약볕을 가릴 수 있다.《금화경독기》[5]

功用

其葉布作針鬐, 酷肖松葉. 傍簷作架, 可遮暘暴.《金華耕讀記》

---

4 출전 확인 안 됨.
5 출전 확인 안 됨.

11. 종죽(棕竹, 종려죽)[1]

棕竹

1) 이름과 품종

名品

【농정전서(農政全書)[2][3] 종려죽에는 3가지 종이 있다. 오직 '저두(筯頭)'만은 몸통이 짧고 잎이 아래로 늘어져 책상에 둘 만하다.

【農政全書 棕竹有三種. 惟"筯頭", 梗短葉垂, 堪置几案.

안《만학지》에 상세하게 보인다.[4] 우리나라에도 짧고 작아서 화분에 심을 만한 종이 있다. 하지만 과연 이것이 종려죽의 종류인지는 모르겠다】

案 詳見《晚學志》. 我東亦有短小可盆種者, 而未知其果是棕竹之類也】

2) 심거나 접붙이는 시기

時候

추분 후에 포기를 나누어 심어야 좋다. 《농정전서》[5]

秋分後可分.《農政全書》

---

1 종죽(棕竹, 종려죽):야자나무과의 상록관목. 잎은 종려나무같이 생기고, 원줄기는 대처럼 생겼다고 해서 종려죽이라 부른다. 6~9개의 잎이 달리는데, 잎자루가 길며 10~18개가 손바닥 모양으로 갈라진다. 잎 하나가 떨어질 때마다 마디 하나가 생겨난다. 줄기는 대 같고, 마디가 짧고 속이 차 있어 지팡이의 재료로 좋다. 한국에서는 기후가 맞지 않아 열매를 잘 맺지 못한다. 종려죽을 관음죽으로 보는 견해는 잘못이다.

2 농정전서(農政全書):중국 명(明)나라 후기의 학자이며 정치가인 서광계(徐光啓, 1562~1633)가 편찬한 농서. 한(漢)나라 이후 특히 발달하기 시작한 농학자의 여러 설을 총괄·분류하고 수시로 자기의 설(說)을 첨부하여 집대성한 책으로, 농본(農本)·전제(田制)·농사(農事)·수리(水利)·농기(農器)·수예(樹藝)·잠상(蠶桑) 등 12문(門)으로 되어 있다.

3 《農政全書》卷39〈種植〉"雜種上"'竹'(《農政全書校注》, 1087쪽).

4 《만학지》에……보인다:《임원경제지 만학지》권5〈기타초목류〉"대나무"에 자세히 보인다.

5 《農政全書》, 위와 같은 곳.

3) 파종과 가꾸기

화분에서 꺼내 그 뿌리수염을 살펴보고 뿌리에서 너무 단단하지 않은 부분을 쪼개 화분에 옮겨 심는다. 화분 안에서 변화과정을 많이 보려면, 화분이 커야 종려죽이 더욱 왕성하게 자란다. 《농정전서》[6]

種藝

出盆, 視其根鬚, 不甚堅固處, 劈開栽盆. 欲變化多[1]盆則盆大更旺.《農政全書》

4) 물주기와 거름주기

콩 담근 물[浸豆水]을 주면 매우 통통해진다. 이 물 외에는 모두 쓸 만하지 않다. 《농정전서》[7]

澆壅

灌用浸豆水, 極肥. 舍此俱不堪用.《農政全書》

5) 보호하기

종려죽의 본성은 그늘을 좋아하고 찬바람을 싫어한다. 겨울에는 바람이 들지 않는 곳에 보관한다. 3월이면 되어서야 바깥에 내놓아도 좋으나 처음에는 해를 보지 않게 한다. 《농정전서》[8]

護養

性喜陰畏寒風. 冬月藏不通風處, 三月方可見天, 原不見日.《農政全書》

6) 우리나라에서 화분에 종려죽 재배하는 법

5~6월 장맛비가 내릴 때, 새로 난 종려죽 가운데 줄기가 곧게 뻗고, 잎이 짧고, 가지가 조밀한 것을 골라 화분에 옮겨 심는다. 본 뿌리 좌우에 가로로 뻗은 뿌리를 각각 몇 마디씩 연결된 채로 잘라 심는다. 이때 개미허리처럼 잘록한 부분을 절대 상하

東國盆竹法

五六[2]月梅雨時, 擇新竹挺直葉短枝密者, 栽盆. 斷取橫根左右各連數節, 切勿閃傷蟻腰, 少傷則[3]葉捲不舒, 終必枯矣.

---

6 《農政全書》, 위와 같은 곳.

7 《農政全書》, 위와 같은 곳.

8 《農政全書》, 위와 같은 곳.

[1] 多:《農政全書·種植·雜種》에는 "爲".

[2] 六: 저본에는 없음. 《養花小錄·烏班竹》에 근거하여 보충.

[3] 閃傷蟻腰少傷則:《養花小錄·烏班竹》에는 "動接竿處 少有動搖".

종려죽(국가농업기술포털)　　　　종려죽 줄기

게 해서는 안 된다. 조금이라도 상하면 나중에 잎이
말려 펴지지 않고 끝내 반드시 말라 죽는다.

　여러 해가 되도록 뿌리가 뻗고 죽순이 돋으면,
화분 안이 너무 좁아져 감당이 안 된다. 이때는 햇
볕이 잘 드는 땅으로 옮겨 심어야 한다. 이를 다시
처음 화분에 옮길 때는 해를 보지 않도록 한다. 거
두어 보관해 둘 때는 너무 따뜻하게 해서도 안 되
고, 지나치게 추워 얼게 해서도 안 되며, 물을 뿌려
주어 흙이 마르지 않도록 한다. 《청천양화록》[9]

年久引根抽笋, 則盆內隘窄
不容, 須移栽向陽地. 初移
盆上, 勿令見日. 收藏, 勿
過煖, 亦勿過凍, 澆水不
燥.《菁川養花錄》

9　《養花小錄》〈烏班竹〉, 210쪽;《增補山林經濟》卷4〈養花〉 "盆竹法"(《農書》3, 220쪽).

12. 난천죽(闌天竹, 남천)[1]

闌天竹

1) 이름과 품종

일명 '대춘(大春)'이다.[2]

【군방보[3]】 줄기가 난 뒤 여러 해가 되면 높이가 10척 남짓 자라는 난천죽이 있다. 참남천[糯]은 키가 작고 열매가 많이 열리며, 뿔남천[粳]은 키가 크고 열매를 맺지 않는다. 잎은 댓잎처럼 작고, 잎 주변이

名品

一名"大春".

【群芳譜】 幹生年久, 有高至丈餘者. 糯者矮而多子, 粳者高而不結子. 葉如竹, 小銳, 有刻缺.

남천

개남천(뿔남천)(국가생물종지식정보시스템, 국립수목원)

---

1 난천죽(闌天竹) : 매자나무과 상록관목의 하나. 꽃은 초여름에 가지 끝에 흰색으로 핀다. 0.7~0.8센치미터 크기의 둥근 열매가 늦가을에서 겨울에 걸쳐 붉은색으로 익는다. 중국 남부 지방이 원산지이며, 우리나라와 일본에서는 정원에 심는다. 잎이 대나무와 같아서 남천죽(南天竹)이라고도 하고, 《도경본초(圖經本草)》에서는 남천촉(南天燭)이라 했다. 남천에서 나는 빨간 열매가 횃불과 같다고 해서 붙여진 이름이다.

2 일명 대춘(大春)이다 : 《二如亭群芳譜》〈貞部〉第6 "卉譜" 2 '闌天竹'(《四庫全書存目叢書補遍》80, 816쪽에 보인다.

3 《二如亭群芳譜》, 위와 같은 곳.

남천꽃

남천열매

조금 뾰족하여, 잎에 이지러져 보이는 부분이 있다.

장맛비가 내릴 때 자잘한 백색 꽃이 피고, 가지 끝에 열매가 맺힌다. 열매는 마치 산호와 같은 적홍색이고 송이를 이루며, 한 송이에 수십 개의 열매가 맺힌다. 그 홍색이 선명하여 사랑스럽다. 게다가 열매는 서리와 눈을 잘 견디며 오래되어도 떨어지지 않는다.

梅雨中, 開碎白花, 結實枝頭, 赤紅如珊瑚成穗, 一穗數十子[1], 紅鮮可愛. 且耐霜雪, 經久不脫.

案 우리나라에는 이 나무가 없으니, 중국에서 그 종을 사 와야 한다】

案 我東無之, 當購其種於中國】

2) 알맞은 토양

난천죽의 본성은 그늘을 좋아하고 습기를 싫어한다. 심을 때는 이 조건에 알맞은 땅을 구하는 일이 중요하다. 《군방보》[4]

土宜

性好陰而惡濕. 栽貴得其地. 《群芳譜》

---

4 《二如亭群芳譜》, 위와 같은 곳.
[1] 子 : 저본에는 "字". 오사카본·규장각본·《二如亭群芳譜·貞部·卉譜》에 근거하여 수정.

3) 파종과 가꾸기

봄에 뿌리 곁에 난 작은 뿌리를 나누어 심으면 곧 산다. 또한 씨를 심어도 괜찮다. 《군방보》[5]

種藝

春時, 分根旁小株種之卽活. 亦可子種. 《群芳譜》

4) 물주기와 거름주기

차갑게 식은 찻물, 혹은 쉰 술지게미 섞은 물, 혹은 닭털이나 거위털 튀한 물을 주면 효과가 가장 빼어나게 잘 자란다. 짚신바닥에 묻은 진흙으로 북주면 무성해진다. 《군방보》[6]

澆壅

澆用冷茶, 或臭酒糟水, 或退鷄鵝翎水, 最妙. 壅以鞋底泥則盛. 《群芳譜》

5) 관리

가을이 지난 뒤, 줄기를 잘라 내고 한 뿌리만 남겨 둔다. 봄이 되면 마침내 새 가지[條肄]가 자라고 열매를 맺는다. 그러면 줄기가 낮고 짧으면서 씨가 무성해져서 분경(盆景)으로 만들기에 좋으니, 서재의 청아한 감상거리를 제공한다. 《군방보》[7]

葺理

秋後髡其幹, 留孤根, 俟春, 遂長條肄而結子, 則身低矮子蕃衍, 可作盆景, 供書舍清玩. 《群芳譜》

---

5 《二如亭群芳譜》, 위와 같은 곳.
6 《二如亭群芳譜》, 위와 같은 곳.
7 《二如亭群芳譜》, 위와 같은 곳.

13. 호자나무[虎刺]¹

虎刺

1) 이름과 품종

名品

일명 '수정목(壽庭木)'²이다.³

一名"壽庭木".

【군방보】⁴ 잎은 짙은 녹색이며 윤기가 난다. 잎의 뒷면은 미백색이고, 콩과 같이 둥글고 작다. 가지는 무성하고 가늘면서 가시가 많다. 4월 중에 백색의 잔꽃이 핀다. 꽃이 필 때까지도 해묵은 씨가

【群芳譜】葉深綠而潤. 背微白, 圓小如豆. 枝繁細多刺. 四月內開細白花. 花開時子猶未落, 花落結子, 紅

호자꽃

호자가시

---

1 호자나무[虎刺] : 제주도에 자생하는 호자나무 또는 수정목(*Damnacanthus indicus, D. major*)으로 추정된다. 본문에서 우리나라에는 없어서 중국에서 사와야 한다고 한 것을 보면 그 당시 한양에서는 제주 식물에 대한 정확한 이해를 하고 있지 못한 듯하다. 잎이 보다 크고, 가시는 도리어 짧은 것을 수정목이라고 한다. 임원경제연구소 옮김, 《임원경제지 이운지》 1, 풍석문화재단, 2019, 464쪽에도 보이는데, 끼니를 잊을 정도의 완상품이라 했다.

2 수정목(壽庭木) : 호자 중에서 잎은 크고 가시는 도리어 짧은 것을 가리키는 이름이다.

3 일명 수정목(壽庭木)이다 : 《二如亭群芳譜》〈貞部〉第6 "卉譜" 2 '虎刺'(《四庫全書存目叢書補遍》80, 816쪽)에 보인다.

4 《二如亭群芳譜》, 위와 같은 곳.

여전히 떨어지지 않았다가 꽃이 지면 새 씨를 맺는다. 열매는 단사(丹砂)5와 같은 홍색이다.

如丹砂.

씨는 본성이 굳세어서 엄동설한에 눈에 두텁게 덮여도 죽지 않는다. 항주(杭州)의 소산(蕭山)6에서 나는 호자나무는 호구(虎丘)7에서 나는 것보다는 못하다. 호구의 호자나무가 더욱 아름답다.

子, 性堅, 雖嚴冬厚雪, 不能敗. 産杭之蕭山者, 不如虎丘者, 更佳.

안 우리나라에는 없으니, 중국에서 사와야 한다】8

案 我東無之, 當購諸中國】

2) 알맞은 토양

그늘지고 습한 땅에 심어야 한다. 《군방보》9

土宜

宜種陰濕之地. 《群芳譜》

3) 파종과 가꾸기

초봄에 뿌리를 나누어 심는다. 이 식물은 높이 자라기가 가장 어렵다. 100년이 된 것도 높이가 3~4척일 뿐이다. 《군방보》10

種藝

春初分栽. 此物最難長, 百年者, 止高三四尺. 《群芳譜》

---

5 단사(丹砂) : 천연으로 나는 유화수은(硫化水銀). 주사(朱砂). 짙은 붉은빛의 광택(光澤)이 있는 육방정계(六方晶系)에 딸린 덩어리로 된 광물.
6 소산(蕭山) : 중국 절강성(浙江省) 항주에 있는 명산.
7 호구(虎丘) : 중국 소주성(蘇州城) 밖 서북 5km 지점에 있는 언덕. 기원전 5세기말 춘추 시대 후반기에 양자강 하류의 두 강국 오(吳)·월(越)의 싸움에서 전사한 오나라 합려(闔閭)왕의 묘역으로 조성한 것이다. 송대 시인인 소동파(蘇東坡)가 "소주에 와 호구를 구경하지 않는 것은 매우 안타까운 일이다."라 했을 만큼 경치가 아름답다.
8 우리나라에는……한다 : 저자는 호자가 우리나라에 없다고 했지만, 실제로는 제주에 자생해왔다. 그 정보까지는 서유구가 파악하지 못한 듯하다.
9 《二如亭群芳譜》, 위와 같은 곳.
10 《二如亭群芳譜》, 위와 같은 곳.

4) 물주기와 거름주기

물줄 때는 닭이나 거위를 튀한 물과 12월 눈 녹은 물[臘雪水]이 좋다. 《군방보》[11]

澆壅

澆宜退鷄、鵝水及臘雪水.
《群芳譜》

5) 보호하기

북주어 기른 지 여러 해가 되면 녹색 잎이 덮개처럼 층층이 덮이고, 선홍색 열매는 마치 불이 일제히 타는 듯하다. 《군방보》[12]

護養

培養年久, 綠葉層層如蓋,
結子紅鮮, 若綴火齊然.
《群芳譜》

6) 주의사항

뙤약볕을 가장 두려워한다. 똥이 닿으면 곧 죽어 말라 버린다. 가지는 열기가 있는 손으로 잡거나 꺾지 말아야 하고, 아울러 사람 입에서 나오는 뜨거운 입김이 호자에 가까이 닿는 일을 조심해야 한다. 《군방보》[13]

宜忌

最畏日炙, 經糞便死卽枯.
枝不宜熱手摘剔, 竝忌人
口中熱氣相近.《群芳譜》

---

11 《二如亭群芳譜》, 위와 같은 곳.
12 《二如亭群芳譜》, 위와 같은 곳.
13 《二如亭群芳譜》, 위와 같은 곳.

14. 철초(鐵蕉, 소철)[1]

鐵蕉

1) 이름과 품종

일명 '번초(蕃蕉)'이다. 일본 명칭은 '소철(蘇鐵)'이다.[2]

【 학포여소(學圃餘疏) 】 [3][4] 복주(福州)[5]에는 철초(鐵蕉)가 있고, 감주(贛州)[6]에는 봉미초(鳳尾蕉)가 있다. 이 둘은 같은 종류이면서 모양만 조금 다르다.

名品

一名"蕃蕉", 倭名"蘇鐵".

【 學圃餘疏 】 福州有鐵蕉, 贛州有鳳尾蕉, 同類而稍異狀.

중부지방에서 화분에 심어 기르는 소철

제주도에서 화단에 심어 기르는 소철

---

1 철초(鐵蕉, 소철): 겉씨식물 소철목 소철과의 상록관목. 꽃은 6~8월에 암수딴그루로 핀다. 중국 동남부와 일본 남부 지방이 원산지인 귀화식물이다. 제주에서는 뜰에서 자라지만 기타 지역에서는 온실이나 집안에서 가꾸는 관상수이다

2 일명……소철(蘇鐵)이다:《和漢三才圖會》卷89〈味果類〉"蕃蕉"(《倭漢三才圖會》10, 460~461쪽)에 보인다.

3 학포여소(學圃餘疏): 중국 명나라 고문학자 왕세무(王世懋, 1536~1588)가 쓴 원예전문서인《학포잡소(學圃雜疏)》와 같은 책으로 추정된다. 이에 따라 이하 기사에서《학포여소》의 출전주는 모두《학포잡소》로 달았다.

4 출전 확인 안 됨;《學圃雜疏》〈花疏〉(《叢書集成初編》1355, 8쪽).

5 복주(福州): 중국 복건성(福建省)의 복주시(福州市) 일대.

6 감주(贛州): 중국 강서성(江西省) 최남단에 있는 분지의 중앙에 위치한 감주시(贛州市) 일대. 주변 농촌 지역에서는 쌀과 황마, 사탕수수를 생산하며 광업과 농업이 발달하였다. 산지에는 난대림이 무성하고 특히 소나무가 많다.

오잡조 7 번초(番蕉) 중에 유구(琉球)8에서 전해 온 종은 잎이 봉미초와 같지만 더 작다. 그 줄기는 거칠고 크다. 잎은 물고기가시처럼 조밀하면서 나란히 나 있다.

五雜組 番蕉相傳從琉球來, 葉似鳳尾蕉而小. 其木[1]麤巨. 葉密比如魚刺.

화한삼재도회(和漢三才圖會) 9 10 말라 죽으려 하는 번초는 그 뿌리를 못으로 찌르면 살아난다. 그러므로 일본에서 '소철(蘇鐵, 쇠못 덕에 소생한다)'이라 한 것이다. 원래는 유구(琉球)에서 왔는데, 살주(薩州)11에 많이 있다. 곳곳의 정원과 화분에 심는다.

큰놈은 높이가 10척 남짓이고 지름이 1척 남짓이다. 껍질은 노송껍질처럼 비늘딱지가 붙어 있고, 몸

和漢三才圖會 番蕉將枯者, 釘其根則活. 故倭曰 "蘇鐵". 原出於琉球, 而薩州多有之, 處處植庭園及盆中.

大者, 高丈餘, 徑尺餘, 而皮有鱗甲如老松皮, 頂上

광랑(《도경본초》)

---

7 《五雜組》卷10〈物部〉, 144쪽(국립중앙도서관본).
8 유구(琉球) : 일본 오키나와(沖繩)를 부르는 옛 이름으로, 중국의 수(隋)~당(唐)대 이후에 사용되었다.
9 화한삼재도회(和漢三才圖會) : 일본인 데라시마[寺島良安]의 백과사전류 저술로서 1712년에 간행된 총 105권의 책이다. 1607년 중국에서 간행된 《삼재도회》와 같은 틀로 천(天)·지(地)·인(人)의 각종 물상에 대한 설명과 삽도가 실려 있다.
10 《和漢三才圖會》卷89〈味果類〉"番草"(《倭漢三才圖會》10, 460~461쪽).
11 살주(薩州) : 일본의 삿슈. 가고시마현(鹿兒島縣) 서부.
[1] 木 : 《五雜組·物部》에는 "本".

통 꼭대기에 잎이 난다. 잎은 마치 광랑(桄榔)[12]이나 종려(棕櫚)[13] 등의 종류와 같다.

잎은 길이가 2~3척이며, 길고 톱니모양의 이파리가 생선가시같이 나란히 나 있다. 새끼소철이 뿌리 아래에서 나오는데, 크기는 주먹만 하고, 비늘딱지가 있는 모양이 역시 어미소철과 같다. 조금 더 자라 0.5~0.6척이 되면 잎이 나온다. 한 그루의 나무 아래에서 새끼나무 7~8그루가 생긴다.

비록 큰 나무이지만 그 뿌리는 실처럼 가늘다. 나무 가운데에 백색 가루(전분)가 있어서 이를 가지고 떡을 만들어 먹을 수 있다.

꽃이 피는 경우는 매우 드물다. 꽃이 피는 소철은 열매가 열리지 않으며, 열매가 열리는 소철은 꽃

生葉, 如桄榔、棕櫚之輩.

其葉, 長二三尺, 鋸齒[2] 比比如魚刺. 有小樹生於根下, 大如拳, 亦鱗皮如本木. 稍長至五六寸則生葉. 有一株下生小樹七八者.

雖大木, 其根細如絲. 樹中心有白麵, 可作餠食.

其開花者希有之. 有花者不實, 有實者不花. 其花初

쇠뜨기꽃(국가생물종지식정보시스템, 국립수목원 정수영)　　소철 수꽃(임원경제연구소)　　소철(《왜한삼재도회》)

12　광랑(桄榔):야자과에 속하는 상록교목. 고랑목(姑榔木)이라고도 한다. 그 껍질이 질겨 동아줄을 만들 수 있다. 그 껍질에서 나는 가루로 면을 만들어 먹었는데, 이를 광랑면이라 한다. 수액은 인도네시아에서는 전통 음료인 라간(lahang)을 만들거나 식초를 만드는 데 사용한다.
13　종려(棕櫚):아래 '15. 종려' 항목에 자세히 보인다.
[2]　鋸齒:《和漢三才圖會·味果類·番楚》에는 "深刻".

소철열매(국가생물종지식정보시스템)

이 피지 않는다. 꽃은 애초에 꽃받침이 없이 나무꼭대기에서 부풀어 일어난다. 백색에 연한 청색을 띠며, 그 모양이 불반(佛飯)[14]을 고봉으로 가득 담아 놓은 모양과 닮았다.

꽃봉오리가 커지면 꽃잎이 두텁고 단단해지며 길이는 1~2척에 이른다. 꽃봉오리는 마치 쇠뜨기[土筆菜, 토필채][15]의 꽃과 같지만 그와는 달리 꽃이 떨어지지 않는다.

열매를 맺는 경우 또한 드물다. 열매는 잎 아래에서 나며, 그물줄 같은 것이 감싸고 있다. 그 안에 있

無跗, 而木頂上脹起, 白色帶微靑色, 形似盛佛飯狀.

旣長則花瓣③厚硬, 至一二尺, 似土筆菜綻者而不落也.

結實者亦希有之. 其實生葉下, 有罩④絲, 而形如

---

14 불반(佛飯): 불전(佛前)에 올리는 밥. 커다란 불발(佛鉢)에 많은 밥을 고봉밥처럼 위로 수북이 올라오도록 담아 올린 밥이다.

15 쇠뜨기[土筆菜, 토필채]: 속새과에 딸린 여러해살이풀. 풀밭에서 자라고 땅속줄기가 뻗으면서 마디에서 줄기가 나온다. 쇠뜨기의 줄기에는 포자줄기와 영양줄기가 있다. 포자줄기는 뱀밥이라고도 하는데, 연하며 원기둥 모양이다. 영양줄기는 포자줄기가 없어질 무렵에 자라는데, 이것을 보통 쇠뜨기라고 한다. 본문에서는 이 포자줄기를 꽃으로 보았다.

③ 瓣: 저본에는 "辦". 오사카본·《和漢三才圖會·味果類·番楚》에 근거하여 수정.

④ 罩: 오사카본·《和漢三才圖會·味果類·番草》에는 "羃".

는 열매의 모양은 밤톨 같고, 색은 토주(土朱)[16]로 칠한 듯 자색(紫色)이며, 살은 백색이다. 열매 속에 속씨가 들어 있는데, 마르면 매우 단단하다.

栗, 色如土朱漆, 肉白, 中有仁, 乾則極堅.

안 우리나라 사람 중에도 일본에서 사온 소철이 있지만 가격이 비싸서 재력이 있는 사람이 아니면 얻을 수 없다】

案 東人亦有購得於日本者, 而價重, 非有力者, 不能致也】

2) 물주기와 거름주기

겨울에 뿌리 옆을 빙 둘러 1척쯤 되게 구덩이를 파고 여기에다 신선한 생선 씻은 물 혹은 똥물을 준다. 옛법에는 뿌리에 쇳가루로 거름주고 철못을 뿌리에 박는다고 했다. 하지만 지금은 이 법을 사용하지 않는다. 《화한삼재도회》[17]

澆壅

冬月環根傍尺許爲溝, 漑以鮮魚洗汁或糞汁. 古法, 培鐵屑, 釘鐵丁, 如今不用. 《和漢三才圖會》

3) 관리

4월에 새잎이 나오려 하기 전에 묵은 잎은 잘라 내야 한다. 만약 꽃이 나왔으면 꽃을 급히 잘라 내야 한다. 그렇게 하지 않으면 새잎이 더디게 나온다. 《화한삼재도회》[18]

葺理

四月將生新葉之前, 宜刈去舊葉. 若生花則宜急翦去, 否則新葉遲生. 《和漢三才圖會》

4) 보호하기

소철의 본성은 추위와 습기를 가장 두려워한다.

護養

性最畏寒濕. 冬月以藁包

---

16 토주(土朱) : 산화철을 포함한 적철광의 하나. 잘 부서지며 안료나 한약재로 사용되었다. 안료의 색은 자색(紫色)이다.
17 《和漢三才圖會》 卷89 〈番楚〉 "味果類" '番草'(《倭漢三才圖會》 10, 462쪽).
18 《和漢三才圖會》 卷89 〈番楚〉 "味果類" '番草'(《倭漢三才圖會》 10, 461쪽).

따라서 겨울에는 쑥으로 싸서 보관해 둔다.《화한삼 재도회》[19]

藏之.《和漢三才圖會》

5) 치료하기

소철이 마르려고 할 때 쇳가루로 거름을 주거나 혹은 쇠못으로 그 뿌리를 찌르면 다시 살아난다. 이 는 이 소철이 수성(水性, 음양오행의 물에 해당하는 성질)이 어서, 금(金, 철)이 수(水)를 생하게 할 수 있기 때문이 다.《고금의통대전(古今醫統大全)[20]》[21]

醫治

將枯時, 以鐵屑糞之, 或以 鐵丁釘其根則復活. 蓋此 樹水性, 金能生水也.《古 今醫統》

소철의 본성은 습기를 두려워한다. 만약 어쩌다 습기가 배어들면 썩는다. 이때는 급히 썩은 부위를 도려내 버리고 옮겨 심어야 한다. 많이 썩어 움푹하 게 잘라 내어 뿌리가 없어지더라도 잘 살아 나니, 하 나의 기이한 점이다.《화한삼재도회》[22]

性畏濕. 如或中濕則朽, 急 斫去朽處, 宜栽之. 如輪 切而無根, 亦能活, 一異 也.《和漢三才圖會》

6) 쓰임새

"소철이 화재를 막을 수 있다."[23]라 하니, 정원 가운데 2~3그루를 심어도 좋을 것이다.《학포여 소》[24]

功用

云"能辟火", 園林中存三 二株亦可.《學圃餘疏》

---

19 《和漢三才圖會》, 위와 같은 곳.
20 고금의통대전(古今醫統大全) : 16세기 중엽 명나라의 의학자인 서춘보(徐春甫, 1520~1596)가 저술한 서적. 서춘보는 내과, 부인과, 소아과 등의 의술분야에 능통하여 많은 사람을 치료한 인물이다.
21 출전 확인 안 됨;《和漢三才圖會》卷89〈番楚〉"味果類" '番草'(《倭漢三才圖會》10, 460쪽).
22 《和漢三才圖會》卷89〈番楚〉"味果類" '番草'(《倭漢三才圖會》10, 461쪽).
23 소철이……있다: 출전 확인 안 됨.
24 《學圃雜疏》〈花疏〉(《叢書集成初編》1355, 8쪽).

7) 자질구레한 말

소철을 화분에 심으면 그다지 크게 자라지 않는다. 1년이 지나서야 겨우 맨아래의 잎 1개가 떨어진다. 잎의 길이를 헤아려 봐서 길이가 0.1척에 이르지 못하면 또한 대부분 꽃이 피지 않는다.《고금의통대전》25

瑣言

植盆中, 不甚長, 一年纔落一下葉. 計長不能以寸, 亦不甚作花.《古今醫統》

---

25 출전 확인 안 됨;《和漢三才圖會》卷89 〈味果類〉 "番草"(《倭漢三才圖會》10, 460쪽).

15. 종려(棕櫚)[1]

棕櫚

1) 이름과 품종

名品

일명 '병려(栟櫚)'이다.[2]

一名"栟櫚".

【도경본초[3] 나무의 높이는 10~20척이며, 가지가 없다. 잎은 크면서 둥글고, 차바퀴의 바퀴살과 같은 모양으로, 나무줄기에 모여 있다. 그 아래에 껍질이 있다. 껍질은 겹겹이 몸통을 싸고 있으며, 한 겹의 껍질 한 바퀴마다 한 마디가 된다.

【圖經本草】 木高一二丈, 無[1]枝條, 葉大而圓, 有如車輪, 萃於樹杪. 其下有皮, 重疊裹之, 每皮一匝爲一節.

20일에 1번씩 그 껍질을 채취하면 도로 그 위에 껍질이 난다. 6~7월에 황백색의 꽃이 핀다. 8~9월에는 열매를 맺는데, 물고기 알 같은 모양의 씨방을 만든다. 씨는 검은 색이다. 《산해경(山海經)》[4]에

二旬一探皮, 轉復生上. 六七月生黃白花, 八九月結實, 作房如魚子, 黑色.《山海經》云"石脆[2]之山, 其木

---

1 종려(棕櫚): 중국, 동남아시아가 원산지인 상록성 관엽식물 가운데 하나. 높이는 2~4m정도이고, 줄기의 지름은 1~2.5cm이며, 줄기 정상에서 많은 잎이 잎자루와 함께 난다. 종려죽보다 잎이 좀더 얇고 길게 갈라져 있다. 잎 가장자리가 V자 모양이고, 가장자리 쪽이 갈라져서 많은 비가 내려도 휘거나 부러지지 않는다. 관상용뿐 아니라 다양한 생활도구 제작 및 약용으로도 쓰였다. 풍석 서유구 지음, 임원경제연구소 옮김, 《임원경제지 섬용지》 2, 풍석문화재단, 2016, 257~259쪽에는 서재에서 쓰면 좋은, 종려나무껍질의 털로 만든 비가 나오고, 종려나무잎으로 만든 먼지떨이[無塵子]가 좋다고 소개되어 있다.

2 일명 병려(栟櫚)이다:《二如亭群芳譜》〈利部〉第7 "木譜" '棕櫚'(《四庫全書存目叢書補遍》80, 670쪽)에 보인다.

3 《圖經本草》卷12〈木部〉 "下品" '棕櫚'(《本草圖經》, 428쪽);《本草綱目》卷35〈木類〉 "棕櫚", 2048쪽.

4 《산해경(山海經)》: 중국에서 가장 오래된 지리서. 작자에 관해서는 하(夏)나라 우왕(禹王) 또는 백익(伯益)이라는 설과 B.C. 4세기 전국 시대부터 한(漢)대 초기까지 걸쳐 여러 학자에 의해 저작되었다는 설이 대립하고 있다. 원래는 23권이 있었으나 전한(前漢) 말기에 유흠(劉歆)이 교정한 18권만 전하고 있다.

① 無:《圖經本草·木部·下品》에는 "傍".

② 脆: 저본에는 "華".《山海經·西山經》에 근거하여 수정.

종려나무

"석취산(石脆山)⁵에는 나무 중에 종(棕)이 많다."⁶라 했   多棕"是也.
으니, 바로 이것이다.

본초강목⁷ 껍질 속에 있는 실 같은 터럭이 말갈기   本草綱目 皮中毛縷, 如馬
[騣鬣]와 같기 때문에 '종(棕)'이라 이름하였다.   之騣鬣, 故名"棕".

안 우리나라에는 이런 종이 없다. 연경(燕京)에 사신   案 我東無其種. 每使燕
으로 갔던 사람마다 화분에 심은 종려를 사 온 이후   者, 購盆種者以來, 培養得
로 북주고 길러 알맞은 조건을 조성했더니, 역시 길   宜, 亦有長丈許者】
이가 10척 정도로 자란 경우가 있었다】

2) 파종과 가꾸기   種藝

　2월 중에 씨를 뿌려, 종려의 길이가 1척 정도가   二月間撒種, 長尺許, 移栽

5　석취산(石脆山) : 중국 섬서성(陝西省) 경양(涇陽) 남쪽에 있는 해발 600m 높이의 산.
6　석취산(石脆山)에는……많다 : 《山海經》卷2〈西山經〉(《文淵閣四庫全書》1042, 9쪽).
7　《本草綱目》卷35〈木類〉"棕櫚", 2048쪽.

되면, 줄지어 옮겨 심는다. 《편민도찬(便民圖纂)8)9》　　　成行.《便民圖纂》

3) 관리

해마다 반드시 2~3번 껍질을 벗겨 낸다. 그렇게 하지 않으면 나무가 죽거나 자라지 않는다. 《본초강목》10

每歲必兩三剝之. 否則樹死, 或不長也.《本草綱目》

길이가 4척 남짓이 되면 비로소 껍질을 벗길 수 있다. 매년 네 계절에 1번씩 벗긴다. 반 년에 1번씩 벗겨도 좋다. 《편민도찬》11

長至四尺餘, 始可剝. 每年四季剝之, 半年一剝亦可.《便民圖纂》

4) 쓰임새

종려나무는 그 줄기가 반듯하고 곧으며, 몸통은

棕櫚, 其幹正直, 身赤黑,

종려나무꽃(《매원화보》)

8　편민도찬(便民圖纂) : 중국 명나라 광번(鄺璠, 1465~1505)이 지은 유서. 농사를 비롯한 일반 백성들의 생업과 관련한 다양한 정보를 그림과 함께 제시하였다.
9　《便民圖纂》卷5〈樹藝類〉"種諸果花木"'棕櫚', 56쪽.
10　《本草綱目》卷35〈木類〉"棕櫚", 2049쪽.
11　《便民圖纂》卷5〈樹藝類〉"種諸果花木"'棕櫚', 56쪽.

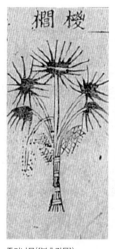

종려나무(《본초강목》)　　전김홍도필 종려나무　종려나무(《도경본초》)
　　　　　　　　　　　　(국립중앙박물관)

적흑색이고, 모두 근락(筋絡)12 구조이다. 종오(鍾杵,
종을 치는 막대)를 만들기 적당하다. 또한 둥글게 깎아
서 그릇을 만들 수도 있다. 그 껍질에는 가느다란 털
이 나 있는데, 직물처럼 서로 복잡하게 얽혀 있다.
이를 벗겨 내어 그 실을 풀면 옷·모자·이불·의자
따위를 짤 수 있다.《본초강목》13

皆筋絡. 宜爲鍾杵. 亦可旋
爲器物. 其皮有絲③毛, 錯
綜如織. 剝取縷解, 可織
衣帽、褥椅之屬.《本草綱
目》

　그 껍질로 노끈을 만들면 물속에 넣고 천 년을
두어도 썩어 문드러지지 않는다.《편민도찬》14

其皮作繩, 入水千年不爛.
《便民圖纂》

예원지 권제4 끝　　　　　　　　　　藝畹志卷第四

---

12 근락(筋絡):식물 조직이 직조한 섬유와 같이 얽혀 있는 형태.
13 《本草綱目》卷35〈木類〉"棕櫚", 2049쪽.
14 출전 확인 안 됨;《本草綱目》卷35〈木類〉"棕櫚", 2048쪽.
③ 絲:저본에는 "綠".《本草綱目·木類·棕櫚》에 근거하여 수정.

5

예원지 권제 5
藝畹志 卷第五

임원십육지 22
林園十六志二十二

II. 꽃 이름 고찰(화명고)

화훼 가운데 품종의 분류방식이 번잡한 것으로는 오직 모란·작약·난·국화가 가장 그러하다. 이제 선인들의 지은 보(譜)나 기(記) 형식의 책을 두루 모아서, 이 네 종류 화훼에 대한 꽃 이름 고찰[花名攷]을 작성했다. 그리하여 호사자들이 이를 바탕으로 화훼의 이름을 살피고 그 종자를 사 올 수 있게 한다.

- Ⅱ -

꽃 이름 고찰(화명고)[1]

花名攷

4 국화[菊]

3 난[蘭, 난화]

2 작약[芍藥]

1 모란[牡丹]

---

1 꽃 이름 고찰(화명고) : 이 〈꽃 이름 고찰〉에 보이는 꽃의 여러 이름들은 가장 우선하는 분류 기준이 꽃의 색깔이다. 하지만 같은 색깔끼리는 다시 꽃의 모양이나 크기에 따라 이름을 달리 붙이기도 하고, 아름다운 정도가 어느 미인에 빗댈 만하면 그 미인의 이름을 따서 붙이기도 하고, 어떤 꽃은 그 종자를 개량해 낸 사람의 성씨를 따서 꽃 이름을 붙이기도 했다. 이름 붙인 기준이 이렇게 다양한 만큼 꽃 이름마다의 연원을 파악하기가 쉽지 않다. 특히 각 성씨를 따서 붙인 꽃 이름은 누구의 성을 따른 것인지 일일이 확인하기가 어렵다. 어떤 경우는, 거의 같은 꽃인데 그 꽃이 난 지역과 시대에 따라, 다른 지역에 전해졌다면 전해진 지역의 명칭에 따라 또 다른 이름이 붙은 경우도 있다. 다양한 꽃 이름마다의 생김새와 모양을 확인할 수 없다는 점이 매우 아쉽다.

1. 모란(牡丹)

【안 화훼 가운데 품종의 분류방식이 번잡한 것으로는 오직 모란·작약·난·국화가 가장 그러하다. 이제 선인들의 보(譜)나 기(記) 형식의 책을 두루 모아서, 이 네 종류 화훼에 대한 꽃 이름 고찰 [花名攷]을 작성했다. 그리하여 호사가들이 이를 바탕으로 화훼의 이름을 살피고 그 종자를 구할 수 있게 한다】

牡丹

【案 花卉中品類式繁者, 唯牡丹、芍藥、蘭、菊爲最. 今蒐羅前人譜、記, 作四種花名攷, 俾好事者, 得以按名購種云】

1) 황색류(20항목 20종)

1-1) 요황(姚黃)[2]

【구양수(歐陽修)[3] 낙양모란기(洛陽牡丹記)[4][5] 겹꽃이다. 민가의 요씨(姚氏)[6]의 집에서 나왔다. 1년에 몇 송이 이상 피지 않는다】

黃類

姚黃

【歐陽氏 洛陽牡丹記 千葉, 出民姚氏家. 一歲不過數朶】

1-2) 우황(牛黃)

【구양수 낙양모란기[7] 겹꽃이다. 민가의 우씨(牛

牛黃

【又 千葉, 出民牛氏家. 比

---

2 요황(姚黃): 중국에서 모란의 왕이라 불리는 황색 모란. 중국 송(宋)나라 때 요씨(姚氏) 성을 가진 사람의 집에서 재배한 천엽황화(千葉黃花, 겹황색모란)이다. 송나라 때 위인보(魏仁溥, 911~969)의 집에서 재배한 천엽홍화(千葉紅花, 겹홍색모란)와 함께 '요황위자(姚黃魏紫)'라는 용어로 상등품의 모란꽃을 비유하는 말로 쓰였다.
3 구양수(歐陽修): 중국 송대의 정치가·문학자. 유현(儒賢). 자는 영숙(永叔), 호는 취옹(醉翁)·육일거사(六逸居士). 벼슬이 참지정사(參知政事)에까지 올랐으나 왕안석의 혁신 정치에 반대하다가 벼슬에서 물러났다(1071). 고문(古文)을 부흥시키고, 당대(唐代)의 화려한 시풍에 반대하여 신시풍을 열었고, 시·문 양방면에 송대 문학의 기초를 확립했다. 당·송 8대가 중 한 사람이다.
4 낙양모란기(洛陽牡丹記): 중국 송대(宋代) 구양수(歐陽修)가 낙양 모란의 화품(花品), 화명(花名), 화풍속(花風俗) 등에 대해 저술한 책.
5 《洛陽牡丹記》〈花品敍〉第1《叢書集成初編》1355, 3쪽).
6 요씨(姚氏): 중국 북송 시대(960~1126) 낙양(洛陽)의 민가에서 모란을 애호하여 기르던 요씨 성을 가진 사람.
7 《洛陽牡丹記》, 위와 같은 곳.

氏)[8]의 집에서 나왔다. 꽃잎의 양은 요황에 비하여   姚黃差少】
약간 적다】

1-3) 감초황(甘草黃)

【구양수 낙양모란기】[9] 홑꽃이다. 색이 감초(甘
草)[10]뿌리의 단면과 같이 노랗다】

甘草黃

【又 單葉, 色如甘草】

1-4) 승요황(勝姚黃)

【주사후(周師厚)[11] 낙양모란기(洛陽牡丹記)】[12][13] 겹꽃
이며, 짙은 자색의 붉은 꽃술[紫檀心][14]이 있고, 꽃이
피면 지름이 0.8~0.9척 정도가 된다. 색은 비록 요
황보다 짙으나[勝姚], 그 색의 정[精]한 색채가 요황보
다 낫기는 쉽지 않다】

勝姚黃

【周氏 洛陽牡丹記 千葉,
有深紫檀心. 開頭可八九寸
許. 色雖深于姚, 然精采未
易勝也】

1-5) 천심황(千心黃)

【주사후 낙양모란기】[15] 겹꽃이다. 단주황(丹州黃)
과 비슷한 품종이다. 하지만 꽃자루[瓶] 가까이에 자

千心黃

【又 千葉, 類丹州黃而近
瓶碎蕊特盛, 故謂之"千

---

8   우씨(牛氏) : 중국 북송 시대(960~1126) 낙양 민가에서 모란을 애호하여 기르던 우씨 성을 가진 사람으로
    추정된다.
9   《洛陽牡丹記》, 위와 같은 곳.
10 감초(甘草) : 콩과에 속하는 다년초 약재. 뿌리의 단면이 노랗고 달다.
11 주사후(周師厚) : 1031~1087. 중국 북송의 관리. 자는 돈부(敦夫), 호는 인열(仁熱). 명신 범중엄(范仲淹)
    의 조카사위. 벼슬이 형호남로전운판관에까지 이르렀다. 시역법(時役法)을 행하여 세금을 더 물리는 것에
    반대했고 진주(辰州)·원주(沅州) 두 변방 지역에 둔전법 시행을 통해 군량 문제를 해결해야 백성의 부담을
    덜어 줄 수 있다고 제안하여 조정에서 이를 받아들였다. 저서로《낙양모란기(洛陽牡丹記)》가 있다.
12 낙양모란기(洛陽牡丹記) : 주사후가 모란에 대해 저술한 책.
13 《說郛》卷104 〈洛陽牡丹記〉《文淵閣四庫全書》882, 55쪽);《洛陽牡丹記》〈花品敍〉第一(《叢書集成初
    編》1355, 4쪽).
14 자색의 붉은 꽃술[紫檀心] : 단심(檀心)은 붉은 꽃술이라는 뜻이므로 자단심(紫檀心)은 자색에 가까운 붉은
    꽃술이다. 중국 송대 소식(蘇軾)이 황규[黃葵, 닥풀]를 읊은 시에 "단심이 절로 물들고, 푸른 잎 무성하며
    까끄라기 있구나(檀心自成暈, 翠葉森有芒)."라 했다.
15 《說郛》卷104 〈洛陽牡丹記〉《文淵閣四庫全書》882, 56쪽).

잘한 꽃술이 이보다 특히 무성하기 때문에 '천심(千 心")】
心, 천 개의 꽃술)'이라 한다】

1-6) 단주황(丹州黃)

【주사후 낙양모란기 16 겹꽃이다. 색은 감초황보다 짙고, 짙은 홍색의 붉은 꽃술이 있다】

丹州黃

【又 千葉, 色深于甘草黃, 有檀心深紅】

1-7) 민황(閔黃)

【주사후 낙양모란기 17 겹꽃이다. 색은 감초황과 비슷하지만 그와 달리 붉은 꽃술이 없다. 민씨(閔氏)의 화원에서 나왔다】

閔黃

【又 千葉, 色類甘草而無檀心. 出閔氏之圃】

1-8) 여진황(女眞黃)

【주사후 낙양모란기 18 겹꽃이다. 색은 옅은 황색이다. 낙양 은이씨(銀李氏)의 집에서 나왔다.19 문언박(文彦博)20이 그 이름을 '여진(女眞)'이라 했다】

女眞黃

【又 千葉, 淺黃. 出洛陽銀李氏家. 文潞公命名曰 "女眞"】

1-9) 사두황(絲頭黃)

【주사후 낙양모란기 21 겹꽃이다. 색이 단주황과 비슷하다. 바깥쪽에 쟁반같이 큰 꽃잎이 있고 중앙

絲頭黃

【又 千葉, 色類丹州黃. 外有大葉如盤, 中有碎葉

---

16 《說郛》卷104〈洛陽牡丹記〉, 위와 같은 곳.
17 《說郛》卷104〈洛陽牡丹記〉, 위와 같은 곳.
18 《說郛》卷104〈洛陽牡丹記〉, 위와 같은 곳.
19 낙양……나왔다 : 원풍(元豐) 연간(1078~1085)에 나왔다고 한다.
20 문언박(文彦博) : 1006~1097. 중국 송(宋)나라의 정치가. 자는 관부(寬夫). 문로공(文潞公)은 그의 시호. 서하(西夏) 대책에 공을 세웠고, 하북성(河北省) 남궁현(南宮縣) 왕측(王則)의 난을 평정했다. 왕안석(王安石)의 신법에 반대한 주요인물이다.《문로공문집》40권이 전한다.
21 《說郛》卷104〈洛陽牡丹記〉, 위와 같은 곳.

102   예원지·권제 5

에 잔 꽃잎들 한 무더기가 있다. 이 잔 꽃잎들은 백여 장이나 된다. 이 잔 꽃잎들 가운데에 실[絲]처럼 가느다란 황색 수술 수십 개가 꽃잎 위로 높이 솟아 나기 때문에, 이러한 이름을 붙였다】

一簇, 可百餘分. 碎葉之心, 有黃絲數十莖, 聳起高出花葉之上故名】

1-10) 어포황(御袍黃)

【주사후 낙양모란기 22 겹꽃이다. 색이 여진황과 비슷하다. 원풍(元豊) 연간(1078~1085)에 응천원(應天院)23의 화원에 신종(神宗) 황제가 행차하여[御] 묘목[山篦]24 수백 그루를 심게 하였다. 그 가운데서 갑자기 이 한 품종으로 변했다. 이로 인하여 '어포황(御袍黃)'이라 이름을 붙였다】

御袍黃

【又 千葉, 色類女眞黃. 元豊中, 應天院 神御花圃中, 植山篦數百. 忽于其中變此一種, 因名"御袍黃"】

1-11) 금원황(禁院黃)25

【육유(陸游)26 천팽모란보(天彭牡丹譜) 27 28 요황의 또 다른 품종이다. 여유롭고 담박하면서 고상하고 빼어나서, 요황에 버금간다】

禁院黃

【陸氏 天彭牡丹譜 姚黃別品, 閒淡高秀, 可亞姚黃】

---

22 《說郛》卷104〈洛陽牡丹記〉, 위와 같은 곳.

23 응천원(應天院) : 중국 송대 4대 서원(書院) 중 하나인 응천서원. 신종(神宗, 재위 1067~1085) 때 건설되었으며 하남성 상구현(商丘縣)에 위치한다.

24 묘목[山篦] : 당나라 때 수안산(壽安山)에서 잘라 온 묘목이 낙양에서 거래되었다. 이를 '산균자'(山篦子)라 하였다고 전한다.

25 금원황(禁院黃) : 요씨의 정원에서 나온 요황과 같은 품종이고, 품등만 조금 다르므로 궁실의 정원을 뜻하는 금원(禁院)이라는 이름이 붙은 것이다.

26 육유(陸游) : 1125~1210. 중국 남송(南宋)의 대표적 시인. 약 50년 동안에 1만 수(首)에 달하는 시를 남겨 중국에서 최다작의 시인으로 꼽는다. 강렬한 서정성을 부흥시킨 점이 최대의 특색이라 할 수 있다. 철저한 항전주의자로 일관했다. 주요 저서에는《검남시고(劍南詩稿)》등이 있다.

27 천팽모란보(天彭牡丹譜) : 중국 송대(宋代) 육유(陸游)의 저술. 촉 지역에 있는 천팽의 모란 65종을 기록했다.

28 《說郛》卷104〈天彭牡丹譜〉"花釋名"《文淵閣四庫全書》882, 64쪽).

1-12) 경운황(慶雲黃)[29]

【육유 천팽모란보 [30] 꽃잎이 겹겹이다. 꽃잎이 무성하고 구름처럼 둥실둥실하므로 이러한 이름을 붙였다】

慶雲黃

【又 花葉重複, 郁然輪囷故名】

1-13) 청심황(靑心黃)

【육유 천팽모란보 [31] 꽃의 중심[心]은 정청(正靑)색이다. 한 그루에서 2가지 품등의 꽃이 피는 경우가 종종 있다. 어떤 품등은 공처럼 매우 둥글고, 어떤 품등은 높이 자라 누자모란[樓子][32]이 된다】

靑心黃

【又 花心正靑. 一本花往往有兩品. 或正圓如毬, 或層起成樓子】

1-14) 황기구(黃氣毬)

【육유 천팽모란보 [33] 옅은 황색의 꽃이며, 붉은 꽃술이 있다. 꽃잎은 매우 둥그런 모양이다. 이들이 간혹 등을 대고 서로 받쳐 주면서 활짝 핀 모습이 사랑스럽다】

黃氣毬

【又 淡黃檀心, 花葉圓正, 間背相承, 敷腴可愛】

---

29 경운황(慶雲黃):경운(慶雲)의 사전적 의미는 길한 징조를 의미하는 오색구름이다. 오색구름의 색이 다양하듯 겹꽃잎이 많이 겹쳐진 모양을 뜻하는 것으로 보인다.

30 《說郛》 卷104 〈天彭牡丹譜〉, 위와 같은 곳.

31 《說郛》 卷104 〈天彭牡丹譜〉, 위와 같은 곳.

32 누자모란[樓子]:여기서는 꽃잎이 층을 이루며 누대(樓臺)처럼 높이 솟아 나는 모양을 말한다. 《예원지》 권2 〈모란〉 "접붙이기"에서는 참죽나무에 접붙여 키가 아주 큰 모란을 뜻하는 말로 쓰였다.

33 《說郛》 卷104 〈天彭牡丹譜〉, 위와 같은 곳.

1-15) 대황(大黄)

【설봉상(薛鳳翔)34 박주모란기(亳州牡丹記) 35 36 녹색 꽃봉오리가 맺힌다. 음지에서 길러야 가장 좋다. 오래된 대황일수록 그 효과가 더욱 빼어나다. 그 꽃잎이 크고[大] 꽃 피우기가 쉽다. 처음 필 때 살짝 황색이다가 시들면 더욱 황색이 된다. 꽃병에 꽂아 하룻밤이 지나면, 그 색이 추규화(秋葵花)37와 같아진다】

大黄

【薛氏 亳州牡丹記 綠胎, 最宜向陰養之. 愈久愈妙. 其花大瓣①易開, 初開微黄, 垂殘愈黄. 簪瓶中經宿, 則色可等秋葵花】

1-16) 소황(小黄)

【설봉상 박주모란기 38 녹색 꽃봉오리가 맺힌다. 꽃잎 표면의 결에 가벼운 주름이 져 있지만 연초(淵綃)39보다 약하다. 둘레에 탁판(托瓣)40이 있다】

小黄

【又 綠胎, 花之膚理輕皺, 弱于淵綃, 周有托瓣】

---

34 설봉상(薛鳳翔) : ?~?. 중국 명(明)나라 문학가. 자는 공의(公儀). 박주(亳州)의 성리(城里) 사람이다. 명나라 조정의 대신인 설혜(薛蕙, 1490~1539)의 손자로 어려서부터 많은 책을 섭렵했고 시와 그림에 능했으며, 특히 모란 그림을 잘 그렸다. 저서로 《박주모란사(亳州牡丹史)》 4권이 있다.

35 박주모란기(亳州牡丹記) : 중국 박주(亳州)에서 나는 모란의 종류 및 모란의 역사에 대해 설봉상(薛鳳翔)이 저술한 책. 《박주모란사(亳州牡丹史)》의 이칭. 박주는 북주(北周) 때 설치된 주(州)로서, 현재 안휘성(安徽省) 부양현(阜陽縣) 일대이다.

36 《亳州牡丹史》卷1〈傳〉"神品"'大黄'(《續修四庫全書》1116, 301쪽); 《廣群芳譜》卷32〈花譜〉"牡丹"1, 759쪽.

37 추규화(秋葵花) : 여기서는 황색 추규화(秋葵花)를 지칭한다. 일반적으로 규화(葵花)는 홍색·백색 등이 더 많고, 추규화 역시 백색이 있으나 황색이 대표적이다.

38 《亳州牡丹史》卷1〈傳〉"神品"'小黄'(《續修四庫全書》1116, 301~302쪽); 《廣群芳譜》卷32〈花譜〉"牡丹"1, 759쪽.

39 연초(淵綃) : 미상. 연못에 피면서 꽃잎에 주름이 있는 꽃으로 추정된다.

40 탁판(托瓣) : 꽃을 받쳐 주는 아래쪽 꽃잎.

① 瓣 : 저본에는 "辦". 오사카본·《亳州牡丹史·傳·神品》·《廣群芳譜·花譜·牡丹》에 근거하여 수정.

1-17) 과양황(瓜瓤黃)

【설봉상 박주모란기 41 바탕색이 대황보다 더하고, 꽃잎이 매우 부드러워 아름답다. 다만 하나의 꽃송이에 꽃잎은 4~5겹을 넘지 않고 꽃받침 근처가 약간 자색을 띠므로, 아름다움이 조금 덜할 뿐이다】

瓜瓤黃

【又 質過大黃, 殊柔膩靡曼. 但一房不過四五層, 而近萼處微帶紫, 故少遜耳】

1-18) 마노반(瑪瑙盤)

【군방보(群芳譜) 42 적황색이다. 꽃잎 5장이 난다. 나무의 높이는 2~3척이다. 잎은 매우 짧게 오그라들어 있다】

瑪瑙盤

【群芳譜 赤黃色, 五瓣, 樹高二三尺, 葉頗短蹙】

1-19) 담아황(淡鵝黃)

【군방보 43 처음 필 때는 새로 부화한 새끼거위와 같이 옅은 황색이다.44 꽃의 모양은 평두(平頭)45이며, 후에 점차 흰색으로 변한다. 꽃송이가 매우 크지는 않다】

淡鵝黃

【又 初開微黃如新鵝兒. 平頭, 後漸白, 不甚大】

1-20) 태평누각(太平樓閣)

【군방보 46 겹꽃이다】

太平樓閣

【又 千葉】

---

41 《亳州牡丹史》卷1 〈傳〉 "神品" '瓜瓤黃'《續修四庫全書》1116, 301쪽); 《廣群芳譜》卷32 〈花譜〉 "牡丹" 1, 759쪽.

42 《二如亭群芳譜》〈貞部〉卷2 "花譜" 2 '牡丹'《四庫全書存目叢書補編》80, 706쪽).

43 《二如亭群芳譜》〈貞部〉卷2 "花譜" 2 '牡丹'《四庫全書存目叢書補編》80, 707쪽).

44 새로……황색이다 : 이를 아황(鵝黃)색이라 한다. 연한 황색이다. 중국 당(唐)나라 시인 두보(杜甫, 712~770)가 〈주전소아아(舟前小鵝兒)〉란 시에 "새끼거위 누런색이 술 색 같으니, 술을 앞에 두고 새끼거위의 황색[鵝黃] 사랑하노라(鵝兒黃似酒, 對酒愛鵝黃)."라고 읊었다는 고사가 전해진다.

45 평두(平頭) : 꽃잎이 가지런하여 꽃의 위쪽이 높이를 맞추어 잘라 놓은 듯 평평한 형상.

46 《二如亭群芳譜》, 위와 같은 곳.

2) 홍색류(142항목 148종)

2-1) 위가화(魏家花)

【구양수 [낙양모란기]47 겹꽃이다. 색이 육홍(肉紅)48색이다. 재상 위인보(魏仁溥)49의 집에서 나왔다. 꽃나무 높이는 4척을 넘지 않는다. 꽃의 높이는 0.5~0.6척, 너비는 0.3~0.4척이며, 꽃잎은 70~100장 남짓에 이를 정도로 많다.

전유연(錢惟演)50이 일찍이 "사람들은 모란을 '화왕(花王, 꽃의 왕)'이라 한다. 지금은 요황이 진실로 왕이라 할 만하고, 위화(魏花, 위가화)는 왕후라 할 만하다."라 했다】

2-2) 정홍(鞓紅)

【구양수 [낙양모란기]51 홑꽃이다. 색이 짙은 홍색이다. 청주(靑州)52에서 났으므로 '청주홍(靑州紅)'이라고도 한다. 복야(僕射)53인 장제현(張齊賢)54이 낙타

【 歐陽氏 [洛陽牡丹記] 千葉, 肉紅. 出魏相仁溥家. 樹高不過四尺, 花高五六寸, 闊三四寸, 葉至七百餘.

錢思公嘗曰:"人謂牡丹花王, 今姚黃眞可爲王, 而魏花乃后也"】

鞓紅

【 又 單葉, 深紅. 出靑州, 故一曰"靑州紅". 張僕射齊賢, 以驥[2]馳馱其種, 遂

---

47 《洛陽牡丹記》〈花品敍〉第1(《叢書集成初編》1355, 3쪽).

48 육홍(肉紅):선홍빛 붉은색이다.

49 위인보(魏仁溥):911~969. 중국 송(宋)나라의 재상. 그의 화원은 위씨지관(魏氏池館)이라는 별도의 이름으로 알려질 만큼 화훼가로도 유명했다.

50 전유연(錢惟演):977~1034. 중국 북송대 문학가. 자는 희성(希聖), 시호는 사공(思公)이었다가 나중에 문희공(文僖公)으로 개칭했다. 화려한 수사와 대구(對句)·고사(故事)를 중시한 서곤체(西崑體)의 대표적 작가 중 하나이다. 저서로 《가왕고사(家王故事)》·《금파유사(金坡遺事)》가 있다.

51 《洛陽牡丹記》, 위와 같은 곳.

52 청주(靑州):중국 산동성(山東省)의 중부에 위치하는 지역. 옛날 중국을 9개 지역으로 나눈 구주(九州) 중 하나로, 태산(泰山) 동쪽에서 발해(渤海)에 이르는 지역에 해당한다.

53 복야(僕射):중국의 옛 관직 이름. 시중(侍中)·상서(尙書)·박사(博士)·낭랑(郞郎) 등에 모두 복야가 있었다. 그 직책의 수장을 가리키는 호칭이다.

54 장제현(張齊賢):942~1014. 중국 북송의 관리. 자는 사량(師亮). 산동성 조현(曹縣) 출신이나 낙양으로 옮겨와 살았다. 추밀부사(樞密副使), 병부상서(兵部尙書) 등을 지냈다. 문집이 있었으나 전하지 않고, 《서록해제(書錄解題)》·《낙양진신구문기(洛陽搢紳舊聞記)》만이 전한다.

[2] 驥:저본에는 "橐". 《洛陽牡丹記·花品敍》에 근거하여 수정.

에 그 종자를 싣고 와서 마침내 낙양에 전해졌다. 그 색이 허리에 두르는 가죽띠[鞓]와 비슷하기 때문에 이러한 이름을 붙였다】

傳洛中. 其色類腰帶鞓故名】

2-3) 헌래홍(獻來紅)

【구양수 낙양모란기 55 꽃이 크고 다엽(多葉)56이다. 색이 옅은 홍색이다. 낙양에 사는 복야 장제현이라는 사람이 이 꽃을 황제에게 헌상(獻上)한 적이 있기 때문에 이러한 이름을 붙였다】

獻來紅

【又 花大多葉, 淺紅. 張僕射居洛人有獻此故名】

2-4) 학령홍(鶴翎紅)

【구양수 낙양모란기 57 다엽이다. 꽃잎의 끝부분은 흰색이지만 그 꽃잎의 색은 육홍색으로 학[鴻鵠] 정수리의 붉은 털색과 같다】

鶴翎紅

【又 多葉, 其花末白而本肉紅, 如鴻鵠毛色】

2-5) 세엽수안(細葉壽安)·추엽수안(麤葉壽安)

【구양수 낙양모란기 58 모두 겹꽃이다. 색이 육홍색이다. 수안현(壽安縣)59 금병산(錦屏山)60에서 나왔다. 자잘한 꽃잎 있는 품종이 더욱 좋다】

細葉壽安, 麤葉壽安

【又 皆千葉, 肉紅. 出壽安縣 錦屏山. 細葉者尤佳】

---

55 《洛陽牡丹記》〈花品敍〉《叢書集成初編》1355, 3쪽).
56 다엽(多葉) : 겹꽃보다는 풍성하지 않은 꽃잎을 지칭한다.
57 《洛陽牡丹記》〈花品敍〉《叢書集成初編》1355, 4쪽).
58 《洛陽牡丹記》, 위와 같은 곳.
59 수안현(壽安縣) : 중국 하남성의 현 이름.
60 금병산(錦屏山) : 중국 하남성 수안현에 있는 산.

2-6) 단주홍(丹州紅)·연주홍(延州紅)

【구양수 낙양모란기[61] 모두 겹꽃이다. 색이 붉은 꽃이다】

丹州紅、延州紅③

【又 皆千葉, 紅花】

2-7) 연화악(蓮花萼)

【구양수 낙양모란기[62] 다엽이다. 색이 홍색인 꽃이다. 청색 꽃받침[靑跗][63]이 3겹이고, 모양은 연화(蓮花, 연꽃)의 꽃받침[萼]과 같다】

蓮花萼

【又 多葉, 紅花. 靑跗三重, 如蓮花萼】

2-8) 주사홍(朱砂紅)

【구양수 낙양모란기[64] 다엽이다. 색이 홍색인 꽃이다. 꽃잎의 색이 매우 선명하여 해가 비치는 쪽을 향하고서 보면 마치 선홍빛 피색과 같다.

안《군방보》에 "겹꽃이다. 음지가 좋다."[65]라 했다】

朱砂紅

【又 多葉, 紅花, 花葉甚鮮, 向日視之, 如猩血.

案《群芳譜》云:"千葉, 宜陰"】

2-9) 장원홍(壯元紅)

【주사후 낙양모란기[66] 겹꽃이다. 색이 짙은 홍색인 꽃이다. 색이 단사(丹砂)[67]와 비슷하지만 그보다

壯元紅

【周氏 洛陽牡丹記 千葉, 深紅花也. 色類丹砂而淺,

---

61 《洛陽牡丹記》, 위와 같은 곳.

62 《洛陽牡丹記》, 위와 같은 곳.

63 청색 꽃받침[靑跗]: 부(跗)는 화부(花跗)라고도 한다. 화악(花萼)과 같은 말로, 꽃받침을 뜻한다.

64 《洛陽牡丹記》, 위와 같은 곳.

65 겹꽃이다……좋다:《廣群芳譜》卷32〈花譜〉"牡丹", 754쪽.

66 《說郛》卷104〈洛陽牡丹記〉(《文淵閣四庫全書》882, 56쪽)

67 단사(丹砂): 수은과 유황의 화합물인 진홍색 광물. 주사(朱砂)라고도 한다.

③ 丹州紅延州紅:《洛陽牡丹記·花品敍》에는 "丹州延州花".

장원홍

더 옅다. 꽃잎의 끝부분은 색이 약간 옅지만 꽃받침 쪽으로 가까워지면서 점점 짙어진다. 자색의 붉은 꽃술이 있다. 꽃이 피면 지름이 0.7~0.8척이 된다. 그 색이 매우 아름다워 여러 꽃들 가운데 독보적인 우위를 차지한다. 다만 꽃이 피면 크기가 위화(魏花)보다 약간 작다】

葉杪微淡, 近蕚漸深, 有 紫檀心, 開頭可七八寸, 其 色甚美, 逈出衆花之上. 但 開頭差小于魏花】

2-10) 승위(勝魏)·도승(都勝)

【주사후 낙양모란기 68 승위는 위화와 비슷하지만 그보다 색이 약간 짙다. 도승은 위화와 비슷하지만 그보다 조금 더 크고, 꽃잎은 약간 자홍색을 띤다. 아마 그 품종은 모두 위화가 변한 듯하다】

勝魏、都勝

【又 勝魏, 似魏花而微深; 都勝, 似魏花而差大, 葉微 帶紫紅色. 意其種皆魏花 所變歟】

2-11) 서운홍(瑞雲紅)

【주사후 낙양모란기 69 겹꽃이다. 색이 육홍(肉紅)

瑞雲紅

【又 千葉, 肉紅. 開頭大

---

68 《說郛》卷104 〈洛陽牡丹記〉(《文淵閣四庫全書》882, 57쪽)
69 《說郛》卷104 〈洛陽牡丹記〉, 위와 같은 곳.

색이다. 꽃이 피면 지름이 1척 남짓이다. 색은 위화와 비슷하지만 그보다 약간 짙다. 하지만 자잘한 꽃잎이 위화보다 약간 더 커서 꽃잎이 풍성하고 조밀한 위화만 못하다. 꽃잎의 끝부분이 구름처럼 약간 말려 있는 모양이므로 '서운(瑞雲, 상서로운 구름)'이라고 부르게 되었다】

尺餘, 色類魏花微深, 然碎葉差大, 不若魏之繁密也. 葉杪微卷如雲氣狀, 故以瑞雲目之】

2-12) 악산홍(岳山紅)

【주사후 낙양모란기70 겹꽃이다. 색이 육홍색이다. 본래 숭악(嵩岳)에서71 났기 때문에 이러한 이름을 붙였다. 색은 서운홍보다 짙으나 장원홍보다는 옅다. 자색의 붉은 꽃술이 있다. 선명하고 깨끗하여 사랑스럽다. 꽃의 가장자리는 색이 약간 옅지만, 꽃받침 쪽으로 가까워지면서 점점 짙어진다. 꽃이 피면 지름이 0.8~0.9척이 된다】

岳山紅

【又 千葉, 肉紅. 本出嵩岳故名. 色深于瑞雲, 淺于壯元紅. 有紫檀心, 鮮潔可愛. 花脣微淡, 近蕚漸深. 開頭可八九寸】

2-13) 간금(間金)

【주사후 낙양모란기72 겹꽃이다. 색이 홍색이다. 약간 자색을 띠며 '금계요(金繫腰)'73와 비슷하다. 꽃이 피면 지름이 0.8~0.9척 정도가 된다. 꽃잎 사이[間]로 황색 꽃술이 나기 때문에 '간금(間金)'이라고 부르게 되었다. 이 꽃은 대개 황색 꽃술이 변한 것이다】

間金

【又 千葉, 紅花也. 微帶紫而類金繫腰. 開頭可八九寸許, 葉間有黃蕊, 故以間金目之, 蓋黃蕊之所變也】

---

70 《說郛》卷104〈洛陽牡丹記〉, 위와 같은 곳.
71 숭악(嵩岳) : 중국 오악(五嶽) 중 중악(中岳)의 하나. 숭산(嵩山). 하남성 등봉현(登封縣)의 북쪽에 있다.
72 《說郛》卷104〈洛陽牡丹記〉, 위와 같은 곳.
73 금계요(金繫腰) : 작약의 한 종류. 《광군방보》의 설명에 따르면, 꽃은 겹꽃이고 황색을 띠는 꽃이며, 꽃잎 위에 황금색 선이 한 줄 나 있기 때문에 이러한 이름을 붙였다고 한다. 《廣群芳譜》卷32〈花譜〉"牡丹", 758쪽 참조.

2-14) 유사각(劉師閣)

【주사후 낙양모란기 74 겹꽃이다. 색이 옅은 홍색인 꽃이다. 꽃이 피면 지름이 0.8~0.9척 정도가 된다. 붉은 꽃술이 없다. 본래 장안(長安)의 유씨(劉氏)인 비구니의 절집[閣] 아래에서 났기 때문에 이러한 이름을 붙였다.

홍황(紅黃)색을 약간 띠고 있어, 그 색이 마치 미인의 피부색과 같아서, 하얗고 온화하고 부드럽다. 꽃모양 역시 단아하다. 그러나 매년 피지는 않고, 2~3년에 한 번 꽃을 볼 수 있을 뿐이다】

劉師閣

【又 千葉, 淺紅花也. 開頭可八九寸許, 無檀心. 本出長安劉氏尼之閣下故名.

微帶紅黃色, 如美人肌肉, 瑩白溫潤, 花亦端整. 然不常開, 率數年, 乃見一花耳】

유사각

74 《說郛》卷104 〈洛陽牡丹記〉, 위와 같은 곳.

2-15) 세장홍(洗妝紅)

【주사후 낙양모란기 75 겹꽃이다. 색이 육홍색인
꽃이다. 원풍(元豐) 연간(1078~1085)에 갑자기 은이씨(銀
李氏) 화원의 묘목[山籞] 중에서 생겼다. 수안(壽安)과 비
슷하면서 약간 다르다. 마치 미인이 붉은 분을 씻어
낸 모습과 같이[洗去] 그 천진스런 피부가 정결하고도
촉촉하기 때문에 이러한 이름을 붙였다】

洗妝紅

【又 千葉, 肉紅花也. 元
豐中, 忽生于銀李圃山籞
中. 似壽安而小異, 如美人
洗去朱粉, 而見其天眞之
肌瑩潔溫潤故名】

2-16) 축금구(蹙金毬)

【주사후 낙양모란기 76 겹꽃이다. 색이 옅은 홍
색인 꽃이다. 색은 간금(間金)과 비슷하다. 하지만 꽃
잎의 끝이 주름지고 오그라들어 있으며[蹙] 그 잎들
사이로 황색 꽃술이 불연속적으로 드러나 있기 때
문에 이러한 이름을 붙였다】

蹙金毬

【又 千葉, 淺紅花也. 色
類間金, 而葉杪皺④蹙, 間
有黃棱斷續于其間故名】

2-17) 탐춘구(探春毬)

【주사후 낙양모란기 77 겹꽃이다. 색이 육홍색
인 꽃이다. 곡우(穀雨, 양력 4월 19·20일경) 전에 일백오
(一百五)78와 앞서거니 뒤서거니 하며 핀다. 그러므로
'탐춘구(探春毬)'라 했다. 그 꽃은 수안홍(壽安紅)79과
비슷하다】

探春毬

【又 千葉, 肉紅花也. 開
在穀雨前, 與一百五相次
開, 故曰"探春毬". 其花類
壽安紅.

---

75 《說郛》卷104〈洛陽牡丹記〉《文淵閣四庫全書》882, 58쪽).
76 《說郛》卷104〈洛陽牡丹記〉, 위와 같은 곳.
77 《說郛》卷104〈洛陽牡丹記〉, 위와 같은 곳.
78 일백오(一百五):한식(寒食) 때 피는 모란. 한식은 동지(冬至) 후 백오(105)일째 되는 날이기 때문에 이러한
   이름이 붙여졌다. 일백오는 백색류 중 하나이다.
79 수안홍(壽安紅):모란 가운데 홍색류의 세엽수안(細葉壽安)·추엽수안(麤葉壽安) 등을 가리킨다. 위의
   '2-5'에 보인다.
④ 皺:저본에는 "皺".《說郛·洛陽牡丹記》에 근거하여 수정.

2-18) 축금루자(蹙金樓子)

【주사후 낙양모란기 80 겹꽃이다. 색이 홍색인 꽃이다. 금계요와 비슷하지만 꽃의 아랫부분에 쟁반같이 큰 꽃잎이 난다. 쟁반 같은 꽃잎의 안쪽에는 잔 꽃잎들이 풍성하고 조밀하게 나 있고 위로 솟아오르면서 꽃송이 모양이 둥글고 단정하다. 여러 꽃들보다 특히 높게 자란다.

잔 꽃잎들은 주름지고 오그라들어 있으며[蹙] 서로 다닥다닥 붙어 나온다. 그 꽃잎 가운데 부분에 황색 꽃술이 나서 꽃잎 사이사이에 섞여 있다. 꽃잎이 많다는 점에서는 비록 위화(魏花, 위가화)라 하더라도 축금루자에 미치지 못한다. 원풍 연간에 원씨(袁氏)의 화원에서 생겼다】

蹙金樓子

【又 千葉, 紅花也. 類金繫腰, 下有大葉如盤, 盤中碎葉繁密, 聳起而圓整, 特高于衆花.

碎葉皺⑤蹙, 互相粘綴, 中有黃蕊, 間雜于其間. 然葉之多, 雖魏花, 不及也. 元豐中, 生袁氏圃】

2-19) 동운홍(彤雲紅)81

【주사후 낙양모란기 82 겹꽃이다. 색이 홍색인 꽃이다. 장원홍과 비슷하지만 그보다 약간 붉은색[緋色]을 띤다. 꽃이 피면 큰 놈은 거의 1척이다. 일반적으로 꽃의 가장자리는 약간 백색이지만 꽃받침 쪽으로 가까워지면서 색이 점점 짙어진다. 붉은 꽃술의 가운데가 모두 밝은 백색인 점이 어포황(御袍黃,

彤雲紅

【又 千葉, 紅花也. 類壯元紅, 微帶緋色. 開頭大者幾盈尺. 凡花脣微白, 近蕚漸深. 檀心之中皆瑩白, 類御袍花. 司馬公命今名】

---

80 《說郛》卷104〈洛陽牡丹記〉, 위와 같은 곳.
81 동운홍(彤雲紅):동운(彤雲)은 눈이 내리기 전 약간 붉은색을 띠는 구름을 뜻한다. 꽃의 색깔이 이 구름과 유사하여 이름 붙인 듯하다.
82 《說郛》卷104〈洛陽牡丹記〉(《文淵閣四庫全書》882, 58~59쪽).
⑤ 皺:저본에는 "皴". 《說郛·洛陽牡丹記》에 근거하여 수정.

위의 '1-10)'과 비슷하다. 이 때문에 사마광(司馬光)[83]이
지금의 이 이름을 붙였다】

2-20) 전지홍(轉枝紅)

【주사후 낙양모란기 [84] 겹꽃이다. 색이 홍색인
꽃이다. 해를 걸러 가지를 번갈아가며 겹꽃이 핀다.
가령 올해에 남쪽 가지에 겹꽃이 피고 북쪽 가지에
다엽(多葉)으로 피었다면, 다음해에는 북쪽 가지에
겹꽃이 피고 남쪽 가지에 다엽으로 핀다. 해마다 서
로 바뀌기 때문에 '전지(轉枝, 가지를 서로 번갈아 들다)'라
는 이름을 붙였다. 이 꽃은 대개 수안홍(壽安紅)과 비
슷하다고 한다】

轉枝紅

【又 千葉, 紅花也. 間歲
乃成千葉. 假如今年南枝
千葉, 北枝多葉, 明年北枝
千葉, 南枝多葉. 每歲互
換故名. 其花大率類壽安
紅云】

2-21) 승로홍(承露紅)

【주사후 낙양모란기 [85] 다엽이다. 색이 홍색인
꽃이다. 각 송이마다 2장의 꽃잎이 난다. 꽃잎마다
꽃받침 가까이에서 각각 1송이의 고자화(鼓子花)[86]모
양을 이룬다. 이런 꽃잎이 모두 12개가 있다. 꽃잎
의 끝이 갈라져 피는 것만 다른 꽃과 다른 점이다.
그 아래 부분이 영롱무늬모양이면서 서로 겹쳐져 있

承露紅

【又 多葉, 紅花也. 每朶
各有二葉, 每葉之近蕚處,
各成一箇鼓子花樣[6], 凡有
十二箇, 唯葉杪折展, 與衆
花不同. 其下玲瓏, 不相倚
着, 望之, 如雕鏤, 可愛.

---

83 사마광(司馬光) : 1019~1086. 중국 북송의 학자 정치가. 자는 군실(君實), 호는 우부(迂夫)·속수(涑水).
    사마온공(司馬溫公)이라고도 불린다. 《계고록(稽古錄)》·《속수기문(涑水紀聞)》등을 지었으며, 유서(劉
    恕)·유반(劉攽)·범조우(范祖禹) 등과 함께 《자치통감(資治通鑑)》을 편찬했다.

84 《說郛》卷104〈洛陽牡丹記〉《文淵閣四庫全書》882, 58쪽).

85 《說郛》卷104〈洛陽牡丹記〉《文淵閣四庫全書》882, 60쪽).

86 고자화(鼓子花, 메꽃) : 메꽃과에 속하는 여러해살이 덩굴식물. 흰색 땅속줄기에서 여러 개의 덩굴로 된 줄
    기가 나와 다른 물체를 감아 올라가며 자란다. 꽃은 엷은 분홍색이다. 번식은 씨로 하는 게 아니라 포기나
    누기로 한다. 전지모란(纏枝牡丹)·산화아랑(山花兒娘)이라고도 한다.

6 樣 : 저본에는 "樸".《說郛·洛陽牡丹記》에 근거하여 수정.

고자화(메꽃)(국가생물종지식정보시스템, 국립수목원 정수영)

지 않기 때문에 멀리서 바라보면 마치 아로새겨 놓
은 듯하여 사랑스럽다.

　새벽이 지나 단 이슬[甘露]을 가득 머금으면, 그
향이 더욱 잘 퍼진다[旖旎].[87] 승로자(承露紫)[88]와 비슷
하고 그 색만 다를 뿐이다】

凌晨如有甘露盈箇, 其香
益更旖旎. 與承露紫相類,
唯其色異耳】

2-22) 옥루홍(玉樓紅)

　【주사후 낙양모란기 [89] 다엽이다. 색은 동운홍(위
의 '2-19')과 비슷하다. 하지만 꽃잎마다 위에 희고 실
처럼 가는 선 몇 줄이 마치 아로새겨 놓은[雕鏤然] 듯
이 나 있기 때문에 '옥루(玉樓)'라는 이름을 붙였다】

玉樓紅

【又 多葉, 色類彤雲紅,
而每葉上有白縷數道, 若
雕鏤然, 故以"玉樓"名】

2-23) 상운홍(祥雲紅)

【육유 천팽모란보 [90] 겹꽃이다. 색이 옅은 홍색이다. 요염하고 자태가 다양하며 꽃잎이 최고로 많아서 꽃송이가 마치 뭉게구름 같기 때문에 이러한 이름을 붙였다】

祥雲紅

【陸氏 天彭牡丹譜 千葉, 淺紅. 妖艷多態, 而花葉最多, 如朶雲狀故名】

2-24) 소흥춘(紹興春)

【육유 천팽모란보 [91] 상운홍에서 나온 품종이다. 색은 옅은 홍색으로 일정하지만 상운홍보다 더 풍성하고, 큰 소흥춘은 지름이 1척이다. 소흥(紹興)[92] 에서 처음 전해졌다】

紹興春

【又 祥雲子花也. 色淡佇, 而花尤富大者徑尺. 紹興中始傳】

2-25) 연지루(胭脂樓)

【육유 천팽모란보 [93] 짙은 홍색과 옅은 홍색이

胭脂樓

【又 深淺相間, 如胭脂染

연지루

---

90 《說郛》卷104〈天彭牡丹譜〉"花釋名"《文淵閣四庫全書》882, 63쪽).
91 《說郛》卷104〈天彭牡丹譜〉, 위와 같은 곳.
92 소흥(紹興): 중국 절강성(浙江省) 항주만(杭州灣) 남안 지역. 소흥주(紹興酒)로 유명하다.
93 《說郛》卷104〈天彭牡丹譜〉"花釋名"《文淵閣四庫全書》882, 63쪽).

섞여 있는 모습이 마치 연지(臙脂)로 물들여 놓은 듯 成. 重跗累萼, 狀如樓觀】
하다. 꽃받침이 이중 삼중으로 겹쳐 있어 그 모습이
마치 누관(樓觀)⁹⁴과 같다】

2-26) 쌍두홍(雙頭紅)

雙頭紅

【육유 천팽모란보】⁹⁵ 꽃꼭지와 꽃받침이 나란히 【又】竝蔕駢萼, 色尤鮮明.
나와서 꽃봉오리가 나란히 맺힌다. 색이 매우 선명 養之得地, 則歲歲皆雙, 不
하다. 알맞은 토양에서 기르면 해마다 모두 쌍두(雙 爾則間年, 此花之絶異者
頭)⁹⁶로 핀다. 그렇지 않으면 해를 걸러 쌍두로 핀다. 也】
이는 이 꽃의 가장 특이한 점이다】

2-27) 부귀홍(富貴紅)

富貴紅

【육유 천팽모란보】⁹⁷ 꽃잎은 동그랗고 똑바르며 【又】花葉圓正而厚, 色若
두텁다. 색은 새로 물들인 듯 선명하다. 다른 꽃들 新染. 他花皆落, 獨此花抱
은 다 떨어져도 이 꽃만은 가지를 감싼 채로 마르니, 枝而槁, 亦花之異者】
또한 이 꽃의 특이한 점이다】

2-28) 일척홍(一尺紅)

一尺紅

【육유 천팽모란보】⁹⁸ 짙은 홍색이면서 자색에 상 【又】深紅, 頗近紫色, 面
당히 가깝다. 꽃지름이 커서 거의 1척이 된다】 大幾尺】

---

94 누관(樓觀):층층이 높이 지어 먼 곳을 볼 수 있도록 만든 건축물.
95 《說郛》卷104〈天彭牡丹譜〉, 위와 같은 곳.
96 쌍두(雙頭):꽃 두 송이가 쌍으로 나란히 피어 나는 모습. 병두(竝頭) 및 합환(合歡)이 유사한 말로 사용된
   다. 뒤에 소개되는 '쌍두홍'·'쌍두자'·'합환홍'·'합환교' 등이 모두 그러하다.
97 《說郛》卷104〈天彭牡丹譜〉, 위와 같은 곳.
98 《說郛》卷104〈天彭牡丹譜〉, 위와 같은 곳.

2-29) 문공홍(文公紅)

【육유 천팽모란보 99 서경(西京, 장안) 문언박(文彦博, 문공)의 정원에서 나왔다. 역시 모란꽃 중에 화려한 품종이다】

文公紅

【又 出西京 潞公園. 亦花之麗者】

2-30) 영일홍(迎日紅)

【육유 천팽모란보 100 취서시(醉西施)101와 같은 종류이다. 색은 옅은 홍색이며, 꽃잎의 중간 부분이 특히 짙은 홍색을 띤다. 꽃 피는 시기가 가장 이르고 자태가 요염하여 사람의 눈을 사로잡는다】

迎日紅

【又 與醉西施同類. 淺紅, 花中特出深紅. 花開最早而妖麗奪目】

2-31) 채하(彩霞)

【육유 천팽모란보 102 그 색이 광택이 나고 화려하여 노을[霞]과 같이 찬란하다】

彩霞

【又 其色光麗, 爛然如霞】

2-32) 첩라(疊羅)

【육유 천팽모란보 103 중간의 잔 꽃잎들은 겹겹이 꼬인 비단[疊羅紋]104과 같다】

疊羅

【又 中間瑣碎, 如疊羅紋】

---

99 《說郛》卷104〈天彭牡丹譜〉, 위와 같은 곳.
100 《說郛》卷104〈天彭牡丹譜〉"花釋名"(《文淵閣四庫全書》882, 64쪽).
101 취서시(醉西施) : 모란의 한 종으로, 아래 "분홍류('3-5)'"에 자세히 보인다. 중국 춘추 시대 말기 월나라 미인 서시(西施)의 이름을 따서 붙였다.
102 《說郛》卷104〈天彭牡丹譜〉, 위와 같은 곳.
103 《說郛》卷104〈天彭牡丹譜〉, 위와 같은 곳.
104 겹겹이 꼬인 비단[疊羅紋] : 날실 4올을 함께 꼬아 짜는 직물.

2-33) 승첩라(勝疊羅)

【육유 천팽모란보 105 첩라(疊羅)처럼 꽤 크다】

勝疊羅

【又 差大如疊羅】

2-34) 천향일품(天香一品)

【설봉상 박주모란사 106 꽃봉오리가 둥글고 자라서 성목[成樹]107이 될 수 있다. 음지가 좋다. 꽃모양은 평두이고, 꽃잎이 크며, 색은 선홍빛 피색과 같다. 가립(賈立)108의 집 종자에서 났기 때문에 일명 '가립홍(賈立紅)'이다】

天香一品

【薛氏 亳州牡丹史 圓胎, 能成樹. 宜陰. 其花平頭大葉, 色如猩⑦血. 出賈立家子生, 故一名"賈立紅"】

2-35) 만화일품(萬花一品)

【설봉상 박주모란사 109 색이 마치 석류열매 같이 붉으며, 꽃송이에 꽃잎이 조밀하게 난다. 지지대를 꽂아 주면 층층이 올라간다. 그러면 색이 화려하면서 선명하고 어여뻐서, 붉게 장식한 부도(浮圖)110 같은 모양이 있다】

萬花一品

【又 色若榴實, 花房緊密, 挿架層起, 而色⑧麗明媚, 有如丹飾浮圖】

2-36) 적주의(赤朱衣)

【설봉상 박주모란사 111 옛 이름은 '탈취(奪翠)'이

赤朱衣

【又 舊名"奪翠", 得自許

---

105 《說郛》卷104〈天彭牡丹譜〉, 위와 같은 곳.
106 출전 확인 안 됨;《廣群芳譜》卷32〈花譜〉"牡丹" 1, 759쪽.
107 성목[成樹]: 처음 나올 때는 작약처럼 줄기식물이었다가 몇 년 자라면 줄기가 단단한 나무가 되는 것을 가리킨다.
108 가립(賈立): 미상.
109 《亳州牡丹史》卷1〈傳〉"神品" '萬花一品'(《續修四庫全書》1116, 301쪽);《廣群芳譜》卷32〈花譜〉"牡丹" 1, 759쪽.
110 부도(浮圖): 부처와 고승의 사리를 안치한 탑.
111 《亳州牡丹史》卷1〈傳〉"神品" '赤朱衣'(《續修四庫全書》1116, 301쪽);《廣群芳譜》, 위와 같은 곳.
⑦ 猩: 저본에는 "腥".《廣群芳譜·花譜·牡丹》에 근거하여 수정.
⑧ 色:《亳州牡丹史·傳·神品》에는 "秀".

다. 허주(許州)[112]에서 얻었다. 꽃송이에서 꽃잎이 물고기비늘처럼 차례차례 피어 올라간다. 꽃이 빽빽이 차면서 작고 앙증맞으며 자태가 아름다워서, 모습이 악자(渥赭)[113]처럼 밝고 윤기가 있다. 일반적으로 모란꽃들은 하나의 꽃잎에 색이 짙은 부분과 옅은 부분이 함께 있기 마련이다. 그러나 오로지 이 꽃은 꽃잎 안쪽이나 바깥쪽이나 똑같이, 흐르는 피색과 같다.

근래에 다시 '탈금(奪錦)'이라 하는 한 종류의 모란을 얻었다. 탈금은 꽃잎이 크며, 짙은 홍색이다. 그 꽃잎이 광택이 나며 윤기가 흐르는 것이 탈취보다 더욱 낫다】

州. 花房鱗次而起, 緊實小巧, 體態婉孌, 顏如渥赭. 凡花于一葉間, 色有深淺, 惟此花內外一如流丹.

近復得"奪錦"一種, 大瓣深紅. 浮光凝潤, 尤過于奪翠】

2-37) 각홍(覺紅)

覺紅

【설봉상 박주모란사 [114] 이 꽃은 곧 촉(蜀)[115]의 승려가 박주(亳州)에 거주할 때 심은 모란이다. 그 승려의 이름이 '각(覺)'이었기 때문에 '각홍(覺紅)'이라는 이름을 붙였다. 각홍은 홍색 중에서 이보다 더 진한 꽃이 없기 때문에, 일명 '무상홍(無上紅)'이다.

꽃봉오리가 홍색이며 뾰족하다. 꽃이 피면 평두 모양이며 꽃잎이 크다. 꽃송이에 꽃잎이 또한 떨기처럼 모여 나서 꽉 찬다. 꽃송이가 대략 몇 층으로 피어 있어 그 곱기가 만화일품보다 낫다. 홑꽃으로

【又 此花乃蜀僧居亳所種, 以僧名"覺", 故名"覺紅". 又以紅色無出其右, 故一名"無上紅".

其胎紅尖. 花放平頭, 大葉. 房亦簇滿, 約有數層而艷過一品. 稍恨其單葉時多】

---

112 허주(許州): 중국 사천성(四川省) 재동현(梓潼縣)의 허주진(許州鎭). 중국 남조 때부터 허주라 불렸다.
113 악자(渥赭): 색이 붉은 흙. 밝고 윤기 있는 얼굴을 비유할 때 주로 쓰인다.
114 《亳州牡丹史》卷1 〈傳〉 "神品" '無上紅'(《續修四庫全書》 1116, 301쪽); 《廣群芳譜》, 위와 같은 곳.
115 촉(蜀): 중국 사천성(泗川城) 성도(成都) 지역.

필 때가 많다는 점이 조금 아쉽다】

2-38) 은홍교(銀紅嬌)

【설봉상 박주모란사 116 꽃은 꽃잎이 크고 자태
가 아름다워, 마치 강설[絳雪, 진홍색 단약(丹藥)]이 가지
를 휘감고 있는 듯 화사하다】

銀紅嬌
【又 其花大瓣, 丰姿綽約,
如絳雪繞枝】

2-39) 수의홍(繡衣紅)

【설봉상 박주모란사 117 육홍색 꽃봉오리가 맺힌
다. 꽃이 피면 평두모양이며, 꽃잎이 크다. 또한 홍
매화색이다. 꽃잎끼리 서로 비추면서 혼연히 황색
기운이 난다. 그 빛이 호박(琥珀)118의 광채와 같아 밝
고 투명하여 사물을 비출 수 있을 정도이다. 하(夏)
씨 성의 시어(侍御)119에게서 나왔기 때문에 '수의(繡
衣)'120라 이름 붙였다】

繡衣紅
【又 肉紅胎, 花開平頭大
葉, 亦梅紅色. 花瓣相映,
渾然有黃氣, 如琥珀光, 明
徹可鑒. 以夏侍御所出, 故
名"繡衣"】

2-40) 연판은홍(軟瓣銀紅)

【설봉상 박주모란사 121 줄기가 길고, 꽃봉오리
는 둥글다. 꽃잎은 마치 매미의 날개와 같이 가볍기
그지없다. 색은 수의홍과 같지만 그보다 윗길이다】

軟瓣銀紅
【又 幹長胎圓, 花瓣若蟬
翼, 輕薄無礙. 其色等繡衣
紅而上之】

116《亳州牡丹史》卷1〈傳〉"神品"'銀紅嬌'(《續修四庫全書》1116, 302쪽);《廣群芳譜》卷32〈花譜〉"牡丹"
　1, 760쪽.
117《亳州牡丹史》卷1〈傳〉"神品"'繡衣紅'(《續修四庫全書》1116, 302쪽);《廣群芳譜》, 위와 같은 곳.
118 호박(琥珀):고대의 수지(樹脂)가 굳어진 광물. 황금색 광택이 난다.
119 시어(侍御):궁실에서 왕을 보좌하는 사람.
120 수의(繡衣):아름답게 수놓은 옷. 고귀한 신분의 사람이 입는 옷을 의미한다.
121《亳州牡丹史》卷1〈傳〉"神品"'軟瓣銀紅'(《續修四庫全書》1116, 302쪽);《廣群芳譜》, 위와 같은 곳.

2-41) 벽사롱(碧紗籠)

【설봉상 박주모란사 [122] 장씨(張氏)에게서 나왔다. 햇볕을 받으면 꽃 피우기가 쉽다. 꽃송이가 매우 풍성하여 꽉 찬다. 그 색은 옅은 홍색이다. 마치 가을 구름 같은 흰색의 비단보자기에 단사(丹砂)를 싸 놓은 듯하여 멀리서 바라보면 은은한 홍색이다. 녹색의 꽃받침이 꽃잎을 보호하는 모양은 또한 꽃에 푸른 장막[翠幕]을 쳐 놓은 모습과 같다. 그러므로 '첩취(疊翠)'라고도 한다】

【 又 出張氏. 向陽易開, 頭甚豐盈, 其色淺紅, 如秋雲羅帕實丹砂其中, 望之隱隱. 綠趺遮護, 更如翠幕, 故又名"疊翠"】

2-42) 신홍교염(新紅嬌艶)

【설봉상 박주모란사 [123] 꽃은 바로 홍매화 중에서 짙은 겹매화모양이다. 그 곱고 화려하기가 마치 아침 노을이 해를 숨긴 채 광채가 눈부시게 빛나는 듯하다. 또 새로 물들였지만 색이 아직 마르지 않은 듯 촉촉하다. 처음 겹꽃으로 피었을 때의 신홍교염은 그 품등이 천향일품(天香一品)보다 윗길이다. 단 어떤 해인가에 따라 홑꽃으로 피는 경우가 많은 점이 병폐이다.

방씨(方氏)의 신홍수구(新紅繡毬)라는 일종과 조씨(趙氏)의 신홍기관(新紅奇觀)이라는 일종은 모두 화려한 모습으로 사람을 감동시킨다. 그러나 전해지는 신홍교염 중에는 가짜가 많다. 대개 천향일품을 이

【 又 花乃梅紅之深重者, 艶質嬌麗, 如朝霞藏日, 光彩陸離, 又若新染未乾. 始成千葉[9], 尤出一品上. 緣歲多單葉, 乃其病也.

<u>方氏</u>一種新紅繡毬、<u>趙氏</u>一種新紅奇觀, 皆麗色動人. 然所傳多贋, 蓋以天香一品亂之】

122《亳州牡丹史》卷1〈傳〉"神品"'碧紗籠'(《續修四庫全書》1116, 302쪽);《廣群芳譜》, 위와 같은 곳.
123《亳州牡丹史》卷1〈傳〉"神品"'新紅嬌艶'(《續修四庫全書》1116, 302~303쪽);《廣群芳譜》, 위와 같은 곳.
[9] 始成千葉:《廣群芳譜·花譜·牡丹》에는 "故名新紅極勝始成千葉".

와 혼동한다】

2-43) 궁금(宮錦)

【설봉상 박주모란사 124 이 품종은 꽃잎이 자잘
하고, 홍매화색이다. 꽃이 필 때 반드시 꽃송이에
꽃잎이 꽉 찬 뒤에야 비로소 크게 피어난다. 그런 뒤
에 점차 물들 듯 색이 붉어진다】

宮錦

【又 此品, 碎瓣, 梅紅色.
開時必侯花房滿實, 方爲
大放, 然後漸成纈暈】

2-44) 화홍수구(花紅繡毬)

【설봉상 박주모란사 125 홍색의 꽃봉오리가 둥글
고 작다. 꽃이 피면 꽃송이가 단단해지면서 꽃잎이
풍성해진다. 둘레에 탁판(托瓣)이 있다. 꽃 피우기가
쉬운 데다 또한 일찍 핀다. 꽃잎들이 계속 이어 퍼지
면서 피어나는 모습이 마치 중첩되었다가 부서지며
퍼지는 노을과 같다. '수구(繡毬)'라 이름 한 이유는
꽃송이에 꽃잎들이 둥글게 모여 나기 때문이다】

花紅繡毬

【又 紅胎圓小. 花開房緊
葉繁, 周有托瓣, 易開且
早, 綢繆布濩, 如疊碎霞.
命名"繡毬"者, 以其形圓聚
也】

2-45) 은홍수구(銀紅繡毬)

【설봉상 박주모란사 126 꽃은 자그마하고, 색은
가벼운 느낌의 홍색이다】

銀紅繡毬

【又 花微小而色輕】

---

124 《亳州牡丹史》卷1 〈傳〉 "神品" '宮錦'(《續修四庫全書》1116, 303쪽); 《廣群芳譜》卷32 〈花譜〉 "牡丹" 1,
760쪽.
125 《亳州牡丹史》卷1 〈傳〉 "神品" '花紅繡毬'(《續修四庫全書》1116, 303쪽); 《廣群芳譜》, 위와 같은 곳.
126 《亳州牡丹史》, 위와 같은 곳; 《廣群芳譜》, 위와 같은 곳.

2-46) 양비수구(楊妃繡毬) · 투교홍(妬嬌紅)

【설봉상 박주모란사 127 색은 모두 화홍수구와 비슷하지만 그 자태는 다르다】

楊妃繡毬、妬嬌紅

【又 色俱類花紅繡毬, 而體勢不同】

2-47) 화홍췌반(花紅萃盤)

【설봉상 박주모란사 128 홍색 꽃봉오리가 줄기 위에 맺힌다. 녹색 잎은 좁고 작으며 가지 또한 매우 짧다. 꽃송이의 바깥쪽에 탁판이 있으며, 색은 짙은 도홍색(桃紅色)129이다. 꽃받침은 녹색이고 겹받침이다】

花紅萃盤

【又 紅胎枝上, 綠葉窄小, 條亦頗短. 房外有托瓣, 深桃紅色, 綠趺重萼】

2-48) 천기원금(天機圓錦)

【설봉상 박주모란사 130 청색 꽃봉오리에서 꽃이 피며, 꽃은 송이가 작고 꽃잎으로 충분히 꽉 차 있다. 주색(朱色)의 꽃송이가 가지 사이에 깊이 끼어 있다. 찬란하기가 전채(翦綵)131와 같다】

天機圓錦

【又 青胎開花, 小而圓滿, 朱房嵌枝, 絢如翦綵】

2-49) 은홍범(銀紅犯)

【설봉상 박주모란사 132 다음의 2종이 있다. 하나는 홍색으로 요염하기가 천향일품보다 낮지만, 꽃을 피우기가 가장 어렵다. 다른 하나는 천향일품과 비교하여 색이 좀 더 옅고, 꽃 피우기가 쉽다. 두 종

銀紅犯

【又 有二種: 一紅艷過天香一品, 開花最難; 一色視一品, 稍淺易開. 俱長條大葉圓胎, 其花緊滿. 開期最

---

127 《亳州牡丹史》, 위와 같은 곳; 《廣群芳譜》, 위와 같은 곳.
128 《亳州牡丹史》 卷1 〈傳〉 "神品" '花紅萃盤'(《續修四庫全書》 1116, 303쪽); 《廣群芳譜》, 위와 같은 곳.
129 도홍색(桃紅色): 도화(桃花, 복숭아꽃)의 홍색. 매홍색(梅紅色)보다 옅다.
130 《亳州牡丹史》 卷1 〈傳〉 "神品" '天機圓錦'(《續修四庫全書》 1116, 303쪽); 《廣群芳譜》, 위와 같은 곳.
131 전채(翦綵): 색종이나 비단 등을 오려서 곤충·물고기·꽃 등의 모양으로 알록달록하게 만든 장식품.
132 《亳州牡丹史》 卷1 〈傳〉 "神品" '銀紅犯'(《續修四庫全書》 1116, 303쪽); 《廣群芳譜》, 위와 같은 곳.

모두 가지가 길고, 꽃잎이 크고, 꽃봉오리가 둥글 後】
며, 꽃잎이 조밀하여 송이에 꽉 차 있다. 꽃 피는 시
기는 가장 늦다】

2-50) 비연장(飛燕妝)[133]

飛燕妝

【설봉상 박주모란사 [134] 다음의 3종이 있다. 하
나는 방씨(方氏)에게서 난 모란이다. 가지가 길고, 꽃
잎도 길쭉하며, 색은 황홍색이다. 또 다른 하나는
마씨(馬氏)에게서 난 것이다. 비록 짙은 홍색으로 우
뚝 솟듯이 피지만 방씨네 모란에는 한참 못 미친다.
나머지 다른 한 종은 흰색 꽃이다】

【又 有三種: 一出方氏, 長
枝長葉黃紅色. 一出馬氏
者, 雖深紅起樓, 遠不及方
氏. 一種白花】

2-51) 비연홍장(飛燕紅妝)

飛燕紅妝

【설봉상 박주모란사 [135] 일명 '화홍양비(花紅楊妃)'
이다. 가는 꽃잎이 길다. 조현(曹縣)[136]의 방씨(方氏)의
집에서 나왔다】

【又 一名"花紅楊妃". 細
瓣修長, 得自曹縣 方家】

2-52) 해당홍(海棠紅)

海棠紅

【설봉상 박주모란사 [137] 신묘한 종을 얻었다고 할
만하다. 허주(許州)에서 나왔다】

【又 謂得其神也. 出自許
州】

---

133 비연장(飛燕妝) : 아래의 비연홍장(飛燕紅妝)과 거의 같은 꽃으로 보인다. 다만 어디서 났는지, 얼마나 더
    아름다운지에 따라 이름이 조금씩 다르다. 한(漢)나라 성황제(漢成帝)의 부인인 효성황후(孝成皇后), 조비
    연(趙飛燕)처럼 아름다운 꽃이라 이름을 붙였다.
134 《亳州牡丹史》 卷1 〈傳〉 "神品" '飛燕妝'(《續修四庫全書》 1116, 303쪽);《廣群芳譜》, 위와 같은 곳.
135 《亳州牡丹史》 卷1 〈傳〉 "神品" '飛燕紅妝'(《續修四庫全書》 1116, 303쪽);《廣群芳譜》, 위와 같은 곳.
136 조현(曹縣) : 중국 산동성(山東省) 서남부에 있는 현. 옛날에는 조주(曹州)라 일컬었다.
137 《亳州牡丹史》 卷1 〈傳〉 "神品" '海棠紅'(《續修四庫全書》 1116, 303쪽);《廣群芳譜》, 위와 같은 곳.

2-53) 신은홍구(新銀紅毬)

【설봉상 박주모란사 138 방씨의 집에서 나온 은
홍(銀紅)으로, 2종이 있다. 2종은 색과 자태가 매우
비슷하다. 다만 줄기[樹] 끝에 녹색 잎이 달려 있어,
그 색으로 2종이 조금 식별된다. 광채가 나서 사람
마음을 감동시킨다】

新銀紅毬

【又 方家銀紅, 二種. 色
態頗類. 第樹頭綠葉, 稍
別其色, 光彩動搖】

2-54) 매주홍(梅州紅)

【설봉상 박주모란사 139 본성이 그늘을 좋아한
다. 잎이 둥글고, 꽃봉오리도 둥글다. 꽃잎은 길이
가 질서 있고, 꽃잎의 조밀한 정도가 적당하다. 색
은 해당홍에 가깝다. 다만 꽃받침에 가까워지는 부
분은 약간 자색이다. 조현(曹縣)의 왕씨(王氏)에게서
나왔다. 왕씨의 호가 매주(梅州)였다고 한다】

梅州紅

【又 性喜陰. 圓葉圓胎.
花瓣長短有序, 疏密合宜.
色近海棠紅, 但近萼處稍
紫. 出曹縣 王氏, 王⑩號
梅州云】

2-55) 승교용(勝嬌容)

【설봉상 박주모란사 140 짙은 홍색이다. 꽃이 시
드는 과정을 가장 잘 견뎌 오래도록 핀다. 만약 한
줄기에 2개의 봉오리가 나면 그중 하나를 반드시 잘
라 내야 한다. 잘라 내지 않아도 하나의 봉오리에서
만 꽃이 핀다. 꽃의 크기는 5~6위(圍)141이고, 높이
는 0.6~0.7척이다】

勝嬌容

【又 深紅色, 最耐殘. 如
一莖有兩胎者, 必翦其一,
卽不翦, 亦獨一胎能花, 花
大可五六圍, 高可六七寸】

---

138 《亳州牡丹史》卷1〈傳〉 "神品" '新銀紅毬'(《續修四庫全書》 1116, 303~304쪽);《廣群芳譜》, 위와 같은 곳.
139 《亳州牡丹史》卷1〈傳〉 "神品" '梅州紅'(《續修四庫全書》 1116, 304쪽);《廣群芳譜》, 위와 같은 곳.
140 《亳州牡丹史》卷1〈傳〉 "名品" '勝嬌容'(《續修四庫全書》 1116, 304쪽);《廣群芳譜》, 위와 같은 곳.
141 위(圍):아름. 양팔을 벌려 둘러 싼 길이이다. 여기서는 글자가 맞지 않은 듯하다. 촌(寸)의 오기로 보인다.
⑩ 王:《亳州牡丹史·傳·神品》에는 "別".

2-56) 투류홍(妒榴紅)

【설봉상 박주모란사 142 꽃봉오리가 콩처럼 동그
랗다. 줄기에 달린 잎은 국화와 같으며, 잘 자라서
가장 쉽게 성목이 된다. 일찍 피어 계절에 감응한
다. 다만 더운 날을 견디지 못하고, 오래 되면 색이
바랜다】

妒榴紅

【又 胎圓如豆, 樹葉如菊,
最易成樹. 早開應時, 第不
耐炎日, 久之色褪】

2-57) 유화홍(榴花紅)

【설봉상 박주모란사 143 색이 석류꽃색에 가깝
다】

榴花紅

【又 色近榴花】

2-58) 화홍첩취(花紅疊翠)

【설봉상 박주모란사 144 꽃봉오리가 뾰족하고,
꽃송이[花身]가 우뚝하게 솟은 모양이다. 꽃의 아래
쪽은 큰 꽃잎들이 5~6층을 이룬다. 중간 부분은
잔 꽃잎들이 접혀 있다가 구불거리며 자잘하고 조밀
하게 모여 핀다. 윗부분에는 또 한 층의 큰 꽃잎이
솟아 핀다. 꽃은 녹색 줄기의 꼭대기에 달린다】

花紅疊翠

【又 尖胎, 花身魁岸. 其下
大葉五六層, 腰間襞積細
瓣, 鬈曲碎聚, 頂上復出一
層大葉. 花在綠樹之顚】

2-59) 노은홍구(老銀紅毬)

【설봉상 박주모란사 145 꽃은 본래 짙은 홍색이
다. 수홍(水紅)146색도 있다. 때로 꽃의 가장자리가

老銀紅毬

【又 花本深紅, 亦有水紅,
時而邊如施粉, 中如布朱.

142《亳州牡丹史》卷1〈傳〉"名品"'妒榴紅'(《續修四庫全書》1116, 304쪽);《廣群芳譜》, 위와 같은 곳.
143《亳州牡丹史》, 위와 같은 곳;《廣群芳譜》卷32〈花譜〉"牡丹"1, 760쪽.
144《亳州牡丹史》卷1〈傳〉"名品"'花紅疊翠'(《續修四庫全書》1116, 304쪽);《廣群芳譜》, 위와 같은 곳.
145《亳州牡丹史》卷1〈傳〉"名品"'老銀紅毬'(《續修四庫全書》1116, 305쪽);《廣群芳譜》, 위와 같은 곳.
146 수홍(水紅)색 : 분홍색보다 약간 진한 색.

분을 바른 듯 하얗고 꽃의 중간은 주색(朱色)을 펴 발라 놓은 듯하다. 꽃봉오리는 청홍색이다】

其胎靑紅】

2-60) 양비심취(楊妃深醉)

【설봉상 박주모란사 147 꽃봉오리가 길쭉하다. 꽃잎의 바탕은 승교용과 거의 비슷하다. '심취(深醉)' 라 한 것은 그 색이 짙다는 뜻이다】

楊妃深醉

【又 胎長, 花質酷似勝嬌容. 名"深醉"者, 謂其色深也】

2-61) 화홍신품(花紅神品)

【설봉상 박주모란사 148 꽃잎 끝부분에서 색이 희미하게 붉어지다가 점점 홍색이 되고 점점 황색이 된다. 아마도 태강(太康)149에서 얻은 모란인 듯하다】

花紅神品

【又 花葉之末色微微入紅, 漸紅漸黃. 蓋得自太康】

2-62) 화홍평두(花紅平頭)

【설봉상 박주모란사 150 녹색의 꽃봉오리가 맺힌다. 꽃은 평두모양이며 잎이 넓다. 색은 불꽃처럼 붉다. 여러 모란꽃들 중에서 붉으면서 환하게 빛나는 품종으로는 오직 이 꽃이 으뜸이다.

일반적으로 꽃에 대해서 '평두'라 칭하는 것은, 꽃잎이 잘라놓은 듯이 높이를 가지런하게 맞춘 모양 이라는 뜻이다】

花紅平頭

【又 綠胎, 其花平頭闊葉, 色如火. 群花中紅而照耀者, 獨此爲冠.

凡花稱平頭, 謂其齊如截也】

147《亳州牡丹史》卷1〈傳〉"名品"'楊妃深醉'(《續修四庫全書》1116, 305쪽);《廣群芳譜》, 위와 같은 곳.
148《亳州牡丹史》卷1〈傳〉"名品"'花紅神品'(《續修四庫全書》1116, 305쪽);《廣群芳譜》卷32〈花譜〉"牡丹" 1, 761쪽.
149 태강(太康) : 중국 하남성(河南省) 정주(鄭州) 일대에 있던 현.
150《亳州牡丹史》卷1〈傳〉"名品"'花紅平頭'(《續修四庫全書》1116, 305쪽);《廣群芳譜》, 위와 같은 곳.

2-63) 화홍무청예(花紅舞靑猊)

【설봉상 박주모란사 [151] 음지가 좋다. 노은홍구에서 나온 품종으로, 색도 노은홍구와 비슷하다. 꽃이 필 때 수놓은 듯 꽃잎이 난 다음 꽃잎 중간에서 청색 꽃잎 5~6개가 솟아난다. 그 모양은 비취색 물총새의 두 날개와 같다】

花紅舞靑猊

【又 宜陰. 老銀紅毬子花, 色亦似之. 開時結繡, 從花中抽五六靑葉, 如翠羽雙翹】

2-64) 두견홍(杜鵑紅)

【설봉상 박주모란사 [152] 꽃잎이 짧고 꽃봉오리가 녹색이다. 줄기에 달린 잎은 뾰족하고 두껍다. 꽃은 짙은 홍매화색이며, 자잘한 꽃잎들이 조밀하게 겹겹으로 차 있어 붉은 옥을 잘게 조각하여 만들어 놓은 듯하다】

杜鵑紅

【又 短葉綠胎, 樹葉尖厚. 花作深梅紅色, 細葉稠疊緊實, 如赤玉碎雕而成】

2-65) 화고홍(花膏紅)

【설봉상 박주모란사 [153] 꽃대와 꽃봉오리가 모두 붉다. 꽃은 잎이 크고 마치 연지로 점을 찍어 놓은 듯하며 거울처럼 빛난다. 다만 꽃송이가 대부분 산만하게 퍼진다는 점이 약간 아쉬울 뿐이다】

花膏紅

【又 梗胎俱紅. 其花大葉, 若胭脂點成, 光瑩如鏡. 但微恨其花房多散漫耳】

2-66) 봉미화홍(鳳尾花紅)

【설봉상 박주모란사 [154] 꽃봉오리가 뾰족하고, 평두모양이다. 안팎으로 난 꽃잎에는 여러 층이 있

鳳尾花紅

【又 尖胎平頭. 內外葉有數層. 名"鳳尾"者, 以葉似

151《亳州牡丹史》卷1〈傳〉"名品"'花紅舞靑猊'(《續修四庫全書》1116, 305쪽);《廣群芳譜》, 위와 같은 곳.
152《亳州牡丹史》卷1〈傳〉"名品"'杜鵑紅'(《續修四庫全書》1116, 306쪽);《廣群芳譜》, 위와 같은 곳.
153《亳州牡丹史》卷1〈傳〉"名品"'花膏紅'(《續修四庫全書》1116, 306~307쪽);《廣群芳譜》, 위와 같은 곳.
154《亳州牡丹史》卷1〈傳〉"名品"'鳳尾花紅'(《續修四庫全書》1116, 307쪽);《廣群芳譜》, 위와 같은 곳.

다. '봉미(鳳尾, 봉황새의 꼬리)'라 한 까닭은 그 꽃잎모양　　耳】
이 봉황의 꼬리와 비슷하기 때문일 뿐이다】

2-67) 추엽도홍(縐葉桃紅)

【설봉상 박주모란사 155 꽃잎이 뾰족하고 가늘
며, 층층으로 조밀하게 모여 있어 마치 진홍색 생명
주[絳綃]156를 모아 놓은 듯하다. 다만 색이 광택이
나지만 약간 어둡다. 가륭(嘉隆)157 연간(1522~1572)에
가장 애지중지되었다. 한 번에 모두 피는 품종으로
또한 대엽도홍(大葉桃紅)이라는 모란이 있지만, 그 꽃
이 추엽도홍에는 조금 못 미친다.

안 《군방보》의 '겹꽃누자모란류'에서 "추엽도홍은
꽃잎이 동그랗고 주름이 있다. 꽃 피우기가 어렵다.
음지가 좋다."158라 했다. 《광군방보》에서도 《박주모
란사》를 다시 인용하여 '추엽도홍' 항목을 두었다.159
아마도 하나의 꽃에 대한 두 견해인 듯하다160】

縐葉桃紅

【又 花瓣尖細, 層層密聚,
如簇絳綃. 第色澤少暗. 嘉
隆間最重之. 一時竝出者,
更有大葉桃紅⑪, 其花稍不
及縐葉.

按 《群芳譜·千葉樓子類》:
"皺葉桃紅, 葉圓而皺, 難
開宜陰."《廣群芳譜》復引
《亳州牡丹史》, 有縐葉桃
紅. 疑一花兩見】

---

155 《亳州牡丹史》 卷1 〈傳〉 "名品" '縐葉桃紅'(《續修四庫全書》 1116, 307쪽).

156 진홍색 생명주[絳綃] : 생명주는 마전의 공정을 거치지 않은 비단이다.

157 가륭(嘉隆) : 중국 명나라 제11대 황제인 가정제(嘉靖帝, 1522~1566)의 연호와 제12대 황제 융경제(隆慶
帝, 1567~1572) 때의 연호를 묶어서 부르는 명칭이다.

158 추엽도홍은……좋다 : 《二如亭群芳譜》 〈貞部〉 卷2 "花譜" 2 '牡丹'(《四庫全書存目叢書補編》 80, 707쪽);
《廣群芳譜》, 위와 같은 곳.

159 군방보의……두었다 : 《廣群芳譜》 卷32 〈花譜〉 '牡丹' 1, 761쪽에 보인다.

160 군방보의……듯하다 : 서유구의 이 안설을 통해 《광군방보》와 《군방보》를 비교하면서 저술했음을 알 수 있다.

⑪ 紅 : 저본에는 "花". 《亳州牡丹史·傳·名品》에 근거하여 수정.

2-68) 태진만장(太眞晚妝)

【설봉상 박주모란사 [161] 이 꽃은 작은 꽃잎들이 셀 수 없이 많은 층으로 겹쳐져서 꽃송이가 꽃잎으로 꽉 차 있다. 꽃잎들끼리 서로를 따르듯 쌓이면서 차례차례 점차 높아진다. 그 색은 옅은 홍색이면서 선명하여, 마치 태진(太眞, 양귀비)의 눈물이 붉은 얼음으로 맺힌 듯하다.[162] 꽃이 늦게 피기 때문에 '만장(晚妝, 늦게 단장하다)'이라 이름 붙였다.

'인제홍(忍濟紅)'이라 하는, 조현(曹縣)의 한 품종은 태진만장과 색이 서로 비슷하다. 인제(忍濟)는 왕씨(王氏)[163]의 서재 이름이다】

太眞晚妝

【又】此花千層小葉, 花房實滿, 葉葉相從, 次第漸高. 其色微紅而鮮潔, 如太眞淚結紅氷. 因其晚開故名.

曹縣一種名"忍濟紅", 色相近. 忍濟, 王氏齋名】

2-69) 평실홍(平實紅)

【설봉상 박주모란사 [164] 이 꽃은 꽃잎이 크고, 도홍색이다. 꽃의 지름이 1척을 넘는다. 제아무리 큰 꽃이라도 이보다 크지는 못할 것이다. 이 또한 조주(曹州)에서 얻었다】

平實紅

【又】此花大瓣桃紅, 花面徑過一尺. 花之大者無過于此, 亦得此曹州】

2-70) 은홍금수(銀紅錦繡)

【설봉상 박주모란사 [165] 음지가 좋다. 꽃의 형태와 피고 질 때 색이 변하는 법이 모두 교용삼변(嬌

銀紅錦繡

【又】宜陰. 花形、開法俱似三變. 其色微紅, 淺深得

161《亳州牡丹史》卷1〈傳〉"名品"'太眞晚妝'(《續修四庫全書》1116, 307쪽);《廣群芳譜》, 위와 같은 곳.

162 태진(太眞, 양귀비)의……듯하다 : 태진은 중국 당나라 양귀비(楊貴妃, 719~756)의 호(號)이다.《개원천보유사(開元天寶遺事)》의〈홍빙(紅氷)〉조에 의하면, 양귀비가 현종(玄宗, 685~762)의 은총을 입어 부모와 이별하고 떠날 때 날이 추워 그녀의 눈물이 붉은 얼음[紅氷]으로 맺혔다는 일화가 전한다.

163 왕씨(王氏) : 미상. 앞의 '2-54) 매주홍(梅州紅)'에 나오는 왕씨와 같은 인물이다.

164《亳州牡丹史》卷1〈傳〉"名品"'平實紅'(《續修四庫全書》1116, 307쪽);《廣群芳譜》, 위와 같은 곳.

165《亳州牡丹史》卷1〈傳〉"名品"'銀紅錦繡'(《續修四庫全書》1116, 307쪽);《廣群芳譜》, 위와 같은 곳.

容三變)166과 비슷하다. 색은 옅은 홍색이다. 그 색의
짙고 옅은 정도가 적절함을 얻어 꼭 수놓은 듯하다】

宜, 宛然若繡】

2-71) 연분루(烟粉樓)

烟粉樓

【설봉상 박주모란사 167 색은 위홍(魏紅)168과 같
지만, 꽃 피우기가 더 쉽다. 장씨(張氏)가의 종자에서
나온 품종이다】

【又 色同魏紅而易開. 張
氏子種花也】

2-72) 건막교홍(褰幕嬌紅)

褰幕嬌紅

【설봉상 박주모란사 169 이는 곧 축항교홍(縮項嬌
紅)170이다. 꽃봉오리가 길고 유록(柳綠)색(버들잎의 연
녹색)이며 잎이 길다. 줄기가 짧은 까닭에 꽃이 잎 아
래에 있다. 꽃색은 홍매화색이며 천엽도(千葉桃, 겹복
숭아꽃)와 같이 우뚝 솟듯이 핀다. 이와 별개로 축항
(縮項)이라는 한 품종이 있다. 축항은 홑꽃이다】

【又 卽縮項嬌紅, 長胎,
柳綠, 長葉. 因其莖短, 花
在葉底, 其色梅紅, 起樓
如千葉桃. 別有縮項一種,
葉單】

2-73) 화홍전융(花紅翦絨)

花紅翦絨

【설봉상 박주모란사 171 꽃잎들이 자잘하면서 떨
기로 모여 조밀하게 꽉 차 피는 모양이 무늬 넣은 비
단을 잘라 만들어 놓은 꽃과 비슷하다. 대개 화홍영

【又 花瓣纖細, 叢聚緊滿,
類文縠12翦成, 大都與花
紅纓絡同致】

---

166 교용삼변(嬌容三變):아래의 '11-18'에 보인다. 모란 중에 특이한 품종으로, 필 때부터 질 때까지 색이 3번
　　변하는 꽃이다.
167 《亳州牡丹史》 卷1 〈傳〉 "名品" '魏紅'(《續修四庫全書》 1116, 307쪽); 《廣群芳譜》, 위와 같은 곳.
168 위홍(魏紅):위화(魏花)와 같다. 단, 위화는 위홍과 달리 꽃을 피우기 어렵다는 내용이 앞에 보인다.
169 《亳州牡丹史》 卷1 〈傳〉 "名品" '褰幕嬌紅'(《續修四庫全書》 1116, 307쪽); 《廣群芳譜》, 위와 같은 곳.
170 축항교홍(縮項嬌紅):축항(縮項)은 목이 움츠러들 듯 짤막하다는 뜻이다. 줄기가 짧은 것을 이렇게 표현하
　　여 이름 붙인 것으로 보인다.
171 《亳州牡丹史》 卷1 〈傳〉 "名品" '花紅翦絨'(《續修四庫全書》 1116, 307쪽); 《廣群芳譜》, 위와 같은 곳.
12 縠:저본에는 "穀".《亳州牡丹史·傳·名品》·《廣群芳譜·花譜·牡丹》에 근거하여 수정.

락(花紅纓絡)과 비슷한 운치를 풍긴다】

2-74) 화홍영락(花紅纓絡)

【설봉상 박주모란사172 꽃가지가 길고, 꽃잎이 크다. 꽃이 쉽게 핀다. 겹쳐진 꽃잎이 무성하고 조밀하다. 꽃의 바깥쪽에는 5~6장의 큰 꽃잎이 호위하듯 둘러서 핀다】

花紅纓絡

【又 長枝大葉, 其花易開. 疊瓣穠密, 外衛以五六大片】

2-75) 염노교(念奴嬌)

【설봉상 박주모란사173 두 가지 품종이 있다. 모두 녹색의 꽃봉오리가 맺히고 자라서 성목이 된다. 장씨(張氏)의 집에서 나온 품종은 짙은 은홍색(銀紅色)174이며, 크고 아름답다. 한씨(韓氏)의 집에서 나온 품종은 도홍(桃紅)색이며, 크기는 장씨의 집에서 나온 염노교보다 작다】

念奴嬌

【又 有二種, 俱綠胎, 能成樹. 出張氏者, 深銀紅色, 大而姣好; 出韓氏者, 色桃紅, 大次之】

2-76) 한궁춘(漢宮春)175

【설봉상 박주모란사176 홍색의 꽃봉오리가 나며, 줄기가 굳세다. 반드시 외따로 자라 성목이 되어야 해마다 꽃이 핀다. 꽃잎은 곧게 솟아 똑바르게

漢宮春

【又 紅胎硬莖, 必獨本成樹, 方歲歲有花, 花葉直竦而立, 其色深紅. 出張

172《亳州牡丹史》卷1〈傳〉 "名品" '花紅纓絡'(《續修四庫全書》1116, 307쪽);《廣群芳譜》, 위와 같은 곳.
173《亳州牡丹史》卷1〈傳〉 "名品" '念奴嬌'(《續修四庫全書》1116, 307쪽);《廣群芳譜》, 위와 같은 곳.
174 은홍색(銀紅色) : 은색이 섞인 진홍색.
175 한궁춘(漢宮春) : 중국 한(漢)나라 성황제(漢成帝)의 부인인 효성황후(孝成皇后) 조비연(趙飛燕)처럼 아름다운 꽃을 뜻하는 말. 중국 당나라의 시인 이백(李白 701~762)의 시 〈청평조(淸平調)〉에 나오는 '한궁(漢宮)'이라는 말과 연관된 이름으로 보인다. 양귀비의 아름다움을 한나라 조비연에 빗대어 노래하였다. 꽃 이름 중에 이처럼 미인을 노래한 시 구절에서 따다 붙인 경우가 많다. 〈꽃 이름 고찰〉에 나오는 많은 수의 꽃 이름이 그러하다.
176《亳州牡丹史》卷1〈傳〉 "名品" '漢宮春'(《續修四庫全書》1116, 308쪽);《廣群芳譜》, 위와 같은 곳.

서서 난다. 색은 짙은 홍색이다. 장씨(張氏)의 집에서
나왔다】

氏】

2-77) 유병관주(琉瓶灌朱)

【설봉상 박주모란사 177 줄기에 달린 잎은 약간
둥그스름하다. 주색(朱色)의 꽃송이가 촘촘하게 모
여 나며, 유리(琉璃)병 안에 붉은 액체를 담아 놓은
모습과 비슷하다. 약간 아쉬운 점이라면 홑꽃이며
뿌리가 자색이라는 점이다. 우연히 겹꽃으로 필 때
면 또한 절로 빼어난 품등이다】

琉瓶灌朱
【又】樹葉微圓, 朱房攢密,
類隔13琉璃而盛丹漿, 微
嫌葉單根紫. 遇千葉時, 亦
自妙品】

2-78) 교가서과양(喬家西瓜瓤)

【설봉상 박주모란사 178 꽃봉오리가 뾰족하며,
가지에 달린 잎은 청(靑)색이고 길다. 양지가 좋다.
조현(曹縣)에서 나왔다. 꽃은 수박[西瓜] 가운데의 홍
색 열매살[瓤] 색과 같다. 연판은홍(軟瓣銀紅)과 비슷
하다】

喬家西瓜瓤
【又】尖胎, 枝葉靑長. 宜
陽. 出自曹縣. 花如瓜中紅
肉色, 類軟瓣銀紅】

2-79) 진궁포(進宮袍)

【설봉상 박주모란사 179 녹색 꽃봉오리가 맺히
며, 꽃 피우기가 쉽다. 진궁포는 궁중(宮中)에서 하사
한 붉은 두루마기[袍]와 같이 고움을 말한다. 그 모

進宮袍
【又】綠胎, 易開. 謂色如
宮中所賜茜袍也. 其體質,
當以"輕絨赤綃"目之】

---

177 《亳州牡丹史》 卷1 〈傳〉 "名品" '琉瓶灌朱'(《續修四庫全書》 1116, 308쪽); 《廣群芳譜》, 위와 같은 곳.
178 《亳州牡丹史》 卷1 〈傳〉 "名品" '喬家西瓜瓤'(《續修四庫全書》 1116, 308쪽); 《廣群芳譜》 卷32 〈花譜〉 "牡
丹" 1, 762쪽.
179 《亳州牡丹史》 卷1 〈傳〉 "名品" '進宮袍'(《續修四庫全書》 1116, 308쪽); 《廣群芳譜》, 위와 같은 곳.
13 隔 : 저본에는 없음. 《亳州牡丹史·傳·名品》에 근거하여 보충.

양이나 바탕으로 보아서는 마땅히 '경융적초(輕絨赤絹, 곱고 붉은 비단)'라는 이름을 붙여야 한다】

2-80) 교홍누대(嬌紅樓臺)

【설봉상 박주모란사[180] 꽃봉오리와 줄기가 왕가홍(王家紅)[181]과 비슷하고, 꽃모양은 화홍수구(花紅繡毬)와 비슷하다. 색은 진궁포(進宮袍)의 홍색과 비슷하고, 빛나는 자태는 은홍누대(銀紅樓臺)만큼 아름답다. 꽃색에 짙은 부분과 옅은 부분이 있다. 이 꽃은 실제로 색의 짙고 옅음에 따라 안팎으로 나뉜다】

嬌紅樓臺

【又 胎、莖似王家紅, 體似花紅繡毬, 色似宮袍紅, 而神彩充足銀紅樓臺. 色有深淺, 花實與之表裏】

2-81) 합환교(合歡嬌)

【설봉상 박주모란사[182] 짙은 도홍색이다. 한 꽃봉오리에서 두 개의 꽃이 나와서 꽃꼭지에 나란히 붙어 핀다. 한 송이는 약간 크고, 한 송이는 약간 작다】

合歡嬌

【又 深桃紅色. 一胎二花, 托蒂偶竝, 微有大小】

2-82) 비하(非霞)

【설봉상 박주모란사[183] 꽃봉오리는 길쭉하고, 꽃송이는 높이 솟아 층층으로 점점 올라간다. 잎이 가지 끝에 나므로 꽃은 그 잎 아래 핀다. 색은 옅은 홍색이다】

非霞

【又 胎長, 花房高峙, 層層漸起. 葉在柯端, 花棲葉下, 色淺紅】

180《亳州牡丹史》卷1〈傳〉"名品"'嬌紅樓臺'(《續修四庫全書》1116, 308쪽);《廣群芳譜》, 위와 같은 곳.
181 왕가홍(王家紅) : 여기〈꽃 이름 고찰〉에는 실려 있지 않다. '왕홍'(王紅)이라고도 하며,《준생팔전(遵生八牋)》〈거실안처조(居室安處條)〉"고자화사전평(高子花榭詮評)"에 그 꽃 이름이 보인다. 꽃 이름 아래에 "석류홍과 비슷하고, 대홍수구와 같은 종류이다."라는 내용이 있다.
182《亳州牡丹史》卷1〈傳〉"靈品"'合歡嬌'(《續修四庫全書》1116, 308쪽);《廣群芳譜》, 위와 같은 곳.
183《亳州牡丹史》卷1〈傳〉"逸品"'非霞'(《續修四庫全書》1116, 309쪽);《廣群芳譜》, 위와 같은 곳.

2-83) 옥루춘로(玉樓春老)

【설봉상 박주모란사 184 꽃이 커서 말박[斗]185만 하다. 색은 학령홍(鶴翎紅)과 비슷하다】

玉樓春老

【又 花大如斗, 色類鶴翎紅】

2-84) 산호루(珊瑚樓)

【설봉상 박주모란사 186 줄기는 짧고, 꽃봉오리가 길쭉하다. 양지가 좋다. 꽃색이 산호(珊瑚)와 같다】

珊瑚樓

【又 莖短胎長. 宜陽. 色如珊瑚】

2-85) 천고홍(蒨膏紅)

【설봉상 박주모란사 187 고홍(膏紅, 화고홍)과 같은 품종이다. 꽃봉오리는 홍색이면서 뾰족하고 길다. 이 품종 또한 홍매화색이다. 기가 왕성하면 꽃잎이 서로 앞다투어 위로 솟고, 기가 약하면 평두모양이 된다】

蒨膏紅

【又 卽如膏紅, 胎紅尖長. 此品亦梅紅色. 盛則花葉互峙, 弱則平頭】

2-86) 대화주(大火珠)

【설봉상 박주모란사 188 녹색의 꽃봉오리가 맺히고, 꽃색은 짙은 홍색이다. 안팎을 은은하게 비추어, 마치 환한 불빛이 흐르는 듯하다】

大火珠

【又 綠胎, 色深紅. 內外掩映, 若燃光焰瑩流】

---

184 《亳州牡丹史》卷1〈傳〉"逸品"'玉樓春雪'(《續修四庫全書》1116, 310쪽);《廣群芳譜》, 위와 같은 곳.

185 말박[斗]: 말 대신 곡식을 되는 바가지나 아주 큰 바가지.

186 《亳州牡丹史》卷1〈傳〉"逸品"'珊瑚樓'(《續修四庫全書》1116, 310쪽);《廣群芳譜》卷32〈花譜〉"牡丹"1, 762쪽.

187 《亳州牡丹史》卷1〈傳〉"逸品"'蒨膏紅'(《續修四庫全書》1116, 310쪽);《廣群芳譜》, 위와 같은 곳.

188 《亳州牡丹史》卷1〈傳〉"逸品"'大火珠'(《續修四庫全書》1116, 310쪽);《廣群芳譜》, 위와 같은 곳.

2-87) 의란교(倚欄嬌)

【설봉상 박주모란사 [189] 꽃이 육홍색이다. 꽃봉오리는 옅은 도홍색이며, 꽃송이는 길고 크다. 또 의란교의 일종인 만지교(滿池嬌)는 겹꽃이며, 자라면 성목이 되고, 색과 광택이 의란교보다 더하다】

倚欄嬌

【又 肉紅, 胎淺桃紅色, 花頭長大, 又一種滿池嬌, 千瓣, 成樹, 色澤過之】

2-88) 대교홍(大嬌紅)

【설봉상 박주모란사 [190] 해를 잘 받으면 꽃이 쉽게 핀다. 색은 은홍교(銀紅嬌)와 같지만 홑꽃이다. 또 대교홍의 일종인 교홍(嬌紅)은 색이 위홍(魏紅)과 같고, 꽃이 조금 작아서 접붙이기는 곤란하다】

大嬌紅

【又 向陽易開. 色如銀紅嬌, 第葉單. 又一種嬌紅, 色如魏紅, 花微小而難接】

2-89) 탈자류주(脫紫留朱)

【설봉상 박주모란사 [191] 처음에 자색이다가 뒤에 짙은 홍색이 된다. 또한 화홍보루대(花紅寶樓臺)[192]라는 품종도 역시 그러하다】

脫紫留朱

【又 先紫而後深紅. 又花紅寶樓臺者亦然】

2-90) 취성성(醉猩猩)

【설봉상 박주모란사 [193] 심씨(沈氏)가 처음 내놓았다. 꽃이 쉽게 핀다. 색은 짙은 홍색이면서 중간에 단자(檀紫)색[194]을 약간 띤다. 화홍평두(花紅平頭)[195]에

醉猩猩

【又 沈氏首出之. 花易開, 色深紅中微帶檀紫, 亞于花紅平頭, 緊密處却勝】

---

189 《亳州牡丹史》卷1〈傳〉"能品"'倚欄嬌'(《續修四庫全書》1116, 311쪽);《廣群芳譜》, 위와 같은 곳.
190 《亳州牡丹史》卷1〈傳〉"能品"'大嬌紅'(《續修四庫全書》1116, 311쪽);《廣群芳譜》, 위와 같은 곳.
191 《亳州牡丹史》卷1〈傳〉"能品"'脫紫留朱'(《續修四庫全書》1116, 311쪽);《廣群芳譜》, 위와 같은 곳.
192 화홍보루대(花紅寶樓臺):붉은 모란이면서 꽃송이 모양이 누대처럼 높은 꽃으로 추정된다.
193 《亳州牡丹史》卷1〈傳〉"能品"'醉猩猩'(《續修四庫全書》1116, 312쪽);《廣群芳譜》, 위와 같은 곳.
194 단자(檀紫)색:단향(壇香)나무에 자단(紫檀)과 백단(白檀)이 있는데, 그중 자단의 붉은 색을 말한다.
195 화홍평두(花紅平頭):위의 '2-62'에 보인다.

버금가지만, 꽃잎이 조밀하게 난 부분은 오히려 화
홍평두보다 더하다】

2-91) 쇄금도홍(灑金桃紅)

【설봉상 박주모란사 196 황색 꽃술이 꽃송이에
가득하고, 모두 꽃잎의 꼭대기 부분에 퍼져 난다.
금색의 점점이 질서 있게 찍혀 있는 모양이 밤하늘
의 별들처럼 퍼져 있다】

灑金桃紅

【又 黃鬚滿房, 皆布葉顚,
點點有度, 羅如星斗】

2-92) 도홍루자(桃紅樓子)

【설봉상 박주모란사 197 꽃잎이 작고, 대홍색이
며, 송이가 모두 우뚝 솟듯이 핀다】

桃紅樓子

【又 小葉大紅, 皆起樓】

2-93) 노승모(老僧帽)

【설봉상 박주모란사 198 한 꽃에 꽃잎이 5장이
다. 처음 두 장의 잎이 서로 사이를 띄우고 나와 선
다. 그런 뒤에 두 장의 잎이 나와 먼저 난 잎을 보좌
한다. 마지막 한 잎이 그들 뒤쪽에 둘러 난다. 가장
아래에 난 잎은 진주홍(陳州紅)199과 같다】

老僧帽

【又 一花五葉, 兩葉相參
而立. 兩葉佐之, 一葉遶
其後. 最下者, 如陳州紅】

---

196 《亳州牡丹史》卷1〈傳〉"能品"'灑金桃紅'(《續修四庫全書》1116, 312쪽);《廣群芳譜》, 위와 같은 곳.
197 《亳州牡丹史》卷1〈傳〉"能品"'桃紅樓子'(《續修四庫全書》1116, 312쪽);《廣群芳譜》, 위와 같은 곳.
198 《亳州牡丹史》卷1〈傳〉"能品"'老僧帽'(《續修四庫全書》1116, 312쪽);《廣群芳譜》, 위와 같은 곳.
199 진주홍(陳州紅):홍색류 모란의 일종으로, 아래의 '2-115)'에 보인다. 다른 잎 뒤쪽에 겹쳐나므로 진주홍처
럼 겹꽃잎이라는 뜻으로 보인다.

2-94) 누금의(縷金衣)

【설봉상 박주모란사 200 허주(許州)에서 난다. 꽃
송이가 높이 솟고, 줄기가 길다. 자잘한 꽃잎이 뒤
섞여 난다. 그 색은 극도로 홍색이어서 비교할 만한
류가 없다. 신품(神品, 신묘한 품등) 중에서도 으뜸이 될
만하다】

縷金衣

【又 產自許州. 房高莖長,
碎瓣綺錯. 其色紅極, 無
類可方, 可爲神品之冠】

2-95) 화홍독승(花紅獨勝)

【설봉상 박주모란사 201 물고기비늘 같은 작은
꽃잎들이 층층으로 서로 받치고 있다. 화홍독승의
일종인 '화홍무적(花紅無敵)'은 작은 꽃잎들이 한데 모
여 층층의 누대처럼 높으며, 색은 또한 서로 비슷
하다】

花紅獨勝

【又 魚鱗小瓣層層相承.
又一種花紅無敵, 小葉聚
集, 重樓巍然, 色亦相類】

2-96) 염양교(艶陽嬌)

【설봉상 박주모란사 202 꽃잎이 작고, 홍매화색
이다】

艶陽嬌

【又 小瓣梅紅】

2-97) 삼춘괴(三春魁)

【설봉상 박주모란사 203 다엽이며, 색은 도홍색
이다. 꽃송이가 나무 위로 높이 솟는다】

三春魁

【又 多葉桃紅, 房出樹表】

---

200 《亳州牡丹史》卷1〈傳〉"拾遺" '縷金衣'(《續修四庫全書》1116, 313~314쪽);《廣群芳譜》卷32〈花譜〉"牡
丹" 1, 763쪽.
201 《亳州牡丹史》卷1〈傳〉"拾遺" '花紅獨勝'(《續修四庫全書》1116, 314쪽);《廣群芳譜》, 위와 같은 곳.
202 《亳州牡丹史》卷1〈傳〉"拾遺" '艶陽嬌'(《續修四庫全書》1116, 314쪽);《廣群芳譜》, 위와 같은 곳.
203 《亳州牡丹史》卷1〈傳〉"拾遺" '三春魁'(《續修四庫全書》1116, 314쪽);《廣群芳譜》, 위와 같은 곳.

2-98) 은홍묘품(銀紅妙品)·은홍염장(銀紅艷妝)·은홍절창(銀紅絶唱)

【설봉상 박주모란사 204 3종 모두 꽃의 아래 부분에 여러 장의 큰 꽃잎들이 펼쳐 나며, 중간에는 자잘한 꽃잎들이 겹쳐 난다. 이 꽃들의 일종인 은홍상승(銀紅上乘)은 큰 꽃잎이 떨기로 모여 나서 꽉 찬다. 그 색들은 모두 그 이름과 같은 은홍색이다】

銀紅妙品、銀紅艷妝、銀紅絶唱

【又 俱下布數片大葉, 中間細瑣堆積. 又一種銀紅上乘, 大瓣簇滿. 其色皆如其名】

2-99) 채하초(采霞綃)

【설봉상 박주모란사 205 셀 수 없이 많은 층으로 큰 꽃잎이 난다】

采霞綃

【又 千層大葉】

2-100) 산호봉두(珊瑚鳳頭)

【설봉상 박주모란사 206 꽃송이에서 큰 꽃잎이 핀다】

珊瑚鳳頭

【又 房開大瓣】

2-101) 석류홍(石榴紅)

【군방보 207 겹꽃이며, 누자모란이다. 왕가홍(王家紅)과 비슷하다】

石榴紅

【群芳譜 千葉樓子. 類王家紅】

204《亳州牡丹史》卷1〈傳〉"拾遺"'銀紅妙品、銀紅艷妝、銀紅絶唱'(《續修四庫全書》1116, 314쪽);《廣群芳譜》, 위와 같은 곳.
205《亳州牡丹史》卷1〈傳〉"拾遺"'采霞綃'(《續修四庫全書》1116, 314쪽);《廣群芳譜》, 위와 같은 곳.
206《亳州牡丹史》卷1〈傳〉"拾遺"'珊瑚鳳頭'(《續修四庫全書》1116, 314쪽);《廣群芳譜》, 위와 같은 곳.
207《二如亭群芳譜》〈貞部〉卷2"花譜"2'牡丹'(《四庫全書存目叢書補編》80, 707쪽);《廣群芳譜》卷32〈花譜〉"牡丹"1, 763쪽.

2-102) 조현장원홍(曹縣壯元紅)208

【군방보209 겹꽃이며, 누자모란이다. 자라면 성
목이 된다. 음지가 좋다】

曹縣壯元紅

【又 千葉樓子. 成樹. 宜
陰】

2-103) 영일홍(映日紅)

【군방보210 겹꽃이며, 누자모란이다. 꽃잎이 잘
다. 음지가 좋다】

映日紅

【又 千葉樓子. 細瓣. 宜
陰】

2-104) 왕가대홍(王家大紅)

【군방보211 겹꽃이며, 누자모란이다. 꽃잎이 홍
색이고, 모양은 길고 뾰족하며, 약간 굽어 있다. 양
지가 좋다】

王家大紅

【又 千葉樓子. 紅而長尖,
微曲. 宜陽】

2-105) 대홍서과양(大紅西瓜瓤)

【군방보212 겹꽃이며, 누자모란이다. 양지가 좋
다】

大紅西瓜瓤

【又 千葉樓子. 宜陽】

2-106) 대홍무청예(大紅舞靑猊)

【군방보213 겹꽃이며, 누자모란이다. 꽃봉오리
가 약간 짧고, 꽃도 약간 작다. 꽃송이 중간에 5장
의 청색 꽃잎이 난다. 음지가 좋다】

大紅舞靑猊

【又 千葉樓子. 胎微短,
花微小. 中出五靑瓣. 宜
陰】

---

208 조현장원홍(曹縣壯元紅) : 위의 '2-9) 장원홍'과 같은 종으로, 그 산지가 조현(曹縣)이라 이런 이름이 붙여진 것
　　이다.
209《二如亭群芳譜》, 위와 같은 곳;《廣群芳譜》卷32〈花譜〉"牡丹"1, 754쪽.
210《二如亭群芳譜》, 위와 같은 곳.
211《二如亭群芳譜》, 위와 같은 곳.
212《二如亭群芳譜》, 위와 같은 곳.
213《二如亭群芳譜》, 위와 같은 곳.

2-107) 도홍무청예(桃紅舞靑猊)

【군방보 214 겹꽃이며, 누자모란이다. 꽃송이의 중간에서 다섯 장의 청색 꽃잎이 난다. 일명 '수록선(睡綠蟬)'이다. 양지가 좋다】

桃紅舞靑猊

【又 千葉樓子. 中五靑瓣. 一名"睡綠蟬". 宜陽】

2-108) 칠보관(七寶冠)

【군방보 215 겹꽃이며, 누자모란이다. 꽃 피우기가 어렵다. '칠보선심(七寶旋心)'이라고도 한다】

七寶冠

【又 千葉樓子. 難開. 又名 "七寶旋心"】

2-109) 취연지(醉臙脂)

【군방보 216 겹꽃이며, 누자모란이다. 줄기가 길다. 피는 꽃마다 고개를 아래로 떨군다. 양지가 좋다】

醉臙脂

【又 千葉樓子. 莖長. 每開 頭垂下. 宜陽】

2-110) 대엽도홍(大葉桃紅)

【군방보 217 겹꽃이며, 누자모란이다. 음지가 좋다】

大葉桃紅

【又 千葉樓子. 宜陰】

2-111) 전춘방(殿春芳)

【군방보 218 겹꽃이며, 누자모란이다. 꽃피는 시기가 늦다】

殿春芳

【又 千葉樓子. 開遲】

214《二如亭群芳譜》, 위와 같은 곳.
215《二如亭群芳譜》, 위와 같은 곳.
216《二如亭群芳譜》, 위와 같은 곳.
217《二如亭群芳譜》, 위와 같은 곳.
218《二如亭群芳譜》, 위와 같은 곳.

2-112) 미인홍(美人紅)

【군방보 219 겹꽃이며, 누자모란이다】

2-113) 연예홍(蓮蕊紅)

【군방보 220 겹꽃이며, 누자모란이다. 꽃잎이 연꽃과 비슷하다】

2-114) 취홍장(翠紅妝)

【군방보 221 겹꽃이며, 누자모란이다. 꽃 피우기가 어렵다. 음지가 좋다】

2-115) 진주홍(陳州紅)

【군방보 222 겹꽃이며, 누자모란이다】

2-116) 금포홍(錦袍紅)

【군방보 223 겹꽃이며, 누자모란이다. 옛날에는 '잠계비심홍(潛溪緋深紅)'이라 했다. 보루대(寶樓臺)에 비해 약간 작지만 그보다 더 선명하고, 꽃잎 가장자리가 반듯하지 않다. 나무의 높이는 5~6척이다. 다만 가지가 약해 꽃이 필 때 지지대로 받쳐주어야 한다. 비바람에 꽃가지가 꺾일까 걱정되기 때문이다. 가지에 달린 잎이 성글게 나며, 대추나무싹과 같이

美人紅

【又 千葉樓子】

蓮蕊紅

【又 千葉樓子. 瓣似蓮花】

翠紅妝

【又 千葉樓子. 難開. 宜陰】

陳州紅

【又 千葉樓子】

錦袍紅

【又 千葉樓子. 古名"潛溪緋深紅". 比寶樓臺, 微小而鮮粗. 樹高五六尺. 但枝弱, 開時須以杖扶, 恐爲風雨所折. 枝葉疏闊, 棗芽少彎】

---

219 《二如亭群芳譜》, 위와 같은 곳.
220 《二如亭群芳譜》, 위와 같은 곳.
221 《二如亭群芳譜》, 위와 같은 곳.
222 《二如亭群芳譜》, 위와 같은 곳.
223 《二如亭群芳譜》, 위와 같은 곳.

금포홍

약간 굽어져 나온다】

2-117) 도홍서과양(桃紅西瓜瓤)　　　　　桃紅西瓜瓤

　【군방보】224 겹꽃이며, 누자모란이다. 꽃봉오리　【又】千葉樓子. 胎紅而長.
가 홍색이며 길다. 양지가 좋다】　　　　　宜陽】

2-118) 대홍전융(大紅翦絨)　　　　　　大紅翦絨

　【군방보】225 겹꽃이며, 병두(垃頭)226 모양이다. 그　【又】千葉垃頭. 其瓣如翦】
꽃잎은 잘라 놓은 듯 가지런하다】

224《二如亭群芳譜》, 위와 같은 곳.
225《二如亭群芳譜》, 위와 같은 곳.
226 병두(垃頭) : 자세한 설명이 없으나, 쌍두(雙頭)와 유사한 의미이다. 즉 꽃받침이 나란히 나고 꽃이 나란히
　　피는 모습을 말한다.

2-119) 양혈홍(羊血紅)

【군방보 227 겹꽃이며, 평두모양이다. 꽃 피우기가 쉽다】

羊血紅

【又 千葉平頭. 易開】

2-120) 석가홍(石家紅)

【군방보 228 겹꽃이며, 평두모양이다. 꽃잎이 그다지 조밀하지 않다】

石家紅

【又 千葉平頭. 不甚緊】

2-121) 수춘홍(壽春紅)

【군방보 229 겹꽃이며, 평두모양이다. 꽃이 야위고 작다. 음지가 좋다】

壽春紅

【又 千葉平頭. 瘦小. 宜陽】

2-122) 채하홍(彩霞紅)

【군방보 230 겹꽃이며, 평두모양이다】

彩霞紅

【又 千葉平頭】

2-123) 해천하(海天霞)

【군방보 231 겹꽃이며, 평두모양이다. 크기가 쟁반과 같이 크다. 양지가 좋다】

海天霞

【又 千葉平頭. 大如盤. 宜陽】

2-124) 소엽대홍(小葉大紅)

【군방보 232 겹꽃이다. 꽃 피우기가 어렵다】

小葉大紅

【又 千葉. 難開】

---

227 《二如亭群芳譜》, 위와 같은 곳.
228 《二如亭群芳譜》, 위와 같은 곳.
229 《二如亭群芳譜》, 위와 같은 곳.
230 《二如亭群芳譜》, 위와 같은 곳.
231 《二如亭群芳譜》, 위와 같은 곳.
232 《二如亭群芳譜》, 위와 같은 곳.

2-125) 매홍평두(梅紅平頭)

【군방보 233 겹꽃이다. 짙은 도홍색이다】

梅紅平頭

【又 千葉, 深桃紅】

2-126) 서자홍(西子紅)

【군방보 234 겹꽃이다. 꽃송이는 공같이 둥글다. 음지가 좋다】

西子紅

【又 千葉, 圓如毬. 宜陰】

2-127) 해운홍(海雲紅)

【군방보 235 겹꽃이다. 꽃색이 노을과 같이 붉다】

海雲紅

【又 千葉, 色如霞】

2-128) 도홍선(桃紅線)

【군방보 236 겹꽃이다】

桃紅線

【又 千葉】

2-129) 도홍봉두(桃紅鳳頭)

【군방보 237 겹꽃이다. 꽃이 높고 크다】

桃紅鳳頭

【又 千葉, 花高大】

2-130) 천교홍(淺嬌紅)

【군방보 238 겹꽃이다. 꽃색이 대도홍색이다. 바깥쪽의 꽃잎은 옅은 홍색이면서 대도홍색보다 짙어서 아름답다. 꽃의 지름은 0.5척이 넘는다. 잎은 추

淺嬌紅

【又 千葉, 大桃紅. 外瓣微紅而深嬌, 徑過五寸. 葉似麤葉壽安, 頗捲皺, 蔥

233 《二如亭群芳譜》, 위와 같은 곳.
234 《二如亭群芳譜》, 위와 같은 곳.
235 《二如亭群芳譜》, 위와 같은 곳.
236 《二如亭群芳譜》, 위와 같은 곳.
237 《二如亭群芳譜》, 위와 같은 곳.
238 《二如亭群芳譜》, 위와 같은 곳.

엽수안(鬣葉壽安)과 비슷하지만 매우 말리면서 주름　綠色】
지며, 총록색(蔥綠色)239이다】

2-131) 경라홍(輕羅紅)　輕羅紅
【군방보240 겹꽃이다】　【又 千葉】

2-132) 천홍교(淺紅嬌)　淺紅嬌
【군방보241 교홍(嬌紅)242의 색에 녹색 잎이 어울　【又 嬌紅葉綠可愛. 開最
려 사랑스럽다. 꽃 피는 시기가 가장 이르다. 겹꽃이　早, 千葉】
다】

2-133) 취교홍(醉嬌紅)　醉嬌紅
【군방보243 겹꽃이다. 옅은 홍색이다】　【又 千葉微紅】

2-134) 출경도홍(出莖桃紅)　出莖桃紅
【군방보244 겹꽃이다. 크기가 1척 남짓이다. 그　【又 千葉, 大尺餘. 其莖
줄기의 길이는 2척이다】　長二尺】

2-135) 서자(西子)　西子
【군방보245 꽃이 피면 공처럼 동그랗다. 겹꽃이　【又 開圓如毬, 千葉. 宜
다. 음지가 좋다】　陰】

---

239 총록색(蔥綠色):파의 색과 같은 녹색.
240《二如亭群芳譜》, 위와 같은 곳.
241《二如亭群芳譜》, 위와 같은 곳.
242 교홍(嬌紅):아래의 '2-140) 교홍(嬌紅)'을 가리키는 것으로 보인다.
243《二如亭群芳譜》, 위와 같은 곳.
244《二如亭群芳譜》, 위와 같은 곳.
245《二如亭群芳譜》, 위와 같은 곳.

2-136) 대홍수구(大紅繡毬)

【군방보】246 겹꽃이다. 꽃은 왕가홍(王家紅)과 비슷하지만, 꽃잎이 그보다 약간 작다】

大紅繡毬

【又 千葉. 花類王家紅, 葉微小】

2-137) 앵속홍(罌粟紅)

【군방보】247 꼭두서니뿌리[茜花]248로 염색한 듯이 선명한 붉은색이며 꽃잎 가장자리가 반듯하지 않다. 꽃이 피면 그 모양이 빙 둘러 친 듯하다. 짙은 붉은 꽃술이 있다. 꽃잎은 서시(西施)249와 같지만 그보다 뾰족하고 길다. 꽃 중에 환하게 빛나는 품종이다】

罌粟紅

【又 茜花鮮粗, 開瓣合櫳, 深檀心, 葉如西施而尖長. 花中之烜煥者】

2-138) 승정홍(勝鞓紅)

【군방보】250 나무 높이가 2척이다. 꽃잎은 뾰족하고 길며, 꽃은 홍적색으로 환하게 빛난다. 꽃잎은 5장이다】

勝鞓紅

【又 樹高二尺. 葉尖長, 花紅赤煥然. 五葉】

2-139) 매홍루자(梅紅樓子)

【군방보】251 홑꽃이다】

梅紅樓子

【又 單葉】

---

246 《二如亭群芳譜》, 위와 같은 곳.
247 《二如亭群芳譜》, 위와 같은 곳.
248 꼭두서니뿌리[茜花]: 꼭두서니는 꽃은 붉지 않고, 그 뿌리가 붉은색으로 염색하는 매염제로 쓰인다.
249 서시(西施): 모란 이름의 일부. 취서시·향서시·분서시·승서시 등이 여기 〈꽃 이름 고찰〉에 소개되어 있다.
250 《二如亭群芳譜》, 위와 같은 곳.
251 《二如亭群芳譜》, 위와 같은 곳.

2-140) 교홍(嬌紅)

嬌紅

【군방보 252 색은 위홍(魏紅)과 같지만, 그와 달리 그다지 크지는 않다】

【又 色如魏紅, 不甚大】

2-141) 도홍서번두(桃紅西番頭)

桃紅西番頭

【군방보 253 꽃 피우기가 어렵다. 음지가 좋다】

【又 難開. 宜陰】

2-142) 사면경(四面鏡)

四面鏡

【군방보 254 나선형으로 감아 돌며 나는 꽃잎이 있다】

【又 有旋葉】

252《二如亭群芳譜》, 위와 같은 곳.
253《二如亭群芳譜》〈貞部〉卷2 "花譜" 2 '牡丹'(《四庫全書存目叢書補編》80, 708쪽).
254《二如亭群芳譜》, 위와 같은 곳.

3) 분홍색류(22항목 25종)

3-1) 구악홍(九萼紅)

【주사후 낙양모란기 255 겹꽃이다. 분홍색인 꽃이다. 줄기에 달린 잎이 매우 높고 크다. 그 꽃송이에는 청색 꽃받침 9겹이 있다. 꽃송이가 아직 터지지 않았을 때는 다른 꽃들과 매우 다르다. 꽃이 필 때는 반드시 먼저는 청색이다가, 꽃봉오리가 터지고 며칠 지난 뒤에 홍색으로 변한다.

꽃잎이 대부분 주름지고 오그라들어 있는 모양이 유초(揉草, 뭉쳐 놓은 풀)와 비슷한 점이 있다. 그러나 대부분 제대로 피지 못한다. 용케 잘 핀 놈이 있으면 핀 꽃송이는 크기가 1척이나 된다】

3-2) 월산홍누자(越山紅樓子)

【주사후 낙양모란기 256 겹꽃이다. 분홍색인 꽃이다. 원래는 회계(會稽)257에서 나왔다. 꽃술 가까이에 긴 꽃잎이 수십 장이 나서 위로 솟아나와 우뚝하다. 그 모습이 중대련(重臺蓮)258과 비슷하므로 '누자'라는 명칭이 있게 되었다】

粉紅類

九萼紅

【周氏 洛陽牡丹記 千葉, 粉紅花也. 莖葉極高大. 其苞有靑趺九重. 苞未拆時, 特異于衆花. 花開必先靑, 拆數日然後色變紅.

花葉多皺14蹙, 有類揉草, 然多不成, 就偶有成者, 開頭盈尺】

越山紅樓子

【又 千葉, 粉紅花也. 本出會稽. 近心有長葉數十片, 聳起而特立, 狀類重臺蓮, 故有樓子之名】

255 《說郛》卷104 〈洛陽牡丹記〉《文淵閣四庫全書》882, 57쪽).
256 《說郛》卷104 〈洛陽牡丹記〉《文淵閣四庫全書》882, 58쪽).
257 회계(會稽) : 중국 양자강 하류 강남(江南) 지역 일대. 강소성(江蘇省) 소주(蘇州) 지역.
258 중대련(重臺蓮) : 연꽃의 한 종류로, 꽃잎 수십 장이 열매를 받침처럼 떠받치고 있어서 붙여진 이름이다.
14 皺 : 저본에는 "鈹". 《說郛·洛陽牡丹記》에 근거하여 수정.

3-3) 자사선심(紫絲旋心)

【주사후 낙양모란기 [259] 겹꽃이다. 분홍색인 꽃이다. 바깥쪽에 큰 꽃잎이 십수 겹이 있고 그 모양이 쟁반과 같다. 쟁반 같은 송이 가운데에 자잘한 꽃잎 100장 정도가 난다.

이 꽃잎들은 병모양의 꽃술 바깥쪽에 모여 나는 모습이 선심작약(旋心芍藥)[260]과 같다. 그리고 위쪽에 자분홍색의 꽃술 수십 가닥이 나서 자잘한 꽃잎들 바깥으로 높이 나오기 때문에 이러한 이름을 붙였다. 원풍 연간(1078~1085)에 은이씨(銀李氏)의 화원에서 나왔다】

3-4) 불훈홍(不暈紅)·수장홍(壽妝紅)·옥반장(玉盤妝)

【주사후 낙양모란기 [261] 모두 겹꽃이다. 분홍색인 꽃이다. 대개 수안(壽安)과 비슷하지만 그와는 조금 다르다. 불훈홍은 색이 그보다 조금 더 짙고, 수장홍은 그 다음이며, 옥반장은 가장 옅은 색이다. 큰 잎은 약간 백색이고 잔잎은 분홍색이기 때문에 '옥반장(玉盤妝, 꾸민 옥쟁반)'이라는 이름을 얻었다】

3-5) 취서시(醉西施)

【설봉상 박주모란사 [262] 홍색 꽃봉오리가 맺힌

紫絲旋心

【又 千葉, 粉紅花也. 外有大葉十數重, 如盤. 盤中有碎葉百許.

簇于瓶心之外, 如旋心芍藥然. 上有紫粉數十莖, 高出于碎葉之表故名. 元豐中生銀李圃中】

不暈紅、壽妝紅、玉盤妝 [15]

【又 皆千葉, 粉紅花也. 大率類壽安而小異. 不暈紅色稍深, 壽妝紅次之, 玉盤妝最淺淡. 大葉微白, 碎葉粉紅, 故得玉盤妝之名】

醉西施

【薛氏 亳州牡丹史 紅胎,

---

259 《說郛》卷104〈洛陽牡丹記〉(《文淵閣四庫全書》882, 59쪽).
260 선심작약(旋心芍藥): 미상. 작약 꽃잎이 꽃심을 기준으로 돌아가듯 난 모양으로 추정된다.
261 《說郛》, 위와 같은 곳.
262 《亳州牡丹史》卷1〈傳〉"靈品"'肉西醉西'(《續修四庫全書》1116, 308쪽).
15 妝: 저본에는 "紅". 《說郛·洛陽牡丹記》와 아래 본문의 내용에 근거하여 수정.

취서시

다. 청색 잎이 둥글고 크다. 자라서 성목이 되면 꽃 피우기가 쉽다. 색은 분홍색이 된다】

靑葉圓大. 成樹易開. 色作粉紅】

3-6) 수학선(睡鶴仙)

【설봉상 박주모란사 263 색은 옅은 홍색이다. 음지가 좋다. 크기는 의신장(倚新妝)264만 하며, 꽃술 사이에서 2장의 꽃잎이 난다】

睡鶴仙

【又 色淡紅. 宜陰. 其大如倚新妝, 花心出二葉】

3-7) 이분홍(膩粉紅)

【설봉상 박주모란사 265 탁판(托瓣)이 있다】

膩粉紅

【又 有托瓣】

---

263 《亳州牡丹史》卷1〈傳〉 "能品" '朵霞綃'(《續修四庫全書》1116, 311쪽).

264 의신장(倚新妝) : 붉은 모란의 한 종류. 곱게 화장한 여인처럼 아름다워 이런 이름이 붙여진 것이다. 중국 당나라의 시인 이백(李白)이 양귀비의 아름다움을 노래한 〈청평조(淸平調)〉에 나오는 시 구절에서 유래한 이름이다.

265 《亳州牡丹史》卷1〈傳〉 "能品" '膩粉紅'(《續修四庫全書》1116, 312쪽).

3-8) 정화춘(政和春)

【육유 천팽모란보 266 옅은 분홍색인 꽃이다. 사두(絲頭)267가 있다. 정화(政和) 연간(1111~1117)에 처음 나왔다】

政和春

【 陸氏 天彭牡丹譜 淺粉紅花. 有絲頭. 政和中始出】

3-9) 서로선(瑞露蟬)

【육유 천팽모란보 268 분홍색인 꽃이다. 꽃 가운데 벽(碧)색 꽃술이 나고, 꽃잎은 마치 2개의 매미날개가 맞붙어 있는 모양과 같다】

瑞露蟬

【 又 粉紅花. 中抽碧心, 如合蟬狀】

서로선 중앙의 심

서로선

---

266 《說郛》 卷104 〈天彭牡丹譜〉 "花釋名"(《文淵閣四庫全書》 882, 63쪽).
267 사두(絲頭) : 위의 '1-9) 사두황' 조에 의하면, '사두'란 실 같은 꽃술 수십 가닥이 꽃잎 위로 높이 난 모습을 일컫는다.
268 《說郛》 卷104 〈天彭牡丹譜〉 "花釋名"(《文淵閣四庫全書》 882, 64쪽).

3-10) 건화(乾花)

【육유 천팽모란보 [269] 분홍색인 꽃이다. 얇은 꽃잎[蟬]이 도는 듯이 빙 둘러 난다. 꽃 또한 크다】

乾花

【又 粉紅花, 而分蟬旋轉. 其花亦大】

3-11) 대천엽(大千葉)·소천엽(小千葉)

【육유 천팽모란보 [270] 모두 분홍색 꽃 중 뛰어난 꽃들이다. 대천엽은 자잘한 꽃잎이 없고, 소천엽은 꽃받침도 자잘하다】

大千葉、小千葉

【又 皆粉紅花之傑者. 大千葉無碎花, 小千葉則花萼瑣碎】

3-12) 경천향(慶天香)

【군방보 [271] 겹꽃이며, 누자모란이다. 꽃의 높이는 0.5~0.6척이며, 향이 맑다. 처음에는 홑꽃으로 피지만 5~7년이 지나면 겹꽃이 된다. 해가 오래된 경천향은 나무의 높이가 8~9척이다】

慶天香

【群芳譜 千葉樓子. 高五六寸, 香而淸. 初開單葉, 五七年則千葉矣. 年遠者, 樹高八九尺】

3-13) 육서(肉西)

【군방보 [272] 겹꽃이며, 누자모란이다】

肉西

【又 千葉樓子】

3-14) 수홍구(水紅毬)

【군방보 [273] 겹꽃이며, 떨기로 난다. 음지가 좋다】

水紅毬

【又 千葉叢生. 宜陰】

269《說郛》卷104〈天彭牡丹譜〉"花釋名"(《文淵閣四庫全書》882, 63쪽).
270《說郛》卷104〈天彭牡丹譜〉"花釋名"(《文淵閣四庫全書》882, 64쪽).
271《二如亭群芳譜》〈貞部〉卷2 "花譜" 2 '牡丹'(《四庫全書存目叢書補編》80, 708쪽).
272《二如亭群芳譜》, 위와 같은 곳.
273《二如亭群芳譜》, 위와 같은 곳.

3-15) 합환화(合歡花)

【군방보274 겹꽃이며, 1개의 줄기에 꽃 두 송이가 핀다】

合歡花

【又 千葉, 一莖兩朶】

3-16) 관음면(觀音面)

【군방보275 겹꽃이다. 꽃이 피면 꽃잎이 촘촘이 나서 꽃송이는 별로 크지 않다. 떨기로 난다. 음지가 좋다】

觀音面

【又 千葉. 開緊不甚大, 叢生. 宜陰】

3-17) 분아교(粉娥嬌)

【군방보276 겹꽃이다. 크고 옅은 분홍색인 꽃이며, 꽃송이가 사발크기만 하다. 활짝 피면 속이 배부른 듯 차서 만두모양과 같다. 꽃의 안팎이 한 가지 색이며 오로지 꽃잎의 아래 부분만 약간 짙은 홍색이다. 잎과 나무는 천향(天香)277과 같다. 높이는 4~5척이다. 모든 꽃들이 피고 난 뒤에야 비로소 핀다. 맑은 향기가 오래간다】

粉娥嬌

【又 千葉. 大淡粉紅花, 如椀大. 開盛者飽滿, 如饅頭樣. 中外一色, 惟瓣根微有深紅. 葉與樹如天香, 高四五尺, 諸花開後, 方開. 清香耐久】

3-18) 취양비(醉楊妃)278

【군방보279 다음의 2가지 품종이 있다. 하나는 겹꽃이며 누자모란이다. 양지가 좋다. 또한 '취춘용

醉楊妃

【又 二種, 一千葉樓子, 宜陽. 又名"醉春容". 一平

274《二如亭群芳譜》, 위와 같은 곳.
275《二如亭群芳譜》, 위와 같은 곳.
276《二如亭群芳譜》, 위와 같은 곳.
277 천향(天香) : 모란의 일종. 분아교와 같은 백색류 모란에서 '3-21) 서천향(西天香)'일 것으로 보인다.
278 취양비(醉楊妃) : 여기서는 분홍 모란으로 분류했으나 바이두(www.baidu.com)에는 산다(山茶)의 한 종으로 나온다. 미인의 이름을 따서 여러 꽃들을 명명했기 때문으로 보인다.
279《二如亭群芳譜》, 위와 같은 곳.

(醉春容)'이라고도 한다. 또 하나는 평두모양으로 꽃
이 매우 크고, 햇빛을 견디지 못한다.

頭極大, 不耐日色.

안 《박주모란사》에 "취양비는 짙은 우색(藕色)[280]이
된다."[281]라 한 반면, 《군방보》에는 분홍색류에 분
류되어 있으니, 의심할 만하다】

案 《亳州牡丹史》云"醉楊
妃作深藕色", 《群芳譜》系
之粉紅類, 可疑】

3-19) 적옥반(赤玉盤)

赤玉盤

【군방보[282] 겹꽃이며, 평두모양이다. 바깥쪽은
백색이고 안쪽은 홍색이다. 음지가 좋다】

【又 千葉平頭. 外白內紅.
宜陰】

3-20) 회회분서(回回粉西)

回回粉西

【군방보[283] 꽃잎이 잘며, 누자모란이다. 바깥쪽
은 홍색이고 안쪽은 분홍색이다】

【又 細瓣樓子. 外紅內粉
紅】

3-21) 서천향(西天香)

西天香

【군방보[284] 꽃 피는 시기가 이르다. 처음에는
분홍색으로 매우 아름답고, 3~4일이 지나면 백색
이 된다】

【又 開早. 初甚嬌, 三四日
則白矣】

---

280 우색(藕色): 옅은 회색에 약간 붉은 빛이 도는 색.
281 취양비는……된다: 《亳州牡丹史》 卷1 〈傳〉 "神品" '醉玉環' (《續修四庫全書》 1116, 304쪽).
282 《二如亭群芳譜》, 위와 같은 곳.
283 《二如亭群芳譜》, 위와 같은 곳.
284 《二如亭群芳譜》, 위와 같은 곳.

3-22) 백엽선인(百葉仙人)   百葉仙人

【군방보 285 꽃색은 분홍색이다】   【又 色粉紅】

285《二如亭群芳譜》, 위와 같은 곳.

4) 자색류(27항목 28종)

4-1) 좌화(左花)

【구양수 낙양모란기 286 겹꽃이다. 자색(紫色)인 꽃이다. 꽃잎이 조밀하며, 꽃송이 위 부분이 잘라 놓은 듯이 가지런하여 또한 '평두자(平頭紫)'라 한다】

4-2) 엽저자(葉底紫)

【구양수 낙양모란기 287 겹꽃이다. 자색인 꽃이다. 그 색이 먹과 같아서 또한 '묵자(墨紫)'라 한다. 이 꽃은 떨기 가운데에서 핀다. 꽃이 핀 줄기 곁에서 반드시 큰 가지 1개가 나온다. 이 가지에서 잎을 뻗어 꽃 위를 덮는다. 이 꽃은 피면 다른 꽃에 비하여 10일 정도 더 오래간다.

紫類

左花

【 歐陽氏 洛陽牡丹記 千葉, 紫花. 葉密而齊如截, 亦謂之"平頭紫"】

葉底紫

【 又 千葉, 紫花. 其色如墨, 亦謂之"墨紫". 花在叢中, 旁必生一大枝, 引葉覆其上. 其開也, 比他花可延十日之久.

엽저자

---

286 《洛陽牡丹記》〈花品敍〉第1(《叢書集成初編》1355, 4쪽).
287 《洛陽牡丹記》, 위와 같은 곳.

이 꽃이 나온 지는 다른 꽃들에 비해 가장 오래 되었다. 당나라 말기 중관(中官, 환관)으로서 관군용사(觀軍容使)288가 된 사람이 있었다. 그 집에서 이 꽃이 나왔다고 하여, 또한 '군용자(軍容紫)'라 한다】

其出, 比他花最遠. 唐末有中官爲觀軍容使者, 花出其家, 亦謂"軍容紫"】

4-3) 다엽자(多葉紫)

【구양수 낙양모란기 289 이 꽃이 난 곳을 알지는 못한다.

多葉紫

【又 不知所出.

안《군방보》에서 "짙은 자색인 꽃이다. 꽃잎은 7~8개에 그친다. 가운데에 크고 황색인 꽃술이 있다. 나무의 높이는 4~5척이다. 꽃의 크기는 주발만 하고, 꽃잎은 뾰족하면서 길다."290라 했다】

按《群芳譜》云: "深紫花, 止七八瓣, 中有大黃蕊. 樹高四五尺. 花大如盌, 葉尖長"】

4-4) 좌자(左紫)

【주사후 낙양모란기 291 겹꽃이다. 자색인 꽃이다. 색은 안성(安聖)292보다 짙으나, 꽃잎의 끝이 약간 백색이면서 꽃받침이 가까워질수록 점점 짙어진다. 꽃송이가 높이 솟아오르고 둥글고 단정한 모양이 위화(魏花)와 비슷한 점이 있다. 꽃이 피면 지름이 0.8~0.9척이 되며 큰 놈은 1척에 이른다. 우리 왕

左紫

【周氏 洛陽牡丹記 千葉, 紫花. 色深于安聖, 然葉杪微白, 近蕚漸深. 突起圓整, 有類魏花. 開頭可八九寸, 大者盈尺. 國初時生左氏家.

---

288 관군용사(觀軍容使) : 당나라 관직명. 출정(出征) 장수를 통솔하는 최고 군직. '군용사'라고도 한다.
289《洛陽牡丹記》〈花品敍〉第1《叢書集成初編》1355, 5쪽).
290 짙은……길다 :《二如亭群芳譜》〈貞部〉卷2 "花譜" 2 '牡丹'《四庫全書存目叢書補編》80, 709쪽).
291《說郛》卷104〈洛陽牡丹記〉《文淵閣四庫全書》882, 59쪽).
292 안성(安聖) : 여기 〈꽃 이름 고찰〉의 모란 항목에 없고,《예원지》에서 여기에만 나온다. 대개 같은 류의 꽃을 비교대상으로 삼은 점에 비추어볼 때 아래 '4-6) 안승자(安勝紫)'의 이칭일 가능성도 있다.

꽃잎 끝쪽의 함릉(모)

조[293]가 시작할 때 좌씨(左氏)[294]의 집에서 나왔다.

옛 화보(花譜, 꽃 전문서)에서 말한 '좌자(左紫)'는 곧 제두자(齊頭紫)[295]이다. 제두자는 모양이 사발과 같고, 위가 평평하다. 하지만 제두자는 꽃잎이 풍성하고 조밀하게 나며 둥글고 단정한 좌자(左紫)만 못하고, 대체로 함릉(含稜)[296]의 모양도 차이가 있다고 한다】

舊譜所謂"左紫[16]" 卽齊頭紫, 如碗而平, 不若左紫之繁密圓整, 而有夫含稜之異云】

4-5) 자수구(紫繡毬)[297]

紫繡毬

【주사후 낙양모란기 [298] 겹꽃이다. 자색인 꽃이

【又 千葉, 紫花也. 色深

---

293 우리 왕조:《낙양모란기》는 주사후의 저술이므로, 북송대(北宋代)를 가리킨다.

294 좌씨(左氏):주사후의《낙양모란기》에는 '좌씨(左氏)' 앞에 호민(豪民)이라는 설명이 붙어 있다. 당시에 낙양에 살던 부호 중의 한 사람으로 보인다.

295 제두자(齊頭紫):꽃 윗면이 평평한 자색 모란의 명칭. '4-17) 평두자'와 비슷한 품종으로 추정된다.

296 함릉(含稜):뒤에 '작약'의 백색류 중 은함릉(銀含稜)은 꽃잎 끝에 1개의 능(稜, 모)이 있다고 나온다. 이로 볼 때 함릉은 꽃잎 끝쪽에 가느다란 모가 살짝 진 모습으로 추정된다.

297 자수구(紫繡毬):수구(繡毬)는 작은 꽃송이가 공처럼 둥글게 모여 있는 모양을 표현한 불두화(중국설구화)의 명칭이기도 하지만, 모란 중에도 한 송이의 모양이 유난히 둥근 꽃에 이 이름을 붙인 것으로 보인다.

298《說郛》卷104〈洛陽牡丹記〉, 위와 같은 곳.

[16] 紫:저본에는 "花".《說郛·洛陽牡丹記》에 근거하여 수정.

다. 색이 짙으면서도 밝고 윤택이 난다. 꽃잎은 조밀하면서 둥글고[圓] 단정하다. 이로 인해 '수구'라는 이름을 얻은 것이다. 그러나 이 꽃을 보기는 어렵다.

대개 '좌자'와 비슷하나 다만 꽃잎끝이 백색이다. 꽃잎의 가장자리가 백색인 좌자만은 못하다.

[안] 육유의 《천팽모란보》에 "일명 '신자화(新紫花)'이다. 대개 위화(魏花) 중의 특별한 품등이다."[299]라 했으니, 자수구는 천팽(天彭)에서 나는 자색 모란 중 으뜸이다】

而瑩澤. 葉密而圓整. 因得繡毬之名. 然難得見花.

大率類左紫, 但葉杪色白, 不如左紫之脣白耳.

【按 陸氏《天彭牡丹譜》云 "一名'新紫花'. 蓋魏花之別品也", 爲天彭紫花之冠】

4-6) 안승자(安勝紫)

【주사후 [낙양모란기][300] 자색인 꽃이다. 꽃이 피면 지름이 1척 남짓이 된다. 본래 일본 본주[城中] 지바현[千葉縣][301]의 안승원(安勝院)[302]에서 났기 때문에 이러한 이름을 붙였다. 자란 햇수가 늘어나면 좌자와 수구는 모두 꽃을 보기 어렵다. 오직 안승자와 대송자(大宋紫)는 특히 왕성하여 해마다 모두 핀다】

安勝紫

【又 紫花也. 開頭徑尺餘. 本出城中 千葉 安勝院故名. 延歲左紫與繡毬, 皆難得花, 唯安勝紫與大宋紫特盛, 歲歲皆有】

4-7) 대송자(大宋紫)

【주사후 [낙양모란기][303] 겹꽃이다. 자색인 꽃이

大宋紫

【又 千葉, 紫花也. 本出

---

299 일명……품등이다:《說郛》卷104〈天彭牡丹譜〉"花釋名"《文淵閣四庫全書》882, 64쪽).

300《說郛》卷104〈洛陽牡丹記〉《文淵閣四庫全書》882, 59쪽).

301 지바현[千葉縣]: 일본 혼슈 간토[關東] 지방에 있는 현(縣). 서쪽으로 도쿄만[東京灣], 동쪽으로 태평양에 접하고, 북쪽은 도네강[利根川], 북서쪽은 에도강[江戶川]이 현의 경계를 이룬다.

302 안승원(安勝院): 일본 지바현에 있는 사원.

303《說郛》卷104〈洛陽牡丹記〉, 위와 같은 곳.

다. 본래 영녕현(永寧縣)[304] 대송천(大宋川)[305] 이씨(李氏)[306]의 화보(花譜)에서 나왔기 때문에 이러한 이름을 붙였다. 꽃이 매우 활짝 피면 지름이 1척 남짓 된다. 다른 꽃들은 이 꽃의 크기와 비교가 안 된다. 꽃색은 안승자와 비슷하다】

永寧縣 大宋川 李氏之譜故名. 開頭極盛徑尺餘, 衆花無比其大者. 其色類安勝紫】

4-8) 순성(順聖)

【주사후 낙양모란기[307] 겹꽃이다. 색이 짙다. 진주자(陳州紫)와 비슷하다. 꽃잎마다 위에 흰 줄이 여러 줄 있다. 꽃잎 가장자리에서 내려가 꽃받침 쪽에 이르면 자색과 흰색이 서로 섞여 색의 농도가 같다. 꽃이 피면 크기가 0.8~0.9척이 된다】

順聖

【又 千葉, 色深. 類陳州紫. 每葉上有白縷數道, 自脣至蕚, 紫、白相間, 淺深同, 開頭可八九寸】

4-9) 진주자(陳州紫)·원가자(袁家紫)

【주사후 낙양모란기[308] 겹꽃이다. 대개 자수구(紫繡毬)와 비슷하지만, 꽃의 둥글고 단정함은 자수구만 못하다】

陳州紫、袁家紫

【又 千葉. 大率類紫繡毬, 而圓整不及也】

4-10) 건도자(乾道紫)

【육유 천팽모란보[309] 자색이나, 색이 약간 옅으며 홍색이 어려 있다】

乾道紫

【陸氏 天彭牡丹譜 紫色, 稍淡而暈紅】

---

304 영녕현(永寧縣): 중국 사천성(泗川省) 노주(瀘州)에 있는 현(縣) 중의 하나.
305 대송천(大宋川): 영녕현(永寧縣)에 흐르고 있는 강 이름이면서 그 일대의 지명으로 판단되나 미상.
306 이씨(李氏): 주사후의《낙양모란기》에는 '이씨(李氏)' 앞에 역시 호민(豪民)이라는 설명이 붙어 있다.
307《說郛》卷104〈洛陽牡丹記〉, 위와 같은 곳.
308《說郛》卷104〈洛陽牡丹記〉, 위와 같은 곳.
309《說郛》卷104〈天彭牡丹譜〉"花釋名"《文淵閣四庫全書》882, 64쪽).

4-11) 갈건자(葛巾紫)

【육유 천팽모란보 310 꽃이 둥글고 단정하면서 꽃잎이 풍성하고 화려하다. 마치 민간에서 쓰는 갈건(葛巾)311의 모양과 같다】

葛巾紫

【又 花圓正而富麗, 如世人所戴葛巾狀】

4-12) 복엄자(福嚴紫)

【육유 천팽모란보 312 겹꽃잎이다. 자색인 꽃이다. 그 꽃잎은 자수구보다 적다. 서경(西京, 장안)에서 왔기 때문에 '구자화(舊紫花)'라고도 한다】

福嚴紫

【又 重葉, 紫花. 其葉少於紫繡毬. 來自西京, 謂之 "舊紫花"】

4-13) 조천자(朝天紫)

【군방보 313 색은 정자(正紫)색이며, 모양이 마치 금자(金紫)314와 같다. 부인의 옷색처럼 곱다. 요즘에 '자(紫)'를 '자(子)'로 쓴 것은 잘못이다】

朝天紫

【群芳譜 色正紫, 如金紫, 夫人之服色. 今作子, 非也】

4-14) 자무청예(紫舞靑猊)

【군방보 315 겹꽃이다. 가운데에 5장의 청색 꽃잎이 난다】

紫舞靑猊

【又 千葉, 中出五靑瓣】

310《說郛》卷104〈天彭牡丹譜〉, 위와 같은 곳.
311 갈건(葛巾) : 칡을 사용하여 만든 갈포(葛布) 두건. 야인(野人)이나 은자(隱者)가 쓴다. 중국 동진(東晉)의 도잠(陶潛, 365~427)이 쓴 두건으로 유명하다.
312《說郛》卷104〈天彭牡丹譜〉, 위와 같은 곳.
313《二如亭群芳譜》〈貞部〉卷2 "花譜" 2 '牡丹'(《四庫全書存目叢書補編》80, 709쪽).
314 금자(金紫) : 모란의 일종. 뒤에 '포금자(包金紫)'·'요금자(腰金紫)' 등이 나온다.
315《二如亭群芳譜》, 위와 같은 곳.

4-15) 자루자(紫樓子)

【 군방보 316 겹꽃이다】

紫樓子

【 又 千葉】

4-16) 서향자(瑞香紫)

【 군방보 317 겹꽃이며, 꽃잎이 크다】

瑞香紫

【 又 千葉大瓣】

4-17) 평두자(平頭紫)

【 군방보 318 겹꽃이다. 꽃이 커서 지름이 1척이다. 일명 '진자(眞紫)'이다】

平頭紫

【 又 千葉大徑尺. 一名"眞紫"】

4-18) 서가자(徐家紫)

【 군방보 319 겹꽃이며, 꽃이 크다】

徐家紫

【 又 千葉花大】

4-19) 자라포(紫羅袍)

【 군방보 320 겹꽃이다. '가색루(茄色樓)'321라고도 한다】

紫羅袍

【 又 千葉. 又名"茄色樓"】

4-20) 자중루(紫重樓)

【 군방보 322 겹꽃이다. 꽃 피우기가 어렵다】

紫重樓

【 又 千葉. 難開】

316《二如亭群芳譜》, 위와 같은 곳.
317《二如亭群芳譜》, 위와 같은 곳.
318《二如亭群芳譜》, 위와 같은 곳.
319《二如亭群芳譜》, 위와 같은 곳.
320《二如亭群芳譜》, 위와 같은 곳.
321 가색루(茄色樓): 가지의 자색을 띠고 누자모란이 되는 겹꽃모란.
322《二如亭群芳譜》, 위와 같은 곳.

4-21) 자홍방(紫紅芳)

【 군방보 323 겹꽃이다】

紫紅芳

【又 千葉】

4-22) 연롱자(烟籠紫)

【 군방보 324 색이 옅다. 겹꽃이다】

烟籠紫

【又 色淺淡, 千葉】

4-23) 자금하(紫金荷)

【 군방보 325 꽃은 쟁반처럼 크다. 자적(紫赤)색이다. 5~6장의 꽃잎 가운데에서 황색 꽃술이 난다. 꽃잎이 연잎모양처럼 평평하다가 활짝 필 때면 꽃잎 옆쪽이 안쪽으로 말린다】

紫金荷

【又 花大盤而紫赤色. 五六瓣中有黃蕊, 花平如荷葉狀, 開時, 側立翩然】

4-24) 금단록(錦團綠)

【 군방보 326 나무의 높이는 2척이다. 어지러이

錦團綠

【又 樹高二尺. 亂生成叢,

연꽃 품종의 자금하

금단록(사자두)

323《二如亭群芳譜》, 위와 같은 곳.
324《二如亭群芳譜》, 위와 같은 곳.
325《二如亭群芳譜》, 위와 같은 곳.
326《二如亭群芳譜》, 위와 같은 곳.

나서 떨기를 이룬다. 꽃잎들은 높이가 나란하며 작고 짧고 두터워, 보루대(寶樓臺)와 같다. 꽃은 겹꽃이다. 색은 분자색(粉紫色)이다. 겹쳐진 꽃잎이 여러 송이를 모아 놓은 듯하다. 꽃잎의 섬세한 무늬의 형태가 다양해서 아리따우나 향이 부족하다. 뿌리 곁에서 쉽게 꽃대가 난다. 옛날에는 '파사(波斯)'라 했고, 또 '사자두(獅子頭)'·'곤수구(滾繡毬)'라고도 한다】

葉齊小短厚, 如寶樓臺. 花千葉, 粉紫色, 合紐如撮瓣, 細紋多媚而欠香. 根傍易生. 古名"波斯", 又名"獅子頭"、"滾繡毬"】

4-25) 포금자(包金紫)

【군방보327 꽃은 크다. 짙은 자색이다. 색이 선명하고 꽃잎 가장자리가 반듯하지 않다. 하나의 가지에 겨우 14~15개의 꽃이 핀다. 꽃 가운데서 황색 꽃술이 난다. 대홍색(大紅色, 진한 홍색) 포금자는 마치 복숭아씨색과 같다. 또 그 모양은 승려가 들고 쳐서 소리 내는 동격자(銅擊子)328와 비슷하다. 꽃나무의

包金紫

【又 花大而深紫, 鮮粗, 一枝僅十四五. 瓣中有黃蕊, 大紅如核桃, 又似僧持銅擊子. 樹高三四尺, 葉髼髵天香而圓】

동격자

327《二如亭群芳譜》, 위와 같은 곳.
328 동격자(銅擊子) : 승려들이 염불할 때 작은 쇠막대로 쳐서 소리 내는 작은 종모양의 구리 기물.

높이는 3~4척이다. 꽃잎은 천향(天香)과 비슷하면서
도 둥글다】

4-26) 자운방(紫雲芳)

【군방보】329 대자색(大紫色, 진한 자색)이다. 겹꽃이
며, 누자모란이다. 꽃잎이 천향과 비슷하다. 비록
보루대(寶樓臺)에는 미치지 못하지만, 자색의 용모가
매우 뛰어나 절로 하나의 자태로 손꼽힌다. 맑은 운
치는 오래가지만 맑은 향은 부족하다】

紫雲芳

【又 大紫, 千葉樓子. 葉髣
髴天香. 雖不及寶樓臺, 而
紫容深迥, 自是一樣. 清
致耐久, 而欠清香】

4-27) 봉래상공(蓬萊相公)

【군방보】330 자색인 꽃이다】

蓬萊相公

【又 紫花】

329《二如亭群芳譜》, 위와 같은 곳.
330《二如亭群芳譜》, 위와 같은 곳.

박판(국립국악원)

5) 백색류(52항목 56종)

5-1) 옥판백(玉板白)

【구양수 낙양모란기 331 홑꽃이다. 백색인 꽃이다. 잎은 박판(拍板)332처럼 가늘고 길다. 그 색은 옥과 같이 희며 짙은 붉은 꽃술이 난다. 낙양의 민가에도 옥판백이 있는 집은 드물다. 나는 복암원(福巖院)333에서 이 꽃을 보았다】

5-2) 옥천엽(玉千葉)

【주사후 낙양모란기 334 백색인 꽃이다. 붉은 꽃술이 없다. 옥과 같이 희고 정결하며, 온화한 옥빛에 윤기가 나서 사랑스럽다. 가는 잎이 풍성하면서 조

白類

玉板白

【歐陽氏 洛陽牡丹記 單葉, 白花. 葉細長如拍板. 其色如玉而深檀心. 洛陽人家亦少有, 余見於福巖院】

玉千葉

【周氏 洛陽牡丹記 白花, 無檀心, 瑩潔如玉, 溫潤可愛. 細葉繁密, 類魏花而

331《洛陽牡丹記》〈花品敍〉第1《叢書集成初編》1355, 5쪽).

332 박판(拍板) : 악기 박(拍)의 옛 이름. 6개의 좁고 단단한 나무쪽을 끈으로 꿰어서 만든다. 박자 맞추는 데 쓰인다.

333 복암원(福巖院) :《낙양모란기》에 복암원(福巖院)의 승려에게 꽃에 대해 묻고 그 이름을 알았다고 한 내용으로 미루어 볼 때, 당시 낙양에 있던 사원으로 보인다.

334《說郛》卷104〈洛陽牡丹記〉《文淵閣四庫全書》882, 60쪽).

밀하게 난다. 위화(魏花)와 비슷하지만 그와는 달리 백색이다. 그러나 꽃을 보기가 어렵고, 해마다 겹꽃으로 피지는 않는다】

白⑰. 然難得花, 不歲成千葉也】

5-3) 옥루춘(玉樓春)

【주사후 낙양모란기 335 겹꽃이다. 백색인 꽃이다. 아래에서 소개한 옥증병(玉蒸餠)과 비슷하지만 그와 달리 높이 자란 옥루춘은 누자모란의 모습이 있다. 문언박(文彦博)이 지금의 이름을 지었다】

玉樓春

【又 千葉, 白花也. 類玉蒸餠而高有樓子之狀. 文潞公命今名】

5-4) 옥증병(玉蒸餠)

【주사후 낙양모란기 336 겹꽃이다. 백색인 꽃이다. 본래 연주(延州)337에서 났다. 꽃송이는 옥천엽(玉千葉)보다 크다. 꽃잎의 끝 부분은 밝은 백색이고 꽃받침에 가까울수록 옅은 홍색이 된다. 꽃이 피면 1척이 된다. 활짝 피게 되는 꽃마다 그 가지가 대부분 아래로 휘늘어지기 때문에 '연조화(軟條花)'라고도 한다】

玉蒸餠

【又 千葉, 白花也. 本出延州. 花頭大于玉千葉, 杪瑩白, 近蕚微紅. 開頭可盈尺, 每至盛開, 枝多低, 亦謂之"軟條花"云】

5-5) 일백오(一百五)

【주사후 낙양모란기 338 겹꽃이다. 백색인 꽃이다. 낙양에서 한식(동지 후 105일 째 되는 날임) 무렵 다른

一百五

【又 千葉, 白花也. 洛中寒食, 衆花未開, 獨此花最

335《說郛》卷104〈洛陽牡丹記〉, 위와 같은 곳.
336《說郛》卷104〈洛陽牡丹記〉, 위와 같은 곳.
337 연주(延州) : 지금의 중국 섬서성(陜西省) 상군(上郡) 고노현(高奴縣) 지역. 중국 고대 옹주(雍州)에 해당하는 곳이다.
338《說郛》卷104〈洛陽牡丹記〉, 위와 같은 곳.
⑰ 白 : 저본에는 "自". 오사카본·규장각본·《說郛·洛陽牡丹記》에 근거하여 수정.

꽃들이 아직 피지 않았을 때 이 꽃만이 가장 먼저 피기 때문에 사람들이 이를 귀하게 여긴다】

先, 故貴之】

5-6) 옥루자(玉樓子)

【육유 천팽모란보 [339] 백색인 꽃이다. 우뚝 솟듯이 피는 누자모란이다. 고고한 의표[標, 품격]와 한가로운 운치가 있으므로 자연히 세속의 먼지를 벗어난 꽃이다.

玉樓子

【 陸氏 天彭牡丹譜 白花, 起樓. 高標逸韻, 自然是風塵外物.

안 아마도 이는 바로 앞에서 소개한 옥루춘(玉樓春)일 것이다】

按 疑卽玉樓春】

옥루자

339《說郛》卷104〈天彭牡丹譜〉 "花釋名"《文淵閣四庫全書》882, 64쪽).

5-7) 유사가(劉師哥)

【육유 천팽모란보 340 백색인 꽃으로, 약간 홍색을 띤다. 꽃잎이 많은 경우에는 한 송이에 수백 장에 이른다. 자태가 고와 사랑스럽다】

劉師哥

【又 白花, 帶微[18]紅. 多至數百葉, 纖妍可愛】

5-8) 옥복분(玉覆盆)

【육유 천팽모란보 341 일명 '옥취병(玉炊餠)'이다. 꽃송이가 둥글다. 백색인 꽃이다】

玉覆盆

【又 一名"玉炊餠". 圓頭, 白花】

5-9) 만첩설봉(萬疊雪峯)

【설봉상 박주모란사 342 겹꽃이다. 백색인 꽃이다】

萬疊雪峯

【薛氏 亳州牡丹史 千葉, 白花】

5-10) 쇄판무하옥(碎瓣無瑕玉)

【설봉상 박주모란사 343 녹색의 꽃봉오리가 가지 위에 난다. 꽃잎은 둥글다. 음지가 좋다. 이는 바로 백색류 모란들 중 최상급이다. 또 쇄판무하옥의 일종으로, 잎이 미나리잎과 같은 종은 아름답기가 쇄판무하옥에는 미치지 못한다】

碎瓣無瑕玉

【又 綠胎枝上, 葉圓. 宜陽. 乃白花中之最上乘. 又一種如芹葉者, 不及此】

5-11) 청심무하옥(靑心無瑕玉)

【설봉상 박주모란사 344 풍성하고 우람한 자태가

靑心無瑕玉

【又 豐偉悅人. 又一種葉

340《說郛》卷104〈天彭牡丹譜〉, 위와 같은 곳.
341《說郛》卷104〈天彭牡丹譜〉, 위와 같은 곳.
342《亳州牡丹史》卷1〈傳〉"神品"'萬疊雪峯'(《續修四庫全書》1116, 302쪽).
343《亳州牡丹史》卷1〈傳〉"神品"'碎瓣無瑕玉'(《續修四庫全書》1116, 304쪽).
344《亳州牡丹史》卷1〈傳〉"神品"'靑心無瑕玉'(《續修四庫全書》1116, 304쪽).
[18] 帶微 : 저본에는 "微帶".《說郛·天彭牡丹譜·花釋名》에 근거하여 수정.

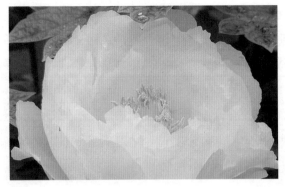

무하옥

보는 이를 기쁘게 한다. 또 청심무하옥의 일종으로, 잎과 줄기가 대황(大黃, 황색 모란의 일종)과 비슷한 모란도 '무하옥(無瑕玉, 티 없는 옥)'이라 한다】

幹類大黃者, 亦名"無瑕玉"】

5-12) 대소(大素)·소소(小素)

【설봉상 박주모란사 345 꽃 피우기가 쉽다. 음지가 좋다. 소소는 일명 '유육백(劉六白)'이다. 두 가지 꽃 모두 평두모양으로 피며, 꽃송이가 작다. 처음 꽃이 필 때는 수놓은 듯 떨기 하나에 옹기종기 봉오리가 맺혀 있어, 항상 한 떨기에 몇 송이가 핀다. 백색의 누자옥(樓子玉)346이 백색을 띠고 있는 것처럼 하얗다. 그 깨끗함은 누자옥보다 더 윗길이다】

大素、小素

【又 易開. 宜陰. 小素, 一名"劉六白". 二花平頭房小. 初開結繡一叢, 常發數頭, 如素白樓子玉帶白, 皎潔更出其上】

345《亳州牡丹史》卷1〈傳〉"名品" '大素小素'(《續修四庫全書》1116, 306쪽).
346 누자옥(樓子玉) : 여기〈꽃 이름 고찰〉에는 없다. 위의 '5-6) 옥루자(玉樓子)'로 보인다.

5-13) 벽옥루(碧玉樓)

【설봉상 박주모란사 347 꽃모양이 마치 옥누각이
나 옥지붕 같다】

碧玉樓

【又 如瓊樓、玉宇】

5-14) 옥잠백(玉簪白)

【설봉상 박주모란사 348 옥잠백이란 이름은 옥잠
화(玉簪花)349와 같이 하얀 꽃이라는 뜻이다】

玉簪白

【又 謂白如玉簪花】

5-15) 앵무백(鸚鵡白)

【설봉상 박주모란사 350 앵무백이란 이름은 앵무
새정수리의 백색 털과 비슷하다는 뜻이다】

鸚鵡白

【又 謂類鸚鵡頂上白⑲】

5-16) 백학정(白鶴頂)

【설봉상 박주모란사 351 색은 매우 백색이면서도
진한 홍색인 학정수리[鶴頂]로 이름을 붙였다. 꽃이
이름과 비슷하지 않은 점이 괴이하다】

白鶴頂

【又 色甚白，而鶴頂殷紅
取名，不類可怪】

5-17) 심가백(沈家白)

【설봉상 박주모란사 352 백색인 꽃이다】

沈家白

【又 白花】

347《亳州牡丹史》卷1〈傳〉"名品" '碧玉樓'(《續修四庫全書》1116, 306쪽).
348《亳州牡丹史》卷1〈傳〉"名品" '玉簪白'(《續修四庫全書》1116, 306쪽).
349 옥잠화(玉簪花)：백합과에 속하는 여러해살이풀. 잎은 뿌리에서 모여 난다. 또한 넓은 염통모양으로 매우
　크고 표면에 광택이 나며 잎자루가 길다. 여름철에 높이 30cm 가량의 꽃줄기가 나와 그 끝에 향이 좋은 흰
　꽃이 핀다. 꽃이 피기 전 맺혀 있는 모양이 옥비녀와 비슷하여 이런 이름이 붙었다.《예원지》권3〈꽃류〉
　"옥잠화"에 자세히 보인다.
350《亳州牡丹史》卷1〈傳〉"名品" '鸚鵡白'(《續修四庫全書》1116, 306쪽).
351《亳州牡丹史》卷1〈傳〉"名品" '白鶴頂'(《續修四庫全書》1116, 306쪽).
352《亳州牡丹史》卷1〈傳〉"名品" '沈家白'(《續修四庫全書》1116, 306쪽).
⑲ 白：《亳州牡丹史·傳·名品》에는 "毛".

옥미인

5-18) 옥미인(玉美人)

【설봉상 박주모란사 353 꽃잎은 크다. 색은 분홍색을 고루 뿌려 놓은 듯한 백색이다】

玉美人

【又 大葉, 色白如均⑳粉】

5-19) 백련화(白蓮花)

【설봉상 박주모란사 354 허주(許州)에서 나왔다. 꽃 가운데의 황색 꽃술이 0.1척 정도 되는 실가닥과 같다. 연꽃의 꽃술과 아주 흡사하다】

白蓮花

【又 出自許州. 其中黃心, 如線寸許, 儼如蓮蕊】

5-20) 옥루관음현(玉樓觀音現)

【설봉상 박주모란사 355 꽃은 백색이다. 꽃 피우기가 어렵다. 꽃이 피면 물가 달빛 아래의 누대 모습과 같아 속세의 먼지 밖으로 멀리 벗어나 있는 듯하

玉樓觀音現

【又 花白, 難開. 開時, 如 水月樓臺, 迴出塵外. 花與 中秋月小異】

---

353 《亳州牡丹史》 卷1 〈傳〉 "逸品" '玉美人'(《續修四庫全書》 1116, 310쪽).

354 《亳州牡丹史》 卷1 〈傳〉 "逸品" '白蓮花'(《續修四庫全書》 1116, 310쪽).

355 《亳州牡丹史》 卷1 〈傳〉 "能品" '玉樓觀音現'(《續修四庫全書》 1116, 311쪽).

⑳ 均：《亳州牡丹史·傳·逸品》에는 "均香".

다. 이 꽃은 중추월(中秋月)³⁵⁶과는 조금 다르다】

5-21) 결백(潔白)

潔白

【설봉상 박주모란사 ³⁵⁷ 주씨(朱氏)의 집에서 나왔 다】

【又 出朱氏】

5-22) 교백무쌍(嬌白無雙)·초소군(楚素君)·백옥공경(白屋公卿)·연성옥(連城玉)

嬌白無雙、楚素君、白屋公卿、連城玉

【설봉상 박주모란사 ³⁵⁸ 모두 셀 수 없이 많은 층을 이루며, 꽃잎이 크다】

【又 皆千層大瓣】

5-23) 요대옥로(瑤臺玉露)

瑤臺玉露

【설봉상 박주모란사 ³⁵⁹ 융(絨, 부드럽고 가는 털로 짠 직물)과 같은 꽃잎이 조밀하게 모여 있다】

【又 絨葉緊聚】

5-24) 운소(雲素)

雲素

【설봉상 박주모란사 ³⁶⁰ 꽃잎이 풍성하다. 꽃술에서 향이 난다】

【又 葉繁, 蕊香】

5-25) 왕가대백(王家大白)

王家大白

【설봉상 박주모란사 ³⁶¹ 여러 꽃들보다 매우 빼어

【又 大過諸花】

---

356 중추월(中秋月) : 백색 모란의 일종. 《박주모란사》에 중추월은 "꽃봉오리는 녹색이고 뾰족하고 작으며, 꽃송이가 우뚝하게 높고 티가 없는 밝은 백색이다(綠胎尖小, 花房嵯峨, 瑩白無瑕)."라 했다.
357 《亳州牡丹史》卷1〈傳〉"能品"'潔白'(《續修四庫全書》1116, 311쪽).
358 《亳州牡丹史》卷1〈傳〉"拾遺"'嬌白無雙、楚素君、白屋公卿、連城玉'(《續修四庫全書》1116, 314쪽).
359 《亳州牡丹史》卷1〈傳〉"瑤臺玉露"(《續修四庫全書》1116, 314쪽).
360 《亳州牡丹史》卷1〈傳〉"雲素"(《續修四庫全書》1116, 314쪽).
361 《亳州牡丹史》卷1〈傳〉"王家大白"(《續修四庫全書》1116, 314쪽).

나다】

5-26) 옥부용(玉芙蓉)

【군방보362 겹꽃이며, 누자모란이다. 자라면 성목이 된다. 음지가 좋다】

玉芙蓉

【群芳譜 千葉樓子. 成樹. 宜陰】

5-27) 소만교(素鸞嬌)

【군방보363 겹꽃이다. 음지가 좋다】

素鸞嬌

【又 千葉. 宜陰】

5-28) 옥중루(玉重樓)

【군방보364 겹꽃이다. 음지가 좋다】

玉重樓

【又 千葉. 宜陰】

5-29) 양지옥(羊脂玉)

【군방보365 겹꽃이며, 꽃잎이 크다】

羊脂玉

【又 千葉, 大瓣】

5-30) 백무청예(白舞靑猊)

【군방보366 겹꽃이다. 가운데에 청색 꽃잎 5장이 난다】

白舞靑猊

【又 千葉. 中出五靑瓣】

5-31) 취옥루(醉玉樓)

【군방보367 겹꽃이다】

醉玉樓

【又 千葉】

---

362 《二如亭群芳譜》〈貞部〉卷2 "花譜" 2 '牡丹'(《四庫全書存目叢書補編》80, 708쪽).
363 《二如亭群芳譜》, 위와 같은 곳.
364 《二如亭群芳譜》, 위와 같은 곳.
365 《二如亭群芳譜》, 위와 같은 곳.
366 《二如亭群芳譜》, 위와 같은 곳.
367 《二如亭群芳譜》, 위와 같은 곳.

옥반우

5-32) 백전융(白翦絨)

【군방보 368 겹꽃이며, 평두모양이다. 꽃잎의 윗
부분은 톱니 같다. '백영락(白纓絡)'이라고도 한다. 꽃
피우기가 어렵다】

白翦絨

【又 千葉平頭. 瓣上如鋸
齒. 又名"白纓絡". 難開】

5-33) 옥반우(玉盤盂)

【군방보 369 겹꽃이며, 평두모양이다. 꽃잎이 크
다】

玉盤盂

【又 千葉平頭. 大瓣】

5-34) 연향백(蓮香白)

【군방보 370 꽃잎은 연꽃잎 같고, 향기도 그와
같다. 겹꽃이며, 평두모양이다】

蓮香白

【又 瓣如蓮花, 香亦如之.
千葉平頭】

368《二如亭群芳譜》, 위와 같은 곳.
369《二如亭群芳譜》, 위와 같은 곳.
370《二如亭群芳譜》, 위와 같은 곳.

5-35) 분서시(粉西施)

【군방보 371 겹꽃이며, 크기가 매우 크다. 음지가
좋다】

粉西施

【又 千葉甚大. 宜陰】

5-36) 만권서(萬卷書)

【군방보 372 겹꽃이다. 꽃잎이 모두 종이를 말아
두는 두루마리통 같다. '파사두(波斯頭)', '옥롱(玉瓏)'
이라고도 한다】

萬卷書

【又 千葉. 花瓣皆卷筒,
又名"波斯頭", 又名"玉瓏"】

5-37) 수정구(水晶毬)

【군방보 373 겹꽃이다】

水晶毬

【又 千葉】

5-38) 경천향(慶天香)

【군방보 374 겹꽃이다】

慶天香

【又 千葉】

5-39) 옥천선(玉天仙)

【군방보 375 겹꽃이다】

玉天仙

【又 千葉】

5-40) 옥선장(玉仙粧)

【군방보 376 겹꽃이다】

玉仙粧

【又 千葉】

371 《二如亭群芳譜》, 위와 같은 곳.
372 《二如亭群芳譜》, 위와 같은 곳.
373 《二如亭群芳譜》, 위와 같은 곳.
374 《二如亭群芳譜》, 위와 같은 곳.
375 《二如亭群芳譜》, 위와 같은 곳.
376 《二如亭群芳譜》, 위와 같은 곳.

5-41) 단심옥봉(檀心玉鳳)

【군방보 377 꽃잎 중에 짙은 붉은 꽃술이 있다. 겹꽃이다】

檀心玉鳳

【又 瓣中有深檀色, 千葉】

5-42) 옥수구(玉繡毬)

【군방보 378 겹꽃이다】

玉繡毬

【又 千葉】

5-43) 청심백(靑心白)

【군방보 379 겹꽃이다. 꽃술이 청색이다】

靑心白

【又 千葉, 心靑】

5-44) 복가백(伏家白)

【군방보 380 겹꽃이다】

伏家白

【又 千葉】

5-45) 봉미백(鳳尾白)

【군방보 381 겹꽃이다】

鳳尾白

【又 千葉】

5-46) 금사백(金絲白)

【군방보 382 겹꽃이다】

金絲白

【又 千葉】

5-47) 평두백(平頭白)

【군방보 383 겹꽃이다. 무성해지면 크기가 1척

平頭白

【又 千葉. 盛者大尺許.

377《二如亭群芳譜》, 위와 같은 곳.
378《二如亭群芳譜》, 위와 같은 곳.
379《二如亭群芳譜》, 위와 같은 곳.
380《二如亭群芳譜》, 위와 같은 곳.
381《二如亭群芳譜》, 위와 같은 곳.
382《二如亭群芳譜》, 위와 같은 곳.
383《二如亭群芳譜》, 위와 같은 곳.

정도 된다. 꽃 피우기가 어렵다. 음지가 좋다】

難開. 宜陰】

5-48) 지래백(遲來白)

遲來白

【군방보】384 겹꽃이다】

【又 千葉】

5-49) 취춘용(醉春容)

醉春容

【군방보】385 색이 옥부용(玉芙蓉)과 비슷하다. 꽃이 피면 크기가 약간 작다】

【又 色似玉芙蓉, 開頭差小】

5-50) 옥완백(玉盌白)

玉盌白

【군방보】386 홑꽃이다. 꽃이 커서 주발만 하다】

【又 單葉, 花大如盌】

5-51) 옥천향(玉天香)

玉天香

【군방보】387 홑꽃이다. 꽃은 대백색(大白色, 매우 흰색)이다. 짙은 황색 꽃술이 난다. 꽃이 피면 지름이 1척이다. 비록 겹꽃은 아니지만 풍성한 운치가 평범하지 않다】

【又 單葉, 大白. 深黃蕊. 開徑一尺. 雖無千葉, 而豐韻異常】

384《二如亭群芳譜》, 위와 같은 곳.
385《二如亭群芳譜》, 위와 같은 곳.
386《二如亭群芳譜》, 위와 같은 곳.
387《二如亭群芳譜》, 위와 같은 곳.

6) 녹색류(1항목 1종)

6-1) 팔염장록화(八艶粧綠花)

【설봉상 박주모란사 388 팔염장록화는 대개 8종의 꽃이다. 그 가운데 녹색 꽃[綠花] 1종이 있다. 색은 녹두색과 같다. 큰 꽃잎이 셀 수 없이 많은 층이면서, 우뚝 솟듯이 피는 누자모란이다. 등씨(鄧氏)389에게서 나왔다. 참으로 특이한 품종이다】

7) 흑색류(6항목 6종)

7-1) 묵규(墨葵)

【설봉상 박주모란사 390 꽃잎이 크다. 평두모양이다】

7-2) 유홍(油紅)

【설봉상 박주모란사 391 높이 솟아 우뚝 솟듯이 피는 누자모란이다. 묵규와 함께 2종(묵규·유홍) 모두가 새까맣게 빛나듯이 밝다. 소나무그을음인 듯이 검어서 가장 진한 흑색이다】

7-3) 묵전융(墨翦絨)

【설봉상 박주모란사 392 꽃잎이 자잘하며 부드럽다】

綠類

八艶粧綠花

【 薛氏 亳州牡丹史 八艶粧, 蓋八種花也. 中有綠花一種, 色如豆綠, 大葉千層起樓. 出自鄧氏, 眞爲異品】

黑類

墨葵

【 薛氏 亳州牡丹史 大瓣平頭】

油紅

【又 高聳起樓. 與墨葵俱明如點漆. 黑擬松煙, 最爲黑色】

墨翦絨

【又 碎瓣柔軟】

388《亳州牡丹史》卷1〈傳〉"神品"'金玉交輝'(《續修四庫全書》1116, 302쪽).
389 등씨(鄧氏):미상.
390《亳州牡丹史》卷1〈傳〉"名品"'墨葵'(《續修四庫全書》1116, 308쪽).
391《亳州牡丹史》, 위와 같은 곳.
392《亳州牡丹史》, 위와 같은 곳.

7-4) 흑수구(墨繡毬)

墨繡毬

【설봉상 박주모란사 393 꽃잎이 충분히 꽉 차서 빽빽하게 모여 있다】

【 又 圓滿緊聚 】

7-5) 발묵자(潑墨紫)

潑墨紫

【육유 천팽모란보 394 신자화(新紫花)395에서 나온 품종이다. 홑꽃이다. 짙은 흑색이다】

【 陸氏 天彭牡丹譜 新紫花之子花也. 單葉, 深黑 】

7-6) 즉묵자(卽墨子)

卽墨子

【 군방보 396 색은 묵규와 비슷한 종류이다】

【 群芳譜 色類墨葵 】

8) 갈색류(1항목 1종)

褐色

8-1) 타갈구(駝褐裘)

駝褐裘

【육유 천팽모란보 397 겹꽃이며, 누자모란이다. 꽃잎이 크다. 색은 갈옷색과 비슷하다. 음지가 좋다】

【 陸氏 天彭牡丹譜 千葉樓子. 大瓣, 色類褐衣. 宜陰 】

9) 밀랍색류(1항목 1종)

密色

9-1) 밀교(密嬌)

密嬌

【육유 천팽모란보 398 나무는 가죽나무와 같다. 높이는 3~4척이다. 꽃잎은 뾰족하고 길며 제법 윤기가 나고 두텁다. 꽃은 꽃잎 5장이 난다. 색은 밀랍

【 陸氏 天彭牡丹譜 樹如樗, 高三四尺. 葉尖長, 頗闊厚. 花五瓣, 色如密蠟.

393《亳州牡丹史》, 위와 같은 곳.
394《說郛》卷104〈天彭牡丹譜〉"花釋名"(《文淵閣四庫全書》882, 64쪽).
395 신자화(新紫花) : 위의 '4-5) 자수구'에 보인다.
396《二如亭群芳譜》〈貞部〉"花譜"2 '牡丹'(《四庫全書目叢書補編》80, 709쪽).
397 출전 확인 안 됨;《二如亭群芳譜》〈貞部〉"花譜"2 '牡丹'(《四庫全書存目叢書補編》80, 710쪽).
398 출전 확인 안 됨;《廣群芳譜》卷32〈花譜〉"牡丹"1, 757쪽.

(蜜蠟)색과 같다. 꽃 가운데에 꽃술이 있고, 꽃술의 뿌리에서 붉은 꽃술이 난다】

中有蕊, 根檀心】

10) 우색(藕色, 옅은 회홍색)류(1항목 1종)

藕色

10-1) 담우사(淡藕絲)

淡藕絲

【육유 천팽모란보 399 겹꽃이며 누자모란이다. 오중(吳中)400 지역에서 물들인 우색과 같다. 녹색의 꽃봉오리가 맺히며, 자색 줄기이다. 꽃잎 가운데 한 가닥 옅은 홍색줄이 경계를 이루듯 그어져 있다. 음지가 좋다】

【 陸氏 天彭牡丹譜 千葉 樓子. 如吳中所染藕色. 綠 胎, 紫莖, 花瓣中一淺紅絲 相界. 宜陰】

11) 특이한 색류(30항목 32종)

異色類

11-1) 첨색홍(添色紅)

添色紅

【구양수 낙양모란기 401 다엽(多葉)인 꽃이다. 처음 필 때는 백색이고, 날이 지나면 점점 홍색이 된다. 꽃이 질 때라야 짙은 홍색과 비슷해진다】

【 歐陽氏 洛陽牡丹記 多 葉花. 始開而白, 經日漸 紅. 至其落, 乃類深紅】

11-2) 도훈단심(倒暈檀心)

倒暈檀心

【구양수 낙양모란기 402 다엽(多葉)이며 홍색인 꽃이다. 일반적으로 꽃은 꽃받침 가까운 곳의 색이 짙고, 그 끝에 이르면 점점 옅어진다. 하지만 이 꽃은 바깥쪽부터 짙은 색이고 꽃받침에 가까운 곳은 도리어 옅은 백색이다. 그리고 짙은 붉은색이 꽃술에

【 又 多葉, 紅花. 凡花近 萼色深, 至其末, 漸淺. 此 花自外深色, 近萼反淺白, 而深檀點其心', 此尤可愛】

---

399 출전 확인 안 됨;《廣群芳譜》卷32〈花譜〉"牡丹" 1, 756쪽.
400 오중(吳中): 지금 중국의 강소성(江蘇省) 오현 (吳縣) 일대.
401《洛陽牡丹記》〈花釋名〉第2(《叢書集成初編》1355, 3쪽).
402《洛陽牡丹記》〈花釋名〉第2(《叢書集成初編》1355, 4쪽).

점을 찍은 듯 난다. 이 때문에 이 품종이 더욱 사랑
스럽다】

11-3) 일엽홍(一擪紅)

【구양수 낙양모란기 403 다엽(多葉)이며 옅은 홍색
인 꽃이다. 꽃잎 끝에 짙은 홍색의, 점 1개가 있다.
이는 사람이 손가락 3개로 찍어 놓은 듯하다】

一擪紅
【又 多葉, 淺紅花. 葉杪
深紅一點, 如人以三指擪
之】

11-4) 구예진주홍(九蘂眞珠紅)

【구양수 낙양모란기 404 겹꽃이다. 홍색인 꽃이
다. 꽃잎 위에 구슬 같은 백색 점이 있다. 꽃잎이 빽
빽하면서 오그라들어 있다】

九蘂眞珠紅
【又 千葉, 紅花. 葉上有一
白點如珠, 而葉密蹙】

11-5) 녹태화(鹿胎花)

【구양수 낙양모란기 405 다엽(多葉)이며 자색인 꽃
이다. 녹태(鹿胎)406의 무늬와 같은 백색 점이 있다】

鹿胎花
【又 多葉, 紫花. 有白點
如鹿胎之紋】

11-6) 이색홍(二色紅)

【주사후 낙양모란기 407 겹꽃이다. 홍색을 띠는
꽃이다. 원풍(元豐) 연간(1078~1985)에 은리씨(銀李氏)
의 화원에서 나왔다. 접붙인 나무 1그루에서 윗부
분이 두 갈래의 가지로 나뉘어 2가지 색의 꽃이 된

二色紅
【周氏 洛陽牡丹記 千葉,
紅花也. 元豐中出銀李圃
中. 于接頭一本, 上岐分爲
二色, 一淺一深, 深者類間

---

403 《洛陽牡丹記》, 위와 같은 곳.
404 《洛陽牡丹記》, 위와 같은 곳.
405 《洛陽牡丹記》〈花釋名〉第2 (《叢書集成初編》 1355, 5쪽).
406 녹태(鹿胎) : 미상. 사슴 털에 난 무늬의 모양으로 추정된다.
407 《說郛》 卷104 〈洛陽牡丹記〉 (《文淵閣四庫全書》 882, 58쪽).

다. 그중 1개는 색이 옅고 1개는 짙다. 짙은 꽃은 간금(間金)408과 비슷하고, 옅은 꽃은 상운홍(瑞雲紅)409과 비슷하다.

처음에는 2가지 나무를 접붙여서 나온 꽃송이라 여겼지만 자세히 보니 진실로 1그루이다. 문언박(文彦博)이 보고 감상하며 특별하게 여겼다. 이로 인해 지금의 이름을 명명했다】

金, 淺者類瑞雲.

始以爲有兩接頭, 細視之, 實一本也. 文潞公見而賞異之, 因命今名】

11-7) 쇄금홍(碎金紅)

【주사후 낙양모란기410 겹꽃이다. 분홍색인 꽃이다. 색은 간금과 비슷하다. 꽃잎 위마다 황색 점이 몇 개의 별처럼 있다. 그 점은 기장이나 좁쌀크기만 하다. 그러므로 '쇄금(碎金)'이라 한다】

碎金紅

【 又 千葉, 粉紅花也. 色類間金. 每葉上有黃點數星, 如黍粟大, 故謂之"碎金"】

11-8) 옥루홍(玉樓紅)

【주사후 낙양모란기411 다엽(多葉)인 꽃이다. 색은 동운홍(彤雲紅)412과 비슷하다. 하지만 꽃잎마다 위에 희고 실처럼 가는 선 몇 줄이 마치 아로새겨 놓은 듯이 나 있기 때문에 "옥루(玉樓)"라고 부르게 되었다】

玉樓紅

【 又 多葉花也. 色類彤雲紅, 每葉上有白縷數道, 若雕鏤然, 故以玉樓目之】

---

408 간금(間金) : 위의 '2-13'에 보인다.
409 상운홍(瑞雲紅) : 위의 '2-23'에 보인다.
410 《說郛》, 위와 같은 곳.
411 《說郛》 卷104 〈洛陽牡丹記〉(《文淵閣四庫全書》 882, 60쪽).
412 동운홍(彤雲紅) : 위의 '2-19'에 보인다.

11-9) 쌍두홍(雙頭紅)·쌍두자(雙頭紫)

【주사후 낙양모란기 [413] 모두 겹꽃인 꽃이다. 두 꽃 모두 꼭지를 나란히 하여 말안장모양처럼 나지만 그렇다고 서로 붙어서 이어지지는 않는다. 오직 신종(神宗) 황제가 행차한 응천원(應天院) 화원에만 있다.

다엽인 꽃이 없는 이유는 대개 토양의 형세에 비옥함과 척박함의 차이가 있기 때문이다. 그러므로 토질에 따라 다엽이 되는 변이가 있을 뿐이다. 거름을 주어서 땅심을 얻으면 떨기 5개가 난다. 그러나 피는 꽃이 더욱 많아지면 꽃은 그만큼 더욱 작아진다】

雙頭紅、雙頭紫

【又 皆千葉花也. 二花皆竝蔕而生如鞍子, 而不相連屬者也. 唯應天院 神御花圃中有之.

不有多葉者, 蓋地勢有肥瘠, 故有多葉之變耳. 培壅得地力, 有簇五者. 然開頭愈多, 則花愈小矣】

11-10) 순성(順聖)

【주사후 낙양모란기 [414] 겹꽃인 꽃이다. 색이 짙다. 진주자(陳州紫)[415]와 비슷하다. 꽃잎 위마다 백색선이 몇 가닥 있다. 꽃잎 끝에서 꽃받침쪽으로 이르면서 자색과 백색선이 서로 섞여 색의 농도가 같다. 꽃이 피면 크기가 0.8~0.9척 정도 된다. 희녕(熙寧) 연간(1068~1077)에서야 나오게 되었다】

順聖

【又 千葉花也. 色深, 類陳州紫. 每葉上有白縷數道, 自唇至尊, 紫、白相間, 淺深同, 開頭可八九寸許, 熙寧中方有】

11-11) 금요루(金腰樓)·옥요루(玉腰樓)

【육유 천팽모란보 [416] 모두 분홍색 꽃이며, 우뚝 솟듯이 피는 누자모란이다. 황색과 백색이 섞여 있

金腰樓、玉腰樓

【陸氏 天彭牡丹譜 皆粉紅花而起樓子. 黃、白間之,

413《說郛》卷104〈洛陽牡丹記〉《文淵閣四庫全書》882, 59쪽).
414《說郛》, 위와 같은 곳.
415 진주자(陳州紫) : 위의 '4-9)'에 보인다.
416《說郛》卷104〈天彭牡丹譜〉"花釋名"《文淵閣四庫全書》882, 63쪽).

어 금옥색(金玉色)과 같다. 연지루(胭脂樓)⁴¹⁷와 같은 종류이다】

如金玉色. 與胭脂樓同類】

11-12) 녹태홍(鹿胎紅)

鹿胎紅

【육유 천팽모란보 ⁴¹⁸ 학령홍(鶴翎紅)⁴¹⁹ 종자에서 나온 꽃이다. 홍색 바탕에 황색을 조금 띠고 있다. 그 위에 녹태(鹿胎)처럼 백색 점이 있어서 지극한 조화로 이루어진 빼어남을 보인다. 구양수의 《낙양모란기》〈화품서(花品敍)〉에 녹태화(鹿胎花)라는 꽃이 있다.⁴²⁰ 이는 곧 자색인 꽃으로, 이 꽃과는 상당히 다르다】

【又 鶴翎紅子花. 色紅微帶黃, 上有白點如鹿胎, 極化工之妙. 歐陽公《花品》有鹿胎花者, 乃紫花, 與此頗異】

11-13) 취서시(醉西施)

醉西施

【육유 천팽모란보 ⁴²¹ 분백(粉白)색인 꽃이다. 중간에 홍색이 어려 있어서 모양이 술 취한 얼굴과 비슷하다】

【又 粉白花, 中間紅暈, 狀似酡顏】

11-14) 해당홍(海棠紅)

海棠紅

【설봉상 박주모란사 ⁴²² 양지를 좋아하고, 꽃이 쉽게 핀다. 녹색 잎이 가늘고 길다. 이 꽃은 항상 대부분 가을에 핀다. 여러 꽃들은 모두 홍색이라는 이유로 매우 아름답다고 칭송받는다. 하지만 유독 이

【薛氏 亳州牡丹史 喜陽, 易開. 綠葉細長, 常多秋發. 諸花皆以紅極稱佳, 獨此品通體金黃, 兼有紅彩.

417 연지루(胭脂樓) : 위의 '2-25)'에 보인다.
418《說郛》卷104〈天彭牡丹譜〉"花釋名"(《文淵閣四庫全書》882, 64쪽).
419 학령홍(鶴翎紅) : 위의 '2-4)'에 보인다.
420 녹태화(鹿胎花)라는……있다 :《洛陽牡丹記》〈花品敍〉第1(《叢書集成初編》1355, 2쪽).
421《說郛》卷104〈天彭牡丹譜〉"花釋名"(《文淵閣四庫全書》882, 64쪽).
422《亳州牡丹史》卷1〈傳〉"神品"'海棠紅'(《續修四庫全書》1116, 303쪽).

품종은 꽃 전체가 황금색을 띠며 홍색의 광채를 겸
했다.

　사람들은 이 품종이 철경해당(鐵梗海棠)[423]과 비슷
하다고 한다. 하지만 생동감 있는 색이나 향기롭고
아름다운 모습이 모두 철경해당을 뛰어넘는다. 활
짝 필 때는 씨방에서 꽃잎 4~5장이 들쭉날쭉 돌출
한다.

　그 꽃봉오리는 본래 홍색이지만, 음지에 있으면
녹색이 되고, 봄이 되면 또한 다시 홍색이 된다. 대
부분 꽃봉오리가 많은 편이지만, 계절에 따라 그 양
이 변할 따름이다】

人謂似鐵梗海棠, 而活色
香艷皆過之. 盛時則房中
四五葉參差突出.

其胎本紅, 在陰處則綠, 春
來亦復紅也. 大都花胎多,
四時變易耳】

11-15) 추수장(秋水粧)

　【설봉상 박주모란사 [424] 육홍색의 둥근 꽃봉오리
가 맺힌다. 가지와 잎은 빼어나게 길다. 그 꽃은 평
두모양이다. 꽃이 쉽게 핀다. 꽃잎이 무더기로 모여
핀다. 바탕은 본래 백색이다. 하지만 안쪽은 옅은
감(紺)색을 머금고 있으며, 바깥쪽은 은은히 홍록색
의 기운을 모았다.

　하씨(夏氏) 성을 가진 시어(侍御)가 처음 이 꽃을
보고는 "상쾌한 기운이 사람에게 스며들어 마치 가
을물이 낙수(洛水)[425]의 신(神)을 씻기는 듯하다."라
했기 때문에 이렇게 이름 붙였다】

秋水粧

【又】肉紅圓胎, 枝葉秀長.
其花平頭, 易開[21], 花葉叢
萃. 質本白, 而內含淺紺,
外則隱隱聚紅綠之氣.

夏侍御初得之, 謂"其爽氣
侵人, 如秋水浴洛神", 故
名】

---

423 철경해당(鐵梗海棠) : 위의 '권1 총서, 7. 품등, 2) 정자 주변에 심는 꽃에 대한 논평'에 이름만 보인다.
424 《亳州牡丹史》卷1〈傳〉 "名品" '秋水粧'(《續修四庫全書》1116, 304쪽).
425 낙수(洛水) : 중국 황하(黃河)의 지류인 위하(渭河)의 지류.
[21] 開 : 저본에는 "間". 규장각본·《亳州牡丹史·傳·名品》에 근거하여 수정.

11-16) 승서시(勝西施)

【설봉상 박주모란사 [426] 꽃이 크기는 1척에 달하고, 분백(粉白)색에 홍색이 어려 있다. 또 다른 종인 향서시(香西施)는 색이 또한 승서시와 서로 비슷하다. 그러나 꽃의 향기가 더욱 강렬하다】

勝西施

【又 花大盈尺, 色粉白暈紅. 又一種香西施, 色亦相類. 花中香氣郁烈】

11-17) 교용삼변(嬌容三變)

【설봉상 박주모란사 [427] 처음 필 때는 자색을 띠다가, 꽃이 다 피면 도홍(桃紅)색을 띤다. 날이 지나면 점차 홍매화색이 되고, 떨어질 때라야 더욱 짙은 홍색이 된다. 여러 꽃의 색은 시간이 오래 지나면 점차 바래진다. 그러나 오직 이 꽃만은 더욱 색이 짙어지기 때문에 '삼변(三變)'이라 했다.

그늘진 곳과 해 드는 곳에서 핀 꽃은 각각 비슷한 종류가 아니다. 그 색의 변화는 또한 3가지에 그치지 않는다. 구양수의 《낙양모란기》에 첨색홍(添色紅)[428]이 있는데, 곧 그 종의 다른 명칭은 '부용삼변(芙蓉三變)'이라 하는 듯하다. 이 품종은 본래 방씨(方氏)에게서 나왔다】

嬌容三變

【又 初綻紫色, 及開桃紅, 經日漸至梅紅, 至落乃更深紅. 諸花色久漸褪, 惟此愈進, 故曰"三變".

陰處、陽處開者, 各不相類, 其色之變, 亦不止于三也. 歐《記》中有添色紅, 疑即其種一稱"芙蓉三變", 本出方氏】

11-18) 취옥환(醉玉環)

【설봉상 박주모란사 [429] 방현인(方顯仁)[430]이 심은

醉玉環

【又 方顯仁所種. 乃醉楊

---

426 《亳州牡丹史》 卷1〈傳〉 "逸品" '勝西施'(《續修四庫全書》 1116, 309쪽).
427 《亳州牡丹史》 卷1〈傳〉 "神品" '嬌容三變'(《續修四庫全書》 1116, 301쪽).
428 첨색홍(添色紅) : 위의 '11-1)'에 보인다.
429 《亳州牡丹史》 卷1〈傳〉 "名品" '醉玉環'(《續修四庫全書》 1116, 304쪽).
430 방현인(方顯仁) : 미상.

품종이다. 취양비(醉楊妃)⁴³¹ 종자에서 나온 꽃이다. 꽃송이가 거꾸로 매달렸으므로 취했다[醉]는 뜻의 말로 이름을 삼았다.

꽃봉오리 몸체는 둥글며 녹색이다. 꽃 아래는 큰 꽃잎 5~6장이 받치고 있다. 그 너비는 0.3척 정도 이다. 이 큰 꽃잎이 꽃 주위를 두른 모습이 마치 사 발이 꽃을 담고 있는 모양과 같다. 꽃잎의 바탕은 본래 백색을 띠며, 우색(藕色, 옅은 회홍색)이 섞여 있 다. 그리고 옅은 홍색 또는 옅은 남색이 섞여 수놓 은 듯하다】

妃子花. 花房倒綴, 故以醉 志之.

胎體圓綠, 其花下承五六 大葉, 闊三寸許. 圍擁周 帀, 如盆盂盛花狀. 質本白 而間以藕色, 輕紅、輕藍, 相錯成繡】

11-19) 계파옥(界破玉)

【설봉상 박주모란사⁴³² 이 꽃은 마전(표백)한 흰 비 단과 같다. 꽃잎에서는 도홍색 실을 뽑아 놓은 듯이 한 개의 줄이 그어져 있다. 그래서 꼭 흰 비단을 묶어 놓은 것과 같다. 꽃잎의 조각조각이 모두 이와 같다.

옛 품종 중에 도홍선(桃紅線)이 있었다. 이 꽃은 옅은 홍색인 꽃이며 또한 이 종류는 아니다. 하씨(夏 氏) 성을 가진 시어(侍御)가 계파옥(界破玉)과 비슷한 다른 품종을 새로 내어 이를 '홍선(紅線)'이라 한 것이 다. 홍선 바깥쪽이 은은하게 여러 색의 실로 짜 놓 은 것 같은 무늬가 있었다⁴³³】

界破玉

【又】 此花如白練, 花瓣中 擘一畫如桃紅絲纑, 宛如 約素, 片片㉒皆同.

舊品中有桃紅線者, 乃淺 紅花, 又非此種. 夏侍御新 出一種類界破玉, 謂之"紅 線", 線外微似雜色組】

---

431 취양비(醉楊妃) : 위의 '3-18'에 보인다.
432 《亳州牡丹史》卷1〈傳〉"名品" '界破玉'(《續修四庫全書》1116, 306쪽).
433 옛……있었다 : 《亳州牡丹史》 원문에는 이 문장 뒤에 "시어가 죽고나서 이 꽃도 세상에 퍼지지 않았다(侍御 沒, 而花亦不見行於世)."라는 설명이 있다.
㉒ 片片 : 저본에는 없음. 오사카본·규장각본·《亳州牡丹史·傳·名品》에 근거하여 보충.

11-20) 전지(轉枝)

【설봉상 박주모란사】434 줄기 1개에서 꽃 2송이가 홍색과 백색으로 마주 보고 핀다. 꽃이 피는 방향을 기억해보니, 다음해에는 홍색과 백색이 원래 피던 곳을 서로 바꾸어 핀다. 언릉(鄢陵)435의 유수산(劉水山)436 태수(太守)의 집에서 나왔다】

轉枝

【又 一莖二花, 紅、白對開. 記其方向, 明歲紅白互異其處. 出鄢陵 劉水山太守家】

11-21) 회면교(靧面嬌)

【설봉상 박주모란사】437 부친께서 조성한 남원(南園)438의 학령홍(鶴翎紅)439 가지에서 갑자기 꽃 하나가 2가지 색으로 피었다. 홍색과 백색으로 가운데에서 색이 나뉘었다. 홍색은 연지와 같이 붉고, 백색은 경분(輕粉)440 같이 희었다. 나는 육조(六朝)441 시대에 있었던 '홍색 꽃 취하고 흰 눈 취하여, 아이가 얼굴 씻어[靧面] 얼굴에 광채 나듯이 해주오.'442라는 사

靧面嬌

【又 南園鶴翎紅枝上, 忽開一花二色, 紅、白中分, 紅如脂膏, 白如膩粉. 余因六朝有"取紅花, 取白雪, 與兒靧面作光潔"之詞, 乃名"靧面"】

---

434 《亳州牡丹史》卷1 〈傳〉"靈品"'轉枝'(《續修四庫全書》1116, 309쪽).

435 언릉(鄢陵) : 지금의 중국 하남성(河南省) 허창시(許昌市) 언릉현(鄢陵縣) 일대.

436 유수산(劉水山) : 미상.

437 《亳州牡丹史》卷1 〈傳〉"靈品"'靧面嬌'(《續修四庫全書》1116, 309쪽).

438 남원(南園) : 설봉상의 아버지가 세운 정원. 《亳州牡丹史》〈別傳〉"紀園"'南園'에 보인다.

439 학령홍(鶴翎紅) : 위의 '11-13'에 보인다.

440 경분(輕粉) : 염화제일수은(HgCl). 이분(貳粉)은 이칭. 수은화합물인 순백색 가루로, 한약재나 화장품의 원료로 썼으며 서양에서도 식용이나 약용으로 썼지만 수은중독으로 인한 피해가 심하여 현대에는 쓰지 않는다.

441 육조(六朝) : 중국 위진남북조 시대 강남 지역의 여섯 왕조. 오(吳, 229~280)·동진(東晉, 317~420)·송(宋, 420~479)·제(齊, 470~502)·양(梁, 502~557)·진(陳, 557~589).

442 홍색……해주오 : 우세남(虞世南, 558~638)의 《사략(史略)》에, 북제(北齊)의 한 여인이 복숭아꽃으로 얼굴을 씻으며 주문처럼 반복했던 말 중의 한 대목으로 소개했다. 다음이 그 원문이다. 虞世南《史略》: "北齊盧士深妻, 崔林義之女, 有才學. 春日以桃花靧面, 呪曰 : '取紅花, 取白雪, 與兒洗面作光悅; 取白雪, 取紅花, 與兒洗面作光華; 取雪白, 取花紅, 與兒洗面作顏容.'"

(詞)443를 따라서 이 꽃을 바로 '회면(繢面)'이라 이름 붙였다】

11-22) 관음현(觀音現)

【설봉상 박주모란사 444 백색인 꽃중에서 은홍 (銀紅)색을 약간 드러내는 꽃이다. 이 품종은 옛날에 있던 관음면(觀音面)이다. 이 꽃은 떨기로 잘 자라며, 색이 짙고 꽃은 약간 크다. 다만 꽃의 윗면이 평평하면서 흩어진 모양이어서 이것이 흠이 될 뿐이다】

觀音現

【又 白花中, 微露銀紅, 舊有觀音面, 好叢生, 色深, 花差大. 第平頂而散, 爲其疵耳】

11-23) 연지계분(臙脂界粉)

【설봉상 박주모란사 445 분홍색 꽃잎에 주색(朱色)인 줄무늬가 있다. 그 무늬는 이리저리 교차되어 있다】

臙脂界粉

【又 粉葉朱絲, 文理交錯】

11-24) 금정설랑(金精雪浪)

【설봉상 박주모란사 446 백색인 꽃에 황색인 꽃받침이 있다. 꽃과 꽃받침이 서로 환하게 비춘다. 꽃잎은 약간 넓으며, 두텁고 단단하다. 꽃술 근처는 조금 자색이다】

金精雪浪

【又 白花黃萼, 互相照映. 花瓣微闊而厚硬. 近蕊稍紫】

---

443 사(詞) : 한문 문체의 한 종류. 한대(漢代)의 노래가사인 악부(樂府)를 기원으로 하며 육조 시대를 거쳐 당나라 때 성립되었다. 시가 음악과 완전히 분리된 뒤에 노래 가사로 새로 생겨났으므로, 곡자(曲子)라고도 했다.
444 《亳州牡丹史》 卷1 〈傳〉 "逸品" '觀音現'(《續修四庫全書》 1116, 309쪽).
445 《亳州牡丹史》 卷1 〈傳〉 "逸品" '臙脂界粉'(《續修四庫全書》 1116, 310쪽).
446 《亳州牡丹史》 卷1 〈傳〉 "逸品" '金精雪浪'(《續修四庫全書》 1116, 310쪽).

11-25) 오운루(五雲樓)

【설봉상 박주모란사 447 꽃이 공처럼 둥글게 모여 있으나, 조금 길다. 꽃이 피면 수놓은 듯하며, 꼭대기에는 꽃잎 5장이 둘러져 있다. 꽃잎 가장자리에는 황색과 녹색이 서로 섞여 있다】

11-26) 금화장원홍(金花壯元紅)

【군방보 448 꽃잎이 크고 평두모양이며, 옅은 자색이다. 꽃잎 위마다 황색 수염이 난다. 양지가 좋다】

11-27) 금사대홍(金絲大紅)

【군방보 449 평두모양이나. 꽃잎이 그다지 크지는 않다. 꽃잎 위에 금색 실 같은 터럭[金絲毫]이 있기 때문에 일명 '금선홍(金線紅)'이다】

11-28) 옥토천향(玉兔天香)

【군방보 450 청홍색인 꽃봉오리가 맺힌다. 꽃은 분홍색과 은홍색의 2가지 종류이다. 하나는 꽃이 일찍 피며, 크기가 조금 작다. 다른 하나는 늦게 피며, 크기가 매우 크다. 가운데에서 토끼귀[兔耳]처럼 꽃잎 2장이 난다】

五雲樓

【又 花圓聚如毬, 稍長. 開則結繡, 頂有五旋, 葉邊有黃、綠相間】

金花壯元紅

【群芳譜 大瓣平頭, 微紫. 每瓣上有黃鬚. 宜陽】

金絲大紅

【又 平頭, 不甚大瓣. 上有金絲毫, 一名"金線紅"】

玉兔天香

【又 青紅胎, 其花粉色、銀紅二種. 一早開頭, 微小; 一晚開頭, 極大. 中出二瓣如兔耳】

---

447 《亳州牡丹史》卷1〈傳〉"能品" '五雲樓'《續修四庫全書》1116, 311쪽).
448 《二如亭群芳譜》〈貞部〉"花譜" 2 '牡丹'《四庫全書存目叢書補編》80, 709쪽).
449 《二如亭群芳譜》, 위와 같은 곳.
450 《二如亭群芳譜》, 위와 같은 곳.

11-29) 악록화(蕚綠華)

【군방보】451 겹꽃이며 누자모란이다. 꽃잎이 크다. 다른 꽃들이 떨어진 뒤에 비로소 핀다. 꽃잎 위마다 녹색이 있다. 일명 '불두청(佛頭青)', '압단청(鴨蛋青)', '녹호접(綠蝴蝶)'이다. 영령왕(永寧王)452의 궁에서 얻었다】

11-30) 요금자(腰金紫)

【군방보】453 겹꽃이다. 허리 부분[腰]에 황색 수염 1단(團)이 있다】

蕚綠華

【又】千葉樓子, 大瓣. 群花卸後始開. 每瓣上有綠色. 一名"佛頭青", 一名"鴨蛋青", 一名"綠蝴蝶". 得自<u>永寧王</u>宮中】

腰金紫

【又】千葉. 腰有黃鬚一團】

---

451 《二如亭群芳譜》, 위와 같은 곳.
452 영령왕(永寧王) : 중국 원나라의 작위. 여러 왕들 중 3번째 등급에 해당되며, 금색 인장과 낙타털 인수를 사용했고, 1261년에 설치되었다. 같은 등급의 작위로는 하간왕(河間王)·제남왕(濟南王) 등 모두 29개가 있다.
453 《二如亭群芳譜》〈貞部〉"花譜" 2 '牡丹'《四庫全書存目叢書補編》80, 710쪽).

12) 우리나라 모란(1항목 4종)

12-1) 황모란(黃牡丹)·백모란(白牡丹)·정홍모란(頹紅牡丹)·낙양홍(洛陽紅)

【 청천양화록(菁川養花錄) 】[454][455] 우리나라의 유명한 꽃은 모두 우리나라에서 난 품종이 아니다. 고려 충숙왕(忠肅王)[456]이 원(元)나라에 들어가 공주[457]와 혼인하여 황제에게 총애를 받았기 때문에 고려로 돌아올 때 원나라 황제가 천하의 운치 있고 진귀한 화훼를 하사해 준 품종이다.

지금의 오홍(烏紅) 등 여러 품종의 국화, 황모란(黃牡丹)·백모란(白牡丹)·정홍모란(頹紅牡丹)·낙양홍(洛陽紅)등의 모란, 겹꽃산다[重葉山茶]·겹꽃매화[重葉梅], 분도(粉桃)·벽도(碧桃)·배도(緋桃), 서향(瑞香), 청포도·흑포도는 모두 당시에 들어온 품종들이다. 호사자(好事者, 일 만들기를 좋아하는 이들)가 지금까지 그 꽃들을 보호하고 아껴 그 종자를 잃지 않았다. 그러나 나머지는 모두 전하지 않는다고 한다.

[안] 우리나라의 모란은 종류가 많지 않다. 내가 본

東國牡丹

黃牡丹、白牡丹、頹紅牡丹、洛陽紅

【 菁川養花錄 】吾東方名花俱非本國所産. 高麗 忠肅王入元, 尙公主有寵, 及東還, 天下韻芳珍卉, 帝皆賜賚.

今之烏紅等諸菊及黃·白牡丹、頹紅牡丹、洛陽紅及重葉山茶、重葉梅、粉桃、碧桃、緋桃、瑞香、青黑葡萄、皆當時出來. 好事者至今護惜, 不失其種, 而其餘皆不傳云.

[按] 我東牧丹無多種. 余所

---

454 청천양화록(菁川養花錄):조선 전기의 문신 강희안(姜希顔, 1417~1464)이 지은 원예서.《양화소록(養花小錄)》이라고도 한다. 우리나라 원예서의 기본이 되었으며 일본에도 전파되었다.

455《養花小錄》〈菊花〉, 204~205쪽.

456 충숙왕(忠肅王):1294~1339(재위 1313~1330, 1332~1339). 고려의 27대 왕. 이름은 왕만(王卍), 자는 의효(宜孝), 충선왕(忠宣王)의 2남이다. 원(元)에 바치는 세공을 삭감시킨 업적이 있으며, 환관과 공녀의 징발을 중지시켜 달라고 청원하기도 했다. 심양왕(瀋陽王) 왕고(王暠, ?~1345)의 참소로 인해 여러 차례 시달려 충혜왕(忠惠王)에게 왕위를 물려주고 원나라에 갔다가 충혜왕이 원에 의하여 폐위되자 다시 복위되었다.

457 공주:충숙왕이 원에 있을 때 혼인한 공주는 1316년에 혼인한 복궁장공주(濮國長公主, ?~1319), 1324년에 혼인한 조국장공주(曹國長公主, 1308~1325), 1333년에 혼인한 경화공주(慶華公主, ?~1344)로 3명이다. 이들 중 누구를 가리키는지는 알 수 없다.

산모란(매원화보)

품종은 단지 짙은 홍색과 옅은 홍색 2가지 종류뿐이다. 강희안(姜希顔)458이 말한 "황모란·백모란·낙양홍" 등의 여러 종류는 모두 볼 수가 없었다.

見者, 只深紅、淺紅兩種. 而菁川所稱"黃、白、洛陽紅"等諸種, 皆不可見矣.

우안 모란(牡丹)이라는 이름은 대개 처음 생길 때 홍색 싹이 나는 모양을 본뜬 것이다. 그러므로 우리나라 사람들이 목단(牧丹)이라고 쓰는 말은 잘못이다】

又按 牡丹之名, 蓋象始生時紅芽吐出之形, 東人之作牧丹者, 非】

---

458 강희안(姜希顔) : 1418~1464. 조선 전기의 문신. 단종(端宗) 복위운동에 연루되었으나 세조(世祖)의 비호로 무사했다. 시와 글씨, 그림에 모두 뛰어나 삼절(三絶)이라 불렸으며, 작품으로 《양화소록》·〈산수인물도(山水人物圖)〉·〈강지돈녕석덕묘표(姜知敦寧碩德墓表)〉 등이 남아 있다.

2. 작약(芍藥)

芍藥

1) 황색류(7항목 7종)

黃類

1-1) 어의황(御衣黃)

御衣黃

【왕관(王觀)[1] 양주작약보(楊州芍藥譜) [2][3] 꽃에 황색이 옅고, 꽃잎은 성글다. 꽃술은 조금 짙고 흩어져 있으며, 꽃잎 사이에서 나온다.

잎은 단정하며, 색은 또한 약간 벽(碧)색이고, 잎이 높고 넓어 황루자(黃樓子)[4]와 비슷하나. 이 종은 아주 빼어난 품종으로 올려야 마땅하기 때문에 황색을 띠는 꽃 중에서 으뜸이다】

【王氏 楊州芍藥譜 黃色淺而葉疏, 蘂差深散, 出於葉間.

其葉端, 色又微碧, 高廣, 類黃樓子. 此種宜升絶品, 黃花之冠】

1-2) 황루자(黃樓子)

黃樓子

【왕관 양주작약보 [5] 무성한 황루자는 5~7층 누자(樓子)모양이다. 꽃잎 사이에 금색 선이 그어져 있다. 향기가 몹시 강하다】

【又 盛者五七層. 間以金線, 其香尤甚】

---

1 왕관(王觀) : 1035~1100. 중국 북송의 관료. 고태후(高太后, 1032~1093)에게 왕안석(王安石, 1021~1086)의 문인이라는 오해를 받고 박해를 받아 파직당한 뒤에 스스로 축객(逐客)이라는 호를 지었다. 이후 평민 생활을 하며 저술에 몰두하여《양주작약보(揚州芍藥譜)》·《복산자(卜算子)》등을 지었다.
2 양주작약보(楊州芍藥譜) : 북송의 왕관(王觀)이 지은, 양주(楊州, 강소성 양주시 일대) 지역의 작약 전문서. 직접 본 것과 기록에 전하는 작약을 모아 품등(品等)을 나누어 정리했다.
3 《揚州芍藥譜》〈新收八品〉"御衣黃"(《文淵閣四庫全書》 845, 13쪽).
4 황루자(黃樓子) : 아래의 '1-2)'에 보인다.
5 《揚州芍藥譜》〈新收八品〉"黃樓子"(《文淵閣四庫全書》 845, 13쪽).

1-3) 원황관자(袁黃冠子)[6]

【왕관 양주작약보[7] 모양이 완연히 여인의 묶어 올린 머리[髻子]와 비슷하다. 꽃잎 사이에 금색 선이 그어져 있다. 색은 포황관자(鮑黃冠子)[8]와 비슷하다】

袁黃冠子

【又 宛如髻子, 間以金線, 色比鮑黃】

1-4) 협석황관자(峽石黃冠子)

【왕관 양주작약보[9] 금선관자(金線冠子)[10]와 같지만, 색은 포황관자만큼 짙다】

峽石黃冠子

【又 如金線冠子, 色深如鮑黃】

1-5) 포황관자(鮑黃冠子)

【왕관 양주작약보[11] 대체로 큰 가마[旋心, 선심][12] 모양과 같지만 꽃잎의 모양이 조금 다르다. 색은 아황(鵝黃)색과 같다】

鮑黃冠子

【又 大抵與大旋心同, 而葉差不同. 色類鵝黃】

1-6) 도장성(道粧成)

【왕관 양주작약보[13] 황색인 누자작약(樓子芍藥)이다. 큰 꽃잎 가운데에는 짙은 황색인 작은 꽃잎이 여러 겹으로 있다. 또 위에는 옅은 황색의 큰 꽃잎을 펼치고 있다. 가지는 단단하고 몹시 황색이다.

道粧成

【又 黃樓子也. 大葉中深黃小葉數重, 又上展淡黃大葉. 枝條硬而絶黃.

---

6 원황관자(袁黃冠子) : 이름 중 관자(冠子)는 여인의 올린 머리(쪽)라는 뜻이다.
7 《揚州芍藥譜》〈新收八品〉 "袁黃冠子"《文淵閣四庫全書》845, 13쪽).
8 포황관자(鮑黃冠子) : 아래의 '1-5)'에 보인다.
9 《揚州芍藥譜》〈新收八品〉 "峽石黃冠子"《文淵閣四庫全書》845, 13쪽).
10 금선관자(金線冠子) : 《揚州芍藥譜》〈中之下〉에 나오는 누금낭(縷金囊)을 가리킨다. 꽃은 짙은 붉은색이다. 큰 꽃잎의 중간에, 작은 꽃잎이 아래쪽으로 나있으며, 금색 선이 가늘게 서로 섞여 있다(縷金囊 : 金線冠子也. 稍似細條深紅者, 於大葉中細葉下, 抽金線, 細細相雜.).
11 《揚州芍藥譜》〈新收八品〉 "鮑黃冠子"《文淵閣四庫全書》845, 13쪽).
12 가마[旋心, 선심] : 머리털이 한 곳을 중심으로 하여 소용돌이모양으로 된 부분.
13 《揚州芍藥譜》〈中之上〉 "道粧成"《文淵閣四庫全書》845, 11쪽).

녹색인 잎은 성글고 길면서 부드러워 홍자색인 종류와는 다르다. 이 품종은 오늘날 황루자(黃樓子)[14]가 아니다. 황색 실선이 꽃송이에 있다. 활짝 피면 간혹 4~5장의 큰 꽃잎이 나기 때문에 황루자와 비슷할 뿐이다】

綠葉疏長而柔, 與紅紫者異. 此品非今日之黃樓子. 乃黃絲頭中, 盛則或出四五大葉, 類黃樓子耳】

1-7) 투아황(妒鵝黃)

【왕관 양주작약보 [15] 황색 실선이 꽃송이에 있다. 큰 꽃잎 안에 한 떨기의 가는 꽃잎들이 있고, 금색 선이 섞여 있다. 가지는 높다. 녹색 잎은 성글고 부드럽다】

妒鵝黃

【又 黃絲頭也. 于大葉中一簇細葉, 雜以金線. 條高, 綠葉疏柔】

---

14 황루자(黃樓子) : 위의 '1-2)'에 보인다.
15 《揚州芍藥譜》〈下之上〉 "妒鵝黃"(《文淵閣四庫全書》 845, 11쪽).

2) 홍색류(21항목 21종)

紅類

2-1) 관군방(冠群芳)

【왕관 양주작약보 16 큰 가마모양이며, 올린 머리[冠子]모양이다. 짙은 홍색이며, 꽃잎이 겹겹이 쌓여 있다. 꼭대기에 굴곡이 4~5개 있다. 꽃잎은 조밀하다. 꽃의 너비는 0.5척, 높이는 0.6척이 된다. 아름다운 색이 매우 빼어나서, 각종 화초[群芳] 중에 으뜸[冠]이라 할 만하므로, 이와 같이 이름 붙였다. 가지는 단단하다. 잎은 성글며 크다】

冠群芳

【王氏 楊州芍藥譜 大旋心, 冠子也. 深紅堆葉, 頂分四五旋, 其英密簇. 廣可半尺, 高可六寸. 艶色絶妙, 可冠群芳, 因以名之. 枝條硬, 葉疏大】

2-2) 새군방(賽群芳)

【왕관 양주작약보 17 작은 가마모양이며, 올린 머리[冠子]모양이다. 홍색이 점차 더해지며, 조밀하고 작다. 가지와 녹색 잎이 모두 큰 가마모양과 같다.

일반적으로 품종 설명에서 '대엽(大葉, 큰 잎)'·'소엽(小葉, 작은 잎)'·'퇴엽(堆葉, 쌓여 있는 듯한 잎)'이라 표현한 경우는 모두 꽃잎의 모양을 말한다. '녹엽(綠葉, 녹색 잎)'이라 표현한 경우는 가지에 난 잎의 모양을 말한다】

賽群芳

【又 小旋心, 冠子也. 漸添紅而緊小. 枝條及綠葉竝與大旋心一同.

凡品中言"大葉"、"小葉"、"堆葉"者, 皆花瓣也; 言"綠葉"者, 謂枝葉也】

2-3) 진천공(盡天工)

【왕관 양주작약보 18 유포(柳浦)19에서 난다. 청색

盡天工

【又 柳浦, 靑心, 紅, 冠子

---

16 《揚州芍藥譜》〈上之上〉 "冠群芳"《文淵閣四庫全書》 845, 10쪽).

17 《揚州芍藥譜》〈上之上〉 "賽群芳"《文淵閣四庫全書》 845, 10쪽).

18 《揚州芍藥譜》〈上之上〉 "盡天工"《文淵閣四庫全書》 845, 10쪽).

19 유포(柳浦):중국 절강성(浙江省) 항주시(杭州市) 봉황산(鳳凰山) 아래 지역의 옛 지명.

꽃술이 있고, 잎은 홍색이며, 올린 머리모양이다. 큰 꽃잎 중에 작은 꽃잎이 조밀하고 곧게 있으며, 아름답기가 출중하다. 가지는 단단하고 녹색이다. 잎은 청색이고 얇다】

也. 于大葉中小葉密直, 妖媚出衆. 枝硬而綠, 葉靑薄】

2-4) 점장홍(點粧紅)

【왕관 양주작약보 20 홍색으로 홀치기염색21을 한 듯하다. 색은 홍색을 띠며 크기가 작아서, 백색으로 홀치기염색을 한 모양과 같다. 녹색 잎은 조금 야위었으며 길다】

點粧紅

【又 紅纈子也. 色紅而小, 與白纈子同. 綠葉微瘦長】

홀치기염색을 한 비단(풀꽃누리천연염색 박영진)   홀치기염색을 한 옷(임원경제연구소)

---

20 《揚州芍藥譜》〈上之上〉 "點粧紅"《文淵閣四庫全書》 845, 10쪽).
21 홀치기염색: 염색하기 전 원단의 일부를 실로 견고하게 묶거나 감아서 염색을 방지한 후 침염법(浸染法)으로 염색하는 방법.

2-5) 적교홍(積嬌紅)

【왕관 양주작약보 22 홍색인 누자작약이다. 색은 담홍색이다. 모양이 자색인 누자작약과 크게 다르지는 않다】

積嬌紅

【又 紅樓子也. 色淡紅. 與紫樓子不甚異】

2-6) 취서시(醉西施)

【왕관 양주작약보 23 크고 연한 가지이며, 올린 머리모양이다. 색은 담홍색이다. 큰 꽃잎만은 큰 가마모양과 비슷하다. 가지는 가늘고 연하기 때문에 반드시 다른 물건으로 지탱해 주어야 한다. 녹색 잎은 색이 짙고 두께가 두텁다. 성글고 길게 나며, 부드럽다】

醉西施

【又 大軟條, 冠子也. 色淡紅, 惟大葉有類大旋心狀. 枝條細軟, 須以物扶助之. 綠葉色深厚, 疏長而柔】

2-7) 소장잔(素粧殘)

【왕관 양주작약보 24 바랜 홍색이다. 모산(茅山)25에서 난다. 올린 머리모양이다. 처음 필 때는 분홍색이었다가, 곧 점점 백색으로 바랜다. 청색 꽃술이면서 바탕이 옅으며, 매우 부드러운 가지의 올린 머리모양과 조금 비슷하다. 녹색 잎은 짧고 두터우며 단단하다】

素粧殘

【又 退紅, 茅山, 冠子也. 初開粉紅, 卽漸退白. 靑心而素淡, 稍若大軟條冠子. 綠葉短厚而硬】

---

22 《揚州芍藥譜》〈上之下〉 "積嬌紅"(《文淵閣四庫全書》845, 11쪽).
23 《揚州芍藥譜》〈中之上〉 "醉西施"(《文淵閣四庫全書》845, 11쪽).
24 《揚州芍藥譜》〈中之上〉 "素粧殘"(《文淵閣四庫全書》845, 11쪽).
25 모산(茅山): 중국 강소성(江蘇省) 남경시(南京市)의 진강(鎭江) 일대에 위치한 산.

2-8) 천장균(淺粧均)

【왕관 양주작약보 26 분홍색이며 올린 머리모양이다. 이는 홍색으로 홀치기염색을 한 듯한 꽃잎 중에 점모양으로 홀치기염색을 한 듯한 모양이 없다는 말이다】

淺粧均

【又 粉紅, 冠子也. 是紅纈中無點纈者也】

2-9) 취교홍(醉嬌紅)

【왕관 양주작약보 27 꽃은 짙은 홍색이다. 초주(楚州)28에서 난다. 올린 머리모양이다. 또한 작은 가마모양과 같다. 중심에는 겹겹이 쌓여 있는 큰 꽃잎이 많다. 꽃잎 아래쪽에는 또한 금색 선이 한 겹 있다. 가지는 높이 자란다. 녹색 잎은 성글고 부드럽다】

醉嬌紅

【又 深紅, 楚州, 冠子也. 亦若小旋心狀, 中心則堆大葉. 葉下亦有一重金線. 枝條高, 綠葉疏而柔】

2-10) 투교홍(妬嬌紅)

【왕관 양주작약보 29 홍색 장미모양[寶相]이고, 올린 머리모양이다. 홍색인 누자작약이다. 꽃술에는 가는 꽃잎이 나고, 위로는 겹겹이 쌓여 있는 큰 꽃잎이 나지 않는다】

妬嬌紅

【又 紅寶相, 冠子也. 紅樓子. 心中細葉, 上不堆大葉者】

2-11) 누금낭(縷金囊)

【왕관 양주작약보 30 금색 선이 있고, 올린 머리

縷金囊

【又 金線冠子也. 稍似細

---

26 《揚州芍藥譜》〈中之上〉 "淺粧均"(《文淵閣四庫全書》 845, 11쪽).
27 《揚州芍藥譜》〈中之下〉 "醉嬌紅"(《文淵閣四庫全書》 845, 11쪽).
28 초주(楚州) : 지금 중국의 강소성 회안시(淮安市) 일대.
29 《揚州芍藥譜》〈中之下〉 "妬嬌紅"(《文淵閣四庫全書》 845, 11쪽).
30 《揚州芍藥譜》〈中之下〉 "縷金囊"(《文淵閣四庫全書》 845, 11쪽).

모양이다. 가는 가지에 짙은 홍색인 품종과 조금 비
슷하다. 그러나 큰 꽃잎 안쪽의 가는 꽃잎이 아래에
금색 선이 나와 자잘하게 서로 섞여 있다. 가지와 잎
은 모두 짙은 홍색이며 올린 머리모양과 같다】

條深紅者, 于大葉中細葉
下, 抽金線, 細細相雜, 條
葉竝同深紅冠子】

2-12) 원춘홍(怨春紅)

【왕관 양주작약보 [31] 단단한 가지가 있고, 올린
머리모양이다. 색은 몹시 옅다. 금선관자와 매우 비
슷하지만 그와 달리 겹겹이 쌓여 있는 꽃잎이 있다.
가지가 단단하다. 녹색 잎은 성글며 평평하고, 조금
부드러운 듯하다】

怨春紅

【又 硬條, 冠子也. 色絶
淡, 甚類金線冠子而堆葉.
條硬, 綠葉疏平, 稍若柔】

2-13) 시농장(試濃粧)

【왕관 양주작약보 [32] 비색(緋色, 붉은색의 일종)인 다
엽(多葉)이다. 비색 꽃잎이 5~7겹이며, 모두 평두모
양이다. 가지는 적색이고, 녹색 잎은 단단하고, 잎
의 뒷면은 자색이다】

試濃粧

【又 緋多葉也. 緋葉五七
重, 皆平頭. 條赤而綠葉[1]
硬, 背紫色】

2-14) 족홍사(簇紅絲)

【왕관 양주작약보 [33] 홍색 실모양인 꽃송이이
다. 큰 꽃잎 안쪽에 한 떨기의 홍색 실이 자잘하게
모여 있다. 가지와 잎은 자색과 같다】

簇紅絲

【又 紅絲頭也. 大葉中,
一簇紅絲細細. 枝葉同紫
者】

---

31 《揚州芍藥譜》〈下之上〉 "怨春紅"(《文淵閣四庫全書》845, 12쪽).
32 《揚州芍藥譜》〈下之上〉 "試濃粧"(《文淵閣四庫全書》845, 12쪽).
33 《揚州芍藥譜》〈下之中〉 "簇紅絲"(《文淵閣四庫全書》845, 12쪽).
[1] 綠葉: 저본에는 "葉綠".《揚州芍藥譜·下之上·試濃粧》에 근거하여 수정.

2-15) 취차장(取次粧)

【왕관 양주작약보 34 옅은 홍색이다. 다엽이다. 색이 몹시 옅다. 가지와 잎은 바로 비색(緋色)인 다엽(多葉) 품종과 비슷하다. 또한 평두모양이다】

取次粧

【又 淡紅, 多葉也. 色絶淡. 條葉正類緋多葉, 亦平頭】

2-16) 효은장(效殷粧)

【왕관 양주작약보 35 왜소하고, 다엽(多葉)이다. 자색이고 키가 크며 다엽인 품종과 동일하다. 그러나 그와 달리 가지가 낮다. 습도에 따라서 나오되, 3송이인 꽃, 2송이인 꽃, 말안장모양의 꽃, 은색 실이 있는 꽃이 핀다. 이는 모두 같은 뿌리에서 핀 꽃이다. 땅의 비옥함과 척박함으로 인하여 꽃의 모양이 달라진 것이다】

效殷粧②

【又 小矮, 多葉也. 與紫高多葉一同, 而枝條低. 隨燥濕而出, 有三頭者、雙頭者、鞍子者、銀絲者, 俱同根, 因土地肥瘠而異】

2-17) 합환방(合歡芳)

【왕관 양주작약보 36 2송이가 꼭지를 함께 하면서도 2송이가 서로 등지고 핀다】

合歡芳

【又 雙頭幷蒂而開二朶相背】

2-18) 회삼영(會三英)

【왕관 양주작약보 37 3송이가 한 꽃받침에 모여 핀다】

會三英

【又 三頭聚一萼而開】

---

34 《揚州芍藥譜》〈下之中〉"取次粧"(《文淵閣四庫全書》845, 12쪽).
35 《揚州芍藥譜》〈下之下〉"效殷粧"(《文淵閣四庫全書》845, 12쪽).
36 《揚州芍藥譜》〈下之下〉"合歡芳"(《文淵閣四庫全書》845, 13쪽).
37 《揚州芍藥譜》〈下之下〉"會三英"(《文淵閣四庫全書》845, 12~13쪽).
② 粧 : 저본에는 "紅". 《揚州芍藥譜·下之下·效殷粧》에 근거하여 수정.

2-19) 의수천(擬繡韉)

【왕관 양주작약보 38 말안장모양이다. 꽃의 양쪽 가장자리가 아래로 드리워져 있기 때문에 말안장에 올라 탄 모양과 같다. 땅이 몹시 기름진 곳에서 난다】

擬繡韉

【又 鞍子也. 兩邊垂下, 如所乘鞍子狀. 地絶肥而生】

2-20) 호힐(湖纈)

【왕관 양주작약보 39 홍색이며, 옅고 짙은 색이 섞여 있다. 호힐(湖纈)40과 비슷하다】

湖纈

【又 紅色, 淺深相雜. 類湖纈】

2-21) 민지홍(黽池紅)

【왕관 양주작약보 41 꽃이 필 때 반드시 한 꽃받침에 꽃 3송이가 피는 경우도 있다. 대체로 꽃은 연한 가지가 있는 품종과 비슷하다】

黽池紅 ③

【又 開須竝蕚, 或三頭者, 大抵花類軟條】

38 《揚州芍藥譜》〈下之下〉 "擬繡韉"(《文淵閣四庫全書》845, 13쪽).

39 《揚州芍藥譜》〈新收八品〉 "湖纈"(《文淵閣四庫全書》845, 13쪽).

40 호힐(湖纈) : 중국 송나라 때 호주(湖州, 중국 절강성(浙江省) 북부 일대)에서 이루어졌던 홀치기 염색의 무늬.

41 《揚州芍藥譜》〈新收八品〉 "黽池紅"(《文淵閣四庫全書》845, 13쪽).

③ 紅 : 저본에는 없음. 《揚州芍藥譜·新收八品·黽池紅》에 근거하여 보충.

3) 자색류(6항목 6종)

3-1) 보장성(寶粧成)

【왕관 양주작약보 42 올린 머리모양이다. 색은 옅은 자색이다. 위쪽의 큰 꽃잎 12장 가운데에는 굽은 꽃잎이 조밀하게 난다. 이 꽃잎이 고리모양으로 돌며 둥글게 감싸 안는다.

꽃의 높이는 0.8~0.9척이고, 너비는 0.5척 남짓이다. 작은 꽃잎 위마다 금색 선이 둘러져 있어 옥구슬을 꿴 듯하다. 꽃향기는 난향이나 사향이라고 속을 만큼 향기로워서 그 기이함을 다 기록할 수 없다. 가지는 단단하고, 잎은 평평하다. 자색인 꽃 중에서 으뜸이다】

3-2) 첩향영(疊香英)

【왕관 양주작약보 43 자색인 누자작약이다. 꽃의 너비는 0.5척이고, 높이는 1척이 된다. 큰 꽃잎 중에 가는 꽃잎 20~30겹이 난다. 위로는 또 큰 꽃잎이 솟아 누각의 모양과 같다. 가지는 단단하고 높이 자란다. 녹색 잎은 성글며 크고, 뾰족하며 부드럽다】

3-3) 잠금향(蘸金香)

【왕관 양주작약보 44 잠금향은 꽃술이 자색이다. 홑꽃이다. 이 꽃은 여인의 묶어 올린 머리모양

紫類

寶粧成

【王氏 楊州芍藥譜 冠子也. 色微紫, 于上十二大葉中, 密生曲葉, 回環裏抱團圓.
其高八九寸, 廣半尺餘. 每一小葉上, 絡以金線, 綴以玉珠. 香欺蘭、麝, 奇不可紀. 枝條硬而葉平. 爲紫花之冠】

疊香英

【又 紫樓子也. 廣五寸, 高盈尺. 于大葉中, 細葉二三十重. 上又聳大葉, 如樓閣狀. 枝條硬而高, 綠葉疏大而尖柔】

蘸金香

【又 蘸金蕊紫, 單葉也. 是髻子開不成者, 于大葉

---

42 《揚州芍藥譜》〈上之上〉 "寶粧成"(《文淵閣四庫全書》 845, 10쪽).
43 《揚州芍藥譜》〈上之下〉 "疊香英"(《文淵閣四庫全書》 845, 11쪽).
44 《揚州芍藥譜》〈下之上〉 "蘸金香"(《文淵閣四庫全書》 845, 12쪽).

으로 꽃이 피어도, 일반적인 꽃모양처럼 피지는 않 中生小葉, 小葉尖, 蘸一
는다. 이는 큰 꽃잎 속에 작은 꽃잎이 나며, 이 작은 線金色是也】
꽃잎이 뾰족하고, 금색(金色)선 하나를 머금고 있는
[蘸] 듯한 작약이 이것이다】

3-4) 숙장은(宿粧殷)

【왕관 양주작약보 45 자색이고 높게 자라며, 다
엽(多葉)이다. 잎·가지·꽃이 모두 비색(緋色)인 다엽
품종과 비슷하다. 하지만 그와 달리 가지와 잎이 몹
시 높게 자라며, 꽃은 평두모양이다. 일반적으로 울
타리 안에 많이 재배되어서 꽃 피는 시기가 일정하지
않더라도, 꽃이 피면 꽃모양이 모두 가지런해진다】

宿粧殷

【又 紫高, 多葉也. 葉·條·
花竝類緋多葉, 而枝葉絶
高, 平頭. 凡檻中雖多, 無
先後開, 幷齊整】

3-5) 취향사(聚香絲)

【왕관 양주작약보 46 자색 실모양인 꽃송이이다.
큰 꽃잎 중에서 한 떨기의 자색 실이 자잘하게 모여
있다. 가지는 높게 자란다. 녹색 잎은 성글고 부드럽다】

聚香絲

【又 紫絲頭也. 大葉中, 一
叢紫絲細細. 枝條高, 綠葉
疏而柔】

3-6) 의향영(擬香英)

【왕관 양주작약보 47 자색 장미모양이고, 올린
머리모양이다. 자색인 누자작약이다. 꽃술에난 가
는 꽃잎 위쪽은 큰 꽃잎이 겹쳐 나지 않는다】

擬香英

【又 紫寶相, 冠子也. 紫
樓子. 心中細葉上不堆大葉
者】

---

45 《揚州芍藥譜》〈下之中〉"宿粧殷"(《文淵閣四庫全書》845, 12쪽).
46 《揚州芍藥譜》〈下之中〉"聚香絲"(《文淵閣四庫全書》845, 12쪽).
47 《揚州芍藥譜》〈中之下〉"擬香英"(《文淵閣四庫全書》845, 11쪽).

Ⅱ. 꽃 이름 고찰(화명고)　209

4) 백색류(5항목 5종)

4-1) 양화관자(楊花冠子)

【왕관 양주작약보】48 다엽(多葉)이다. 백색인 꽃술이다. 색은 황색이며, 점차 옅은 홍색이 된다. 꽃잎의 끝은 짙은 홍색이다. 꽃잎 사이에 금색 선이 그어져 있다. 백색 꽃 중의 으뜸이다】

4-2) 국향경(掬香瓊)

【왕관 양주작약보】49 청색 꽃술이 있으며, 옥색 꽃잎이며, 올린 머리모양이다. 본래 모산(茅山)에서 왔다. 백색 꽃잎은 동글게 움큼처럼[掬] 모여 있고, 단단하고 조밀하다. 평두모양이다. 가지는 단단하다. 녹색 잎은 짧고 또 빛이 난나】

4-3) 효장신(曉粧新)

【왕관 양주작약보】50 백색으로 홀치기염색을 한 듯하다. 작은 가마모양과 같고, 꼭대기가 사방으로 향한다. 그 꽃잎의 끝에는 작은 은홍색 점이 있다. 이런 점이 꽃송이 1개에 3~5개 있다. 점의 모양은 옷에 점모양으로 홀치기염색을 한 무늬와 같다. 녹색 잎은 부드럽고 두텁다. 가지는 단단하고, 낮게 자란다】

白類

楊花冠子

【王氏 楊州芍藥譜 多葉白心, 色黃, 漸拂淺紅, 至葉端則色深紅, 間以金線. 白花之冠】

掬香瓊

【又 靑心, 玉板, 冠子也. 本自茅山來. 白英團掬, 堅密, 平頭. 枝條硬, 綠葉短且光】

曉粧新

【又 白纈子也. 如小旋心狀. 頂上四向, 葉端點小殷紅色. 一朶上或三點或四五點, 象衣中之點纈. 綠葉柔而厚, 條硬而低】

---

48 《揚州芍藥譜》〈新收八品〉"楊花冠子"(《文淵閣四庫全書》845, 13쪽).
49 《揚州芍藥譜》〈中之上〉"掬香瓊"(《文淵閣四庫全書》845, 11쪽).
50 《揚州芍藥譜》〈上之上〉"曉粧新"(《文淵閣四庫全書》845, 10쪽).

4-4) 시매장(試梅粧)

【왕관 양주작약보 51 백색이며 올린 머리모양이다. 백색으로 홀치기염색을 한 듯한 꽃잎 중에 점모양으로 홀치기염색을 한 듯한 무늬는 없는 꽃이 이것이다】

試梅粧

【又 白, 冠子也. 白纈中無點纈者是也】

4-5) 은함릉(銀含稜)

【왕관 양주작약보 52 은록(銀綠)색이다. 꽃잎 끝의 한쪽 모서리[稜]가 백색이다】

銀含稜

【又 銀綠也. 葉端一稜白色】

---

51 《揚州芍藥譜》〈中之上〉"試梅粧"《文淵閣四庫全書》845, 11쪽).
52 《揚州芍藥譜》〈下之下〉"銀含稜"《文淵閣四庫全書》845, 13쪽).

5) 우리나라 작약(1항목 3종)

5-1) 백작약(白芍藥)·홍작약(紅芍藥)·분홍작약(粉紅芍藥)

【 금화경독기(金華耕讀記) 53 우리나라 작약의 이름과 품종은 많지 않다. 내가 본 작약은 홍색·백색·분홍색의 몇 종류 뿐이다】

東國芍藥

白芍藥、紅芍藥、粉紅芍藥

【 金華耕讀記 我國芍藥名品不多. 余所見者, 止紅、白、粉紅數種耳】

작약(매원화보)

---

53 출전 확인 안 됨.

3. 난(蘭, 난화)

蘭

1) 자색류(17항목 17종)

紫類

1-1) 진몽량(陳夢良)

陳夢良

【금장난보(金漳蘭譜)】1 2 색은 자색이다. 줄기마다 꽃 12송이가 난다. 꽃송이가 매우 커서 여러 꽃들 중 으뜸이다. 아침 햇살이 약간 비칠 때나 새벽 이슬이 어둡고 습할 때가 되면 환하게 수려함을 날려주고, 우뚝하게 기이함을 드러낸다. 껍질을 오므려 줄기에 기대어, 둥글게 사방을 향한다. 부드러워 아름답고, 가냘퍼서 예쁘다. 그러니 그 앞에 우두커니 서서 생각에 잠기며, 감정을 이루 다 표현하지 못할 듯하다.

【金漳蘭譜】 色紫. 每幹十二萼, 花頭極大, 爲衆花之冠. 至若朝暉微照, 曉露暗濕, 則灼然騰秀, 亭然露奇, 斂膚傍幹, 團圓四[1]向, 婉媚綽約[2], 佇立凝思, 如不勝情.

꽃은 꽃잎이 3장이고, 끝부분은 약간 청색을 띤다. 잎은 3척이다. 제법 연약하게 느껴지고 어두운 녹색이다. 잎의 뒷면은 비록 칼등과 비슷하지만, 끝부분의 모에 이르면 얇지만 작은 알갱이가 비스듬

花三片, 尾如帶微青. 葉三尺, 頗覺弱, 黯然而綠, 背雖似劍脊, 至尾稜則軟薄, 斜撒粒許帶緇. 最爲難種,

---

1 금장난보(金漳蘭譜) : 중국 송나라의 조시경(趙時庚, ?~?)이 저술한 난화 전문 서적. 총 3권으로, 난화의 형태와 성질 재배법 등을 소개했다.

2 《金漳蘭譜》卷上 〈敍蘭容質〉《文淵閣四庫全書》845, 123쪽). 이 《금장난보》에서 인용한 기사는 《금장난보》의 몇 군데 분산된 내용을 모았다. 출처는 먼저 인용된 내용만 여기서 밝히고, 분산된 곳에 나오는 출처는 해당 내용에다 출처를 밝혔다. 이하 모두 같다.

[1] 四:《金漳蘭譜·敍蘭容質》에는 "心".
[2] 綽約 : 저본에는 "嬌綽", 《金漳蘭譜·敍蘭容質》에 근거하여 수정.

히 뿌려져 있어 검은 비단을 두른 듯하다. 키우기는 가장 어려워, 사람들이 진짜 진몽량을 얻는 일은 드물다.

故人希得其眞.

누렇고 깨끗하며 진흙이 없는 척박한 모래에 심어야 한다. 거름 사용을 금한다. 뿌리가 썩어 문드러지는 손실을 입을까 염려되기 때문이다.[3]

用黃淨無泥瘦沙種, 而忌用肥, 恐有腐爛之失.

맑은 물을 대면 좋다.[4]

用淸水澆灌則可.

왕씨난보(王氏蘭譜) [5][6] 2가지 종류가 있다. 하나는 자색 줄기이고, 하나는 백색 줄기이다. 꽃색은 옅은 자색이며, 크기는 매의 발톱과 비슷하며, 못을 배열해 놓은 듯이 매우 성글게 난다. 튼실하면 20여 송이가 핀다. 습한 곳을 좋아하고 건조한 곳을 싫어하며, 거름을 받아들이지만 탁한 기운은 꺼린다. 잎이 시렁에서 반쯤 나왔어도 여전히 꽃술을 더 밀어내면서 꽃과 잎이 거의 나란히 되는 높이까지 밀어내고서야 더 이상 꽃을 터뜨리지 않는다.

王氏蘭譜 有二種, 一紫幹, 一白幹. 花色淡紫, 大似鷹爪, 排釘甚疏. 壯者二十餘萼. 好濕惡燥, 受肥忌濁. 葉半出架而向抽蕊, 幾與葉齊而未破.

여러 난화는 올해 늦게 난 것이 자식이 되고, 작년에 난 것이 부모가 되고, 재작년에 난 것은 조부모가 된다. 그러나 오직 진몽량만은 조부모가 대부분 없기 때문에 가격이 치솟는다. 여러 난화의 잎끝

諸蘭今年懶爲子, 去年爲父, 越去年爲祖. 惟陳蘭多缺祖, 所以價穹. 衆蘭頂、花皆竝俯, 惟此花獨仰, 特

---

3 누렇고……때문이다:《金漳蘭譜》卷中〈紫花〉(《文淵閣四庫全書》845, 128쪽).
4 맑은……좋다:《金漳蘭譜》卷中〈堅性封植〉(《文淵閣四庫全書》845, 127쪽).
5 왕씨난보(王氏蘭譜):중국 송나라의 왕귀학(王貴學, ?~?)이 저술한 난 전문 서적. 난의 품등, 여러 가지 색의 난화의 형태와 재배법을 정리했다. 《설부》에 수록되어 있다.
6 《說郛》卷103上〈王氏蘭譜〉"紫蘭"(《文淵閣四庫全書》882, 10쪽).

과 꽃은 모두 아래로 숙인다. 그러나 오직 이 난화
만 홀로 위를 향해 피니, 무리 중에서 특이한 품종
이다】

異於衆】

1-2) 오란(吳蘭)

吳蘭

【금장난보】7 색은 짙은 자색이다. 꽃 15송이가
핀다. 줄기는 자색이고, 꽃은 홍색이다. 잘 자랄 곳
을 얻으면 줄기가 갈래지어 나면서 꽃이 20송이에
이른다. 꽃송이는 조금 크다. 꽃색이 사람 눈에 비
칠 때에는 날아오르는 난새[鸞]8나 봉황과 같아 천태
만상이다. 잎은 높고 크며, 강직하고 꼿꼿한 자태가
푸르러서 사랑스럽다.

【金漳蘭譜】色深紫, 有十
五蕚, 幹紫英紅. 得所養則
歧而生, 至有二十蕚. 花頭
差大. 色映人目, 如翔鸞翥
鳳, 千態萬狀. 葉則高大,
剛毅勁節, 蒼然可愛.

심을 때는 적색 모래 섞은 진흙을 쓴다.

種用赤沙泥.

거름을 좋아한다. 1개월에 1번 물을 주어야 한다.

好肥, 當灌漑以一月一度.

【왕씨난보】9 본성이 거름을 매우 잘 받아들인다】

【王氏蘭譜】性頗受肥】

1-3) 반화(潘花)

潘花

【금장난보】10 색은 짙은 자색이다. 꽃 15송이가
핀다. 줄기는 자색이며, 둥글게 두르면서 가지런하
다. 핀 꽃의 밀도는 적당하다. 즉 꽃이 성글게 나도

【金漳蘭譜】色深紫, 有十
五蕚. 幹紫, 圓匝齊整. 疏
密得宜, 疏不露幹, 密不簇

---

7 《金漳蘭譜》卷上〈敍蘭容質〉《文淵閣四庫全書》845, 123쪽).
8 난새[鸞]: 중국 전설 속의 새. 닭과 비슷한 모양이고 깃털은 붉은색에 5가지 색이 섞여 있다.
9 《說郛》卷103上〈王氏蘭譜〉"紫蘭"《文淵閣四庫全書》882, 10쪽).
10 《金漳蘭譜》卷上〈敍蘭容質〉《文淵閣四庫全書》845, 123쪽).

줄기를 노출시키지 않고, 조밀하게 나도 가지가 더 부룩하지 않다. 가냘퍼서 예쁘게 자태를 이루고, 정숙하면서도 시원한 자세를 취한다.

그러므로 참으로 이른바 아름다운 난화 중에서도 아름답고, 꽃 중의 꽃이다. 오랫동안 볼수록 더욱 그 정신까지 보게 되기 때문에 사람으로 하여금 이 난화를 버릴 수 없게 한다. 꽃의 중심부의 꽃술에 가까운 곳은 색이 오자(吳紫)[11]와 같아 아름답고 화려함은 다른 꽃들보다 낫다. 잎은 오자(吳紫)보다 약간 작지만 곧게 솟아 굳세다. 여러 난화 중에 특별하게 짙은 반화의 색에 미치는 난화는 없다.

심을 때는 적색 모래 섞은 진흙을 쓴다.[12]

비록 거름을 잘 받아들이지 못하지만 반드시 찻물을 주어야 한다. 본래 자랐던 토지의 본성을 얻어야 한다[13]】

枝. 綽約作態, 窈窕逞姿.

眞所謂艷中之艷, 花中之花也. 視之愈久, 愈見精神, 使人不能捨去. 花中近心處, 色如吳紫、艷麗過於衆花, 葉則差小於吳, 峭直雄健, 衆莫能及其色特深.

種用赤沙泥.

雖未能受肥, 須以茶淸沃之. 冀得其本生土地之性】

1-4) 조십사(趙十四)

【금장난보[14] 색은 자색이다. 꽃 15송이가 핀다. 처음 싹이 날 때는 심한 홍색이다가 꽃이 필 때는 저녁노을의 찬란한 햇빛과 같아 더욱 밝다. 꽃잎은 굳세고 곧으며, 통통하게 솟아올라 있다. 여러 품종

趙十四

【又 色紫, 有十五蕚. 初萌甚紅, 開時若晚霞燦日, 色更晶明. 葉勁直肥聳, 超出群品. 亦云"趙師傅", 蓋其

---

11 오자(吳紫) : 미상.
12 심을……쓴다 : 《金漳蘭譜》卷中〈堅性封植〉(《文淵閣四庫全書》845, 127쪽).
13 비록……한다 : 《金漳蘭譜》卷中〈紫花〉(《文淵閣四庫全書》845, 128쪽).
14 《金漳蘭譜》卷上〈敍蘭容質〉(《文淵閣四庫全書》845, 123쪽).

중에 매우 뛰어나다. 또한 '조사부(趙師傅)'라 하는 품
종도 아마 이 난화의 이름일 것이다.

名也.

15일에 1번 거름을 쓰면 좋다[15]】

半月一用肥則可】

1-5) 하란(何蘭)

何蘭

【금장난보】[16] 색은 자색이며 가운데는 홍색이다.
꽃 14송이가 핀다. 꽃송이는 뒤집어져 눌린 듯하다.
또한 심한 녹색은 아니다.

【又】 紫色, 中紅, 有十四
葶. 花頭倒壓, 亦不甚綠.

황색의 거친 모래를 진흙과 섞은 다음 다시 여기
에 적색 모래 섞은 진흙 약간을 더하여 심으면 효과
가 빼어나다.[17]

用黃色麤沙和泥, 更添些
少赤沙泥, 種爲妙.

15일에 1번 거름물을 준다.[18]

半月一用肥灌漑.

【왕씨난보】[19] 꽃색은 옅은 자색이고, 진란(陳蘭, 진몽
량)[20]과 비슷하다. 진란의 줄기는 튼실하지만 하란은
여위었다. 또 진란의 잎 끝은 그을린 듯 검정색이지
만 하란은 그렇지 않다. 홍색으로 무르익어 향기에
취할 정도의 모양이 있지만 비나 이슬을 맞으면 아름
다운 자태가 흐트러지므로 취양비(醉楊妃)라 부른다】

【王氏蘭譜】 花色淡紫, 似陳
蘭. 陳蘭幹壯, 而何則瘦;
陳葉尾焦, 而何則否. 有紅
酣香醉之狀, 經雨露則嬌
困, 號"醉楊妃"】

---

15 15일에……좋다:《金漳蘭譜》卷中 〈紫花〉(《文淵閣四庫全書》 845, 128쪽).

16 《金漳蘭譜》卷上 〈敍蘭容質〉(《文淵閣四庫全書》 845, 123쪽).

17 황색의……빼어나다:《金漳蘭譜》卷上 〈堅性封植〉(《文淵閣四庫全書》 845, 127쪽).

18 15일에……준다:《金漳蘭譜》卷中 〈紫花〉(《文淵閣四庫全書》 845, 128쪽).

19 《說郛》卷103上 〈王氏蘭譜〉 "紫蘭"(《文淵閣四庫全書》 882, 11쪽).

20 진란(陳蘭, 진몽량):위의 '1-1'에 보인다.

1-6) 금릉변(金稜邊)

【금장난보】[21] 색은 짙은 자색이다. 꽃 12송이가 핀다. 장태(長泰)[22]의 진씨(陳氏)의 집에서 나왔다. 색은 오자(吳紫)와 같으나 꽃잎이 그보다 조금 작다. 줄기 또한 그렇다. 잎도 굳세다. 귀하게 여길 만한 점은 잎의 뾰족한 부분으로부터 둘로 나누어져 가장자리에는 각각 1개 정도의 선이 있어, 그 선이 바로 잎의 중심 부분에 이른다는 것이다. 햇빛을 비치면 색은 금선 같다. 자색 꽃 품등을 벗어날 정도로 기이한 품종이다.

황색의 거친 모래를 진흙과 섞고, 다시 여기에 적색 모래 섞은 진흙 약간을 더하여 심는다.[23]

15일에 1번 거름물을 준다[24]】

1-7) 대장청(大張靑)

【왕씨난보】[25] 색은 짙은 자색이다. 튼실하면 꽃 13송이가 핀다. 바탕이 굳세고 곧다. 꽃에는 2가지 품종이 있다. 대장청(大張靑)은 꽃이 많고, 소장청(小張靑)은 꽃이 적다. 대장청은 줄기와 꽃이 모두 자색이며, 잎도 두께가 소장청보다 낫다. 하지만 소장청

金稜邊

【金漳蘭譜】色深紫, 有十二萼. 出長泰 陳家. 色如吳, 花片則差小, 幹亦如之. 葉亦勁健, 所可貴者, 葉自尖處分二, 邊各一線許, 直下至葉中處. 色映日, 如金線. 紫花品外之奇也.

用黃色麤沙和泥, 更添些少赤沙泥種.

半月一用肥灌漑】

大張靑

【王氏蘭譜】色深紫, 壯者十三萼. 資勁質直. 花有二種. 大張, 花多; 小張, 花少. 大張, 幹花俱紫, 葉亦肥瘦勝小張, 慳於發花.

---

21 《金漳蘭譜》卷上〈品外之奇〉(《文淵閣四庫全書》845, 123쪽).

22 장태(長泰):지금 중국의 복건성(福建省) 장주시(漳州市) 장태현(長泰縣) 일대.

23 황색의……심는다:《金漳蘭譜》卷中〈堅性封植〉(《文淵閣四庫全書》845, 127쪽).

24 15일에……준다:《金漳蘭譜》卷中〈紫花〉(《文淵閣四庫全書》845, 128쪽).

25 《說郛》卷103上〈王氏蘭譜〉"紫蘭"(《文淵閣四庫全書》882, 11쪽).

과 달리 꽃 피우기에 인색하다.

금장난보 [26] 황색의 거친 모래를 진흙과 섞고, 다시 여기에 적색 모래 섞은 진흙 약간을 더하여 심는다.[27]

15일에 1번 거름물을 준다[28]】

1-8) 포통령(蒲統領)

【 왕씨난보 [29] 색이 자색이다. 튼실하면 꽃 십수 송이가 핀다.

금장난보 [30] 황색의 거친 모래를 진흙과 섞고, 다시 여기에 적색 모래 섞은 진흙 약간을 더하여 심는다.[31]

15일에 1번 거름물을 준다[32]】

1-9) 진팔사(陳八斜)

【 왕씨난보 [33] 색은 짙은 자색이다. 튼실하면 꽃

金漳蘭譜 用黃色麤沙和泥, 更添些少赤沙泥種.

半月一用肥灌漑】

蒲統領

王氏蘭譜 色紫, 壯者十數萼.

金漳蘭譜 用黃色麤沙和泥, 更添些少赤沙泥種.

半月一用肥灌漑】

陳八斜

王氏蘭譜 色深紫, 壯者

---

26 《金漳蘭譜》卷中〈堅性封植〉《文淵閣四庫全書》845, 127쪽).
27 황색의……심는다:《金漳蘭譜》卷中〈堅性封植〉《文淵閣四庫全書》845, 127쪽).
28 15일에……준다:《金漳蘭譜》卷中〈紫花〉《文淵閣四庫全書》845, 128쪽).
29 《說郛》卷103上〈王氏蘭譜〉"紫蘭"《文淵閣四庫全書》882, 11쪽).
30 《金漳蘭譜》卷中〈堅性封植〉《文淵閣四庫全書》845, 127쪽).
31 황색의……심는다:《金漳蘭譜》卷中〈堅性封植〉《文淵閣四庫全書》845, 127쪽).
32 15일에……준다:《金漳蘭譜》卷中〈紫花〉《文淵閣四庫全書》845, 128쪽).
33 《說郛》卷103上〈王氏蘭譜〉"紫蘭"《文淵閣四庫全書》882, 11쪽).

10여 송이가 핀다. 꽃이 피면 화분을 가득 채운다. 꽃은 대장청과 비슷하지만 줄기의 자색은 그보다 더 짙다. 잎은 녹색이며 여위었다. 잎 끝이 부들잎처럼 아래로 늘어져 있으며, 그 사이에는 잎 1개에 꽃 2 송이가 핀다.

十餘萼. 發則盈盆, 花類 大張青, 幹紫過之. 葉綠而 瘦, 尾蒲下垂, 間有一葉雙 花.

金장난보 [34] 하품(下品)이다. 마음대로 모래를 쓴다】

金漳蘭譜 乃下品. 任意用 沙】

1-10) 순감량(淳監糧)

淳監糧

【 왕씨난보 [35] 색이 짙은 자색이다. 많으면 꽃 10 송이가 핀다. 꽃이 떨기로 나며 잎과 나란히 있다. 줄기는 굽어 있다. 잎은 높이가 3척이다. 두텁고 또 한 곧다. 그 색은 더욱 자색이다. 매우 짙은 자색이 다. 튼실하면 꽃이 14송이가 핀다. 5~6년 가까이 자라면 잎은 녹색으로 변하고 무성해지며, 꽃은 운 치가 있고 그윽해진다.

【 王氏蘭譜 色深紫, 多者 十萼. 叢生竝葉, 幹曲. 葉 高三尺, 厚而且直. 其色尤 紫, 大紫, 壯者十四萼. 近 五六載, 葉綠而茂, 花韻 而幽.

金장난보 [36] 하품이다. 마음대로 모래를 쓴다.

金漳蘭譜 乃下品. 任意用 沙.

물을 줄 때 비록 너무 많이 주거나 너무 적게 주 어서 생기는 손실이 있더라도 큰 피해는 없다[37]】

灌漑縱有太過不及之失, 亦無大害】

34 《金漳蘭譜》卷中〈堅性封植〉(《文淵閣四庫全書》845, 127쪽).
35 《說郛》卷103上〈王氏蘭譜〉"紫蘭"(《文淵閣四庫全書》882, 11쪽).
36 《金漳蘭譜》卷中〈堅性封植〉(《文淵閣四庫全書》845, 127쪽).
37 물을……없다:《金漳蘭譜》卷中〈紫花〉(《文淵閣四庫全書》845, 128쪽).

1-11) 허경초(許景初)

【 왕씨난보 】[38] 꽃 12송이가 핀다. 꽃색은 선홍색이다. 새벽이슬에 젖으면 표백한 바탕에 가벼운 천홍색(茜紅色, 붉은색)이 든 듯하고, 옥색 얼굴이 반쯤 불그레해진 듯하다. 줄기는 약간 굽었으나 배열해 놓은 못보다 더 가지런히 난다. 잎은 상당히 산만하게 아래로 늘어지며, 녹색은 또한 짙지 않다.

금장난보 [39] 하품이다. 마음대로 모래를 쓴다.

물을 줄 때 비록 너무 많이 주거나 너무 적게 주는 잘못이 있더라도 큰 피해는 없다[40]】

1-12) 석문홍(石門紅)

【 왕씨난보 】[41] 색이 홍색이다. 튼실하면 꽃 12송이가 핀다. 꽃은 통통하며 좁다. 색은 홍색이면서 옅다. 잎은 비록 거칠어도 높이가 그다지 높지는 않지만 화분을 가득 채우면 살아난다. '조란(趙蘭)'이라고도 한다.

금장난보 [42] 15일에 1번 거름물을 준다】

許景初

【 王氏蘭譜 】十二萼者, 花色鮮紅. 凌晨浥露, 若素練輕茜, 玉顏半酡. 幹微曲, 善於排釘, 葉頗散垂, 綠亦不深.

金漳蘭譜 乃下品. 任意用沙.

灌漑縱有太過不及之失, 亦無大害】

石門紅

【 王氏蘭譜 】其色紅, 壯者十二萼. 花肥而促, 色紅而淺. 葉雖麤亦不甚高, 滿盆則生. 亦云"趙蘭".

金漳蘭譜 半月一用肥灌漑】

---

38 《說郛》卷103上〈王氏蘭譜〉"紫蘭"《文淵閣四庫全書》882, 11쪽).
39 《金漳蘭譜》卷中〈堅性封植〉《文淵閣四庫全書》845, 127쪽).
40 물을……없다:《金漳蘭譜》卷中〈紫蘭〉《文淵閣四庫全書》845, 128쪽).
41 《說郛》卷103上〈王氏蘭譜〉"紫蘭"《文淵閣四庫全書》882, 11쪽).
42 《金漳蘭譜》卷中〈紫花〉《文淵閣四庫全書》845, 128쪽).

1-13) 소중화(蕭仲和)

【왕씨난보】[43] 색은 바랜 자색과 같다. 많으면 꽃이 12송이가 핀다. 잎은 향기 나는 띠풀 같은 녹색이다. 그 나머지 줄기는 가늘고 길다. 꽃들도 서로 떨어져서 성글게 난다. 당시 사람들이 '화제(花梯, 꽃사다리)'라 부른다.

금장난보 [44] 하품이다. 마음대로 모래를 쓴다.

물을 줄 때 비록 너무 많이 주거나 너무 적게 주는 잘못이 있더라도 큰 피해는 없다[45]】

1-14) 하수좌(何首座)

【왕씨난보】[46] 색은 옅은 자색이다. 튼실하면 꽃 9송이가 핀다.

금장난보 [47] 하품이다. 마음대로 모래를 쓴다.

물을 줄 때 비록 너무 많이 주거나 너무 적게 주

蕭仲和③

【王氏蘭譜】色如褪紫, 多者十二蕚. 葉綠如芳茅, 其餘幹纖長. 花亦離疏, 時人呼爲"花梯".

金漳蘭譜 乃下品. 任意用沙.

灌漑縱有太過不及之失, 亦無大害】

何首座

【王氏蘭譜】色淡紫, 壯者九蕚.

金漳蘭譜 乃下品. 任意用沙.

灌漑, 縱有太過不及之失,

---

43 《說郛》卷103上〈王氏蘭譜〉"紫蘭"(《文淵閣四庫全書》882, 11쪽).
44 《金漳蘭譜》卷中〈堅性封植〉(《文淵閣四庫全書》845, 127쪽).
45 물을……없다:《金漳蘭譜》卷中〈紫花〉(《文淵閣四庫全書》845, 128쪽).
46 《說郛》卷103上〈王氏蘭譜〉"紫蘭"(《文淵閣四庫全書》882, 11쪽).
47 《金漳蘭譜》卷中〈堅性封植〉(《文淵閣四庫全書》845, 127쪽).
③ 和:저본에는 "紅".《說郛·王氏蘭譜·紫蘭》에 근거하여 수정.

는 잘못이 있더라도 큰 피해는 없다[48]】

亦無大害】

1-15) 임중공(林仲孔)

【왕씨난보】[49] 색은 옅은 자색이다. 튼실하면 꽃 9송이가 핀다. 꽃은 반쯤 피면서 아래를 본다. 잎은 굳세고 황색이다. '중미(仲美)'라고도 한다.

【王氏蘭譜】 色淡紫, 壯者 九萼. 花半開而下視. 葉勁 而黃. 一云"仲美".

【금장난보】[50] 하품이다. 마음대로 모래를 쓴다.

【金漳蘭譜】 乃下品. 任意用 沙.

물을 줄 때 비록 너무 많이 주거나 너무 적게 주는 잘못이 있더라도 큰 피해는 없다[51]】

灌漑縱有大過不及之失, 亦無大害】

1-16) 분장성(粉粧成)

【왕씨난보】[52] 색은 가벼운 자색이다. 많으면 꽃 8 송이가 핀다. 진팔사(陳八斜)[53]와 비슷하다. 꽃과 잎은 또한 그다지 아름답지는 않다】

粉粧成

【王氏蘭譜】 色輕紫, 多者 八萼. 類陳八斜, 花與葉亦 不甚都】

1-17) 모란(茅蘭)

【왕씨난보】[54] 모란의 색은 자색이다. 그 길이가

茅蘭

【又】 其色紫, 長四寸有餘,

林仲孔④

---

48 물을……없다:《金漳蘭譜》卷中〈紫花〉(《文淵閣四庫全書》845, 128쪽).
49 《說郛》卷103上〈王氏蘭譜〉"紫蘭"(《文淵閣四庫全書》882, 11쪽).
50 《金漳蘭譜》卷中〈堅性封植〉(《文淵閣四庫全書》845, 127쪽).
51 물을……없다:《金漳蘭譜》卷中〈紫花〉(《文淵閣四庫全書》845, 128쪽).
52 《說郛》卷103上〈王氏蘭譜〉"紫蘭"(《文淵閣四庫全書》882, 12쪽).
53 진팔사(陳八斜) : 위의 '1-9)'에 보인다.
54 《說郛》卷103上〈王氏蘭譜〉"紫蘭"(《文淵閣四庫全書》882, 12쪽).
④ 孔 : 저본에는 "禮".《說郛·王氏蘭譜·紫蘭》에 근거하여 수정.

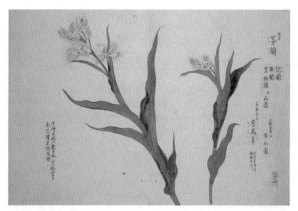

모란(매원화보)

0.4척 남짓이다. 튼실하면 꽃 16송이가 핀다. 꽃이 거칠고 속되어서 사람들이 비루하게 여긴다. 이 난화가 열매를 맺을 때는 열매가 선처럼 쪼개진다. 그리하여 실처럼 가닥가닥 부스러기처럼 조각조각 바람 따라 땅으로 나부끼며 떨어져 가볍게 살아난다. 하지(夏至)에 새싹을 내면 이듬해 봄이 되기 전에 꽃이 핀다】

壯者十六七蕚. 麤而俗, 人鄙之. 是蘭結實, 其破如線. 絲絲片片, 隨風飄地, 輕生. 夏至抽篦, 春前開花】

2) 백색류(24항목 24종)

2-1) 제로(濟老)

【금장난보】[55] 색은 백색이다. 꽃 12송이가 핀다. 운치가 평범하지 않다. 마치 옅게 화장한 서시(西施)[56]가 흰 치마와 흰 비단저고리를 입고 티끌 하나 묻히지 않은 듯하다. 잎은 서시화(西施花)[57]와 비슷하다. 또한 높이는 1~2척이다. 잘 자랄 곳을 얻으면 줄기가 갈래지어 난다. 또한 "일선홍(一線紅)"이라 한다. 백색 꽃 중의 상품이다.[58]

도랑 속의 검은 모래진흙을 똥거름과 섞어 심어야 한다.[59] 또 똥과 오줌을 퍼 말린 후 헌짚신부스러기를 둘러 주고 심는다.[60]

거름을 아끼고, 전적으로 물만 준다.[61]

【왕씨난보】[62] 색은 옅은 녹색이다. 튼실하면 꽃 25송이가 핀다. 꽃잎마다 선 1개가 홍색으로 어려 꽃잎 가운데를 경계 짓는다. 그 나머지는 몹시 높다. 꽃

白類

濟老

【金漳蘭譜】色白, 有十二萼. 標致不凡, 如淡粧西子, 素裳縞衣, 不染一塵. 葉似施花, 更高一二尺. 得所養則歧而生. 亦號"一線紅". 白花上品.

宜溝壑中黑沙泥和糞種之. 又用糞及小便澆泥攤曬, 用草鞋屑圍種.

愛肥, 一任灌漑.

【王氏蘭譜】色微綠, 壯者二十五萼. 逐瓣有一線紅暈界其中, 餘絶高, 花繁則幹

---

55 《金漳蘭譜》卷中〈白花〉《文淵閣四庫全書》845, 128쪽).

56 서시(西施) : ?~?. 중국 춘추 시대 말 월(越)나라 미녀. 선시(先施)·서자(西子)라고도 한다. 범려(范蠡, ?~?)가 서시를 오왕(吳王) 부차(夫差, ?~B.C. 473)에게 바치자 부차가 서시에게 빠져 정치를 게을리하여 멸망했다는 일화가 있다. 중국 4대 미녀의 한 사람으로 꼽힌다.

57 서시화(西施花) : 아래의 '2-3'에 보인다.

58 백색……상품이다:《金漳蘭譜》卷上〈品蘭高下〉《文淵閣四庫全書》845, 125쪽).

59 도랑……한다:《金漳蘭譜》卷中〈堅性封植〉《文淵閣四庫全書》845, 127쪽).

60 또……심는다:《金漳蘭譜》卷中〈白花〉《文淵閣四庫全書》845, 129쪽).

61 거름을……준다:《金漳蘭譜》卷中〈白花〉《文淵閣四庫全書》845, 128쪽).

62 《說郛》卷103上〈王氏蘭譜〉"白蘭"《文淵閣四庫全書》882, 12쪽).

이 번성하면 줄기가 견딜 수 없다】

不能制】

2-2) 조산(竈山)

【금장난보】63 꽃 15송이가 핀다. 색은 벽옥색이
다. 꽃이 가지에서 필 때는 몸체와 껍질이 부드럽고
아름다우며, 온화하고 풍성하여, 아취가 특히 윤기
흐르고 미려하다. 그러므로 난화 중에 으뜸인 품종
이다. 각각의 꽃과 꼭지가 나란히 맺히며, 줄기는 가
장 벽(碧)색이다. 잎은 녹색이며, 여위고 얇아 마치
고매채[苦蕒菜, 고거(苦苣)]64의 잎과 같다. 민간에서는
'녹의랑(綠衣郞)'이라 한다.

똥거름 섞은 진흙과 강모래를 넣은 다음 짚신부
스러기를 사방 주위에 깔고서 심는다. 이를 여러 번
시험해보니, 매우 좋았다.65

거름을 잘 받아들인다. 6가지 품등 중 4번째의
하품이다66】

竈山

【金漳蘭譜】 有十五蕚, 色
碧玉. 花枝開, 體膚鬆美,
顒顒昂昂, 雅特閑麗, 蘭
中之魁品也. 每生竝蔕花,
幹最碧. 葉綠而瘦薄, 如苦
蕒菜葉, 俗呼爲"綠衣郞".

用糞壤泥及河沙內, 用草
鞋屑, 鋪四圍種之, 累試甚
佳.

善肥, 在六之中四之下】

---

63 《金漳蘭譜》卷上 〈白蘭〉 《文淵閣四庫全書》 845, 123~124쪽).
64 고매채[苦蕒菜, 고거(苦苣)] : 국화과 식물인 방가지풀(방가지똥)의 전초를 말린 것이다. 《임원경제지 정조
지》 권1 〈채소(채류)〉 "세부항목" '고거(苦苣)'에 자세히 보인다.
65 똥거름……좋았다 : 《金漳蘭譜》卷中 〈白花〉 《文淵閣四庫全書》 845, 128~129쪽)에 보인다.
66 거름을……하품이다 : 《金漳蘭譜》, 위와 같은 곳.

2-3) 황전강[黃殿講, 시화(施花)][67]

【금장난보[68] 일명 '벽옥간(碧玉幹)'[69] ·'서시화(西施花)'이다. 색은 약간 황색이다. 꽃 15송이가 핀다. 줄기가 나란히 날 때는 꽃이 모두 25송이가 핀다. 가는 잎은 가장 녹색이며 두텁다. 꽃송이는 핀 듯 안 핀 듯하다. 다만 줄기가 비록 높아도 실제로는 여위었고, 잎이 비록 굳세도 실제로는 부드럽다. 게다가 꽃송이로 인해 꽃대가 제대로 서지 못하고, 뿌리에는 시든 잎이 붙어 있기 때문에 이것이 단점일 뿐이다】

2-4) 이통판(李通判)

【금장난보[70] 색은 백색이다. 꽃 15송이가 핀다. 가파르게 솟아 핀 모습이 특히 아담하다. 바람이 불 때 이슬이 맺히면 마치 눈물을 흘리며 하소연하는 듯하여 사람들이 많이 아낀다. 하지만 정화(鄭花)[71]와 비교하면 품등을 1등 내려야 한다.

산 아래 흘러 모인 모래진흙으로 심는다.[72]

거름을 잘 받아들인다. 6가지 품등 중 4번째의

黃殿講

【**又** 一名"碧玉幹"、"西施花". 色微黃. 有十五蕚, 竝幹而生, 計二十五蕚. 細葉最綠肥厚. 花頭似開不開. 第幹雖高而實瘦, 葉雖勁而實柔. 且朶不起稽, 根有萎葉, 是其所短耳】

李通判

【**又** 色白, 十五蕚. 峭特雅淡. 進風浥露, 如泣如訴, 人多愛之. 以較鄭花, 則減一頭地位.

用山下流聚沙泥種之.

善肥, 在六之中四之下】

---

67 황전강[黃殿講, 시화(施花)]:《금장난보》에는 시화(施花)를 표제어로 삼았다. 황전강은 《설부》나 《준생팔전》에 나온다.

68 《金漳蘭譜》卷上 〈白蘭〉《文淵閣四庫全書》845, 124쪽).

69 벽옥간(碧玉幹):《금장난보》에는 '2-2)'의 조산(寵山)의 일명이라 했다. 황전강의 일명이라는 표현은 《설부》·《준생팔전》에 나온다.

70 《金漳蘭譜》卷上 〈白蘭〉《文淵閣四庫全書》845, 124쪽).

71 정화(鄭花):난화의 일종인 산반화(山礬花)의 이칭. 칠리향화(七里香花)라고도 한다.

72 산……심는다:《金漳蘭譜》卷中 〈堅性封植〉《文淵閣四庫全書》845, 127쪽).

하품이다[73]】

2-5) 엽대시(葉大施)

【금장난보】[74] 잎은 칼등 같으며, 가장 길다. 진실로 꽃 중의 상품이다. 하지만 그다지 굳세고 곧지 못한 점이 애석하다】

葉大施

【又 葉劍脊, 最長. 眞花中之上品, 惜乎不甚勁直】

2-6) 혜지용(惠知容)

【금장난보】[75] 색은 백색이다. 꽃 15송이가 핀다. 맑고 여윈 듯하고, 둥근 떨기가 가지런하며, 예쁘고 부드러우며, 여위었지만 윤기가 있다. 꽃은 옅은 자색이다. 꽃의 끝부분에는 황색이 맺힌다. 잎은 비록 녹색이면서 무성하나 자세히 보면 다만 부드럽고 연약하기도 하다.

강모래를 까불러서 먼지를 제거한 다음 거름진 흙을 섞어서 심는다. 바닥에는 거친 모래에 똥거름을 섞어야 효과가 빼어나다.[76]

거름을 아끼고, 전적으로 물만 준다[77]】

惠知容[5]

【又 色白, 有十五萼. 賦質淸癯, 團簇齊整, 嬌柔瘦潤. 花英淡紫, 片尾凝黃. 葉雖綠茂, 細而觀之, 但亦柔弱.

用河沙簸去泥塵, 夾糞蓋泥種. 底用麤沙和糞方妙.

愛肥, 一任灌漑】

---

73 거름을……하품이다 : 《金漳蘭譜》卷中 〈白花〉(《文淵閣四庫全書》845, 128쪽).
74 《金漳蘭譜》卷上 〈白蘭〉(《文淵閣四庫全書》845, 124쪽). 《금장난보》에는 위의 '2-4) 이통판'을 설명하는 내용으로 수록되었다. 지금과 같은 내용 분리는 《설부》·《준생팔전》 등에 보인다.
75 《金漳蘭譜》, 위와 같은 곳.
76 강모래를……빼어나다 : 《金漳蘭譜》卷中 〈白花〉(《文淵閣四庫全書》845, 129쪽).
77 거름을……준다 : 《金漳蘭譜》, 위와 같은 곳.
⑤ 容 : 저본에는 "客". 《金漳蘭譜·白蘭》에 근거하여 수정.

2-7) 마대동(馬大同)

【금장난보】[78] 색은 벽색이면서 녹색이다. 꽃 12 송이가 핀다. 꽃송이가 약간 크고, 그 사이에는 위로 향하는 것이 있다. 중간에는 홍색으로 어려 있는 부분이 많다. 잎은 높이 솟아 있고, 색이 푸르며 두텁다. 꽃줄기는 군세고 곧으며, 길이가 잎의 절반에 이른다. 또한 '오훈사(五暈絲)'라 한다. 상품(上品) 중에서 하품이다.

도랑 속의 검은 모래진흙을 똥거름과 섞어 심어야 한다.[79]

거름을 아끼고, 전적으로 물만 준다.[80]

왕씨난보[81] 일명 '주무(朱撫)'이다. 더러는 '취미(翠微)'라고도 한다. 잎은 흩어져 있으며 그 끝이 곧다. 다른 품종보다 윗길이다】

2-8) 정소거(鄭少擧)

【금장난보】[82] 색은 백색이다. 꽃 14송이가 핀다. 투명하고 고결하여 매우 사랑스럽다. 잎은 가지런히 길고 말랐으며 어지러이 흩어져 있으므로 '헝클어진

馬大同

【又】色碧而綠, 有十二萼. 花頭微大, 間有向上者, 中多紅暈. 葉則高聳, 蒼然肥厚. 花幹勁直, 及其葉之半. 亦名"五暈絲". 上品之下⑥.

宜溝壑中黑沙泥和糞壤種之.

愛肥, 一任灌漑.

王氏蘭譜 一名"朱撫", 或曰"翠微". 葉散, 端直. 冠他種】

鄭少擧

【金漳蘭譜 色白, 有十四萼. 瑩然孤潔, 極爲可愛. 葉則修長而瘦, 散亂, 所

---

78 《金漳蘭譜》卷上〈白蘭〉(《文淵閣四庫全書》845, 124쪽).
79 도랑……한다:《金漳蘭譜》卷中〈堅性封植〉(《文淵閣四庫全書》845, 127쪽).
80 거름을……준다:《金漳蘭譜》卷中〈堅性封植〉(《文淵閣四庫全書》845, 127쪽).
81 《說郛》卷103上〈王氏蘭譜〉"白蘭"(《文淵閣四庫全書》882, 13쪽).
82 《金漳蘭譜》卷上〈白蘭〉(《文淵閣四庫全書》845, 124쪽).
⑥ 下:저본에는 "中".《金漳蘭譜·白蘭》에 근거하여 수정.

머리를 조금 들었다[少擧].'라 한다. 몇 가지 품종이 있다. 이 몇 품종에는 핀 꽃의 수에 차이가 있고, 잎의 유연성에 차이가 있다. 백색 꽃 중 잘 자라는 것들은 이 품종에서 벗어나지 않는다. 그 꽃의 바탕이 매우 사랑스러워 온갖 꽃들 중에서 매우 뛰어나다.

謂"蓬[7]頭少擧"也. 有數種. 花有多少, 葉有軟硬之別. 白花中能生者, 無出於此. 其花之資質可愛, 爲百花之翹楚.

도랑 속의 검은 모래진흙을 똥거름과 섞어 심는다. 또 거름진흙을 똥과 섞은 다음 햇볕에 말려 심는다. 그 윗면에는 붉은 진흙을 덮는다.[83]

溝壑中黑沙泥和糞壤種之. 又用糞蓋泥和便, 曬乾種之, 上面用紅泥覆之.

거름을 아끼고, 전적으로 물만 준다[84]】

愛肥, 一任灌漑】

2-9) 황팔형(黃八兄)

黃八兄

【금장난보】[85] 색은 백색이다. 꽃 12송이가 핀다. 줄기가 잘 나온다. 정화(鄭花)와 상당히 비슷하다. 잎은 녹색이고 곧다. 줄기가 약하여 버티지 못하는 점이 아쉬울 뿐이다.

【又】 色白, 有十二萼. 善於抽幹. 頗似鄭花, 葉綠而直. 惜幹弱不能支持耳.

도랑 속의 검은 모래진흙을 똥거름과 섞어 심는다.[86]

溝壑中黑沙泥和糞壤種之.

거름을 아끼고, 전적으로 물만 준다[87]】

愛肥, 一任灌漑】

---

83 도랑……덮는다:《金漳蘭譜》卷中〈堅性封植〉(《文淵閣四庫全書》845, 127쪽).
84 거름을……준다:《金漳蘭譜》卷中〈白花〉(《文淵閣四庫全書》845, 129쪽)
85 《金漳蘭譜》卷中〈堅性封植〉(《文淵閣四庫全書》845, 127쪽).
86 도랑……심는다:《金漳蘭譜》卷中〈堅性封植〉(《文淵閣四庫全書》845, 127쪽).
87 거름을……준다:《金漳蘭譜》卷中〈白花〉(《文淵閣四庫全書》845, 129쪽)
[7] 蓬:저본에는 "蓮". 오사카본·규장각본·《金漳蘭譜·白蘭》에 근거하여 수정.

2-10) 주염화(周染花)

【금장난보】[88] 색은 백색이다. 꽃 12송이가 핀다. 정화(鄭花)와 차이가 없지만 그와 달리 줄기가 짧고 약할 뿐이다.

도랑 속의 검은 모래진흙을 똥거름과 섞어 심는다.[89]

거름을 아끼고, 전적으로 물만 준다[90]】

周染花

【又】色白, 十二萼. 與鄭花無異, 但幹短弱耳.

溝壑中黑沙泥和糞壤種之.

愛肥, 一任灌漑】

2-11) 석양홍(夕陽紅)

【금장난보】[91] 꽃 8송이가 핀다. 꽃잎은 조금 뾰족하다. 색은 홍색이 엉겨 석양(夕陽)이 반사하는 듯하다.

아래에 소개한 여러 종류는 임의대로 옮겨 심는다.[92]

석양홍·관당주(觀堂主)·명제(名弟)·약각(弱脚) 4종은 모두 토양의 비옥한 정도를 임의대로 한다. 하지만 모래흙이 건조한지 습한지를 보아서 써야 한다. 저녁에는 물을 주고, 새벽에는 맑은 물을 준다. 빗

夕陽紅

【又】花有八萼. 花片微尖, 色則凝紅, 如夕陽返照.

以下諸種任意栽種.

夕陽紅、觀堂主、名弟、弱脚四種, 俱肥瘦任意, 亦當觀其沙土之燥濕. 晚則灌注, 曉則清水澆之. 儲蓄

---

88 《金漳蘭譜》卷上〈白蘭〉《文淵閣四庫全書》845, 124쪽).

89 도랑……심는다:《金漳蘭譜》卷中〈堅性封植〉《文淵閣四庫全書》845, 127쪽).

90 거름을……준다:《金漳蘭譜》卷中〈白花〉《文淵閣四庫全書》845, 129쪽)

91 《金漳蘭譜》卷上〈白蘭〉《文淵閣四庫全書》845, 124쪽).

92 아래에……심는다:《金漳蘭譜》卷中〈堅性封植〉《文淵閣四庫全書》845, 127쪽).

물을 모아서 주면 그 색이 녹색이 되므로 효과가 빼어나다.[93]

雨水沃之, 令其色綠爲妙.

안 이 꽃은 홍색이다. 그러나 《금장난보》와 《왕씨난보》에서 모두 백색 난화류에 넣었으니, 의심할 만하다】

按 此花色紅而《趙譜》、《王譜》皆系之白蘭類, 可疑】

2-12) 관당주(觀堂主)

【금장난보】[94] 꽃은 백색이다. 꽃 7송이가 핀다. 꽃이 떨기처럼 모여 있고, 잎은 그다지 높지 않아 이 꽃이 필때 여인들의 단장에 쓰일 만하다】

觀堂主

【又】花白, 有七萼. 花聚如簇, 葉不甚高, 可供婦女時[8]粧】

2-13) 명제(名弟)

【금장난보】[95] 색은 백색이다. 꽃 5~6송이가 핀다. 꽃은 정화(鄭花)와 비슷하지만 그와 달리 잎은 가장 부드럽다. 새로 긴 잎이 나면서 오래된 잎을 그때마다 교체해 버리기 때문에 사람들이 대부분 심지 않는다】

名弟

【又】色白, 有五六萼. 花似鄭, 葉最柔軟. 如新長葉則舊葉隨換, 人多不種】

2-14) 약각(弱脚)

【금장난보】[96] 바로 독두란(獨頭蘭, 꽃송이가 1개인 난화)이다. 색은 녹색이다. 꽃의 크기는 매의 발톱

弱脚

【又】卽[9]是獨頭蘭, 色綠. 花大如鷹爪, 一幹一花, 高

---

93 석양홍……빼어나다:《金漳蘭譜》卷中〈白花〉(《文淵閣四庫全書》845, 128~129쪽).
94 《金漳蘭譜》卷上〈白蘭〉(《文淵閣四庫全書》845, 124쪽).
95 《金漳蘭譜》卷上〈白蘭〉(《文淵閣四庫全書》845, 124쪽).
96 《金漳蘭譜》卷上〈白蘭〉(《文淵閣四庫全書》845, 124쪽).
8 女時:《金漳蘭譜·白蘭》에는 "人曉".
9 卽:《金漳蘭譜·白蘭》에는 "只".

만 하다. 줄기 하나에 꽃이 하나 핀다. 꽃의 높이는 0.2~0.3척이다. 잎은 여위었고 그 길이는 2~3척이다. 12월이 되어야 꽃이 핀다. 향기로워 사랑스럽고 향도 남을 만큼 많다】

二三寸. 葉瘦, 長二三尺. 入臘方花, 薰馥可愛而香有餘】

2-15) 어심란(魚鱖蘭)

【금장난보】97 '조화(趙花)'라고도 한다. 꽃 12송이가 핀다. 꽃잎은 맑고 투명하다. 이는 새끼물고기[魚鱖]가 깊은 물속에 있을 때 물고기 그림자가 없지만 물고기가 있는 곳을 가리킬 수 있는 모습과 완연히 같다. 잎은 상당히 굳세고, 녹색이다. 이는 백색 꽃 중에서 기이한 품종이다.

산 아래 흘러 모인 모래진흙으로 심는다.98

바탕이 투명하거나 깨끗하지 않기 때문에 굳이 더럽고 기름진 거름을 줄 필요가 없다99】

魚鱖蘭

【又】 又名"趙花". 十二萼, 花片澄澈, 宛如魚鱖沈水中, 無影可指. 葉頗勁, 綠. 此白花之奇品也.

用山下流聚沙泥種之.

質不瑩潔, 不須以穢膩之物澆之】

2-16) 시란(施蘭)

【왕씨난보】100 색은 황색이다. 튼실하면 꽃 15송이나 16~17송이가 핀다. 깨끗한 지조가 결백하듯

施蘭

【王氏蘭譜】 色黃, 壯者十五萼, 或十六七萼. 清操潔

---

97 《金漳蘭譜》卷上 〈白蘭〉《文淵閣四庫全書》845, 124~125쪽).

98 산……심는다:《金漳蘭譜》卷中 〈堅性封植〉《文淵閣四庫全書》845, 127쪽).

99 바탕이……없다:《金漳蘭譜》卷中 〈白花〉《文淵閣四庫全書》845, 128쪽). 본문의 내용은 《금장난보》의 다음과 같은 설명과는 다르다. "魚鱖蘭質瑩潔, 不須過肥, 徐以穢膩物汁澆之." 본문은 《준생팔전》의 내용과 일치한다.

100 《說郛》卷103上 〈王氏蘭譜〉 "白蘭"《文淵閣四庫全書》882, 12쪽);

백색이며, 상당히 덕 있다는 소문이 퍼지듯 훈훈한 향기가 난다. 꽃송이는 상당히 크고, 갈라진 줄기에서 난다. 하지만 꽃 사이로 꽃술이 두루 나지 않고 반쯤만 난다. 잎은 짙은 녹색이며, 튼실하면서 길다. 여러 품종 중 으뜸이다.

白, 聲德⑩薰香. 花頭頗大, 歧幹而生, 但花間未周下蕋半隨. 葉深綠, 壯而長. 冠於諸品.

금장난보 101 도랑 속의 검은 모래진흙을 똥거름과 섞어 심는다.102

金漳蘭譜 溝壑中黑沙泥和糞壤種之.

거름을 아끼고, 전적으로 물만 준다103】

愛肥, 一任灌漑】

2-17) 정백양(鄭白羊)

鄭白羊

【 왕씨난보 104 색은 벽색이다. 많으면 꽃 15송이가 핀다. 줄기가 갈래지어 나면 꽃이 그보다 더 많이 핀다. 그 꽃받침은 더욱 벽색이다. 가을이 되어서야 꽃이 핀다. 또는 '대정(大鄭)'이라고도 한다.

【 王氏蘭譜 色碧, 多者十五蕚. 岐生過之. 其跗尤碧. 交秋乃花. 或又謂"大鄭".

금장난보 105 거름을 좋아한다. 6가지 등급 중 4번째의 하품이다】

金漳蘭譜 喜肥, 在六之中四之下】

101《金漳蘭譜》卷中〈白花〉(《文淵閣四庫全書》845, 128~129쪽).
102 도랑……심는다:《金漳蘭譜》卷中〈堅性封植〉(《文淵閣四庫全書》845, 127쪽).
103 거름을……준다:《金漳蘭譜》卷中〈白花〉(《文淵閣四庫全書》845, 129쪽)
104《說郛》卷103上〈王氏蘭譜〉"白蘭"(《文淵閣四庫全書》882, 12쪽).
105《金漳蘭譜》卷中〈白花〉(《文淵閣四庫全書》845, 128쪽).
⑩ 德:《說郛·王氏蘭譜·白蘭》에는 "氣"

2-18) 선하(仙霞)

【왕씨난보】106 꽃 9~10송이가 핀다. 색은 백색이다. 선명하기로는 씻은 듯하고 은은한 기운을 머금기로는 윤기가 나듯 한다. 태읍(泰邑)107에서 처음 얻었다. 애초에는 기이한 품종이 아니었다. 그러나 심었더니 꽃술이 많아져서 이로 인해 이름난 꽃이 되었다. 이통판(李通判)108에 비하면 그보다 더 낫다.

안 《금장난보》에서 소개한 선하는 자색 꽃이기 때문에109 여기의 선하와는 다르다】

2-19) 주란(朱蘭)

【왕씨난보】110 주첨판(朱僉判)111에게 얻었다. 색은 황색이다. 많으면 꽃 11송이가 핀다. 꽃송이가 핀 듯 안 핀 듯하다. 꽃의 한쪽 구석에서 거꾸로 항하기 때문에 벌레가 줄기를 좀먹은 듯하다. 잎은 길고 여위었다.

금장난보 112 거름을 좋아한다】

仙霞

【王氏蘭譜】九十萼, 色白. 鮮者如濯, 含者如潤. 始得之泰邑. 初不爲奇, 植之葢多, 因以名花. 比李通判則過之.

按 《金漳蘭譜》仙霞乃紫花, 與此異】

朱蘭

【又】得於朱僉判. 色黃, 多者十一萼. 花頭似開, 倒向一隅, 若蟲之蠹幹. 葉長而瘦.

金漳蘭譜 喜肥】

106《說郛》卷103上〈王氏蘭譜〉"白蘭"《文淵閣四庫全書》882, 13쪽).
107 태읍(泰邑) : 미상.
108 이통판(李通判) : 위의 '2-4'에 보인다.
109《금장난보》에서……때문에 : 《금장난보》에는 반화(潘花)를 선하라고 한다고 되어 있다. 《金漳蘭譜》卷上〈敍蘭容質〉《文淵閣四庫全書》845, 123쪽).
110《說郛》卷103上〈王氏蘭譜〉"白蘭"《文淵閣四庫全書》882, 13쪽).
111 주첨판(朱僉判) : 미상. 첨판(僉判)은 중국 송대의 관직 첨서판관청공사(簽書判官廳公事)의 약칭으로 주(州)의 장관을 보좌하는 관직이다.
112《金漳蘭譜》卷中〈白花〉《文淵閣四庫全書》845, 128~129쪽).

2-20) 운교(雲嶠)

【<u>왕씨난보</u>】[113] 색은 백색이다. 튼실하면 꽃 7송이가 핀다. 꽃은 대홍색 꽃술이 있다. 소장청(小張靑)[114]에 가깝다. 하지만 잎은 소장청보다 짙고 두텁다. 이 품종을 얻은 지역의 이름을 따서 이름 붙였다. 운교(雲嶠)는 바다에 있는 섬의 정사(精寺, 절)이다】

2-21) 임군마(林郡馬)

【<u>왕씨난보</u>】[115] 색은 녹색이다. 장태(長泰)[116]에서 나왔다. 튼실하면 꽃 13송이가 핀다. 잎은 두텁고 튼실하다. 시란(施蘭)[117]과 비슷하지만 향기가 그보다 더 낫다】

2-22) 청포(靑蒲)

【<u>왕씨난보</u>】[118] 색은 백색이다. 꽃 7송이가 핀다. 나란히 솟아 꽃망울이 맺히면 벽옥(碧玉, 벽색 옥)과 비슷하지만, 잎은 그보다 낮고 작다. 길이가 겨우 1.5척이다. 꽃은 더욱 백색이다. 잎은 녹색이고 작으며, 곧고 가지런하다】

雲嶠

【<u>王氏蘭譜</u>】色白, 壯者七萼. 花大紅心, 隣於小張, 葉深厚於小張, 以所得之地名. 雲嶠海島之精寺也】

林郡馬

【<u>又</u>】色綠, 出長泰, 壯者十三萼. 葉厚而壯, 似施而香過之】

靑蒲

【<u>又</u>】色白, 七萼. 挺肩露穎, 似碧玉而葉低小, 僅尺有五寸. 花尤白. 葉綠而小, 直而修】

---

113 《說郛》卷103上〈王氏蘭譜〉"白蘭"(《文淵閣四庫全書》882, 13쪽).
114 소장청(小張靑) : 위의 '1-7'에 보인다.
115 《說郛》卷103上〈王氏蘭譜〉"白蘭"(《文淵閣四庫全書》882, 13쪽).
116 장태(長泰) : 지금 중국의 복건성(福建省) 장주시(漳州市) 장태구(長泰區) 일대.
117 시란(施蘭) : 위의 '2-16'에 보인다.
118 《說郛》卷103上〈王氏蘭譜〉"白蘭"(《文淵閣四庫全書》882, 13쪽).

2-23) 벽란(碧蘭)

【왕씨난보】[119] 처음에 흥화(興化)[120]의 귀산원(龜山院)[121]에서 나왔다. 꽃 14~15송이가 핀다. 잎과 나란히 나온다. 잎은 곧고 여위었다. 꽃은 벽색이고, 향기가 난다. 홍색 모래에 심고, 빗물을 준다. 난화 중에서 기이한 품종이다. 간혹 산의 돌에 진흙을 섞어도 좋다】

碧蘭

【又】始出於興化 龜山院. 花有十四五蕚, 與葉齊脩, 葉直而瘦. 花碧而芳. 用紅沙種, 雨水澆之. 蘭中奇品也. 或山石和泥亦宜】

2-24) 건란(建蘭)

【왕씨난보】[122] 색이 백색이며, 깨끗하다. 천궁(川芎)[123] 맛이 나며 그윽한 곳에서 자란다. 잎은 그다지 길지는 않지만 2척 정도 가까이 되며, 짙은 녹색이라 사랑스러울 만하다. 서리가 맺히는 일을 가장 두려워 한다. 서리를 맞고서 햇볕을 쬐면 잎의 끝이 모두 타버린다.

거름을 좋아하고, 건조한 곳을 싫어한다. 습한 곳을 좋아하고 탁한 곳을 싫어한다. 맑은 향기가 깨끗하여 장란(漳蘭)[124]보다 낫다. 다만 잎이 가지런히 긴 장란만 못하다. 이는 남건(南建)[125]의 기이한 품종이다. 품종이 매우 많다.

建蘭

【又】色白而潔, 味芎而幽, 葉不甚長, 只近二尺許, 深綠可愛. 最怕霜凝, 日曬則葉尾皆焦.

愛肥惡燥, 好濕惡濁. 清香皎潔, 勝於漳蘭. 但葉不如漳蘭修長. 此南建之奇品也, 品第甚多.

119《說郛》卷103上〈王氏蘭譜〉"白蘭"《文淵閣四庫全書》882, 13~14쪽).
120 흥화(興化) : 지금 중국의 강소성(江蘇省) 태주시(泰州市)에 속한 흥화시(興化市) 일대.
121 귀산원(龜山院) : 미상. 중국 흥화시 일대에 있었던 사원으로 추정된다.
122《說郛》卷103上〈王氏蘭譜〉"白蘭"《文淵閣四庫全書》882, 14쪽).
123 천궁(川芎) : 쌍떡잎식물 미나리과의 여러해살이풀. 맛은 맵고 쓰다. 중국 원산이며 한약재로 쓰인다.
124 장란(漳蘭) : 미상.《예원지》와《왕씨난보》에 나오지 않는다.《왕씨난보》에 관련되어 보이는 것으로는, 장포(漳浦)에서 나는 백란(白蘭)인 조산(竈山)과 장주(漳州)에서 얻었다는 자란(紫蘭)인 오란(吳蘭)이 있다.
125 남건(南建) : 중국 고대의 지명 남건주(南建州)를 말한다. 지금 해남성(海南省) 정안현(定安縣) 일대.

흑색 진흙을 모래와 섞어 써야 한다.

宜黑泥和沙.

군방보 126 줄기와 잎이 통통하고 크며, 푸르러서 사랑스럽다. 그 잎은 유독 넓어 오늘날 많이 숭상한다. 잎이 짧아서 꽃이 잘 드러나는 모습이 더욱 좋다. 만약 원래 심었던 화분이 아니라면 반드시 태운 산흙에다 옮겨 심는다.

뿌리가 매우 달아 개미가 꼬이니, 물을 담은 상자로 개미를 화분과 격리시킨다. 물은 반드시 날마다 갈아주어야 한다. 물이 말라 땅바닥이 드러나면 개미가 쉽게 건너올까 걱정되기 때문이다. 자주 포기를 나누어 주면 뿌리가 퍼지면서 꽃이 끊이지 않고 핀다. 이는 이미 시험해본 빼어난 법이다. 물을 주고 씻어 주는 일을 법대로 해야 한다.

또 다달이 북주기를 하는 방법이 있다. 이는 민중(閩中) 지역의 신사(紳士)127들이 전해온 방법이므로, 마땅히 살펴 행해야 한다】

群芳譜 莖葉肥大, 蒼翠可愛. 其葉獨闊, 今時多尙之. 葉短而花露者尤佳. 若非原盆, 須用火燒山土栽.

根甚甜招蟻, 以水匱隔之, 水須日換, 恐起皮則蟻易度. 頻分則根舒, 花開不絕, 此已試妙法也. 澆洗須如法.

又有按月培植之方, 乃閩中士紳所傳, 宜照行之】

126《二如亭群芳譜》〈貞部〉〈花譜〉3 "蘭" '建蘭'(《四庫全書存目叢書補編》80, 745쪽).
127 신사(紳士) : 중국 명·청 시대 지방사회를 주도하던 계층.

3) 기타 종류(14항목 14종)

3-1) 항란(杭蘭)

【군방보】[128] 오직 항성(杭城)[129]에만 있다. 꽃이 건란(建蘭)과 비슷하고 향이 짙다. 가지 1개에서 꽃 1송이가 난다. 잎은 건란(建蘭)에 비교하여 조금 넓다. 자색 꽃에 황색 꽃술인 품종은 색이 연지(臙脂)[130] 같고, 백색 꽃에 황색 꽃술인 품종은 양의 비계처럼 백색을 띠어 꽃이 매우 사랑스럽다.

큰 뿌리 안에 대못[竹釘]이 없는 것을 취하고 횡산(橫山)[131]의 황토에서 돌덩이를 골라 낸 뒤 여기에 심는다. 하늘을 보게 하되 해를 보지 못하게 하고 양이나 사슴의 똥물을 주면 꽃이 무성해진다. 닭이나 거위털 튀한 물도 좋다. 만약 물주기를 적절히 하면 이듬해 꽃이 필 때 그 향기는 새로 심은 항란보다 매우 뛰어나다.

일설에는 물을 뿌린 뜬숯[浮炭][132]에 심고, 그 위에 청색 이끼를 덮으면 꽃이 무성해지고, 자주 물을 뿌리면 꽃이 향기난다고 한다. 꽃색이 자백(紫白)색이면 '손(蓀)'이라 한다. 이는 법화산(法華山)[133]에서 나왔다.

雜種類

杭蘭

【群芳譜】惟杭城有之. 花如建蘭, 香甚, 一枝一花. 葉較建蘭稍闊. 有紫花黃心, 色若臙脂; 有白花黃心, 白若羊脂, 花甚可愛.

取大本, 根內無竹釘者, 用橫山黃土揀去石塊, 種之. 見天不見日, 澆以羊、鹿糞水, 花茂盛. 鷄、鵝毛水亦可. 若澆灌得宜, 來歲花發, 其香勝新栽者遠甚.

一說用水浮炭種之, 上蓋青苔, 花茂, 頻灑水, 花香. 花紫白者名"蓀", 出法華山.

---

128 《二如亭群芳譜》〈貞部〉〈花譜〉 3 "蘭" '杭蘭'《四庫全書存目叢書補編》80, 745쪽).
129 항성(杭城) : 지금 중국의 절강성 항주(杭州) 일대.
130 연지(臙脂) : 잇꽃의 꽃잎으로 만든 붉은 염료. 그림을 그릴 때나 화장할 때 쓴다.
131 횡산(橫山) : 지금 중국의 섬서성(陝西省) 유림시(榆林市) 횡산구(橫山區) 일대.
132 뜬숯[浮炭] : 장작을 때고 난 뒤 꺼서 만든 숯.
133 법화산(法華山) : 지금 중국의 절강성(浙江省) 항주시(杭州市) 서호구(西湖區) 법화산공원(法華山公園) 일대.

안 이 꽃은 자색도 있고 흰색도 있다.

按 此花有紫有白.

우안 우리나라의 난(蘭)과 혜(蕙)[134]는 비록 종류가 많지 않으나, 우리의 가장 남쪽 지방은 기후가 중국 복건(福建)이나 항주(杭州) 등의 항란이 나는 지역과 큰 차이가 없다. 그러므로 만약 좋은 종자를 사 와서 거름주기와 물주기를 법대로 할 수 있다면 처음부터 재배하지 못할 것도 없다】

又按 我國蘭、蕙, 雖無多種, 然極南地方寒暖之候, 與中國 建、杭等産蘭州郡, 不甚相遠. 苟能購得佳種, 培澆有法, 則未始不可滋養也】

3-2) 세란(歲蘭)

【오잡조(五雜組) [135][136] 꽃은 난꽃과 같지만 잎이 그와 조금 다르다. 꽃은 반드시 새해 첫머리[歲首]에 피기 때문에 이렇게 이름 붙였다. 목란(木蘭)은 껍질을 벗겨 내도 죽지 않는다】

歲蘭

【五雜組 花同蘭花而葉稍異. 其開必以歲首故名. 木蘭, 去皮不死】

3-3) 흑란(黑蘭)

【오잡조 [137] 길이는 1척 정도이다. 잎과 꽃이 모두 추란(秋蘭)[138]과 비슷하지만 그보다 작다. 꽃은 흑

黑蘭

【又 長尺許, 葉花竝似秋蘭而小. 其花黑赤色】

---

134 혜(蕙) : 봄맞이꽃과 식물 영릉향(寧陵香). 중국 호남지역 원산이고, 한약재로 쓰며 전초를 베어 말려 쓴다.

135 오잡조(五雜組) : 중국 명나라 박물학자인 사조제(謝肇淛, 1567~1624)가 편찬한 유서. 천부(天部) · 지부(地部) · 인부(人部) · 물부(物部) · 사부(事部)로 구성되어 있다.

136 《五雜粗》 卷10 〈物部〉 2(국립중앙도서관본, 131쪽); 《和漢三才圖會》 卷93 〈芳草類〉 "蘭花"(《倭漢三才圖會》 11, 185쪽). 《오잡조》에서 난이 나오는 부분은 권10의 3쪽 정도 뿐이다. 소개한 난화의 종류가 얼마 없고 본문과 비슷한 문장도 확인되지 않는다. 실제로 나오는 부분은 세란과 풍란 일부분 뿐이고, 전체적인 내용이 《화한삼재도회》에 나오는 난화의 순서와 내용이 동일하다. 이런 점으로 보아 《오잡조》는 출전 오기로 보인다. 특히 아래의 춘란, 은란, 청란, 봉란은 《화한삼재도회》의 안설에서 소개하고 있기 때문에 《오잡조》가 그 출처가 아니다.

137 출전 확인 안 됨; 《和漢三才圖會》 卷93 〈芳草類〉 "蘭花"(《倭漢三才圖會》 11, 185쪽).

138 추란(秋蘭) : 자연상태에서 가을철에 꽃이 피는 난의 총칭.

적색이다】

3-4) 남경란(南京蘭)

【오잡조】139 잎은 길이가 1~2척이고, 너비는
0.07~0.08척이다. 꽃은 추란과 비슷하지만 향이 그
보다 옅다】

南京蘭

【又 葉一二尺, 闊七八分.
花似秋蘭而香淺】

3-5) 백란(白蘭)

【오잡조】140 잎이 추란과 비슷하지만 그보다 약
하다. 가을에 청백색의 꽃이 피며, 향이 매우 짙다】

白蘭

【又 葉似秋蘭而弱. 秋開
靑白花, 香太深】

3-6) 외란(隈蘭)

【오잡조】141 잎끝에 백색이 둘러 있다. 꽃은 추란
과 비슷하지만 향이 그보다 매우 짙다】

隈蘭

【又 葉端緣隈白. 其花似
秋蘭而香太深】

3-7) 춘란(春蘭)

【오잡조】142 잎은 추란과 비슷하지만 그보다 가
늘며 짧아, 길이가 0.7~0.8척을 넘지 않는다. 봄철
에 꽃이 핀다. 꽃이 또한 추란과 비슷하지만 향이
그보다 조금 옅다. 겨울에 그 뿌리를 캔다. 뿌리는

春蘭

【又 葉似秋蘭而細短, 長
不過七八寸. 春月開花, 亦
似秋蘭, 香稍淺. 冬月采其
根, 似慈姑, 能治皸瘡】

---

139 출전 확인 안 됨;《和漢三才圖會》卷93〈芳草類〉"蘭花"《倭漢三才圖會》11, 185쪽).
140 출전 확인 안 됨;《和漢三才圖會》, 위와 같은 곳.
141 출전 확인 안 됨;《和漢三才圖會》卷93〈芳草類〉"蘭花"《倭漢三才圖會》11, 186쪽).
142 출전 확인 안 됨;《和漢三才圖會》卷93〈芳草類〉"蕙蘭"《倭漢三才圖會》11, 186쪽).

春蘭

춘란(《왜한삼재도회》)

춘란(《매원화보》)

자고(慈姑)[143]와 비슷하며, 얼어 터진 창(瘡)을 치료할
수 있다】

3-8) 혜란(蕙蘭)

【오잡조[144] 줄기를 세워서 잎을 낸다. 잎은 추란
과 비슷하지만 그보다 넓고 얇다. 색은 옅은 청색이
고, 세로로 결이 있다. 3~4월 줄기 끝에 백색 꽃이
피지만 향은 없다. 뿌리는 둥글고 납작하며, 수염이
많다. 황색 꽃이 피면 민간에서 이를 '황혜(黃蕙)'라
하고, 자색 꽃이 피면 '자혜(紫蕙)'라 한다】

蕙蘭

【又 立莖生葉, 似秋蘭而
闊薄. 色淡靑, 有縱理.
三四月, 莖端開白花, 不
香. 其根團扁多髭. 黃花
者, 俗名"黃蕙"; 紫花者,
名"紫蕙"】

---

143 자고(慈姑) : 외떡잎식물 택사과의 여러해살이풀. 소귀나물이라고도 한다. 지하의 구경을 식용으로 하며 아
린 맛이 있어 끓인 뒤 냉수에 넣어 완화시킨다.
144 출전 확인 안 됨 ;《和漢三才圖會》卷93〈芳草類〉"蕙蘭"(《倭漢三才圖會》11, 187쪽).

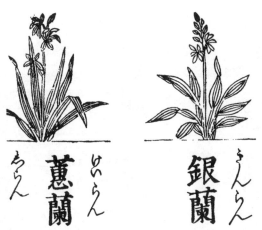

혜란(《왜한삼재도회》)　　　은란(《왜한삼재도회》)

3-9) 은란(銀蘭)

【 오잡조 】145 잎은 작은 옥잠화의 잎과 비슷하지
만 줄기가 그보다 길다. 3~4월에 줄기가 올라온
다음, 백색 꽃이 핀다. 난화와 비슷하다. 또한 자
색 꽃도 있다】

銀蘭

【又】葉似小玉⑪簪葉而莖
長. 三四月抽莖, 開白花,
似蘭花. 又有紫花者】

3-10) 청란(靑蘭)

【 오잡조 】146 잎이 추초(帚草)147와 비슷하나, 줄기
끝과 잎 사이에서 청색 꽃이 난다. 난화와 비슷하지
만 그와 달리 향이 없다】

靑蘭

【又】葉似帚草而莖梢葉間
生靑花, 似蘭而不香】

---

145 출전 확인 안 됨;《和漢三才圖會》卷93〈芳草類〉"銀蘭"(《倭漢三才圖會》11, 187쪽).
146 출전 확인 안 됨;《和漢三才圖會》卷93〈芳草類〉"靑蘭"(《倭漢三才圖會》11, 188쪽).
147 추초(帚草) : 댑싸리. 쌍떡잎식물 명아주과의 한해살이풀. 지부(地膚)라고도 한다.
⑪ 玉 : 저본에는 "王". 규장각본·《和漢三才圖會·芳草類·銀蘭》에 근거하여 수정.

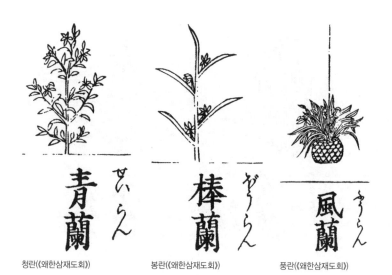

청란(《왜한삼재도회》)　　　봉란(《왜한삼재도회》)　　　풍란(《왜한삼재도회》)

3-11) 봉란(棒蘭)

【 오잡조 】148 둥근 줄기에 잎이 없어 젓가락과 상당히 비슷하기 때문에 '봉란'이라 이름 붙였다. 5~6월에 가지가 갈라지는 곳에서 꽃이 난다. 난화와 비슷하지만 그보다 작다. 향이 약간 있다】

棒蘭

【 又 】 圓莖, 無葉, 頗似箸, 故名 "棒12蘭". 五六月枝杈之間生花. 似蘭花而小, 有微香】

3-12) 풍란(風蘭)

【 삼재도회(三才圖會) 】149 150 흙이 없어도 산다. 작

風蘭

【 三才圖會 】 不土而生. 小

---

148 출전 확인 안 됨;《和漢三才圖會》卷93〈芳草類〉 "棒蘭"(《倭漢三才圖會》11, 188쪽).

149 삼재도회(三才圖會):중국 명(明)나라의 문인 왕기(王圻)가 편찬한 유서(類書). 천(天)·지(地)·인(人)의 삼재(三才)에 있는 만물을 분류하여 설명과 그림을 수록하였다.

150 《三才圖會》〈草木〉卷12 "花卉類" '蘭', 2536쪽;《和漢三才圖會》卷93〈芳草類〉 "風蘭"(《倭漢三才圖會》11, 189쪽). 이부분도 맥락상 실제로는 화한삼재도회를 본 것이다. 화한삼재도회 풍란 항목에는 풍란~유구풍란이 순서에 따라 그대로 수록되어있다.

12 棒:저본에는 공란.《和漢三才圖會·芳草類·棒蘭》에 근거하여 보충.

은 바구니에 담아 나무에 걸어 둔다. 사람들이 '선초 (仙草)'라 부른다. 꽃이 가늘고 향기가 적다.

籃貯挂樹上. 人稱"仙草". 細花微香.

오잡조 [151] 풍란의 뿌리는 흙에 뿌리 내리지 않고, 나무나 돌 위에 무리지어 뿌리를 서린다. 이를 취하여 처마 끝에 매달고 때때로 바람을 맞게 하면 더욱 더 무성해진다. 그 잎과 꽃은 집에서 재배하는 난화와 전혀 다르지 않다】

五雜組 風蘭根不着土, 叢蟠木[13]石之上. 取而懸之簷際, 時爲風吹, 則愈茂盛. 其葉花, 與家蘭全無異】

3-13) 내오란(奈吾蘭)

奈吾蘭

【화한삼재도회(和漢三才圖會) [152] [153] 풍란의 종류라서 형태가 서로 비슷하다. 잎은 길이가 0.3~0.4척이다. 이 난도 흙에 뿌리 내리지 않고 살 수 있다. 황색 꽃을 피운다】

【和漢三才圖會 風蘭之類, 形相似. 葉長三四寸. 亦不着土能活. 開黃花】

3-14) 유구풍란(琉球風蘭)

琉球風蘭

【화한삼재도회 [154] 잎은 길이가 1척 정도이다. 난화와 비슷하지만 그보다 더 부드럽다. 줄기가 올라온 다음 작은 백색 꽃을 피운다. 풍란의 모습이 약간 있다】

【又 葉長尺許, 似蘭而柔. 抽莖, 開小白花, 微有風蘭之狀】

---

151 《五雜粗》卷10〈物部〉2(국립중앙도서관본, 130~131쪽); 《和漢三才圖會》卷93〈芳草類〉"風蘭"(《倭漢三才圖會》11, 189쪽).

152 화한삼재도회(和漢三才圖會): 일본인 데라지마 료안[寺島良安]이 편찬한 유서. 중국의 《삼재도회》와 같은 틀로 천(天)·지(地)·인(人)의 각종 물상에 대한 설명과 삽도가 실려 있다.

153 《和漢三才圖會》卷93〈芳草類〉"風蘭"(《倭漢三才圖會》11, 189쪽).

154 《和漢三才圖會》卷93〈芳草類〉"風蘭"(《倭漢三才圖會》11, 189쪽).

[13] 木 : 저본에는 "才". 오사카본·규장각본·《和漢三才圖會·芳草類·風蘭》에 근거하여 수정.

4) 우리나라 난화(1항목 1종)

4-1) 자란(紫蘭)

【금화경독기】155 우리나라의 난화는 품종이 많지 않다. 호남에서 나는 난화가 가장 좋으나 자색류의 일종에 지나지 않는다. 이름을 살펴 중국에서 사 와야 한다. 일본산은 대마도(對馬島)에서 종자를 사 와야 한다】

東國蘭花

紫蘭

【金華耕讀記】我東蘭花品類不多. 湖南産者最佳, 而亦不過紫花一種而已. 宜按名購求於中國. 日本産者, 宜從對馬島購種耳】

---

155 출전 확인 안 됨.

4. 국화[菊]

菊

1) 황색류(105항목 106종)

黃類

1-1) 감국(甘菊)

甘菊

【군방보】1 일명 '진국(眞菊)', '가국(家菊)', '다국(茶菊)'이다. 꽃은 정황(正黃)색이다. 손가락 끝처럼 작다. 꽃의 바깥쪽은 뾰족하고, 꽃잎 안쪽은 가늘다. 꽃자루는 가늘고 길다. 맛은 달면서 맵다. 향기가 강렬하다.

【群芳譜】 一名"眞菊", 一名"家菊", 一名"茶菊". 花正黃, 小如指頂. 外尖, 瓣內細, 蔕柄細而長, 味甘而辛, 氣香而烈.

잎은 소금령(小金鈴)2과 비슷하지만 그보다 더 뾰족하다. 게다가 그보다 잎이 많다. 잎가장귀가 얕고, 맛은 박하(薄荷)와 비슷하다. 가지와 줄기는 어릴 때는 청색이고 늙으면 자색이다. 잎의 모양이 실로 정력(葶藶)3 같지만, 그보다 더 가늘다. 가지를 심어도 싹이 나며, 인가에 심어서 채소로 사용한다.

葉似小金鈴而尖, 更多. 亞淺, 氣味似薄荷. 枝幹嫩則靑, 老則紫. 實如葶藶而細. 種之亦生苗, 人家種以供蔬茹.

일반적으로 국화잎은 모두 짙은 녹색이고 두터우며, 맛은 매우 쓰고, 간혹 털이 있다. 하지만 오직 감국잎은 옅은 녹색이며, 부드럽고 투명하며, 맛이 약간 달다. 그러므로 이 잎을 씹으면 향기와 맛이

凡菊葉皆深綠而厚, 味極苦, 或有毛, 惟此葉淡綠柔瑩, 味微甘, 咀嚼香味俱勝, 擷以作羹及泛茶, 極有

---

1 《二如亭群芳譜》〈貞部〉"花譜" 3 '菊'(《四庫全書存目叢書補編》80, 753~754쪽).

2 소금령(小金鈴):아래의 '1-27'에 보인다.

3 정력(葶藶):꿀풀과의 해넘이한해살이풀. 어린 순을 뿌리와 함께 캐어 식용으로 쓰고, 열매는 말려 약재로 썼다. 다닥냉이라고도 한다.

감국잎(임원경제연구소, 국립원예특작과학원에서 촬영)

정력(다닥냉이)(국가생물종지식정보시스템, 국립수목원 정수영)

모두 뛰어나다. 따다가 국을 끓이고, 차에 띄운다. 그러면 매우 풍치가 있다.

風致.

도씨본초주(陶氏本草註) 4 5 국화에는 2가지 종류가 있다. 한 종류는 줄기가 자색이며, 황색인 꽃이고, 향기가 있고, 맛이 달아, 진국(眞菊)이라 한다. 다른 한 종류는 청색 줄기이고 크기가 크며, 쑥향기가 나고, 맛이 쓴 품종으로, '고의(苦薏)'라 이름 한다. 이는 진국이 아니다. 이 2가지는 잎의 모양이 서로 완전히 비슷하여 단맛과 쓴맛으로 구별한다】

陶氏本草註 菊有兩種. 一種紫莖黃色, 氣香味甘, 爲眞菊. 一種靑莖而大, 作蒿艾氣, 味苦者, 名"苦薏", 非眞菊也. 葉正相似, 以甘苦別之.

---

4 도씨본초주(陶氏本草註) : 중국 남북조(南北朝) 시대 송(宋)나라와 양(梁)나라 사이의 이름난 의약학자인 도홍경(陶弘景, 456~536)이 저자 미상의《신농본초경(神農本草經)》을 주석한 책이다.《신농본초경》과《명의별록(名醫別錄)》의 약물 730종을 분류하여 합쳐서 엮고 주석(注釋)을 달아《본초경집주(本草經集注)》를 써, 남북조 시대 이전의 약물학 성과를 총결하였다가 1900년대 출토문헌으로 발굴되어 정리된 판본이 남아 있다.

5 《本草經集注》〈草木上品〉"菊花";《本草綱目》卷15〈草部〉"菊", 929쪽.

1-2) 도승(都勝)

【범성대(范成大)[6] 범촌국보(范村菊譜)[7][8] 진주(陳州)[9]에서 나왔다. 9월 말에 꽃이 핀다. 아황(鵞黃)색인 겹꽃이다. 꽃잎의 모양은 둥글고 두터우며, 쌍무늬가 있다. 꽃잎이 큰 품종은 각 꽃잎 위에 모두 쌍으로 그려진 곧은 선 무늬가 있어 사람 손금모양과 같다. 그리고 안팎으로 크고 작은 꽃잎이 중첩되어 서로 차례대로 무성하게 난다. 이는 아마도 조물주가 뜻을 두고서 그리 한 듯하다.

일반적으로 꽃모양이 금령(金鈴) 같은 겹꽃이면 매우 두텁고, 대금령(大金鈴) 같은 홑꽃이면 매우 얇다. 하지만 오직 도승만 두께가 적절하게 되어서 가장 아름답다.

일반적으로 국화는 모두 가지가 굵고 잎이 큰 점이 아쉽다. 그러나 오직 도승만 가는 가지에 작은 잎이 있어서 하늘거리는 자태가 있다. 그 때문에 민간에서는 도승을 가리켜 "이보다 나은 국화를 취할 수 있겠는가."라 한다. 꽃에는 옅은 색과 짙은 색 2가지가 있다. 대개 처음 필 때는 색이 짙다】

都勝

【范氏菊譜 出陳州. 開以九月末. 鵞黃, 千葉. 葉形圓厚, 有雙紋. 花葉大者, 每葉上皆有雙畫直紋, 如人手紋狀, 而內外大小重疊, 相次蓬蓬然, 疑造物者著意爲之.

凡花形, 千葉如金鈴則太厚, 單葉如大金鈴則太薄. 惟都勝得厚薄之中而最美.

凡菊皆恨枝麤葉大, 而惟都勝細枝小葉, 嫋嫋有態. 俗以都勝目之, "其有取于此乎". 花有淺深兩色, 蓋初開時色深耳】

---

6 범성대(范成大) : 1126~1193. 중국 남송의 관료. 남송 효종(孝宗, 재위 1162~1189)의 신임을 받아 재상까지 올라갔다. 시로도 유명하여 남송사대가(南宋四大家)의 한 사람으로 꼽힌다.

7 범촌국보(范村菊譜) : 중국 남송의 관료 범성대가 지은 국화 전문서.

8 《劉氏菊譜》〈都勝〉第3《文淵閣四庫全書》845, 20쪽).

9 진주(陳州) : 지금 중국의 하남성(河南省) 회양현(淮陽縣) 일대.

1-3) 어애(御愛)

【범씨국보】10 남경(南京, 당시 남송의 수도)에서 나왔다. 9월말에 꽃이 핀다. 일명 '소엽(笑靨)', '희용(喜容)'이다. 옅은 황색이다. 겹꽃이다. 꽃잎에 쌍무늬가 있으며, 가지런하고 짧으며 넓다. 꽃잎의 끝은 모두 양쪽이 이지러져 있고, 안팎으로 비늘처럼 층차가 있어 역시 아름답고 특이한 형상이 있다. 다만 가지와 줄기가 조금 굵어서 도승과 겨룰 수 없는 점이 아쉽다.

잎은 여러 국화에 비하면 가장 작고 청색이다. 각 잎은 손가락크기에 지나지 않는다. 더러는 궁중에서 나왔다고 하여 이러한 이름을 얻었다고 한다】

1-4) 금작약(金芍藥)

【군방보】11 일명 '금보상(金寶相)', '새금련(賽金蓮)', '금모란(金牡丹)', '금골타(金骨朶)'이다.

꽃봉오리는 황홍색이다. 꽃은 금색으로 빛이 나며, 꽃이 필수록 더욱 황색이 된다. 지름은 0.3척이고, 두께는 그에 걸맞다. 향기가 있다. 꽃잎은 넓다.

잎은 녹색이고 윤기가 나며, 성글고 구부정하게 자라면서, 길고 크다. 잎가장귀가 깊고, 가지와 줄기는 곧으며 무성하다. 높이는 6~7척이 된다. 국화

御愛

【又】出京師. 開以九月末. 一名"笑靨", 一名"喜容". 淡黃, 千葉. 葉有雙紋, 齊短而闊, 葉端皆有兩缺, 內外鱗次, 亦有瓌異之狀. 但恨枝幹差麤, 不得與都勝爭先爾.

葉比諸菊最小而靑. 每葉不過如指面大. 或云出禁中, 因此得名】

金芍藥

【群芳譜】一名"金寶相", 一名"賽金蓮", 一名"金牡丹", 一名"金骨朶".

蓓蕾黃紅, 花金光, 愈開愈黃. 徑可三寸, 厚稱之. 氣香, 瓣闊.

葉綠而澤, 稀而弓, 長而大. 亞深, 枝幹順直而扶疏. 高可六七尺. 菊中極

---

10 《劉氏菊譜》〈御愛〉第4(《文淵閣四庫全書》845, 20~21쪽).
11 《二如亭群芳譜》〈貞部〉"花譜"3 '菊'(《四庫全書存目叢書補編》80, 754쪽).

중에 매우 좋은 품종이다】

品】

1-5) 황학령(黃鶴翎)

【군방보】12 꽃봉오리가 이금(泥金)13처럼 주홍색이다. 꽃잎은 홍색이며, 뒷면이 황색이다. 꽃이 피면 바깥쪽은 황색이 어려 있고, 가운데는 홍색이 어려 있다.

잎은 청색이고, 구부정하게 자라면서 성글고, 크며 길다. 대부분 가시처럼 뾰족하다. 가지와 줄기는 자흑색이며, 쇠처럼 굳세고 곧다. 높이는 7~8척이 된다. 운치와 자태가 세속을 벗어나 국화 중 신선 같은 품종이다.

밀학령(蜜鶴翎)14은 오랫동안 보지 못했다. 백학령(白鶴翎)15은 그 다음이며, 분학령(粉鶴翎)16은 또한 그 다음이다. 자학령(紫鶴翎)17은 하품이다】

黃鶴翎

【又】蓓蕾朱紅如泥金, 瓣面紅背黃. 開則外暈黃而中暈紅.

葉靑, 弓而稀, 大而長, 多尖如刺. 枝幹紫黑, 勁直如鐵. 高可七八尺. 韻度超脫, 菊中之仙品也.

蜜鶴翎, 久不可見. 白者次之, 粉者又次之. 紫者爲下】

1-6) 대금황(大金黃)

【군방보】18 꽃송이의 크기는 절삼전(折三錢)19만 하다. 꽃술과 꽃잎은 황색으로, 모두 한 가지 색이

大金黃

【又】花頭大如折三錢. 心瓣黃, 皆一色. 其瓣五六

---

12 《二如亭群芳譜》, 위와 같은 곳.
13 이금(泥金) : 금가루를 아교에 섞은 안료. 별도로 색을 섞어 쓰기도 한다.
14 밀학령(蜜鶴翎) : 아래의 '6-12)'에 보인다.
15 백학령(白鶴翎) : 아래의 '5-67)'에 보인다.
16 분학령(粉鶴翎) : 아래의 '3-5)'에 보인다.
17 자학령(紫鶴翎) : 아래의 '4-21)'에 보인다.
18 《二如亭群芳譜》, 위와 같은 곳.
19 절삼전(折三錢) : 중국 북송(北宋) 인종(仁宗) 원년(1041)에 발행한 경력중보(慶曆重寶)와 남송(南宋) 건염(建炎, 1127~1130) 연간에 주조된 건염통보(建炎通寶) 중 하나. 동전 하나가 삼문(三文), 즉 평전(平錢) 3개(삼전)의 가치가 있는 주화이다. 일반적으로 직경 2.9~3.2cm, 중량 16그램. 종류 및 수량이 모두 적다.

절삼전(折三錢)

다. 꽃잎은 5~6층이다. 꽃잎 각각도 크다. 가지 1개의 끝에 대부분 꽃이 1송이만 나며, 그 가지 위에 뒤따라 피는 꽃송이가 더는 없다. 녹색 잎 또한 크다. 그 줄기는 짙은 자색이다】

層, 花片亦大. 一枝之杪多獨生一花, 枝上更無從蕊. 綠葉亦大, 其梗濃紫色】

1-7) 소금황(小金黃)

【 유몽(劉蒙)[20] 유씨국보(劉氏菊譜) [21][22] 일명 '첩금황(疊金黃)', '명주황(明州黃)'이다. 꽃술이 매우 작다. 겹겹의 꽃잎이 빽빽하여 모양이 소엽(笑靨)[23] 같다. 꽃에는 부귀한 기운이 있다. 일찍 핀다.

小金黃

【 劉氏菊譜 一名"疊金黃", 一名"明州黃". 花心極小, 疊葉穠密, 狀如笑靨. 花有富貴氣. 開早.

---

20 유몽(劉蒙):?~?. 중국 북송의 문인. 팽성(彭城) 사람. 대략 휘종(徽宗, 재위 1100~1125) 때 활약했다.
21 유씨국보(劉氏菊譜):중국 송나라의 유몽(劉蒙, ?~?)이 쓴 국화 전문서.
22 《范村菊譜》〈疊金黃〉《文淵閣四庫全書》845, 38쪽);《廣群芳譜》卷48〈菊譜〉"菊花" 1 '小金黃'(《廣群芳譜》11, 1146쪽).
23 소엽(笑靨):위의 '1-3) 어애(御愛)'의 이칭이다.

<boxed>군방보</boxed> 24 꽃송이의 크기는 절이전(折二錢)25만 하다. 꽃술과 꽃잎은 황색으로, 모두 한 가지 색이다. 꽃이 피면 며칠 가지 못한다.

그 꽃잎은 물고기비늘모양이며, 6층으로 가늘다. 자태가 수려하다. 여러 날이 지나면 꽃송이 위쪽의 짧은 꽃잎도 길어진다. 그러다 고르게 되어 가지런해지면 6층에 그치지 않는다. 대개 꽃모양의 앞뒤가 같지 않은 것이 이와 같다】

<boxed>群芳譜</boxed> 花頭大如折二錢. 心瓣黃, 皆一色. 開未多日.

其瓣鱗鱗, 六層而細①, 態度秀麗. 經多日則面上短瓣亦長, 至于整整而齊, 不止六層. 蓋爲狀先後不同也如此】

1-8) 승금황(勝金黃)

【<boxed>군방보</boxed> 26 꽃송이는 절이전보다 훨씬 크다. 밝은 황색 꽃잎에 청황색 꽃술이 있다. 꽃잎은 5~6층이다. 꽃잎 각각은 대금황(大金黃)27에 비하여 조금 작고, 위에 가는 맥이 있다. 가지 끝에 꽃이 모두 3~4송이 핀다. 한 가지에 뒤따라 피는 꽃송이는 적다. 꽃색이 선명하여 감상하면 사람의 마음과 눈을 시원하게 한다.

勝金黃

【<boxed>又</boxed> 花頭大過折二錢. 明黃瓣, 靑黃心. 瓣有五六層, 花片比大金黃差小, 上有細脈. 枝杪凡三四花. 一枝之中有少從蕊. 顔色鮮明, 玩之快人心目.

<boxed>유씨국보</boxed> 28 줄기가 가늘고 약하여 꽃이 둥글게 떨기로 모으기 어렵다. 그러므로 큰 뿌리를 만들고 유의하여 줄기를 받쳐 주어야 둥글게 모을 수 있다】

<boxed>劉氏菊譜</boxed> 條梗纖弱, 難得團簇, 作大本, 須留意扶植乃成】

---

24 《二如亭群芳譜》〈貞部〉〈花譜〉3 "菊" '小金黃'(《四庫全書存目叢書補編》80, 754쪽).

25 절이전(折二錢) : 북송 희녕(熙寧) 연간(1068~1077)에 주조한 동전. 지름이 약 2.7~2.9cm이고 무게는 약 5~8g 정도이다.

26 《二如亭群芳譜》, 위와 같은 곳.

27 대금황(大金黃) : 위의 '1-6)'에 보인다.

28 《范村菊譜》〈勝金黃〉(《文淵閣四庫全書》845, 38쪽); 《二如亭群芳譜》, 위와 같은 곳.

① 鱗六層而細 : 저본에는 "六層而細鱗". 오사카본·규장각본·《二如亭群芳譜·貞部·花譜》에 근거하여 수정.

1-9) 황라산(黃羅繖)

【군방보】[29] 꽃은 짙은 황색이다. 지름은 0.2척이 된다. 꽃의 몸체는 얇고 가운데에는 꽃마루가 있다. 꽃잎의 무늬는 동심원[羅]과 비슷하고, 우산[傘]처럼 아래로 늘어져 있다. 꽃자루는 길고 굳세다.

잎은 녹색이고 성글며, 두텁고 길다. 잎가장귀가 깊고, 가지와 줄기는 가늘고 곧으며, 쇠처럼 굳세다. 높이는 6~7척이 된다】

黃羅繖

【群芳譜】花深黃. 徑可二寸. 體薄, 中有頂. 瓣紋似羅, 下垂如傘. 柄長而勁.

葉綠而稀, 厚而長. 亞深, 枝幹細直, 勁如鐵, 高可六七尺】

1-10) 보군지(報君知)

【군방보】[30] 일명 '구일황(九日黃)', '조황(早黃)', '해조황(蟹爪黃)'이다.

꽃은 황적색이면서 보배로운 색이 있다. 상강(霜降, 양력 10월 23·24일경) 전에 꽃이 피며, 오래 피어 있을수록 더욱 아름다워진다. 지름은 0.25척이다. 향기가 있다. 잎의 끝은 조금 갈래져 있고, 뾰족하게 솟아올라 있다.

잎은 청색이고 성글며, 길고 크다. 잎가장귀가 깊고, 줄기는 자색이다. 가지와 줄기는 굳세고 곧다. 높이는 8~9척이 된다】

報君知

【又】 一名"九日黃", 一名"早黃", 一名"蟹爪黃".

花黃赤而有寶色. 開于霜降前, 久而愈艷. 徑二寸有半. 氣香, 瓣末稍岐, 有尖突起.

葉靑而稀, 長而大. 亞深, 莖紫, 枝幹勁挺. 高可八九尺】

1-11) 금쇄구(金鎖口)

【군방보】[31] 일명 '황금린(黃錦鱗)', '금린국(錦鱗菊)'

金鎖口

【又】 一名"黃錦鱗", 一名

---

29 《二如亭群芳譜》〈貞部〉〈花譜〉3 "菊" '黃羅繖'(《四庫全書存目叢書補編》80, 754쪽).
30 《二如亭群芳譜》, 위와 같은 곳.
31 《二如亭群芳譜》, 위와 같은 곳.

이다. 꽃잎·잎·줄기가 '황학령(黃鶴翎)'[32]과 상당히 비슷하며, 꽃 피는 시기도 같은 때이다.

몸체는 두터우며, 투명하고 윤기가 난다. 서시(西施)[33]와 매우 비슷하다. 꽃잎의 뒷면은 짙은 홍색이며, 앞면은 정황색이다. 꽃잎이 펼쳐지면 바깥쪽은 황색이 어려 있고 안쪽은 홍색이 어려 있다. 꽃이 지고 나면 황색 국화일 뿐이다. 지름은 0.25척이 된다.

《심씨국보(沈氏菊譜)》[34]에서는 "짙은 홍색이다. 겹꽃이다. 주변은 황색이다. 절반쯤 피었을 때는 비단처럼 홍색과 황색이 섞여 있다."[35]라 했다】

"錦鱗菊". 瓣葉、莖幹頗類黃鶴翎, 開亦同時.
體厚瑩潤, 絶類西施. 瓣背深紅, 面正黃, 瓣展則外暈黃而內暈紅. 旣徹則一黃菊耳. 徑可二寸有半.

《沈譜》曰: "深紅, 千瓣. 週邊黃色. 半開時紅黃相雜如錦"】

1-12) 은쇄구(銀鎖口)

【군방보[36] 꽃이 처음에는 황색이었다가 뒤에 색이 옅어진다. 주변은 은처럼 백색이다. 꽃이 절반쯤 피었을 때는 황색과 흰색이 서로 섞여 있어 사랑스럽다. 위 두 꽃(금쇄구·은쇄구)은 절세의 품종이라 할 만하니, 다른 작고 예쁜 품종에 비할 만한 꽃이 아니다】

銀鎖口

【又 花初黃後淡, 週邊白色如銀. 半開時黃白相雜, 可愛. 上二花可爲絶品, 非他小巧者可比】

---

32 황학령(黃鶴翎): 위의 '1-5'에 보인다.
33 서시(西施): 아래의 '2-3' 황전강(黃殿講)의 이칭인 '서시화(西施花)'를 가리키는 것으로 보인다.
34 심씨국보(沈氏菊譜): 중국 송나라의 심긍(沈兢, ?~?)이 국화의 품종과 재배 방법에 대해 서술한 보록(譜錄). 현재 일실되고, 그 내용의 일부가 송대(宋代) 국화에 관한 저술을 집대성한 사주(史鑄, ?~?)의 《백국집보(百菊集譜)》《사씨월중국보(史氏越中菊譜)》에 실려 있다.
35 짙은……있다: 출전 확인 안 됨.
36 《二如亭群芳譜》, 위와 같은 곳.

1-13) 원앙면(鴛鴦錦)

【군방보】[37] 일명 '사면불(四面佛)', '난교봉우(鸞交鳳友)', '공작미(孔雀尾)'이다.

처음에 봉오리를 맺을 때 각 꼭지마다 모두 3~4개가 솟아나고, 또한 5~6개까지 솟아나기도 한다. 그 꽃잎의 앞면은 짙은 황색이고, 뒷면은 짙은 홍색이다.

꽃이 필 때 기괴하여 하나의 꽃잎이 3갈래로 나뉜다. 이중 맨 아래 갈래는 모두 황색이고, 중간 갈래는 홍색이며, 맨 위의 갈래는 다시 홍색이다. 꽃잎의 4면을 오므리고 있을 때는 홍색과 황색이 섞여, 무늬가 화려한 금(錦) 직물처럼 아름답다. 그러다 꽃이 피고 질 때면 4면이 모두 드러나서, 홍색인 뒷면은 모두 가려진다.

두께와 지름은 0.2척 남짓이다. 위는 뾰족하며, 높이는 0.2척으로, 누대모양과 같다. 향기가 있다.

잎은 흑록색이고 윤택하며, 주름이 있고 기와처럼 둥글게 휘었으며, 모서리가 있다. 그 뾰족한 부분이 가장 많다. 잎가장귀는 매우 깊다. 잎뿌리에 혹이 많다. 줄기는 자색이다. 가지와 줄기는 굳세고 곧다. 높이는 4~5척이 된다】

1-14) 어포황(御袍黃)

【군방보】[38] 일명 '경영황(瓊英黃)', '자경어포황(紫梗

鴛鴦錦

【又】一名"四面佛", 一名"鸞交鳳友", 一名"孔雀尾". 初作蓓蕾時, 每一蒂卽迸成三四, 亦有至五六者. 其瓣面重黃而背重紅.

開時奇怪, 一分爲三截, 下截皆黃, 中截則紅, 其頂又紅. 四面支撐, 紅、黃交雜如錦. 開徹, 四面盡露, 紅背盡隱.

厚、徑二寸餘. 上尖, 高二寸, 如樓臺. 氣香.

葉黑綠澤, 皺而瓦, 有稜角. 其尖最多. 亞甚深, 葉根多冗. 莖紫, 枝幹勁挺. 高可四五尺】

御袍黃

【又】一名"瓊英黃", 一名

---

37 《二如亭群芳譜》, 위와 같은 곳.
38 《二如亭群芳譜》〈貞部〉"花譜" 3 '菊'(《四庫全書存目叢書補編》80, 754~755쪽).

御袍黃)’, ‘자포황(柘袍黃)’, ‘대어포황(大御袍黃)’이다.

꽃은 작은 동전크기와 같다. 처음 필 때는 완전히 적색이나, 다 피면 투명한 황색이 된다. 지름은 0.35척이다. 꽃잎은 넓고, 꽃이 일찍 피며, 꽃잎 끝에는 가는 털이 있는 듯하다. 피면 가장 오래가고, 시들면 홍색이 된다.

잎은 녹색으로, 성글고 길며, 두텁고 크다. 잎가장귀가 깊다. 잎뿌리는 맑고 깨끗하다. 줄기·잎·가지는 무성하다. 높이는 10척이 된다. 모양은 어애(御愛)[39]와 비슷하지만 꽃술의 크기에서만 차이가 있다】

"紫梗御袍黃", 一名"柘袍黃", 一名"大御袍黃".

花如小錢大. 初開中赤, 旣開瑩黃. 徑三寸半. 瓣闊, 開早, 瓣末如有細毛. 開最久, 殘則紅.

葉綠, 稀而長, 厚而大. 亞深, 葉根淸[2]淨. 莖葉、枝幹扶疏. 高可一丈. 狀類御愛, 但心有大小之分】

1-15) 청경어포황(靑梗御袍黃)

【군방보[40] 일명 ‘어의황(御衣黃)’, ‘천색어포황(淺色御袍黃)’이다. 꽃송이·꽃잎·잎·줄기가 모두 소어포황(小御袍黃)[41]과 비슷하지만 그와 달리 꽃잎이 성글고 줄기가 맑을 뿐이다. 《범촌국보(范村菊譜)》[42]에서 “겹꽃이다. 처음 피면 짙은 아황색이며, 조금 성글고 야위었다가, 오래되면 백색으로 변한다.”[43]라 했다.

안 《군방보》에서 인용한 《범촌국보》는 사실은 유

靑梗御袍黃

【又 一名"御衣黃", 一名"淺色御袍黃". 朶瓣、葉幹俱類小御袍黃, 但瓣疏而莖淸耳.《范譜》曰: "千瓣. 初開深鵝黃而差疏瘦, 久則變白."

按《群芳譜》所引《范譜》,

---

39 어애(御愛) : 위의 ‘1-3)’에 보인다.
40 《二如亭群芳譜》〈貞部〉“花譜” 3 ‘菊’(《四庫全書存目叢書補編》80, 755쪽).
41 소어포황(小御袍黃) : 아래의 ‘1-45)’에 보인다.
42 범촌국보(范村菊譜) : 중국 남송의 관료 범성대가 지은 국화보.
43 겹꽃이다……변한다:《范村菊譜》〈花品〉“白”‘御衣黃千葉’(《文淵閣四庫全書》845, 39쪽);《說郛》卷103下〈菊譜〉“白花”‘御衣黃’(《文淵閣四庫全書》882, 26쪽).
[2] 淸 : 저본에는 “靑”.《二如亭群芳譜·貞部·花譜》에 근거하여 수정.

Ⅱ. 꽃 이름 고찰(화명고)   257

몽(劉蒙)의 《유씨국보》에 실려 있는 말이다. 《범촌국보》에는 이러한 문장이 없다[44]】

即劉蒙《菊譜》語, 而《范譜》無此文】

1-16) 측금잔(側金盞)

【군방보[45] 대금황(大金黃)[46]과 비슷하지만 그 크기가 그보다 더 커서 0.18척에 이르는 것도 있다. 꽃잎은 4층이고 모두 가지런하다. 각각 꽃잎 또한 넓고 크며, 밝은 황색 꽃잎에 짙은 황색 꽃술이 있다.

한 가지의 끝에 꽃이 하나만 나며, 가지 중간에는 뒤따라 피는 꽃이 더는 없다. 이름을 '측금잔'이라 한 이유는 그 꽃이 크고 무거워 기대어 놓아야[欹側] 살기 때문이다. 잎은 녹색이며 크다. 줄기는 옅은 자색이다】

側金盞

【又 類大金黃, 其大過之, 有及一寸八分者. 瓣有四層, 皆整齊. 花片亦闊大, 明黃色, 深黃心.
一枝之杪獨生一花, 枝中更無從蕊. 名以"側金盞"者, 以其花大而重, 欹側而生也. 葉綠而大, 梗淡紫】

1-17) 장원황(壯元黃)

【군방보[47] 일명 '소금련(小金蓮)'이다. 그 꽃은 초황(焦黃)색으로 불타는 듯하며, 필 때부터 질 때까지 같은 색이다. 꽃잎은 성글고 가늘면서 무성하여 만두모양이 된다. 지름은 0.2척 정도이다. 꽃받침은 짙은 녹색이다. 꽃 피는 시기가 매우 이르다. 향기가 있다.

壯③元黃

【又 一名"小金蓮". 其花焦黃燄燄, 始終一色. 瓣疏細而茸, 作饅頭之形. 徑二寸許. 蕚深綠. 開甚早. 氣香.

---

44 군방보에서……없다 : 이 내용은 서유구가 《설부》에 수록된 《국보》만 참조해서 생긴 오류로 보인다. 《설부》에 수록된 범성대의 《국보》에는 해당 내용이 없다. 하지만 별도로 발간된 범성대의 《범촌국보》에는 내용이 수록되어 있으므로 해당 내용은 《군방보》의 오류가 아니다.

45 《二如亭群芳譜》〈貞部〉"花譜" 3 '菊'(《四庫全書存目叢書補編》80, 755쪽).

46 대금황(大金黃) : 위의 '1-6)'에 보인다.

47 《二如亭群芳譜》, 위와 같은 곳.

③ 壯 : 《二如亭群芳譜》·貞部·花譜》에는 "狀".

잎은 녹색이며 크고, 길면서 기와처럼 둥글게 휘었으며, 두터우면서 잇닿아 있다. 금작약(金芍藥)[48]과 비슷하지만 그보다 더 뾰족하다. 잎뿌리는 맑고 깨끗하다. 줄기는 옅은 홍색이다. 가지와 줄기는 곧으면서 무성하다. 높이는 7~8척이다】

葉綠而大, 長而瓦, 厚而綿. 似金芍藥而尖. 葉根淸淨, 莖淡紅, 枝幹順直扶疏. 高七八尺】

1-18) 전금구(翦金毬)

【 군방보 [49] 일명 '전금황(翦金黃)', '금봉모(金鳳毛)', '금루자(金樓子)', '밀전구(密翦毬)'이다.

그 색은 투명한 황색이다. 꽃잎 끝이 가위로 자른 듯이 가늘다. 꽃마루가 돌출되어 있다. 가는 꽃받침은 무성하게 서로 뒤섞여 있다. 향기가 있다. 시들 때는 홍색이 된다.

잎은 청색이면서 녹색이며, 주름지고 조밀하며, 통통하고 두터우며, 넓적하면서 짧다. 잎가장귀가 깊고, 잎뿌리에 혹이 매우 도드라졌다. 가지와 줄기는 굳세고 곧다. 높이는 5~6척이 된다】

翦金毬
【 又 一名"翦金黃", 一名"金鳳毛", 一名"金樓子", 一名"密翦毬".

其色瑩黃. 瓣末細碎如翦, 頂突, 有細蕚, 相雜茸茸. 氣香. 其殘也, 紅.

葉靑而綠, 皺而稠, 肥而厚, 闊而短. 椏深, 葉根冗甚. 枝幹勁挺. 高可五六尺】

1-19) 황수구(黃繡毬)

【 군방보 [50] 일명 '금수구(金繡毬)', '황라삼(黃羅衫)', '목서구(木犀毬)', '금구(金毬)'이다.

黃繡毬
【 又 一名"金繡毬", 一名"黃羅衫", 一名"木犀毬", 一名"金毬".

---

48 금작약(金芍藥) : 위의 '1-4'에 보인다.
49 《二如亭群芳譜》, 위와 같은 곳.
50 《二如亭群芳譜》, 위와 같은 곳.

꽃은 짙은 황색이다. 잎색은 조금 옅고, 높으며 花深黃, 葉色稍淡而高大】
크다】

1-20) 만황구(晩黃毬) 晩黃毬

【군방보 51 짙은 황색이다. 겹꽃이다. 피면 매우 【又 深黃, 千葉, 開極大】
크다】

1-21) 십채구(十采毬) 十采毬

【군방보 52 황색이다. 공모양 같은 겹꽃이다】 【又 黃, 千瓣如毬】

1-22) 대금구(大金毬) 大金毬

【군방보 53 금황색이다. 겹꽃이다. 꽃잎이 뒤집 【又 金黃, 千瓣, 瓣反成毬】
어지면서 공처럼 된다】

1-23) 소금구(小金毬) 小金毬

【군방보 54 일명 '구자국(毬子菊)', '구자황(毬子黃)', 【又 一名"毬子菊", 一名"毬
'금영국(金纓菊)', '금탄자(金彈子)'이다. 子黃", 一名"金纓菊", 一名
  "金彈子".

짙은 황색이다. 겹꽃이다. 가운데와 가장자리가 深黃, 千瓣. 中邊一色. 花
한 가지 색이다. 꽃은 비교적 작고 공처럼 솟아올라 較小, 突起如毬】
있다】

---

51 《二如亭群芳譜》, 위와 같은 곳.
52 《二如亭群芳譜》, 위와 같은 곳.
53 《二如亭群芳譜》, 위와 같은 곳.
54 《二如亭群芳譜》, 위와 같은 곳.

1-24) 구자(毬子)

【범촌국보】[55] 9월 중순에 꽃이 핀다. 짙은 황색이다. 겹꽃이다. 뾰족하고 가는 꽃잎이 여러 겹이지만 모두 질서가 있다. 한 가지 끝에 100여 송이가 모여 나기 때문에 그 모양이 작은 공과 같다. 여러 황색 국화 중 꽃송이가 가장 작아서, 이보다 더 작은 꽃이 없다. 하지만 가지는 청색이고, 잎이 벽색이며, 꽃색이 선명하여 서로 비추면 더욱 좋다】

毬子

【范氏菊譜】 開以九月中. 深黃, 千葉. 尖細重疊, 皆有倫理. 一枝之杪, 聚生百餘花, 若小毬. 諸菊黃花最小無過此者. 然枝青葉碧, 花色鮮明, 相映尤好也】

1-25) 금령국(金鈴菊)

【유씨국보】[56] 일명 '여지국(荔枝菊)'이다. 꽃의 전체모양은 겹꽃이다. 가는 꽃잎이 모여 작은 공모양을 만들므로 작은 여지(荔枝)[57] 같다. 가지와 줄기가 길고 무성하여기 때문에 따서 엮을 수 있다. 강동(江東)[58] 사람들이 즐겨 심는다. 그중에 엮으면 부도(浮圖)[59]모양이나 누각모양이 되며, 높이는 10척 남짓이 되는 품종이 있다.

金鈴菊

【劉氏菊譜】 一名"荔枝菊". 擧體千葉. 細瓣簇成小毬, 如小荔枝. 枝條長茂, 可以攬結. 江東人喜種之, 有結爲浮圖、樓閣. 高丈餘者.

군방보 [60] 꽃송이가 매우 작아 동그란 방울 같다. 짙은 황색이다. 그 줄기의 길이가 사람의 키와 같아 시렁 위에 얹을 수 있고, 엮어서 탑을 만들 수 있으

群芳譜 花頭甚小, 如鈴之圓. 深黃色. 其幹之長, 與人等, 可以上架, 亦可蟠

---

55 《劉氏菊譜》〈毬子〉第13《文淵閣四庫全書》845, 22쪽).
56 《范村菊譜》〈金鈴菊〉(《文淵閣四庫全書》845, 38쪽).
57 여지(荔枝):쌍떡잎식물 무환자나무과의 상록 교목. 중국 남부 원산이며 열매를 식용한다. 지금은 리치(Litchi)로 더욱 많이 알려져 있다.
58 강동(江東):중국 양자강 동쪽 지역. 상해(上海)·남경(南京) 등이 포함된다.
59 부도(浮圖):불교 고승의 사리를 안치한 탑. 사리탑이라고도 한다.
60 《二如亭群芳譜》〈貞部〉"花譜" 3 '菊'(《四庫全書存目叢書補編》80, 755쪽).

므로 '탑자국(塔子菊)'이라 이름 붙이기도 했다.

한 가지 위에 꽃과 잎이 층층이 서로 섞여 있으므로 가지 끝에만 꽃이 나는 것이 아니다. 녹색 잎은 길고 뾰족하며, 7장이 나온다. 일반적으로 국화 잎은 대부분 5장이 난다】

1-26) 금만령(金萬鈴)

【범씨국보[61] 9월말에 꽃이 핀다. 짙은 황색이다. 겹꽃이다. 국화는 황색이 정색이고 방울[鈴]은 금색이 바탕이다. 이 국화는 정황색이고, 잎은 방울모양이니, 이름과 실제 2가지가 부끄러울 것이 없다.

국화 중에 꽃잎이 조밀하고, 가지가 한쪽으로 기울어졌으며, 꽃술 2개의 모양이 긴 국화를 '안자국(鞍子菊)'이라 한다. 이 금만령과 같은 종이지만, 토질의 비옥도에 따라 그렇게 되었을 뿐이다】

1-27) 대금령(大金鈴)

【범씨국보[62] 9월말에 꽃이 핀다. 짙은 황색이다. 이름에 령(鈴)이 들어가는 국화는 모두 탁령(鐸鈴)[63]과 같은 모양이다. 이 꽃의 가운데에서 실제로 꽃잎이 모두 5장이 난다. 가는 꽃잎 아래에서는 큰 잎이 가는 꽃잎을 받친다. 잎마다 쌍무늬가 있다.

結爲塔, 故又名"塔子菊".
一枝之上, 花與葉層層相
間有之, 不獨生于枝頭. 綠
葉尖長, 七出. 凡菊葉多五
出】

金萬鈴

【范氏 菊譜 開以九月末.
深黃, 千葉. 菊以黃爲正,
而鈴以金爲質. 是菊正黃
色, 而葉有鐸形, 則於名實
兩無愧也.
菊有花密枝偏, 雙心貌長
者, 謂之"鞍子菊", 與此花
一種, 特以地脈肥瘠使之
然爾】

大金鈴

【又 開以九月末. 深黃. 有
鈴者, 皆如鐸鈴之形, 而此
花之中, 實皆五出, 細花下,
有大葉承之. 每葉有雙紋.

---

61 《劉氏菊譜》〈金萬鈴〉第7(《文淵閣四庫全書》845, 21쪽).
62 《劉氏菊譜》〈大金鈴〉第8(《文淵閣四庫全書》845, 21쪽).
63 탁령(鐸鈴) : 금속으로 만든 종모양의 악기. 금령은 이 탁령을 뒤집은 모양이라 생각된다.

탁령(악학궤범)

가지는 보통의 국화와 서로 비슷하지만 잎이 그
보다 더 크고 더 성글다. 한 가지에 잎이 십수 개
를 넘지 않는다. 민간에서 '대금령(大金鈴)'이라 하는
이유는 꽃모양이 추만령(秋萬鈴)[64]과 비슷하기 때문
이다】

枝, 與常菊相似, 葉大而
疏, 一枝不過十數葉. 俗名
'大金鈴', 以花形似秋萬鈴
耳】

1-28) 소금령(小金鈴)

【 군방보 [65] 일명 '만두국(饅頭菊)'이다. 꽃은 대금
령(大金鈴)[66]과 비슷하지만 그보다 크기가 작다. 바깥
쪽은 홑꽃잎이고, 중간은 대롱모양의 잎이다. 잎은
감국(甘菊)과 비슷하지만 그보다 더 두텁고 크다. 10
월에 꽃이 핀다】

小金鈴

【 群芳譜 一名"饅頭菊".
花似大金鈴而小. 外單瓣,
中筒瓣. 葉似甘菊而厚大.
開以十月】

---

64 추만령(秋萬鈴):《예원지》권5〈꽃 이름 고찰〉4 "국화" '4) 자색류'에 보인다.
65 《二如亭群芳譜》〈貞部〉"花譜" 3 '菊'(《四庫全書存目叢書補編》80, 755쪽).
66 대금령(大金鈴): 위의 '1-26)'에 보인다.

1-29) 하금령(夏金鈴)

【범씨국보】67 낙양(洛陽)68에서 나왔다. 6월에 꽃이 핀다. 짙은 황색이다. 겹꽃이다. 금만령(金萬鈴)69과 비슷하지만 꽃송이가 그보다 야위었고 작으며, 색이 선명하거나 무성하지 못하다. 그 이유는 날 때가 제 계절이 아니기 때문이다.

【안】《유씨국보》에서 "소금령은 일명 '하국화(夏菊花)'이다. 금령(金鈴)과 같으나 그보다 매우 작다. 여름에 꽃이 핀다."70라 했다. 하지만 이는 아마도 하금령의 오기인 듯하다】

1-30) 추금령(秋金鈴)

【범씨국보】71 낙양에서 나왔다. 9월 중순에 꽃이 핀다. 짙은 황색이다. 쌍무늬가 있고, 겹꽃이다. 꽃 중에서 꽃술이 가는 편이고, 모두 소금령(小金鈴)72에서 나왔다. 그 꽃받침도 소금령과 같은 모양이다. 하지만 잎은 이 꽃잎보다 짧고 넓으며 청색이고, 봉령(蜂鈴)73의 모양과도 같다.

처음 나왔을 때는 낙양의 황실 내외척이 서로 전

夏金鈴

【范氏菊譜】出西京. 開以六月. 深黃, 千葉. 與金萬鈴相類, 而花頭瘦小, 不甚鮮茂, 以生非其時也.

【按】《劉譜》云："小金鈴, 一名'夏菊花'. 如金鈴而極小. 夏中開."疑卽夏金鈴之誤也】

秋金鈴

【又】出西京. 開以九月中. 深黃, 雙紋, 重葉. 花中細蕊, 皆出小鈴. 其蕚亦如鈴, 葉但比④花葉短廣而靑, 有如蜂鈴狀.

初出時, 京師戚里相傳, 以

---

67 《劉氏菊譜》〈夏金鈴〉第14(《文淵閣四庫全書》845, 22쪽).
68 낙양(洛陽) : 지금 중국의 하남성(河南省) 낙양시(洛陽市). 송대에는 서경(西京)이었다.
69 금만령(金萬鈴) : 위의 '1-25'에 보인다.
70 소금령은……핀다 : 《范村菊譜》〈小金鈴〉(《文淵閣四庫全書》845, 39쪽).
71 《劉氏菊譜》〈秋金鈴〉第15(《文淵閣四庫全書》845, 22~23쪽).
72 소금령(小金鈴) : 위의 '1-27'에 보인다.
73 봉령(蜂鈴) : 아래의 '1-30'에 보인다.
④ 比 : 저본에는 "此".《說郛·菊譜·秋金鈴》에 근거하여 수정.

하면서 애완용이 되었다. 그 뒤에 국화의 품종이 점차 번성하면서 향기와 색과 자태가 종종 이 꽃보다 상급인 품종이 나왔다. 그리하여 사람들이 이를 귀하고 사랑스럽게 여기는 풍조가 잠잠해졌다】

爲愛玩. 後菊品漸盛, 香色形態, 往往出此花上, 而人之貴愛寖落矣】

1-31) 봉령(蜂鈴)

【범씨국보】74 9월에 꽃이 핀다. 겹꽃이다. 짙은 황색이다. 꽃모양은 둥글고 작으며 중간에 탁령[鈴]모양의 꽃잎이 있어서, 서로 모여 벌[蜂]이 떼 지은 듯 솟아 있다. 자세히 보면 벌집모양과 같다.

대체로 금만령(金萬鈴)75과 비슷하다. 다만 꽃모양이 그보다 조금 작고 더 뾰족하다. 또한 가는 꽃술이 탁령모양의 꽃잎 사이에서 나와 있으므로, 이것으로 구별할 뿐이다】

蜂鈴

【又 開以九月中. 千葉, 深黃. 花形圓小而中有鈴葉, 擁聚蜂起, 細視若有蜂窠之狀.

大抵似金萬鈴, 獨以花形差小而尖, 又有細蕊出鈴葉中, 以此別爾】

1-32) 금전(金錢)

【범씨국보】76 낙양에서 나왔다. 9월말에 꽃이 핀다. 짙은 황색이다. 쌍무늬가 있고, 겹꽃이다. 모양은 대금국(大金菊)77과 비슷하지만 꽃모양이 둥글며 가지런하여 적적금(滴滴金)78과 상당히 비슷하다. 사람들 중에 이 꽃을 아직 모르는 사람들은 더러 '당체국(樏棣菊)'이라 하기도 하고, '대금령(大金鈴)'이라 한다.

金錢

【又 出西京. 開以九月末. 深黃, 雙紋, 重葉. 似大金菊而花形圓齊, 頗類滴滴金. 人未有識者, 或以爲"樏棣菊", 或以爲"大金鈴", 但以花葉辨⑤之, 乃可見

---

74 《劉氏菊譜》〈蜂鈴〉第11(《文淵閣四庫全書》845, 22쪽).

75 금만령(金萬鈴) : 위의 '1-25'에 보인다.

76 《劉氏菊譜》〈金錢〉第16(《文淵閣四庫全書》845, 23쪽).

77 대금국(大金菊) :《예원지》에는 이 이름이 보이지 않으나, 크고 노란 국화의 일종으로 판단된다.

78 적적금(滴滴金) : 국화과 금불초. 선복화(旋覆花)라고도 한다.

⑤ 辨 : 저본에는 "瓣",《劉氏菊譜·金錢第十六》에 근거하여 수정.

하지만 꽃잎으로 판별해야 그 차이를 볼 수 있다】　　爾】

1-33) 천엽소금전(千葉小金錢)

【군방보】79 대략 명주황(明州黃)80과 비슷하다. 꽃잎 가운데와 바깥쪽에 겹겹으로 가지런하다. 꽃술이 매우 크다】

千葉小金錢

【群芳譜⑥ 略似明州黃.
花葉中外疊疊整齊, 心甚
大】

1-34) 단엽소금전(單葉小金錢)

【유씨국보】81 꽃술이 더욱 크다. 가장 빨리 꽃이 피어 중양절(重陽節)82 이전에 이미 흐드러지게 만개한다】

單葉小金錢

【又 花心尤大. 開最早, 重
陽前已爛熳】

1-35) 소금전(小金錢)

【군방보】83 꽃이 일찍 핀다. 작은 동전보다 크다. 밝은 황색 꽃잎에 짙은 황색 꽃술이 있다. 그 꽃잎은 가지런한 2층이다. 꽃잎이 펼쳐지면 그 꽃술도 펼쳐져 대롱모양이 된다】

小金錢

【群芳譜 開早. 大于小
錢. 明黃瓣深黃心. 其瓣齊
齊二層. 花瓣展, 其心則舒
而爲筒】

1-36) 대금전(大金錢)

【군방보】84 꽃이 늦게 핀다. 크기는 겨우 절이전

大金錢

【又 開遲. 大僅及折二錢.

---

79 《二如亭群芳譜》〈貞部〉"花譜" 3 '菊'(《四庫全書存目叢書補編》80, 755쪽).
80 명주황(明州黃) : 위의 '1-7'에 보인다.
81 《范村菊譜》〈單葉小金錢〉(《文淵閣四庫全書》845, 38쪽).
82 중양절(重陽節) : 음력 9월 9일로, 양수인 9가 겹쳤다는 뜻이다. 화채를 만들어 먹고, 차례를 지내거나 국화전을 만들어 먹기도 했다. 중구일(重九日)이라고도 한다.
83 《二如亭群芳譜》〈貞部〉"花譜" 3 '菊'(《四庫全書存目叢書補編》80, 755쪽).
84 《二如亭群芳譜》, 위와 같은 곳.
⑥ 群芳譜 : 저본에는 "劉氏菊譜".《二如亭群芳譜·花譜·菊》에 근거하여 수정.

(折二錢)에 미칠 만한 정도이다. 꽃술과 꽃잎이 밝은 황색의 한 가지 색이다. 꽃잎은 5층이다. 이 꽃은 가지꼭대기에서만 나지 않고, 잎과 층층으로 서로 섞여서 난다. 향기·색과 자태가 모두 뛰어나다】

心瓣明黃一色, 其瓣五層. 此花不獨生于枝頭, 乃與葉層層相間而生. 香色與態度皆勝】

1-37) 여지국(荔枝菊)

【군방보】[85] 꽃송이가 작은 동전보다 크다. 밝은 황색의 가는 꽃잎이 있다. 층층으로 난 비늘 같은 층차가 가지런하지 않다. 가운데에 꽃술은 없고, 꽃잎이 촘촘히 모여서 펼쳐지지 않다가, 작은 꽃잎이 모두 10여 층으로 피게 되면 그 형태가 상당히 둥글기 때문에 '여지국'이라 이름 붙였다. 향기가 매우 맑다.

요강(姚江)[86]의 문인들이 "그 꽃은 황색이고 모양은 양매(楊梅)[87]와 비슷하다."[88]라 했다】

荔枝菊

【又】 花頭大于小錢, 明黃細瓣, 層層鱗次不齊, 中央無心, 鬚乃簇簇未展, 小葉至開遍凡十餘層, 其形頗圓, 故名"荔枝菊". 香淸甚.

姚江士友云: "其花黃, 狀似楊梅"】

1-38) 금여지(金荔枝)

【군방보】[89] 일명 '여지황(荔枝黃)'이다. 꽃은 금황색이다. 지름은 0.2척 남짓이며, 두께는 지름의 절반이다. 꽃잎은 짧고 뾰족하다. 꽃이 늦게 핀다. 잎은 청색이고 조밀하며, 크고 뾰족하다. 그 잎가장귀

金荔枝

【又】 一名"荔枝黃". 花金黃. 徑二寸餘, 厚半之. 瓣短而尖. 開遲. 葉靑而稠, 大而尖. 其亞淺. 高可三四

---

85 《二如亭群芳譜》〈貞部〉〈花譜〉3 "菊" '荔枝菊'(《四庫全書存目叢書補編》80, 756쪽).

86 요강(姚江) : 중국 절강성(浙江省) 여요시(余姚市)에 있는 강. 중국 동쪽 동남쪽으로 바다로 들어가는 용강(甬江)의 지류이다. 옛 명칭은 순강(舜江)이었고, 지금은 여요강(余姚江)이라고도 한다.

87 양매(楊梅) : 소귀나무과에 딸린 늘푸른큰키나무. 잎은 어긋나게 나고, 4월에 누르스름한 홍색 꽃이 암수 딴그루에 핀다. 열매는 앵두처럼 둥근데 식용하며, 껍질은 염료로 쓴다.

88 그……비슷하다: 출전 확인 안 됨.

89 《二如亭群芳譜》, 위와 같은 곳.

가 얇다. 높이는 3~4척이 된다】 　　　　　　　尺】

1-39) 여지홍(荔枝紅)

【군방보 90 일명 '홍여지(紅荔枝)'이다. 홍황색이다. 겹꽃이다】

【又 一名"紅荔枝". 紅黃, 千瓣】

1-40) 체당(棣棠)

【범씨국보 91 낙양에서 나왔다. 9월말에 꽃이 핀다. 짙은 황색이다. 쌍무늬가 있고, 다엽(多葉)이다. 가운데부터 바깥쪽에 이르면서 길고 짧은 꽃잎이 서로 차례지어 있어 겹꽃체당의 모양과 같다.

일반적으로 황색 국화 종류는 도승(都勝)92·어애(御愛)93처럼 작은 꽃이 많다. 비록 꽃이 조금 크더라도 색은 모두 열은 황색이다. 대금령(大金鈴)94과 같이 가장 큰 꽃은 또한 홑꽃이라 천박하여 그다지 아름다운 데는 없다.

오직 체당 이 꽃만이 짙은 황색이고, 다엽(多葉)이며, 여러 국화들보다 크기가 크다. 또한 가지와 잎이 매우 청색이고, 한 가지에 꽃이 10여 송이까지 모여 난다. 꽃잎들이 서로 비추면서 그 모습이 선명하여 좋으므로 매우 사랑스럽다】

【范氏菊譜 出西京. 開以九月末. 深黃, 雙紋, 多葉. 自中至外, 長短相次, 如千葉棣棠狀.
凡黃菊類多小花如都勝、御愛, 雖稍大而色皆淺黃. 其最大者若大金鈴, 則又單葉淺薄, 無甚佳處.

唯此花深黃, 多葉, 大於諸菊, 而又枝葉甚靑, 一枝聚生至十餘朶, 花葉相映, 顏色鮮好, 甚可愛也】

---

90 《二如亭群芳譜》, 위와 같은 곳.
91 《劉氏菊譜》〈棣棠〉第10(《文淵閣四庫全書》845, 22쪽).
92 도승(都勝) : 위의 '1-2'에 보인다.
93 어애(御愛) : 위의 '1-3'에 보인다.
94 대금령(大金鈴) : 위의 '1-26)'에 보인다.

1-41) 금추자(金錘子)

【군방보】95 꽃은 감국(甘菊)에 비해 조금 크다. 가늘고 조밀한 모습은 체당(棣棠)96과 꼭 비슷하다. 색은 적금(赤金)97처럼 아름답다. 다른 꽃은 색이 모두 이에 미치지 못하니, 대개 기이한 품종이다. 잎 또한 이와 비슷하다. 그루의 높이는 그다지 높지 않다. 금릉(金陵)98에 가장 많다. 꽃이 일찍 핀다】

1-42) 구련금(九煉金)

【군방보】99 일명 '삼금황(滲金黃)', '소금국(銷金菊)'이다. 꽃이 체당(棣棠)과 비슷하나 그보다 조금 크다. 꽃잎은 여지국(荔枝菊)과 비슷하나 그보다 조금 민둥민둥하다. 9월 전에 꽃이 핀다. 바깥쪽은 금황색으로 어려 있고, 가운데는 초황색으로 어려 있다.

잎은 녹색이며, 좁고 뾰족하다. 잎가장귀가 깊고, 잎뿌리에 혹이 많다. 줄기는 자색이면서 가늘고, 쇠처럼 굳세며 곧다. 높이는 10척이 된다】

1-43) 황이색(黃二色)

【범씨국보】100 9월말에 꽃이 핀다. 아황색이다. 쌍무늬가 있고, 다엽(多葉)이다. 꽃 하나에서 짙은 색과 옅은 색 2가지가 저절로 생긴다. 그러나 이 꽃은

金錘子

【群芳譜】花比甘菊差大, 纖穠酷似棣棠, 色艷如赤金, 他花色皆不及, 蓋奇品也. 葉亦似, 窠株不甚高. 金陵最多. 開早】

九煉金

【又】一名"滲金黃", 一名"銷金菊". 花似棣棠菊而稍大, 瓣似荔枝菊而稍禿. 開于九月前. 外暈金黃, 中暈焦黃.

葉綠, 狹而尖. 亞深, 葉根多冗. 莖紫而細, 勁直如鐵. 高可一丈】

黃二色

【范氏菊譜】九月末開. 鵝黃, 雙紋, 多葉. 一花之間自有深淡兩色. 然此花甚

---

95 《二如亭群芳譜》〈貞部〉"花譜" 3 '菊'(《四庫全書存目叢書補編》80, 756쪽).
96 체당(棣棠): 위의 '1-39'에 보인다.
97 적금(赤金): 아래의 '6-6' 적금반(赤金盤)을 말하는 것으로 추정된다.
98 금릉(金陵): 지금 중국의 강소성(江蘇省) 남경시(南京市)의 옛 이름.
99 《二如亭群芳譜》, 위와 같은 곳.
100 《劉氏菊譜》〈黃二色〉第19(《文淵閣四庫全書》845, 23쪽).

등국(橙菊)(이 사진은 참고용이며, 꽃 이름과의 일치 여부는 학술적으로 확인
되지 않았음)

장미국(薔薇菊)101과 매우 비슷하면서도 오직 모양이
그보다 조금 작다. 또한 장미국과 달리 꽃술 근처에
어지럽게 난 꽃잎이 많다. 이런 차이가 보이지 않으
면 또한 다른 종으로 판별하지 않는다】

類薔薇菊, 惟形差小. 又近
蕊多有亂葉, 不然, 亦不
辨其異種也】

1-44) 등국(橙菊)

【군방보 102 꽃잎이 여러 국화들과 매우 다르다.
황색이 그다지 짙지는 않다. 그 꽃잎은 대롱이 나란
히 서 있는 모습으로, 꽃받침 위에 난다. 이것이 나
중에 피면서 작은 조각모양이 되었다가 예쁘게 둥근
모양이 된다. 여러 꽃잎 아래는 또 통군(統裙)103 같
은 모양의 한 층이 꽃잎을 받친다. 이 모습 또한 등

橙菊

【群芳譜 花瓣, 與諸菊絶
異. 黃色不甚深. 其瓣成筒
排竪⑦, 生于蕚上, 後乃開
作小片, 婉變至于成團. 衆
瓣之下, 又有統裙一層承
之. 亦猶橙皮之外包也. 其

---

101 장미국(薔薇菊) : 꽃잎이 둥글면서 조밀하게 나는 홑꽃은 국화의 일종. 《예원지》에서는 이 꽃을 별도로 다
루지는 않았다. 다만 아래의 '5-11) 등주백(鄧州白)'에 간략한 설명이 보인다.
102《二如亭群芳譜》〈貞部〉"花譜" 3 '菊'(《四庫全書存目叢書補編》80, 756쪽).
103 통군(統裙) : 중국 태족(僚族)의 복식. 통군(桶裙)·통군(筒裙)이라고도 한다. 천을 이어 붙여 통모양을
만들고 가로로 꽃무늬를 짜거나 다양한 색으로 염색했다.
⑦ 竪 : 저본에는 "堅". 오사카본·규장각본·《二如亭群芳譜·貞部·花譜》에 근거하여 수정.

자나무[橙]¹⁰⁴열매의 외피와 같은 모양이다. 가운데
에는 꽃술이 없다】

中無心】

1-45) 소어포황(小御袍黃)

【군방보】¹⁰⁵ 일명 '심색어포황(深色御袍黃)'이다. 꽃
이 어포황과 완전히 비슷하지만 꽃잎은 그보다 조금
더 가늘다. 꽃은 상당히 늦게 핀다. 꽃술은 솟아올
라 있으며, 색이 짙은 아황색과 같다. 꽃이 야위었
으면 꽃술이 솟아오르지 않는다】

小御袍黃

【又】一名"深色御袍黃". 花
全似御袍黃, 瓣稍細. 開
頗遲. 心起突, 色如深鵞
黃, 菊瘦, 有心不突】

1-46) 황만권(黃萬卷)

【군방보】¹⁰⁶ 일명 '금반등(金盤橙)'이다. 꽃색은 금
황색이다. 지름은 0.25척이며, 두께는 지름의 2/3이
다. 꽃의 바깥쪽에는 꽃잎이 겹쳐져 있고, 가운데는
꽃잎이 대롱모양이다. 꽃이 늦게 핀다.

잎은 청색이고 조밀하며, 크고 기와처럼 둥글게
휘었다. 그 끝은 둥글다. 잎가장귀가 깊고, 잎뿌리
에는 혹이 많다. 가지와 줄기가 높이 솟아 있으며,
굵고 크다. 높이는 5~6척이다】

黃萬卷

【又】一名"金盤橙". 其色
金黃. 徑二寸有半, 厚三之
二. 其外夾瓣, 其中筒瓣.
開遲.
葉青而稠, 大而瓦. 其末
團. 其亞深, 葉根多冗. 枝
幹偃蹇而麤大. 高五六尺】

1-47) 등주황(鄧州黃)

【범씨국보】¹⁰⁷ 9월말에 꽃이 핀다. 홑꽃이며, 쌍

鄧州黃

【范氏菊譜】開以九月末.

---

104 등자나무[橙]: 운향과의 상록 활엽 교목. 높이는 3미터 정도이고 가시가 있으며, 잎은 두껍고 귤나무의 잎
보다 크다. 열매는 겨울에 노랗게 익는다. 발한제, 건위제, 조미료, 향료로도 쓰인다.
105《二如亭群芳譜》, 위와 같은 곳.
106《二如亭群芳譜》, 위와 같은 곳.
107《劉氏菊譜》〈鄧州白〉第23(《文淵閣四庫全書》845, 24쪽).

무늬가 있다. 색은 아황색보다는 짙고 울금(鬱金)[108] 색보다는 옅다. 중간에 가는 꽃잎이 있어서 꽃받침 위에 탁령모양으로 난다. 모양이 등주백(鄧州白)[109]과 매우 비슷하지만 크기가 그보다 조금 작을 뿐이다.

살펴보건대 도홍경(陶弘景)[110]이 "남양(南陽)[111]의 여현(酈縣)에 황색 국화가 있고, 백색 국화는 5월에 딴다."[112]라 했다. 지금 사람들 사이에 전해지는 말에는 대부분 백색 국화가 귀하고 또한 9월에 딴다고 한다. 이는 옛 설과는 상당히 다르다.

오직 황색 국화만이 맛이 달고 향기가 있으며, 가지·줄기·잎의 모양은 백색 국화와 완전히 비슷하다. 그러므로 도홍경이 말한 국화는 이 등주황인 듯하다】

1-48) 금사국(金絲菊)

【군방보】[113] 꽃송이는 절이전보다 훨씬 크다. 짙은 황색이다. 가는 꽃잎이 모두 5층으로, 한 떨기를 이룬다. 황색 꽃술이 매우 작으며, 꽃잎과 같은 색이어서 그 모습이 사랑스럽다.

單葉, 雙紋, 深于鵝黃而淺于鬱金. 中有細葉, 出鈴萼上. 形樣甚似鄧州白, 但差小耳.

按陶隱居云: "南陽 酈縣有黃菊, 而白者以五月採." 今人間相傳, 多以白菊爲貴, 又採以九月, 頗與古說相異.

惟黃菊, 味甘氣香, 枝幹葉形全類白菊, 疑弘景所說即此】

金絲菊

【群芳譜】花頭大過折二錢. 深黃, 細瓣凡五層一簇. 黃心甚小, 與瓣一色, 顏色可愛.

---

108 울금(鬱金) : 생강과에 속하는 다년생 초본식물. 덩이뿌리를 식용·약용·염료로 쓰며 짙은 황색이다. 맛은 생강·강황과 비슷하다.

109 등주백(鄧州白) : 아래의 '5-11)'에 보인다.

110 도홍경(陶弘景) : 456~536. 중국 양(梁)나라의 학자. 일생을 벼슬하지 않았으나 무제(武帝, 재위 502~549)의 신임이 두터워 국가대사의 자문 역할을 하여 산중재상이라 불렸다. 모산(茅山)에 은거하여 학업에 힘써 학술과 의술에 힘썼으며 《본초경집주(本草經集注)》·《진고(眞誥)》등의 저서가 있다.

111 남양(南陽) : 지금 중국의 하남성 남양시(南陽市) 일대.

112 남양(南陽)의……딴다 : 《本草綱目》 卷15 〈草部〉 "菊", 929쪽.

113 《二如亭群芳譜》〈貞部〉 "花譜" 3 '菊'(《四庫全書存目叢書補編》80, 756쪽).

이름이 금사(金絲)인 이유는 그 꽃잎에 또렷히 일어난 무늬가 실로 만든 끈[絛]과 같기 때문이다. 10월에서야 꽃이 핀다. 이 꽃의 뿌리는 매우 튼실하다】

名爲金絲者, 以其花瓣顯然起紋絛也. 十月方開, 此花根荄極壯】

1-49) 수사국(垂絲菊)

【유씨국보】114 꽃술이 짙은 황색이다. 줄기는 매우 부드럽고 가늘어 바람에 흔들리는 모습이 수사해당(垂絲海棠)115과 같다】

垂絲菊

【劉氏菊譜】 花蕊深黃, 莖極柔細, 隨風動搖, 如垂絲海棠】

1-50) 금모란(錦牡丹)

【군방보】116 국화 중에 홍황색이나 적황색인 것은 대부분 금(錦)을 이름에 붙인다. 꽃이 풍성하고 크면서 길이가 짧은 것은 대부분 모란(牡丹)을 이름에 붙인다. 이 꽃을 '추모란(秋牡丹)'이라고도 한다】

錦牡丹

【群芳譜】 花之紅黃、赤黃者, 多以錦名; 花之豐碩而短者, 多以牡丹名. 或又名 "秋牡丹"】

1-51) 단향구(檀香毬)

【군방보】117 색은 노황색(老黃色, 어두운 황색)이다. 모양은 둥글다. 꽃잎도 둥글고 두껍다. 꽃이 피고 질 때면 가지런해진다. 지름은 거의 0.3척이고, 두께는 지름의 2/3이다. 향기가 난다. 잎과 줄기는 짧고 오그라들어 있다】

檀香毬

【又】 色老黃, 形圓, 瓣圓厚. 開徹整齊, 徑幾三寸, 厚三之二. 氣香. 葉幹短蹙】

---

114 《范村菊譜》〈垂絲菊〉《文淵閣四庫全書》845, 38쪽).

115 수사해당(垂絲海棠):분홍색이며 아래쪽을 향하여 피는 해당. 앵두나무를 첨경해당에 접붙여 만든다.《예원지》권3〈꽃류〉 "해당"에 보인다.

116 《二如亭群芳譜》〈貞部〉"花譜" 3 '菊'《四庫全書存目叢書補編》80, 756쪽).

117 《二如亭群芳譜》, 위와 같은 곳.

1-52) 사향황(麝香黃)

【유씨국보】118 꽃술은 풍성하고 여위었다. 그 옆에서는 짧은 잎이 조밀하게 꽃술을 받치고 있어서 격조가 매우 높고 뛰어나다. 또한 백색 꽃은 대략 백불정(白佛頂)119과 비슷하지만 그보다 훨씬 낫다. 오중(吳中) 지역에서 근래에 처음 나왔다】

1-53) 황한국(黃寒菊)

【군방보】120 꽃송이가 커서 작은 동전만 하다. 꽃술과 꽃잎이 모두 짙은 황색이다. 꽃잎은 5층이며, 매우 가늘다. 꽃이 피고서 여러 날이 지나면, 꽃술과 꽃잎이 나란히 나서 하나가 된다. 그리하여 5층에 그치지 않고 겹쳐진 수가 매우 많아 우뚝 솟으며 높다. 그 향기와 자태가 모두 사랑스럽다. 모양은 금령국(金鈴菊)121과 비슷하지만 그보다 조금 더 클 뿐이다】

1-54) 장미(薔薇)

【범씨국보】122 9월말에 꽃이 핀다. 짙은 황색이다. 쌍무늬가 있으며, 홑꽃이다. 황색의 가는 꽃술이 꽃받침 가운데에서 작은 탁령처럼 난다. 가지와 줄기는 조금 가늘다. 잎은 갈라져 있으며 둥글다.

麝香黃

【劉氏菊譜】花心豐腹, 旁短葉密, 承之, 格極高勝. 亦有白者, 大略似白佛頂而勝之遠甚. 吳中比年始有】

黃寒菊

【群芳譜】花頭大如小錢, 心瓣皆深黃色, 瓣有五層甚細. 開至多日, 心與瓣幷而爲一, 不止五層, 重數甚多, 聳突而高. 其香與態度皆可愛. 狀類金鈴菊, 差大耳】

薔薇

【范氏菊譜】九月末開, 深黃雙紋, 單葉. 有黃細蕊出小鈴蕚中. 枝幹差細, 葉有支股而圓.

118《范村菊譜》〈麝香黃〉《文淵閣四庫全書》845, 38쪽).
119 백불정(白佛頂) : 아래의 '5-48) 소백불정(小白佛頂)'을 가리키는 것으로 보인다.
120《二如亭群芳譜》〈貞部〉"花譜" 3 '菊'《四庫全書存目叢書補編》80, 756쪽).
121 금령국(金鈴菊) : 위의 '1-24)'에 보인다.
122《劉氏菊譜》〈薔薇第十八〉《文淵閣四庫全書》845, 23쪽).

또한 장미에는 홍색과 황색이 있고, 겹꽃과 홑꽃의 2종이 있다. 홑꽃은 조금 뾰족하다. 사람들이 이를 '야장미(野薔薇)'라 하니, 이는 아마도 홑꽃이기 때문일 것이다】

又薔薇有紅、黃, 千葉、單葉兩種, 而單葉者差尖, 人謂之"野薔薇", 蓋以單葉爾】

1-55) 아모(鵝毛)

【군방보】[123] 일명 '아아황(鵝兒黃)'이다. 9월에 꽃이 핀다. 옅은 황색이다. 가는 털처럼 섬세한 꽃잎이 꽃받침 위에 난다. 일반적으로 국화 중에 대체로 꽃술 쪽은 모두 가는 꽃잎이고, 그 아래에 큰 꽃잎이 받치는 모습이면 이 꽃을 '탁엽(托葉)'이라 한다.

지금 아모꽃은 안쪽이나 바깥쪽부터 꽃잎이 모두 균일하다. 다만 길이와 높이에 따른 등급이 있을 뿐이다. 꽃모양은 만령(萬鈴)[124]보다 작다. 또한 근래 나온 새 꽃이다】

鵝毛

【又】 一名"鵝兒黃". 開以九月. 淡黃. 纖如細毛生于花萼上. 凡菊大率花心皆細[8]葉, 而下有大葉承之, 則謂之"托葉".

今鵝毛花自內自外葉皆一等, 但長短、上下有次爾. 花形小于萬鈴. 亦近年新花也】

1-56) 금공작(金孔雀)

【군방보】[125] 일명 '금욕국(金褥菊)'이다. 꽃봉오리가 매우 크다. 처음 피었을 때는 금황색이었다가 피고 나면 적황색이 된다. 지름은 0.35척이고, 두께는 그에 걸맞다. 향기는 좋지 않다. 꽃잎은 뾰족하고 아래로 늘어지며, 피자마자 시든다.

金孔雀

【群芳譜】 一名"金褥菊". 蓓蕾甚巨. 初開金黃, 旣開赤黃. 徑三寸半, 厚稱之. 其氣不佳. 瓣尖而下垂, 隨開隨悴.

123《二如亭群芳譜》〈貞部〉"花譜" 3 '菊'(《四庫全書存目叢書補編》80, 756~757쪽).
124 만령(萬鈴) : 위의 '1-25) 금만령(金萬鈴)'을 가리키는 것으로 보인다.
125《二如亭群芳譜》〈貞部〉"花譜" 3 '菊'(《四庫全書存目叢書補編》80, 757쪽).
⑧ 細 : 저본에는 "紅". 오사카본·규장각본·《二如亭群芳譜·貞部·花譜》에 근거하여 수정.

잎은 청색이고 탁하며, 길고 크며 주름이 있다. 잎가장귀가 깊고, 잎뿌리에는 혹이 매우 도드라졌다. 가지와 줄기는 높이 솟아 있으며, 거칠고 크다. 높이가 10척이 된다】

葉青而濁, 長大而皴. 其亞深, 根冗甚. 枝幹偃蹇而矗大. 高可一丈】

1-57) 황오구국(黃五九菊)

【군방보】126 꽃은 아황색이다. 바깥쪽에 뾰족한 꽃잎이 1층 있으며, 가운데 꽃잎은 무성하다. 하지만 지름은 겨우 동전만 하다. 여름과 가을에 2번 꽃이 핀다.

잎은 청색이고 조밀하며 길다. 그리고 뾰족한 부분이 많다. 잎가장귀가 깊고, 잎뿌리에 혹이 있다. 가지와 줄기가 가늘다. 높이는 겨우 2~3척이다】

黃五九菊

【又】花鵝黃色, 外尖瓣一層, 中瓣茸茸, 然徑僅如錢. 夏秋二度開.

葉青而稠, 長而多尖, 其亞深, 葉根有冗. 枝幹細而高僅二三尺】

1-58) 구일황(九日黃)

【군방보】127 크기는 작은 동전과 같다. 황색 꽃잎에 황색 꽃술이 있다. 꽃술은 청색을 약간 띤다. 꽃잎은 3층이다. 모양이 소금전(小金錢)128과 비슷하지만 이 꽃은 소금전보다 먼저 핀다. 피었을 때 간혹 그다지 무성해지지 못한 꽃이 있다. 이때는 토질이 알맞아야만 무성해질 것이다. 녹색 잎은 매우 작다. 가지와 줄기는 가늘고 야위었다】

九日黃

【又】大如小錢. 黃瓣黃心. 心帶微青. 瓣有三層. 狀類小金錢, 但此花開在金錢之前也. 開時或有不甚盛者, 惟地土得宜方盛. 綠葉甚小. 枝梗細瘦】

126《二如亭群芳譜》, 위와 같은 곳.
127《二如亭群芳譜》, 위와 같은 곳.
128 소금전(小金錢) : 위의 '1-34)'에 보인다.

1-59) 전추황(殿秋黃)

【군방보】[129] 일명 '황부용(黃芙蓉)', '금부용(金芙蓉)', '근추황(近秋黃)', '만절황(晚節黃)', '대랍판(大蠟瓣)'이다.

꽃은 밀랍색이다. 지름은 0.25척이다. 꽃잎은 넓고 조금 주름졌다. 늦가을에 꽃이 핀다. 잎은 청색이고 성글며, 두텁고 기와처럼 둥글게 휘었다. 크기는 손바닥만 하다. 잎가장귀가 깊다. 가지와 줄기는 나무처럼 거칠고 굳세다. 높이는 8~9척이 된다】

1-60) 소전추황(小殿秋黃)

【군방보】[130] 꽃송이·꽃잎·잎·줄기가 모두 전추황과 비슷하지만 깨끗하고 우아함이 그보다 낫다】

1-61) 첩라황(疊羅黃)

【유씨국보】[131] 모양은 소금황(小金黃)[132]과 같다. 꽃잎은 뾰족하고 야위어 비단을 가늘게 잘라 놓은 모양과 같다. 꽃 2~3송이가 저절로 하나를 이룬다. 높은 가지는 그 떨기 위로 나오므로 자태가 속세를 초탈한 모습이다】

殿秋黃

【又】一名"黃芙蓉", 一名"金芙蓉", 一名"近秋黃", 一名"晚節黃", 一名"大蠟瓣". 花蜜蠟色. 徑二寸有半. 瓣闊微皺. 開于秋末. 葉青稀, 厚而瓦, 大如掌. 亞深. 枝幹麤勁如樹. 高可八九尺】

小殿秋黃

【又】朵瓣、葉幹俱似殿秋黃而淸雅過之】

疊羅黃

【劉氏菊譜】狀如小金黃, 花葉尖瘦如翦羅縠. 三兩花自作一, 高枝出叢上, 態度瀟灑】

129《二如亭群芳譜》, 위와 같은 곳.
130《二如亭群芳譜》, 위와 같은 곳.
131《范村菊譜》〈疊羅黃〉(《文淵閣四庫全書》845, 38쪽).
132 소금황(小金黃) : 위의 '1-7)'에 보인다.

1-62) 산개황(繖蓋黃)

【군방보 [133] 꽃이 어포황(御袍黃)[134]과 비슷하지만 그보다 작다. 꽃자루는 길고 가늘다. 꽃받침은 황색이다. 줄기는 청색이다】

繖蓋黃

【群芳譜 花似御袍黃而小. 柄長而細, 萼黃莖靑】

1-63) 소금안(小金眼)

【군방보 [135] 일명 '양매구(楊梅毬)', '금대위(金帶圍)', '요금자(腰金紫)'이다.

대금안(大金眼)[136]과 같으나 꽃송이가 그보다 조금 작다. 가지와 줄기는 끝이 가늘다. 높이는 겨우 3~4척이다】

小金眼

【又 一名"楊梅毬", 一名"金帶圍", 一名"腰金紫". 與大金眼同, 花朵差小. 枝幹稍細. 高僅三四尺】

동국(東菊)(《매원화보》)

---

133 《二如亭群芳譜》〈貞部〉"花譜" 3 '菊'(《四庫全書存目叢書補編》80, 757쪽).

134 어포황(御袍黃) : 위의 '1-14'에 보인다.

135 《二如亭群芳譜》, 위와 같은 곳.

136 대금안(大金眼) : 노랗고 둥근 모양으로 피는 국화의 일종으로 판단된다.

1-64) 태진황(太眞黃)

【유씨국보 137 꽃은 소금전(小金錢)만 한 크기이지만, 그보다 더욱 선명하다】

1-65) 황목향(黃木香)

【군방보 138 짙은 황색이다. 크기가 작다. 겹꽃이다. 꽃은 겨우 동전만 하다】

1-66) 황전융(黃翦羢)

【군방보 139 색은 금황색이다】

1-67) 황분단(黃粉團)

【군방보 140 황색인 꽃이다. 겹꽃이다. 중심부 꽃술은 옅은 적색이다】

1-68) 황랍판(黃蠟瓣)

【군방보 141 꽃은 옅은 황색이다】

1-69) 금작설(錦雀舌)

【군방보 142 일명 '금작설(金雀舌)'이다. 짙은 황색이다. 다판(多瓣, 다엽)이다. 꽃잎이 마치 참새의 혀처럼 약간 뾰족하다】

太眞黃

【劉氏菊譜 花如小金錢, 加鮮明】

黃木香

【群芳譜 深黃. 小, 千瓣, 花僅如錢】

黃翦羢

【又 色金黃】

黃粉團

【又 黃花, 千瓣. 中心微赤】

黃蠟瓣

【又 花淡黃】

錦雀舌

【又 一名"金雀舌". 重黃, 多瓣. 瓣微尖如雀舌】

137《范村菊譜》〈疊羅黃〉(《文淵閣四庫全書》845, 38쪽).
138《二如亭群芳譜》〈貞部〉"花譜" 3 '菊'(《四庫全書存目叢書補編》80, 757쪽).
139《二如亭群芳譜》, 위와 같은 곳.
140《二如亭群芳譜》, 위와 같은 곳.
141《二如亭群芳譜》, 위와 같은 곳.
142《二如亭群芳譜》, 위와 같은 곳.

1-70) 금영롱(金玲瓏)

【군방보 143 일명 '금영롱(錦玲瓏)', '금락삭(金絡索)'이다. 꽃은 금황색이다. 겹꽃이다. 꽃잎이 영롱무늬처럼 말려 있다】

金玲瓏

【又 一名"錦玲瓏", 一名"金絡索". 金黃, 千瓣. 卷⑨如玲瓏】

1-71) 금사도(錦絲桃)

【군방보 144 일명 '금소도(錦蘇桃)'이다. 꽃잎 뒷면은 자색이고 앞면은 황색이다. 나머지는 자사도(紫絲桃)145와 비슷하다】

錦絲桃

【又 一名"錦蘇桃". 瓣背紫面黃. 餘類紫絲桃】

1-72) 황모란(黃牡丹)

【군방보 146 꽃은 아황색이다. 뒷면은 색이 약간 더 짙다】

黃牡丹

【又 其花鵝黃. 其背色稍深⑩】

1-73) 금뉴사(金紐絲)

【군방보 147 일명 '금년선(金撚線)', '출곡전(出谷箋)', '금문사(金紋絲)'이다.

색은 밝은 황색이다. 늦게 핀다. 높이는 10척이 된다. 땅이 메마르면 색이 옅어지고 꽃은 작아진다. 땅이 기름지면 은뉴사(銀紐絲)148와 같다】

金紐絲

【又 一名"金撚線", 一名"出谷箋", 一名"金紋絲". 色瑩黃, 開遲. 高可一丈. 瘦則薄而小, 肥則與銀紐絲同】

---

143 《二如亭群芳譜》, 위와 같은 곳.
144 《二如亭群芳譜》, 위와 같은 곳.
145 자사도(紫絲桃) : 아래의 '4-16'에 보인다.
146 《二如亭群芳譜》, 위와 같은 곳.
147 《二如亭群芳譜》, 위와 같은 곳.
148 은뉴사(銀紐絲) : 아래의 '5-30'에 보인다.
⑨ 卷 : 《二如亭群芳譜·貞部·花譜》에는 "瓣卷".
⑩ 深 : 《二如亭群芳譜·貞部·花譜》에는 "大".

1-74) 금서시(錦西施)

【군방보】149 홍황색이다. 다판(多瓣)이다. 모양이 아래에 소개한 황서시(黃西施)150와 비슷하다】

錦西施

【又 紅黃, 多瓣. 形態似黃西施】

1-75) 황서시(黃西施)

【군방보】151 옅은 황색이다. 다판이다】

黃西施

【又 嫩黃, 多瓣】

1-76) 마노서시(瑪瑙西施)

【군방보】152 홍황색이다. 다판이다】

瑪瑙西施

【又 紅黃, 多瓣】

1-77) 이색마노(二色瑪瑙)

【군방보】153 금홍색·옅은 황색 2가지이다. 겹꽃이다】

二色瑪瑙

【又 金紅、淡黃二色, 千瓣】

1-78) 금포사(錦褒姒)

【군방보】154 금황색이다. 겹꽃이다. 아래에 소개한 분포사(粉褒姒)155와 비슷하지만 운치와 자태가 그보다 더욱 뛰어나다】

錦褒姒

【又 金黃, 千瓣, 似粉褒姒, 而韻態尤勝】

1-79) 원앙국(鴛鴦菊)

【유씨국보】156 꽃이 항상 서로 짝을 이뤄 핀다.

鴛鴦菊

【劉氏菊譜 花常相偶. 葉

---

149 《二如亭群芳譜》, 위와 같은 곳.
150 황서시(黃西施) : 아래의 '1-74'에 보인다.
151 《二如亭群芳譜》, 위와 같은 곳.
152 《二如亭群芳譜》, 위와 같은 곳.
153 《二如亭群芳譜》, 위와 같은 곳.
154 《二如亭群芳譜》, 위와 같은 곳.
155 분포사(粉褒姒) : 아래의 '3-13'에 보인다.
156 출전 확인 안 됨; 《范村菊譜》〈菊品〉 "黃" '鴛鴦菊'(《文淵閣四庫全書》 845, 38쪽).

잎이 짙은 벽색이다.

深碧.

군방보 157 일명 '합환금(合歡金)'이다. 겹꽃이다. 크기가 작다. 황색인 꽃이다】

群芳譜 一名"合歡金". 千葉⑪, 小, 黃花】

1-80) 파사국(波斯菊)

波斯菊

【 군방보 158 꽃송이가 아주 크다. 가지 1개마다 꽃 1송이만 피며, 거꾸로 아래로 늘어지기를 좋아한다. 꽃이 핀 지 오래되면 곱슬머리처럼 약간 말린다. 꽃은 옅은 황색이다. 겹꽃이다】

【 又 花頭極大. 一枝只一葩, 喜倒垂下. 久則微捲如髮之鬈⑫. 淡黃, 千瓣】

1-81) 말리국(茉莉菊)

茉莉菊

【 군방보 159 꽃송이가 아름답고 작다. 꽃은 옅은 황색이다. 한 꽃술에 15~16개의 꽃잎만 난다. 더러는 20장까지 난다. 점 하나가 녹색 꽃술에 있다. 그 모양이 말리화(茉莉花)160와 비슷하다.

여러 국화와 비슷하지 않지만 잎은 국화이다. 가지와 줄기마다 10여 층의 잔가지가 돋아나고, 그 가지에 모두 떨기지어 꽃송이가 달린다】

【 又 花頭巧小, 淡黃色. 一蕊只十五六瓣, 或止二十片. 一點綠心, 其狀似茉莉花.

不類諸菊, 而葉卽菊也. 每枝條之上, 抽出十餘層小枝, 枝皆簇簇有蕊】

157《二如亭群芳譜》, 위와 같은 곳.
158《二如亭群芳譜》, 위와 같은 곳.
159《二如亭群芳譜》, 위와 같은 곳.
160 말리화(茉莉花): 쌍떡잎식물 용담목 물푸레나무과의 상록관목. 원산지는 인도이다.
⑪ 葉:《二如亭群芳譜·貞部·花譜》에는 "朶".
⑫ 如髮之鬈:《二如亭群芳譜·貞部·花譜》에는 없음.

1-82) 자분단(紫粉團)

【군방보】161 황색인 꽃이다. 겹꽃이다. 중심부
꽃술은 옅은 적색이다】

1-83) 금기린(錦麒麟)

【군방보】162 일명 '회회국(回回菊)'이다. 그 꽃이 서
리나 이슬을 매우 잘 견딘다. 꽃의 지름은 0.2척이
된다. 꽃받침은 황색이다. 꽃잎이 처음에는 적홍색
이다가 꽃이 피고 나면 앞면은 금황색이고, 뒷면은
적홍색이다. 잎은 녹색이면서 흑색을 띤다. 길고 두
터우며 뾰족하다. 잎가장귀가 깊고, 잎뿌리에 혹이
있다. 높이는 5~6척이 된다】

1-84) 앵우황(鶯羽黃)

【군방보】163 일명 '앵유황(鶯乳黃)'이다. 옅은 황색
이다. 겹꽃이다. 꽃이 큰 동전만 하다】

1-85) 누자불두(樓子佛頭)

【군방보】164 꽃은 아황색이다. 그 꽃잎은 대략 4
층이다. 맨 아래층은 홑꽃잎이며 크기가 크다. 2층
은 몇 겹으로 쌓이면서 크기가 약간 줄어든다. 3층
도 몇 겹으로 쌓이면서 크기가 더욱 줄어든다. 4층
은 황색 꽃받침이 작은 방울모양으로 무성하게 솟아

紫粉團

【又】黃花, 千瓣. 中心微
赤】

錦麒麟

【又】一名"回回菊". 其花
極耐霜露, 徑可二寸. 萼
黃. 瓣初赤紅, 旣開則面金
黃而背赤紅. 葉綠而黑, 長
厚而尖. 其亞深. 葉根有
冗. 高可五六尺】

鶯羽黃

【又】一名"鶯乳黃". 嫩黃,
千瓣. 如大錢】

樓子佛頭

【又】花鵝黃. 其瓣大約四
層. 下一層瓣單而大, 二層
數疊稍縮, 三層亦數疊又
縮, 四層黃萼細鈴茸茸然
突起作頂.

161《二如亭群芳譜》, 위와 같은 곳.
162《二如亭群芳譜》, 위와 같은 곳.
163《二如亭群芳譜》, 위와 같은 곳.
164《二如亭群芳譜》, 위와 같은 곳.

올라 정수리[頂]가 된다.

꽃의 지름은 겨우 동전만 하다. 서리를 만나면 백색으로 변한다. 그 잎은 금수구(錦繡毬)[165]와 약간 비슷하다. 청색이고 주름이 있으며, 길면서 두터우며 뾰족하다. 잎가장귀가 얕고, 잎뿌리에 혹이 있다. 그 가지와 줄기는 굳세고 곧다. 높이는 4~5척이 된다.

일반적으로 꽃의 바깥부분에는 큰 꽃잎이 나고 가운데에는 작은 꽃받침이 무성하게 솟아올라 정수리가 된다. 방울과 비슷하지만 진짜방울은 아니며, 대롱과 비슷하지만 진짜 대롱도 아닌 꽃잎이 있는 경우는, 겹꽃인지 다판(多瓣)인지 홑꽃인지를 막론하고 모두 불정(佛頂, 부처의 정수리)이라는 이름을 따라야 한다. 방울모양인지 대롱모양인지 분명한 경우만은 혼동해서는 안 된다】

1-86) 황불정(黃佛頂)

【군방보[166] 일명 '불두국(佛頭菊)', '황병자(黃餅子)', '관음국(觀音菊)'이다.

황색이다. 겹꽃이다. 가운데 꽃술에 가는 꽃잎이 위로 솟아 있다. 꽃의 지름은 0.1척 남짓이다. 중심부 꽃술 부분이 솟아올라 있어 불정(佛頂)과 비슷하다. 사방의 가장자리는 홑꽃이며, 꽃잎색은 짙은 황색이다】

徑僅如錢, 經霜卽白. 其葉微似錦繡毬, 靑而皺, 長厚而尖. 其亞淺, 葉根有冗. 其枝幹勁直, 高可四五尺.

凡花之外有大瓣, 而中有細蕚茸茸然突起作頂. 似鈴非鈴, 似管非管者, 不問千瓣、多瓣、單瓣, 皆當從佛頂之稱. 惟鈴、管分明者, 則不可得而混也】

黃佛頂

【又 一名"佛頭菊", 一名"黃餅子", 一名"觀音菊". 黃, 千瓣. 中心細瓣高起. 花徑寸餘, 心突起, 似佛頂. 四邊單瓣, 瓣色深黃】

---

165 금수구(錦繡毬):아래의 '2-24'에 보인다.
166 《二如亭群芳譜》, 위와 같은 곳.

1-87) 황불두(黃佛頭)

【군방보】167 꽃송이가 작은 동전크기에 미치지 못한다. 밝은 황색이다. 모양이 금령국(金鈴菊)168과 비슷하지만 중간과 가장자리에 꽃잎이 없다. 꽃술과 꽃잎이 다만 뒤섞여 있는 듯이 보인다. 하지만 이는 순전히 자잘한 꽃잎이 너무 높이 솟아올라 있기 때문이다. 또한 백불두국(白佛頭菊)169의 황색 꽃술과 같다】

1-88) 불두국(佛頭菊)

【사씨국보(史氏菊譜)】170 꽃술이 없다. 가운데와 가장자리의 꽃잎도 같다】

1-89) 소황불정(小黃佛頂)

【사씨국보】171 위에서 소개한 '불두국'과 같지만 크기가 그보다 약간 작다. '첩라황(疊羅黃)'이라고도 한다】

1-90) 토색황(兔色黃)

【군방보】172 꽃봉오리·잎·줄기가 모두 수부용(繡芙蓉)173과 비슷하다. 꽃잎은 여지국(荔枝菊)174과 비슷

黃佛頭

【又】花頭不及小錢, 明黃色. 狀如金鈴菊, 中外不瓣. 心、瓣但見混同, 純是碎葉突起甚高. 又如白佛頭菊之黃心也】

佛頭菊

【史氏菊譜】無心, 中邊亦同】

小黃佛頂⑬

【又】同上, 微小. 又云"疊羅黃"】

兔色黃

【群芳譜】蓓蕾、葉、幹俱似繡芙蓉, 瓣似荔枝菊,

167《二如亭群芳譜》〈貞部〉"花譜" 3 '菊'《四庫全書存目叢書補編》80, 757~758쪽).
168 금령국(金鈴菊) : 위의 '1-24'에 보인다.
169 백불두국(白佛頭菊) : 아래의 '1-87)'에 불두국(佛頭菊)이 보인다.
170《史氏菊譜》〈黃〉"佛頭菊"《文淵閣四庫全書》845, 29쪽).
171《史氏菊譜》〈黃〉"小佛頭菊"《文淵閣四庫全書》845, 29쪽).
172《二如亭群芳譜》〈貞部〉"花譜" 3 '菊'《四庫全書存目叢書補編》80, 758쪽).
173 수부용(繡芙蓉) : 아래의 '2-28)'에 보인다.
174 여지국(荔枝菊) : 위의 '1-24) 금령국(金鈴菊)'의 이칭이다.
⑬ 小黃佛頂:《史氏菊譜·黃·小佛頭菊》에는 "佛頭菊".

하다. 색깔은 토끼털[兔毛]과 비슷하다. 꽃의 지름은 겨우 0.2척이다. 관상용으로는 그리 좋지 않다】

色似兔毛. 徑僅二寸. 殊不足觀】

1-91) 들국화[野菊, 야국]

野菊

【군방보】175 들국화에도 2~3가지 종이 있다. 꽃송이가 아주 작다. 홑층이다. 꽃술과 꽃잎이 모두 밝은 황색이다. 가지와 줄기는 아주 가늘어서 다른 초목에 의지해서 자라는 경우가 많다.

별도로 1종이 있다. 그 꽃이 처음 필 때는 꽃술이 마치 한련초(旱蓮草)176와 같다. 피고 난 뒤 며칠이 지나면 돌아가며 벌의 더듬이 같은 것을 토해 낸다. 그러면 주위가 마치 연꽃의 꽃술모양처럼 무성해진다. 가지와 줄기는 제법 크다. 녹색잎 5장이 난다. 능인사(能仁寺)177 주변과 성곽 담장 주변에 가장 많이 자란다】

【又】 亦有三兩種. 花頭甚小, 單層. 心與瓣皆明黃色. 枝莖極細, 多依倚他草木而長.

別有一種. 其花初開, 心如旱蓮草, 開至涉日, 則旋吐出蜂鬚, 周圍蒙茸然如蓮花鬚之狀. 枝莖頗大, 綠葉五出. 能仁寺側、府城墻上最多】

1-92) 금돈국(金墩菊)

金墩菊

【사씨국보】178 불두(佛頭)179에 비해 상당히 가늘다. 꽃술이 약간 우묵하다】

【史氏菊譜】 比佛頭頗瘦, 花心微窪】

---

175 《二如亭群芳譜》, 위와 같은 곳.

176 한련초(旱蓮草): 국화과의 한해살이풀. 세계의 온대 지역에 널리 분포한다.

177 능인사(能仁寺): 중국 북송 함평(咸平) 2년(999)에 처음 세워진 사찰. 남송 이후에는 전국적으로 영향력이 커져서 성행할 때에는 승려가 300여명, 참배하러 오는 이들은 매일 1,000명을 넘어섰다고 한다. 전국의 30대 명찰 중 하나로 손꼽힌다.

178 《史氏菊譜》〈黃〉 "金墩菊"(《文淵閣四庫全書》 845, 30쪽).

179 불두(佛頭): 위에서 말한 '누자불두(樓子佛頭)', '불두국(佛頭菊)', '소황불정(小黃佛頂)', '황불두(黃佛頭)' 등을 모두 가리키는 듯하다.

1-93) 밀우(密友)

【 군방보 】[180] 꽃송이가 절삼전(折三錢)보다 크다. 밝은 황색이다. 꽃잎이 넓적하다. 꽃잎의 형태와 색이 다른 여러 품종 못지않다. 처음 필 때는 길이가 들쭉날쭉하다가 활짝 피고 나서야 가지런하게 6층을 이룬다.

그 가운데 꽃술 부분은 마치 싹 몇 가닥이 돋아나는 듯이 매우 짧고 작다. 꽃술과 꽃잎은 1가지 색이다. 모양이 봄 사이에 피는 황밀우화(黃密友花)와 같다. 그루의 가지가 낮고 작다. 녹색 잎은 가장 풍성하고 조밀하다[密]. 서리를 맞으면 가장자리에 난 녹색 잎이 자색으로 변한다】

1-94) 은대(銀臺)

【 범촌국보(范村菊譜) 】[181] 짙은 황색이다. 만은령(萬銀鈴)이다. 꽃잎 5장이 나며, 아래로는 쌍무늬의 백색 잎이 있다. 처음 필 때는 용뇌국(龍腦菊)[182]과 같은 종인가 의심스럽다. 하지만 단지 꽃모양이 약간 큰 데다 향이 그다지 나지 않는다.

민간에서는 용뇌국을 소은대(小銀臺)라 한다. 이는 대개 모양이 서로 비슷하기 때문이다. 가지와 줄기는 가늘고 부드럽다. 꽃잎은 청황색이고, 가장자

密友

【 群芳譜 】花頭大過折三錢, 明黃, 闊片. 花瓣形色, 不在諸品之下. 初開時, 長短不齊, 開極其盛, 乃齊至于六層.

其中如抽芽數條, 短短小. 心與瓣爲一色. 狀如春間黃密友花. 窠枝低矮, 綠葉最繁密. 見霜則周圍綠葉變紫色】

銀臺

【 范氏菊譜 】深黃, 萬銀鈴. 葉有五出而下有雙紋白葉. 開[14]之初, 疑與龍腦菊一種, 但花形差大, 且不甚香耳.

俗謂龍腦菊爲小銀臺, 蓋以相似故也. 枝幹纖柔, 葉靑黃而麤疏. 近出洛陽

---

180 출전 확인 안 됨;《百菊集譜》卷2〈越中品類〉(《文淵閣四庫全書》845, 60쪽).
181 출전 확인 안 됨;《劉氏菊譜》〈銀臺〉第9(《文淵閣四庫全書》845, 21쪽).
182 용뇌국(龍腦菊):아래의 '5-6) 용뇌(龍腦)'에 보인다.
[14] 開:저본에는 "間".《劉氏菊譜·銀臺》에 근거하여 수정.

리가 반듯하지 않으며 성글다. 근래에는 낙양(洛陽)의 낙수(洛水) 북쪽 작은 민가에서 자란다. 하지만 많이 보지는 못했다.

水北小民家, 未多見也.

안 《광군방보(廣群芳譜)》에서 이를 인용하면서 출처를 유몽천(劉蒙泉)의 《국보(菊譜)》(《유씨국보》)라 했으나,[183] 잘못되었다】

按 《廣群芳譜》引此, 作劉蒙泉《菊譜》, 誤】

1-95) 등국(藤菊)

藤菊

【유씨국보[184] 꽃은 조밀하고, 가지는 부드럽다. 덩굴[藤蔓]처럼 길게 자라기 때문에 엮어서 병풍모양의 시렁[屛幛]을 만들 수 있다. 이로 인해 붕국(棚菊)이라고도 한다. 경사면에 심으면 마치 끈처럼 아래로 늘어져서 수 척의 줄기가 흔들거린다. 못가에 심는 것이 가장 좋다.

【劉氏菊譜 花密條柔, 以長如藤蔓, 可編作屛幛. 亦名棚菊. 種之坡上, 則垂下裊[15]數尺如纓絡, 尤宜池塘之側.

안 《광군방보》에서 이를 인용하면서 출처를 범성대의 《국보》(《범촌국보》)라 했으나,[185] 잘못되었다】

按 《廣群芳譜》引此, 作范成大《菊譜》, 誤】

1-96) 사자국(柤子菊)

柤子菊

【심씨국보(沈氏菊譜)[186] 꽃이 작다. 색은 황색이

【沈氏菊譜 花小, 色黃.

---

183 광군방보(廣群芳譜)에서……했으나:《廣群芳譜》卷47〈花譜〉"菊花", 1157쪽.
184 출전 확인 안 됨:《范村菊譜》〈菊品〉"黃" '藤菊'(《文淵閣四庫全書》845, 39쪽).
185 광군방보(廣群芳譜)에서……했으나:《廣群芳譜》, 위와 같은 곳.
186 출전 확인 안 됨:《百菊集譜》卷2〈諸州及禁苑品類〉(《文淵閣四庫全書》845, 59쪽);《廣群芳譜》卷47〈花譜〉"菊花", 1158쪽.
[15] 裊 : 저본에는 "島". 오사카본·《范村菊譜·藤菊花》에 근거하여 수정.

다. 향기가 명자나무열매[柤子]와 같다】 香如柤子】

1-97) 지정국(枝亭菊)

【심씨국보】[187] 가지와 줄기가 몹시 길다. 지팡이로 지지해주면 곧 길이 10척의 황색 국화 울타리가 된다】

枝亭菊
【又】枝梗甚長, 用杖子撑之, 卽籬菊一丈黃】

1-98) 봉아국(蜂兒菊)

【심씨국보】[188] 서주(舒州)[189]에서 나왔다. 꽃은 아황색이다】

蜂兒菊
【又】出舒州. 鵝黃色】

1-99) 만당금(滿堂金)·수안진주(壽安眞珠)

【심씨국보】[190] 꽃은 모두 황색이다】

滿堂金、壽安眞珠
【又】俱黃色】

1-100) 소은황국(銷銀黃菊)

【심씨국보】[191] 황색 꽃잎에 백색 테두리가 있다】

銷銀黃菊
【又】黃瓣白沿】

1-101) 송국(松菊)

【심씨국보】[192] 가지와 잎이 소나무처럼 굳세고 가늘다. 그 꽃은 금 부스러기와 같으며 조밀한 잎 위에 층을 이루며 솟아나 있다】

松菊
【又】枝葉勁細如松. 其花如碎金, 層出于密葉之上】

---

187 출전 확인 안 됨;《百菊集譜》, 위와 같은 곳;《廣群芳譜》, 위와 같은 곳.
188 출전 확인 안 됨;《百菊集譜》卷2〈諸州及禁苑品類〉(《文淵閣四庫全書》845, 58쪽).
189 서주(舒州) : 지금 중국의 안휘성(安徽省) 서성(舒城) 일대.
190 출전 확인 안 됨;《百菊集譜》, 위와 같은 곳;《廣群芳譜》, 위와 같은 곳.
191 출전 확인 안 됨;《百菊集譜》, 위와 같은 곳;《廣群芳譜》, 위와 같은 곳.
192 출전 확인 안 됨;《百菊集譜》, 위와 같은 곳;《廣群芳譜》, 위와 같은 곳.

1-102) 능풍국(凌風菊)   凌風菊

【 사씨월중국보(史氏越中菊譜) 193 194 꽃은 황색이다】　【 史氏越中菊譜 黃色】

1-103) 감자국(柑子菊)   柑子菊

【 사씨월중국보 195 꽃은 황색이다】　　　　　【 又 黃色】

1-104) 양비국(楊妃菊)   楊妃菊 16

【 사씨월중국보 196 꽃은 황색이다】　　　　　【 又 黃色】

1-105) 천금국(川金菊)   川金菊

【 주씨낙양보(周氏洛陽譜) 197 198 꽃은 짙은 황색이　【 周氏洛陽譜 深色, 單
다. 홑꽃이다】　　　　　　　　　　　　　　　　　葉】

---

193 사씨월중국보(史氏越中菊譜) : 중국 송대(宋代) 국화에 관한 저술을 집대성한 사주(史鑄, ?~?)의 《백국
　　집보(百菊集譜)》를 가리킨다. 총 6권 중 1권은 유실되었다. 일반적으로 남송의 관리인 사정지(史正志,
　　1119~1179)가 저술한 국화 보록을 《사씨국보(史氏菊譜)》라 하기 때문에, 이와 구분하기 위해 사주가 태어
　　난 월중[越中, 지금의 소흥(紹興)]이라는 지명을 넣은 듯하다.
194 《百菊集譜》卷2 〈列諸譜外之菊一十名〉(《文淵閣四庫全書》 845, 65쪽).
195 《百菊集譜》, 위와 같은 곳.
196 《百菊集譜》, 위와 같은 곳.
197 주씨낙양보(周氏洛陽譜) : 미상.
198 출전 확인 안 됨.
16 菊 : 《百菊集譜·列諸譜外之菊一十名》에는 "裙".

2) 홍색류(37항목 37종)

紅類

2-1) 홍이색(紅二色)

【범촌국보】[199] 서경(西京, 장안)에서 나왔다. 9월 말에 핀다. 겹꽃이다. 꽃은 짙은 홍색과 옅은 홍색이다. 한 떨기에 2가지 색이 있다. 꽃잎 중에 간간이 대롱 같은 꽃잎[筒葉][200]이 생겨서 크고 작은 꽃잎들이 서로 비춰 준다.

활짝 피었을 때는 크기가 큰 대롱 같은 꽃잎이 2~3개로 갈라져서 다른 잎과 섞여 나란히 무성해진다. 꽃의 중심과 대롱 같은 잎 사이에 청색·황색·홍색 꽃술이 있다. 이런 점이 여느 국화와는 다르다】

2-2) 연지국(臙脂菊)

【유씨국보】[201] 도화국(桃花菊)[202]과 비슷하다. 꽃은 짙은 홍색과 옅은 자색이다. 연지색에 비해 더욱 짙다. 최근에 처음으로 나왔다. 이 품종이 나오고 나서 도화국이 마침내 볼품없어 보이게 되었다. 이는 아마도 연지국이 기이한 품종이기 때문이다】

2-3) 하월불정국(夏月佛頂菊)

【사씨국보】[203] 5~6월에 핀다. 색은 옅은 홍색이다】

紅類

紅二色

【范氏菊譜】出西京. 開以九月末. 千葉, 深、淡紅. 叢有兩色, 而花葉之中間生筒葉, 大小相映.

方盛開時, 筒之大者裂爲二三, 與花葉相雜, 比茸茸然. 花心與筒葉中有靑、黃、紅蕊. 與諸菊異】

臙脂菊

【劉氏菊譜】類桃花菊. 深紅、淺紫, 比臙脂色尤重. 比年始有之, 此品既出, 桃花菊遂無顏色, 蓋奇品也】

夏月佛頂菊

【史氏菊譜】五六月開. 色微紅】

---

199 출전 확인 안 됨;《劉氏菊譜》〈紅二色〉第34(《文淵閣四庫全書》845, 25~26쪽).
200 대롱 같은 꽃잎[筒葉]: 잎의 중앙부가 좌우에서 말아져 대롱[管, 가느다란 통대의 토막]모양으로 된 잎. 관엽(管葉)·통엽(桶葉)이라고도 한다.
201 출전 확인 안 됨;《范村菊譜》〈菊品〉"雜色"'臙脂菊'(《文淵閣四庫全書》845, 40쪽).
202 도화국(桃花菊): 아래의 '3-4'에 보인다.
203 《史氏菊譜》〈黃〉"夏月佛頂菊"(《文淵閣四庫全書》845, 31쪽).

2-4) 건홍국(乾紅菊)

【심씨국보】[204] 잎은 짙은 홍색[乾紅]이고, 사방의 가장자리는 황색이다. 곧 소금국(銷金菊)[205]의 3개의 품종 중 하나로, 바로 불두국(佛頭菊)[206]의 품종이다】

乾紅菊

【沈氏菊譜】花瓣乾紅, 四沿黃色. 卽是銷金菊三種, 乃佛頭菊種也】

2-5) 장원홍(狀元紅)

【군방보】[207] 꽃은 짙은 홍색이다. 꽃의 지름은 0.2척이고, 두께는 0.1척이 된다. 꽃잎이 넓으면서 짧고 두텁다. 무늬가 있다. 꽃잎 끝은 황색이다. 홍색인 부분은 오래 간다. 꽃이 일찍 핀다. 잎모양이 고양이 발자국과 비슷하다. 녹색을 띠며 곱다. 잎가장귀가 깊고, 잎뿌리에 혹이 있다. 가지와 줄기가 쇠처럼 단단하다. 높이는 겨우 3~4척이다】

狀元紅

【群芳譜】花重紅, 徑可二寸, 厚半之. 瓣闊而短厚, 有紋, 其末黃. 其紅耐久. 開早. 葉似猫脚迹, 綠而麗. 亞深, 葉根冗. 枝幹如鐵. 高僅三四尺】

2-6) 금심수구(錦心繡口)

【군방보】[208] 일명 '양비천거홍(楊妃茜裾紅)', '미인홍(美人紅)'이다. 꽃의 지름은 0.2척 정도이고, 두께는 0.1척이다. 바깥쪽의 큰 꽃잎이 1~2층으로 난다. 색은 짙은 도홍색이다. 중간에 대롱 같은 꽃잎이 솟아올라 있다. 처음에는 청색이다가 나중에 황색이 된다. 대롱 같은 꽃잎 가운데에는 선홍색을 띠며 바깥쪽은 분홍색이다. 대롱 같은 꽃잎 어귀는 황금색이

錦心繡口

【又】一名"楊妃茜裾紅", 一名"美人紅". 徑二寸許, 厚半之. 外大瓣一二層, 深桃紅. 中筒瓣突起, 初靑而後黃. 筒之中嬌紅而外粉, 筒之口金黃. 爛漫如錦, 香淸.

---

204 출전 확인 안 됨;《百菊集譜》卷2〈諸州及禁苑品類〉(《文淵閣四庫全書》845, 58쪽).
205 소금국(銷金菊) : 위의 '1-42)' '구련금(九煉金)'에 보인다.
206 불두국(佛頭菊) : 위의 '1-87)'에 보인다.
207《二如亭群芳譜》〈貞部〉"花譜" 3 '菊'(《四庫全書存目叢書補編》80, 762쪽).
208《二如亭群芳譜》, 위와 같은 곳.

다. 비단을 펼친 듯 흐드러지게 핀다. 향이 맑다.

개화 시기가 보군지(報君知)[209]와 같다. 잎이 녹색이고 윤택하며, 동그랗고 구부정하게 자란다. 잎이 성글어 몇 장인지 셀 수 있다. 그 잎의 가장자리가 패여 들어간 모양이 톱니처럼 들쭉날쭉하다. 가지와 줄기는 홍자(紅紫)색이다. 가늘고도 힘이 있어 곧게 자란다. 높이는 4~5척이 된다】

開與報君知同. 葉綠而澤, 團而弓, 稀而可數. 其缺刻如捷業. 枝幹紅紫, 細勁順直. 高可四五尺】

2-7) 자포금대(紫袍金帶)

【군방보】[210] 일명 '자중루(紫重樓)', '자수금장(紫綬金章)'이다. 꽃봉오리에는 꽃마루가 있다. 꽃이 약간 늦게 핀다. 처음에는 흑홍(黑紅)색이다가 점차 선홍색으로 변한다.

다 피고 나면 그 모양이 흡사 허리가 잘록하게 들

紫袍金帶

【又】 一名"紫重樓", 又一名"紫綬金章". 蓓蕾有頂, 開稍遲, 初黑紅, 漸作鮮紅.

既開彷彿亞腰葫蘆, 亞處

자포금대(紫袍金帶)(이 사진은 참고용이며, 꽃 이름과의 일치 여부는 학술적으로 확인되지 않았음)

---

209 보군지(報君知) : 위의 '1-10)'에 보인다.
210《二如亭群芳譜》〈貞部〉"花譜" 3 '菊'(《四庫全書存目叢書補編》80, 762~763쪽).

어간 호리병박 같다. 잘록하게 들어간 곳에는 꽃잎
이 나지 않고, 황색 꽃술이 둘러 난다. 꽃이 질 때는
황색 꽃술이 보이지 않고 모여서 공처럼 된다. 그 크
기는 달걀만 하다. 꽃이 피면 몹시 오래 간다.

잎은 녹색이며 수려하고, 넓적하면서 길다. 그리
고 얇으면서 뾰족한 부분이 많다. 잎뿌리에 혹이 있
다. 줄기는 옅은 홍색이다. 가지와 줄기는 굳세고 곧
다. 높이는 3~4척이 된다】

無瓣, 黃蕊繞之. 其徹也,
黃蕊不見, 攢簇成毬, 大
如鷄卵. 開極耐久.

葉綠而秀, 闊而長, 薄而多
尖. 葉根有疣. 莖淡紅, 枝
幹勁直. 高可三四尺】

2-8) 대홍포(大紅袍)

【군방보】[211] 꽃봉오리는 이금(泥金)[212]을 바른 듯
하다. 처음 피었을 때는 주홍(朱紅)색이다. 꽃잎이 뾰
족하고 가늘면서 길며, 꽃잎의 몸체는 두텁다. 꽃의
지름은 0.2척 이상이 된다. 시들 때 꽃색깔은 짙은
홍색이다.

잎은 청색이고 윤택하며, 두텁고 크다. 잎가장귀
가 깊고, 끝부분이 동그랗다. 잎뿌리는 맑고 깨끗하
다. 줄기는 청색이다. 가지와 줄기가 살지고 성하며
곧게 자란다. 높이는 4~5척이 된다】

大紅袍

【又】 蓓蕾如泥金. 初開朱
紅, 瓣尖細而長, 體厚. 徑
可二寸以上, 殘色木紅.

葉靑澤, 厚而大. 亞深, 末
團. 葉根淸淨. 莖靑, 枝幹
肥壯順直. 高可四五尺】

2-9) 자하상(紫霞觴)

【군방보】[213] 일명 '자하배(紫霞杯)'이다. 꽃은 장원
홍(狀元紅)[214]과 비슷하지만 그보다 더 두터우며 크

紫霞觴

【又】 一名"紫霞杯". 花似
狀元紅, 厚而大. 開早. 初

---

211 《二如亭群芳譜》〈貞部〉"花譜" 3 '菊'(《四庫全書存目叢書補編》80, 763쪽).
212 이금(泥金) : 금가루를 아교에 개어 쓰는 금색 안료.
213 《二如亭群芳譜》, 위와 같은 곳.
214 장원홍(狀元紅) : 위의 '2-5)'에 보인다.

다. 꽃이 일찍 핀다. 처음에는 짙은 홍색이다가 조금 피면서 짙은 홍색이 된다. 잎은 청색이고 넓으며 주름이 있다. 잎가장귀가 깊고, 잎뿌리에 혹이 많다. 가지와 줄기는 곧고 굳세다. 높이는 4~5척이 된다】

重紅, 稍開卽木紅. 葉靑闊而皺. 亞深, 葉根多冗. 枝幹挺勁. 高可四五尺】

2-10) 홍라산(紅羅繖)

【군방보】215 일명 '자당(紫幢)', '금라산(綿羅傘)'이다. 꽃은 자홍색이다. 겹꽃이다】

紅羅繖

【又】 一名"紫幢", 一名"綿羅傘". 紫紅, 千瓣】

2-11) 경운홍(慶雲紅)

【군방보】216 일명 '금운홍(錦雲紅)'이다. 꽃봉오리는 짙은 도홍색이다. 꽃이 필 때는 홍색과 황색을 띠다가 모두 마노색(瑪瑙色)217이 된다. 가운데 꽃술 부분은 색이 짙게 어려 있고 바깥쪽으로 색이 엷게 어려 있다.

꽃잎이 뾰족하고 가늘며, 터부룩하다. 꽃의 지름은 0.25척이고, 두께는 그에 걸맞다. 잎은 청색이고 윤택하며, 두텁고 길다. 그리고 조금 뾰족하다. 잎가장귀가 깊다. 줄기는 청색이다. 가지와 줄기가 곧게 자란다. 높이는 4~5척이 된다】

慶雲紅

【又】 一名"錦雲紅". 蓓蕾深桃紅, 開則紅、黃, 竝作瑪瑙色. 中暈穠而外暈淡.

其瓣尖細而髯鬆. 徑二寸有半, 厚稱之. 葉靑澤, 厚而長, 稍尖. 亞深. 莖靑, 枝幹順直. 高可四五尺】

215《二如亭群芳譜》, 위와 같은 곳.
216《二如亭群芳譜》, 위와 같은 곳.

217 마노색(瑪瑙色):마노(瑪瑙, 석영질의 보석) 색깔과 같은 광택이 있는 붉은 갈색. 마노는 화산암의 빈 구멍 내에서 석영, 옥수 등이 차례로 침전하여 생긴 원석이다. 원석모양이 말의 뇌수(腦髓)를 닮았다고 하여 '마노'라 했다.

2-12) 해운홍(海雲紅)

【군방보】218 일명 '해동홍(海東紅)', '상포홍(相袍紅)', '장포홍(將袍紅)', '양주홍(楊州紅)', '구조복(舊朝服)'이다.

처음에는 은홍(殷紅)색이다가 점차 금홍(金紅)색이 된다. 오래지나면 짙은 홍색이면서 옅어진다.

꽃의 지름은 0.25척이다. 꽃잎이 처음에는 뾰족하다가 나중에는 그 끝이 갈라진다. 그 꽃받침은 황색이다. 꽃이 질 때는 터부룩하다. 그 잎은 길고 크며 청색이다. 그리고 뾰족한 부분이 많다. 그 잎가장귀가 깊다. 가지와 줄기가 굳세고 크다. 높이는 4~5척이 된다】

2-13) 누금장(縷金妝)

【군방보】219 일명 '금선국(金線菊)'이다. 꽃은 짙은 홍색이다. 겹꽃이다. 꽃잎 가운데에 황색 선[線路]이 있다】

2-14) 출로금(出爐金)

【군방보】220 일명 '금부용(金芙蓉)'이다. 꽃은 금홍색이다. 겹꽃이다. 색깔은 마치 도가니 속의 달아오른 금물[爐金]이 막 불 밖으로 나온[出] 것과 같다】

海雲紅

【又】 一名"海東紅", 一名"相袍紅", 一名"將袍紅", 一名"楊州紅", 一名"舊朝服".

先殷紅, 漸作金紅, 久則木紅而淡.

徑二寸有半. 其瓣初尖而後岐. 其萼黃. 其徹也, 鬅鬆. 其葉長而大, 青而多尖. 其亞深, 枝幹壯大. 高可四五尺】

縷金妝[17]

【又】 一名"金線菊". 深紅, 千葉. 中有黃線路】

出爐金

【又】 一名"錦芙蓉". 金紅, 千瓣. 色如爐金出火】

218《二如亭群芳譜》, 위와 같은 곳.
219《二如亭群芳譜》, 위와 같은 곳.
220《二如亭群芳譜》, 위와 같은 곳.
[17] 妝:《二如亭群芳譜·貞部·花譜》에는 "粧".

2-15) 화련금(火煉金)

【군방보】[221] 꽃의 지름은 겨우 0.1척 정도이다. 바깥쪽의 뾰족한 꽃잎은 성홍(猩紅)[222]색이고 그 중심부 꽃술의 꽃받침은 금황색이다. 꽃송이가 아래로 늘어지고, 그 홍색은 변함이 없다. 잎은 녹색으로 윤택하고, 성글면서 기와처럼 둥그렇고 길게 휘었고, 두터우며 뾰족하다. 잎가장귀가 깊다. 가지와 줄기는 굳세고 곧다. 높이는 4~5척이 된다】

2-16) 목홍구(木紅毬)

【군방보】[223] 일명 '홍라삼(紅羅衫)', '홍수구(紅繡毬)'이다. 꽃이 처음 필 때는 은홍(殷紅)색이다가 조금 피면서 짙은 홍색[木紅]이 된다. 꽃의 지름은 0.25척이 된다. 꽃잎이 공처럼 아래를 덮는 모양이다. 꽃술과 꽃받침은 짙은 황색이다. 줄기·잎·가지·줄기가 어포황(御袍黃)[224]과 매우 비슷하다. 높이는 5~6척이 된다】

2-17) 자골타(紫骨朶)

【군방보】[225] 일명 '대홍수구(大紅繡毬)', '홍수구(紅繡毬)'이다. 꽃봉오리는 선홍색이다. 꼭지에는 이금을 바른 듯하다. 꽃이 아주 일찍 핀다. 처음에는 홍

火煉金

【又】花徑僅寸許. 外尖瓣猩紅, 其中蕚金黃. 朶垂, 其紅不變. 葉綠而澤, 稀而瓦長, 厚而尖. 亞深, 枝幹勁直. 高可四五尺】

木紅毬

【又】一名"紅羅衫", 一名"紅繡毬". 花初開殷紅, 稍開卽木紅. 徑可二寸有半. 瓣下覆如毬. 心蕚黃甚. 莖葉、枝幹, 頗類御袍黃. 高可五六尺】

紫骨朶

【又】一名"大紅繡毬", 一名"紅繡毬". 蓓蕾鮮紅, 頂如泥金. 開甚早. 先紅紫, 後

---

221 《二如亭群芳譜》, 위와 같은 곳.
222 성홍(猩紅) : 포유 동물 성성(猩猩)의 핏빛과 같이 옅은 홍색을 가리킨다.
223 《二如亭群芳譜》, 위와 같은 곳.
224 어포황(御袍黃) : 위의 '1-10)'에 보인다.
225 《二如亭群芳譜》, 위와 같은 곳.

II. 꽃 이름 고찰(화명고)   297

자색이다가 나중에는 자홍색이 된다. 꽃의 지름은 0.25척이며, 두께도 0.2척이 된다. 꽃잎이 석류처럼 밝고 윤택하며 풍만하다. 꽃이 질 때는 공처럼 꽃잎이 모인다. 잎은 자하상(紫霞觴)226과 비슷하다. 잎은 녹색이고 크기가 작다. 잎뿌리에 혹이 있다. 가지와 줄기가 굳세고 곧다. 높이는 4~5척이 된다】

紫紅. 徑可二寸有半, 厚二寸. 瓣明潤豐滿如榴子. 其徹也, 攢簇如毬. 葉類紫霞觴, 葉綠而小. 根有冗. 枝幹勁直. 高可四五尺】

2-18) 취양비(醉楊妃)

【군방보 227 일명 '취경환(醉瓊環)'이다. 그 색은 짙은 도홍색이다. 오래도록 색이 변하지 않는다. 그 꽃이 성글고 깔끔하며, 윤택하다. 크기가 작고, 꽃의 지름은 0.2척 이상에 가까우며, 두께는 그의 반이다. 그 꽃잎이 뾰족하고 뻣뻣하면서 아래를 덮은 모양이 배꼽과 같다.

꽃은 풍성하지만 꽃자루[花柄]228가 약하기 때문에 그 꽃송이가 마침내 아래로 늘어진다. 그 잎은 청색이고 두터우며, 짧고 뾰족하면서 조밀하다[稠]. 잎의 뾰족한 부분이 많다. 그 잎가장귀가 얕고, 잎뿌리에는 혹이 매우 도드라졌다. 줄기는 청색이다. 가지와 줄기가 높이 솟아 있다. 높이는 5~6척이 된다】

醉楊妃

【又 一名"醉瓊環". 其色深桃紅, 久而不變. 其花疏爽而潤澤. 小, 徑近二寸以上, 厚半之. 其瓣尖而硬⑱, 下覆如臍.

花繁而柄弱, 其英乃垂. 其葉靑厚, 短尖⑲而稠. 其尖多, 其亞淺, 葉根冗甚. 莖靑, 枝幹偃蹇. 高可五六尺】

---

226 자하상(紫霞觴) : 위의 '2-9'에 보인다.
227《二如亭群芳譜》, 위와 같은 곳.
228 꽃자루[花柄] : 꽃을 받치고 있는 작은 가지. 화경(花梗)이라고도 한다.
⑱ 硬 : 저본에는 "梗".《二如亭群芳譜·貞部·花譜》에 근거하여 수정.
⑲ 尖 :《二如亭群芳譜·貞部·花譜》에는 "大".

2-19) 태진홍(太眞紅)

【군방보】[229] 꽃은 선홍색이다. 겹꽃이다】

太眞紅

【又 嬌紅, 千瓣】

2-20) 누자홍(樓子紅)

【군방보】[230] 꽃봉오리가 매우 크다. 꽃이 일찍 핀다. 처음에는 짙은 흑색이다가 점차 선홍색이 된다. 꽃잎은 아래로 늘어지고 길며, 빛이 나서 사람의 이목을 빼앗는다. 피고 나면 꽃의 지름이 0.2척 이상이다.

그 꽃받침은 작은 동전만 하다. 처음에는 청색이다가 나중에는 황색이 된다. 중앙에 꽃마루가 숨은 듯이 있다. 꽃이 피면 꽃잎 몇 개가 위로 곧게 선다. 줄기와 잎은 자포금대(紫袍金帶)[231]와 같다. 가지와 줄기가 높고 크게 자라 4~5척이나 된다】

樓子紅

【又 蓓蕾甚巨. 開早. 初深黑, 漸作鮮紅. 瓣垂而長, 光焰奪目. 旣開徑二寸以上.

其蕚如小錢. 初青後黃. 其中隱然有頂, 有開數瓣上豎者. 莖葉如紫袍金帶. 枝幹高大, 可至四五尺】

2-21) 홍만권(紅萬卷)

【군방보】[232] 일명 '홍뉴사(紅紐絲)'이다. 꽃은 짙은 홍색이다. 겹꽃이다. 마치 만권서(萬卷書)[233]와 같다】

紅萬卷

【又 一名"紅紐絲". 深紅, 千瓣. 如萬卷書】

2-22) 일념홍(一捻紅)

【군방보】[234] 꽃잎에 홍색 점이 있다. 꽃의 지름

一捻紅

【又 花瓣上有紅點而徑三

---

229 《二如亭群芳譜》, 위와 같은 곳.
230 《二如亭群芳譜》, 위와 같은 곳.
231 자포금대(紫袍金帶) : 위의 '2-7'에 보인다.
232 《二如亭群芳譜》, 위와 같은 곳.
233 만권서(萬卷書) : 아래의 '5-30) 은뉴사'의 이칭이다
234 《二如亭群芳譜》, 위와 같은 곳.

은 0.3척이다. 꽃잎은 크고 둥글다】

寸. 瓣大而圓】

2-23) 홍전융(紅翦絨)

【<u>군방보</u>】235 처음에는 은홍(殷紅)색이다가 나중에는 짙은 홍색이 된다. 꽃의 지름이 0.15척이다. 그 모양은 얇으면서 기와처럼 둥그렇게 휘었다. 그 꽃잎은 끝이 자잘하면서도 무성하며, 떨기 지어 모인 모습이 가시처럼 뾰족뾰족하다. 잎은 녹색이며 뾰족하고 작다. 그 잎가장귀가 얕다. 줄기는 홍색이다. 잎뿌리는 맑고 깨끗하다. 가지와 줄기는 무성하다. 높이는 3~4척이 된다】

紅翦絨

【<u>又</u>】初殷紅, 後木紅. 徑寸有半. 其形薄而瓦. 其瓣末碎而茸, 攢簇如刺. 葉綠尖而小. 其亞淺. 其莖紅, 葉根清淨. 枝幹扶疏. 高可三四尺】

2-24) 금수구(錦繡毬)

【<u>군방보</u>】236 일명 '금라삼(錦羅衫)'이다. 꽃봉오리가 밤톨과 같다. 그 꽃잎이 꽃받침을 감싸고 있다. 처음에는 은홍색이다가 꽃이 피고 나면 선홍색이 되고, 점차 홍황색이 된다. 꽃잎은 넓으면서 짧다. 잎은 자수구(紫繡毬)237와 비슷하지만 그보다 성글면서 크고, 주름이 있고 뾰족하다. 잎뿌리에 혹이 있다】

錦繡毬

【<u>又</u>】一名"錦羅衫". 蓓蕾如栗, 其花抱蔕. 其初殷紅, 旣開鮮紅, 漸作紅黃色. 瓣闊而短, 葉似紫繡毬, 稀而大, 皺而尖. 葉根有冗】

235《二如亭群芳譜》, 위와 같은 곳.
236《二如亭群芳譜》, 위와 같은 곳.
237 자수구(紫繡毬): 아래의 '4-26)'에 보인다.

2-25) 학정홍(鶴頂紅)

【군방보】[238] 일명 '불로홍(不老紅)'이다. 꽃은 만향홍(晚香紅)[239]과 비슷하지만 그보다 얇고 작다. 바깥쪽 꽃잎은 분홍색이 어려 있고, 가운데에는 대홍(大紅)색이 어려 있다. 꽃이 피고 질 때는 분홍색이다. 꽃잎 아래쪽은 늘어졌으며, 대홍색이다. 꽃잎 위쪽은 학의 정수리[鶴頂]처럼 모여 있다. 잎은 청색이고 둥글며 작다. 가지와 줄기는 그리 높거나 크게 자라지 않는다】

鶴頂紅

【又】一名"不老紅", 花似晚香紅, 薄而小. 外暈粉紅, 中暈大紅. 開徹粉紅. 瓣下覃大紅, 瓣上攢如鶴頂. 葉靑圓而小. 枝幹不甚高大】

2-26) 계관홍(鷄冠紅)

【군방보】[240] 꽃은 홍색이다. 겹꽃이다. 꽃색이 마치 닭볏[鷄冠]의 색과 같다】

鷄冠紅

【又】紅, 千瓣. 色如鷄冠】

2-27) 성성홍(猩猩紅)

【군방보】[241] 꽃은 장원홍과 비슷하지만 그보다 더 두텁다. 꽃의 지름은 0.2척이다. 꽃이 일찍 핀다. 선홍색이고, 오래 피어 있다. 잎은 윤택하고 길며, 뾰족한 부분이 많다. 줄기는 청색이다. 가지와 줄기는 곧고 굳세다. 높이는 4~5척이 된다】

猩猩紅

【又】花似狀[20]元紅, 而厚. 徑二寸. 開早. 色鮮紅, 耐久. 葉澤長而多尖. 莖靑, 枝幹挺勁. 高可四五尺】

238《二如亭群芳譜》, 위와 같은 곳.
239 만향홍(晚香紅) : 아래의 '3-10'에 보인다. 만향홍은 누자분서시(樓子粉西施)의 별칭이다.
240《二如亭群芳譜》, 위와 같은 곳.
241《二如亭群芳譜》, 위와 같은 곳.
[20] 狀 : 저본에는 "壯".《二如亭群芳譜·貞部·花譜》에 근거하여 수정.

2-28) 수부용(繡芙蓉)

【군방보 242 일명 '적심황(赤心黃)', '노금황(老金黃)'이다. 처음 필 때는 적홍색이다가 피고 나면 가운데는 적색이 어려 있고 바깥쪽으로는 황색이 어려 있다. 그 꽃잎은 앞면이 황색이고 뒷면이 홍색이다.

꽃의 지름이 0.25척이며, 두께는 그의 반이다. 꽃이 일찍 핀다. 모서리에 난 층들이 가지런하다. 잎은 청색이며, 윤택하고 부드럽다. 잎가장귀가 깊고, 잎뿌리에 혹이 매우 도드라졌다. 가지와 줄기는 높이 솟아 있으며, 굵고, 크다. 높이는 4~5척이 된다】

2-29) 금려지(錦荔枝)

【군방보 243 꽃은 금홍색이다. 다판이다】

2-30) 홍모란(紅牡丹)

【군방보 244 꽃이 일찍 핀다. 처음에는 은홍색(殷紅色, 검분홍색)이다가 나중에는 은홍색(銀紅色, 연분홍색)이 된다. 꽃이 피면 가장 오래 피어 있다】

2-31) 홍말리(紅茉莉)

【군방보 245 매화국(梅花菊)246과 비슷하지만 그보다 홍색이다】

繡芙蓉

【又 一名"赤心黃", 一名"老金黃". 初開赤紅, 既開中暈赤而外暈黃. 其瓣, 面黃而背紅.

徑二寸有半, 厚半之. 開早. 棱層整齊. 葉靑, 澤而脆. 亞深, 葉根冗甚. 枝幹偃蹇而龘大. 高可四五尺】

錦荔枝

【又 金紅, 多瓣】

紅牡丹

【又 開早. 初殷紅, 後銀紅. 開最久】

紅茉莉

【又 似梅花菊而紅】

242《二如亭群芳譜》〈貞部〉"花譜" 3 '菊'《《四庫全書存目叢書補編》80, 763~764쪽).
243《二如亭群芳譜》〈貞部〉"花譜" 3 '菊'《《四庫全書存目叢書補編》80, 764쪽).
244《二如亭群芳譜》, 위와 같은 곳.
245《二如亭群芳譜》, 위와 같은 곳.
246 매화국(梅花菊) : 아래의 '6-9)'에 보인다.

2-32) 부용국(芙蓉菊)

【군방보】247 꽃모양이 연꽃과 같다. 꽃은 홍색이다】

芙蓉菊

【又】狀如芙蓉, 紅色】

2-33) 이색련(二色蓮)

【군방보】248 일명 '새홍하(賽紅荷)', '서번련(西番蓮)', '납판홍(蠟瓣紅)', '대홍련(大紅蓮)', '홍전금(紅轉金)', '금랍판(錦蠟瓣)'이다.

꽃이 처음에는 천홍(茜紅)색이다가 나중에는 홍황(紅黃)색이 된다. 그 꽃받침은 황색이다. 꽃의 지름은 0.2척 정도이고, 두께는 그의 반이다.

꽃잎은 국자[勺]와 같고 털이 있다. 끝부분이 약간 주름지고 위쪽으로는 연꽃받침[蓮萼]처럼 모여 있다. 꽃잎 색은 황색이며, 크기가 크다. 꽃받침 가운데 간혹 몇 장의 꽃잎이 솟아올라 있기도 한다. 잎은 녹색이고, 길면서 크고, 뾰족한 부분이 많다. 그 잎가장귀가 깊고, 잎뿌리에 혹이 있다. 줄기가 굳세고 곧다. 높이는 4~5척이 된다】

二色蓮

【又】一名"賽紅荷", 一名"西番蓮", 一名"蠟瓣紅", 一名"大紅蓮", 一名"紅轉金", 一名"錦蠟瓣".

花先茜紅, 後紅黃色. 其萼黃. 徑二寸許, 厚半之.

瓣如勺而毛, 末微皺, 上簇如蓮萼, 黃而大, 萼中或突起數瓣. 葉綠, 長大而多尖. 其亞深, 葉根有冗. 幹勁挺. 高可四五尺】

2-34) 양양홍(襄陽紅)

【군방보】249 나란한 꽃받침에 꽃봉오리 2개가 난

襄陽紅

【又】竝蔕雙頭. 出九江 彭

247《二如亭群芳譜》, 위와 같은 곳.
248《二如亭群芳譜》, 위와 같은 곳.
249《二如亭群芳譜》, 위와 같은 곳.

다. 구강(九江)²⁵⁰의 팽택(彭澤)²⁵¹에서 나왔다】

澤】

2-35) 빈주홍(賓州紅)

【군방보²⁵² 일명 '악주홍(岳州紅)', '일륜홍(日輪紅)'이다. 꽃은 짙은 홍색이다. 선차(鏇車)²⁵³로 돌려 깎은 듯 좁고 얇다. 꽃의 지름은 0.2척이다. 가운데에 황색 꽃받침이 있다. 잎과 줄기는 홍자하상(紅紫霞觴)²⁵⁴과 비슷하다】

賓州紅

【又 一名"岳州紅", 一名"日輪紅". 重紅, 褊薄如鏇. 徑二寸. 中黃萼, 葉幹似紅紫霞觴】

2-36) 토주홍(土硃紅)

【군방보²⁵⁵ 색은 토주(土硃)²⁵⁶와 같다】

土硃紅

【又 其色如土硃】

2-37) 동국(冬菊)

【군방보²⁵⁷ 꽃이 얇고 작다. 줄기는 겨우 0.15척이다. 꽃은 짙은 홍색이다. 꽃의 바탕은 밀랍[蠟]과 같고 꽃잎은 넓으면서 짧다. 꽃이 매우 늦게 핀다. 잎은 성글고, 청색이면서 윤택하다. 처음에는 은작약(銀芍藥)의 잎과 비슷하다. 하지만 나중에는 구부

冬菊

【又 花薄而小, 莖僅寸半. 色深紅, 質如蠟, 瓣闊而短. 開極遲. 葉疏靑而澤. 初似銀芍藥, 其後弓而厚, 長而尖. 亞深, 尖多. 莖紫,

---

250 구강(九江):중국 강서성(江西省) 북부의 도시. 양자강(揚子江) 중류에 있다.
251 팽택(彭澤):중국 강서성 북부의 도시 구강(九江)에 있는 못. 팽호(彭湖)·팽려(彭蠡)라고도 한다.
252《二如亭群芳譜》, 위와 같은 곳.
253 선차(鏇車):목재를 둥근 모양으로 가공하기 위한 기계. 풍석 서유구 지음, 임원경제연구소 옮김,《임원경제지 섬용지》3, 풍석문화재단, 2017, 204~205쪽에서 갈이틀[旋木車]의 용도와 사용 방법 등이 자세히 보인다.
254 홍자하상(紅紫霞觴):위의 '2-9) 자하상(紫霞觴)'에 보인다. 홍색 자하상을 가리킨다.
255《二如亭群芳譜》, 위와 같은 곳.
256 토주(土硃):붉은 빛깔의 흙으로 만든 염료. 안료 및 한방 약재로 사용된다.
257《二如亭群芳譜》, 위와 같은 곳.

선차(갈이틀) (윤두서의 〈선차도〉, 고산윤선도유물전시관)

정하게 자라면서 두터우며 길고 뾰족해진다. 잎가장   枝幹順直扶疏. 高五六尺】
귀가 깊고, 뾰족한 부분이 많다. 줄기는 자색이다.
가지와 줄기가 곧게 자라며 무성하다. 높이는 5~6
척이다】

3) 분홍색류(22항목 22종)

3-1) 수사분홍(垂絲粉紅)

【범촌국보】[258] 서경(西京, 장안)에서 나왔다. 9월에 핀다. 겹꽃이다. 꽃잎은 잔털[茸]처럼 가늘고 차례를 지어 모여 있다. 꽃 아래에 또한 탁엽(托葉)[259]이 없다. 사람들이 수사(垂絲)라 이름 붙인 까닭은 대개 가지와 줄기가 늘어진 실처럼 가늘고 약하기 때문이다】

3-2) 양비(楊妃)

【범촌국보】[260] 9월에 핀다. 꽃은 분홍색이다. 겹꽃이다. 어지러운 잔털[茸]처럼 흩어져 핀다. 가지와 잎이 가늘고 작아서 하늘하늘한 자태가 있다. 이는 실로 국화 중에서 부드럽고 아리따워서 사랑을 받는 품종이다】

3-3) 합선(合蟬)

【범촌국보】[261] 9월말에 핀다. 꽃은 분홍색이다. 대롱 같은 꽃잎[筒葉]이 난다. 꽃잎이 가느다란 경우에는 꽃술과 섞여 나란히 난다. 한창 무성하게 필 때는 대롱 같은 꽃잎 중에 큰 잎들이 갈라져서 두 날개가 마치 날아오르며 춤을 추는 듯한 형상을 띤다. 가지 1개 끝에서 모두 3~4송이의 꽃이 핀다. 그

粉紅類

垂絲粉紅

【范氏菊譜】出西京. 九月中開, 千葉. 葉細如茸, 攢聚相次, 而花下亦無托葉. 人以垂絲目之者, 蓋以枝幹纖弱故也】

楊妃

【又】九月中開. 粉紅, 千葉. 散如亂茸. 而枝葉細小, 嫋嫋有態. 此實菊之柔媚爲悅者也】

合蟬

【又】九月末開. 粉紅, 筒葉. 花形細者, 與蕊雜比. 方盛開時, 筒之大者裂爲兩翅如飛舞狀. 一枝之杪, 凡三四花. 然大率皆筒葉, 如[21]荔枝菊. 有蟬形者, 蓋

---

258 출전 확인 안 됨;《劉氏菊譜》〈垂絲粉紅〉第31(《文淵閣四庫全書》845, 25쪽).
259 탁엽(托葉):위의 '1-55'를 참조 바람.
260 출전 확인 안 됨;《劉氏菊譜》〈楊妃〉第32(《文淵閣四庫全書》845, 25쪽).
261 출전 확인 안 됨;《劉氏菊譜》〈合蟬〉第33(《文淵閣四庫全書》845, 25쪽).
[21] 如:저본에는 "與".《劉氏菊譜·合蟬》에 근거하여 수정.

러나 대체로 모든 대롱 같은 꽃잎은 여지국(荔枝菊)과 같다. 매미날개모양을 띤 국화가 있다. 이는 아마도 합선과 같은 품종은 아닐 것이다】

不同[22]耳】

3-4) 도화(桃花)

【범촌국보[262] 꽃은 분홍색이다. 홑꽃이다. 가운데에 황색 꽃술이 있다. 그 색깔이 복숭아꽃[桃花]과 매우 비슷하다. 꽃의 모양과 자태가 비록 아주 아름답지는 않다. 그러나 여러 국화들이 피기 전에 피기 때문에 사람들은 이 국화를 나무 중의 매화나무 보듯이 취급한다.[263] 가지와 잎이 가장 풍성하고 조밀하다. 간혹 꽃이 없는 경우도 있다. 이는 잎 1장의 크기가 몇 촌을 넘을 정도로 크기 때문이다.

유씨국보[264] 많게는 4~5겹에 이르는 겹꽃이다. 꽃은 분홍색이다. 색깔의 농담은 복숭아꽃·살구꽃·홍매화의 중간이다. 서리가 내리기 전에 핀다. 이때 가장 곱고 아름답다. 8월이 지나고 나면 더욱 감상할 만하다.

사씨월중국보[265] 일명 '도홍국화(桃紅菊花)'이다. 꽃잎은 복숭아꽃의 분홍색과 같다. 꽃 1송이에 꽃잎

桃花

【又 粉紅, 單葉. 中有黃蕊, 其色正類桃花. 花之形度雖不甚佳, 而開於諸菊未開之前, 故人視此菊如木中之梅焉. 枝葉最繁密, 或有無花者, 則一葉之大踰數寸也[23].

劉氏菊譜 多至四五重, 粉紅色. 濃淡在桃、杏、紅梅之間. 未霜卽開, 最爲妍麗, 中秋後便可賞.

史氏越中菊譜 一名"桃紅菊花". 瓣如桃花粉紅色.

---

262 출전 확인 안 됨;《劉氏菊譜》〈桃花〉第35(《文淵閣四庫全書》845, 26쪽).
263 그러나……취급한다 : 매화가 봄에 다른 나무의 꽃보다 가장 이른 시기에 피기 때문이다.
264 출전 확인 안 됨;《范村菊譜》〈菊品〉"雜色" '桃花菊'(《文淵閣四庫全書》845, 40쪽).
265《百菊集譜》卷2〈越中品類〉(《文淵閣四庫全書》845, 64쪽).
[22] 同 :《劉氏菊譜·合蟬》에는 "多".
[23] 大踰數寸也 : 저본에는 없음.《劉氏菊譜·桃花》에 근거하여 보충.

이 모두 13~14장이 달린다. 꽃이 필 때는 꽃송이의 길이가 일정하지 않다가 날짜가 많이 지나고서야 가지런해진다. 꽃술은 황색이고 안으로 약간 녹색을 띤다.

一蕊凡十三四片, 開時長短不齊, 經多日乃齊. 其心黃色, 內帶微綠.

이 꽃은 냄새를 맡으면 향기가 나지 않는다. 오로지 잎을 문질러 뭉갠 뒤에 냄새를 맡아야 향기가 있음을 알게 된다. 8월이 되면 꽃이 핀다. 꽃이 피고서 10여 일이 지나면 점차 백색으로 변한다. 간혹 청색 벌레가 생겨 꽃잎을 갉아먹으면 시든다.

此花嗅之無香, 惟撚破聞之, 方知有香. 至中秋, 便開, 開至十餘日, 漸變爲白色. 或生靑蟲, 食其花片則衰矣.

안《군방보》에서 이를 인용하면서 범성대의《국보》《범촌국보》를 유몽천의《국보》《유씨국보》라 하고, 유몽천의《국보》를 범성대의《국보》라 했다266】

按《群芳譜》引此, 范《譜》作劉《譜》, 劉《譜》作范《譜》】

3-5) 분학령(粉鶴翎)

【군방보 267 일명 '분뉴사(粉紐絲)', '옥반단(玉盤丹)', '분작설(粉雀舌)', '하화홍(荷花紅)'이다.

꽃은 분홍색이다. 크기는 작약꽃만 하다. 꽃잎은 뾰족하고 길면서 크다. 뒷면은 옅은 홍색이다.

처음 필 때에는 색깔이 선명하고 짙다. 피고 나면 사방에서 받쳐 주던 자색의 불꽃[紫焰] 같은 바깥

粉鶴翎

【群芳譜 一名"粉紐絲", 一名"玉盤丹", 一名"粉雀舌", 一名"荷花紅".
花粉紅, 大如芍藥, 瓣尖長而大, 背淡紅.
初開鮮濃, 旣開四面支撑紫焰騰耀, 後漸白紐絲. 葉

---

266 군방보에서……했다: 원문의 '도화(桃花)' 부분에는《범촌국보》와《유씨국보》와《사씨월중국보》총 세 책의 내용을 인용하였다.《이여정군방보(二如亭群芳譜)》에서 이를 인용하면서 착각을 하여《범촌국보》와《유씨국보》의 출전을 잘못 표기하였다. 여기에서 이 점을 지적하고 있다《二如亭群芳譜》〈貞部〉"花譜" 3 '菊'《四庫全書存目叢書補編》80, 763쪽].

267《二如亭群芳譜》〈貞部〉"花譜" 3 '菊'《四庫全書存目叢書補編》80, 764쪽).

꽃잎이 치솟아 빛나다가 나중에는 점차 백뉴사(白紐絲)268가 된다. 잎은 청색이면서 성글고, 크기가 손바닥만 하다. 잎가장귀가 깊고, 잎뿌리에 혹이 많다. 가지와 줄기가 곧게 자라며 무성하다. 높이는 7~8척이 된다】

靑而稀, 闊大如掌. 亞深, 葉根多冗. 枝幹順直而扶疏, 高可七八尺】

3-6) 분랍판(粉蠟瓣)

【군방보269 꽃봉오리가 성글게 난다. 꽃은 옅은 홍색이다가 시들면 백색이 된다. 바탕은 밀랍색과 같다. 꽃의 지름은 0.25척이 되고, 두께는 그에 걸맞다. 향기가 난다. 꽃잎은 처음에는 위를 향해 피다가 나중에 뒤집어진다. 시들면 마치 분홍색을 발라 놓은 듯하다. 잎은 청색이고, 길고 크며 성글다. 잎가장귀가 깊고, 잎뿌리는 맑고 깨끗하다. 가지와 줄기는 곧게 자란다. 높이는 10척이 된다】

粉蠟瓣
【又 蓓蕾稀, 花微紅, 褪白, 質如蠟色. 徑可二寸有半, 厚稱之. 氣香. 瓣初仰而後覆, 其殘如紅粉塗抹. 葉靑, 長大而稀. 亞深, 葉根淸淨. 枝幹順直. 高可一丈】

3-7) 분서시(粉西施)

【군방보270 일명 '홍서시(紅西施)', '홍분서(紅粉西)', '분서(粉西)'이다.

꽃은 풍성하고 큼직한 모습이 뒤에서 소개한 백서시(白西施)271와 비슷하다. 처음 필 때에는 홍색과 황색이 섞여 보배로운 색이 난다. 꽃이 피고 질 때는

粉西施
【又 一名"紅西施", 一名"紅粉西", 一名"粉西".
花豐碩, 似白西施. 初開紅黃相雜, 有寶色, 開徹則淡粉紅.

---

268 백뉴사(白紐絲) : 분학령의 일명인 분뉴사(粉紐絲)의 분홍색 꽃잎이 백색으로 변하기 때문에 이 표현을 쓴 듯하다.
269 《二如亭群芳譜》, 위와 같은 곳.
270 《二如亭群芳譜》, 위와 같은 곳.
271 백서시(白西施) : 아래의 '5-44'에 보인다.

분서시(粉西施)(이 사진은 참고용이며, 꽃 이름과의 일치 여부는 학술적으로 확인되지 않았음)

옅은 분홍색이 된다.

꽃잎은 말리면서 동그랗게 맺혀 있다. 뒷면은 색이 어두워져서 마치 원숭이머리처럼 홍색이다. 그러나 꽃자루가 약하여 견디지 못한다. 잎은 청색이고 두터우며, 길고 기와처럼 둥그렇게 휘었다. 그리고 좁고 뾰족하다. 잎가장귀가 깊고, 잎뿌리에 혹이 많다. 가지와 줄기도 백서시와 비슷하다】

瓣卷而紐, 背慘而紅如猱頭, 然柄弱不任. 葉靑而厚, 長而瓦, 狹而尖. 亞深, 葉根多冗. 枝幹亦類白西施】

3-8) 쇄금홍(灑金紅)

【군방보】272 일명 '쇄금향(灑金香)', '금전표(金錢豹)'이다. 꽃은 옅은 홍색이다. 겹꽃이다. 꽃잎 사이에는 흩뿌려 놓은 듯한 황색이 있다】

灑金紅

【又】 一名"灑金香", 一名"金錢豹". 淡紅, 千瓣. 瓣間有黃色如灑】

3-9) 홍분단(紅粉團)

【군방보】273 일명 '분단(粉團)'이다. 꽃의 지름은

紅粉團

【又】 一名"粉團". 花粉紅.

272《二如亭群芳譜》, 위와 같은 곳.
273《二如亭群芳譜》, 위와 같은 곳.

0.2척이고, 두께는 그의 반이다. 가운데에 홍색이 어려 있다. 꽃잎은 짧고 무늬가 많다. 줄기와 잎은 금려지(金荔枝)[274]와 비슷하지만 그보다 더 청색이다】

徑二寸, 厚半之. 中暈紅. 瓣短而多紋. 枝葉似金荔枝而靑】

3-10) 누자분서시(樓子粉西施)

【군방보】[275] 일명 '만향홍(晩香紅)', '추모란(秋牧丹)', '홍분루(紅粉樓)', '거륜홍(車輪紅)'이다.

그 꽃은 분홍색이다. 꽃의 지름은 0.3척이고, 두께는 0.2척이 된다. 꽃이 피는 시기가 늦다.

꽃잎은 둥글면서 두텁고, 차례대로 가지런히 정돈되어 있다. 가운데에 짙은 홍색이 솟아올라서 위쪽이 겹꽃이 되고, 옅은 색으로 바뀐다. 잎은 조밀하고, 청색이면서 털이 있다. 그리고 좁고 뾰족하다. 그 잎가장귀가 깊고, 잎뿌리에 혹이 매우 도드라졌다. 가지와 줄기도 백서시와 같지만, 그보다 더 굳세고 크다】

樓子粉西施

【又】一名"晩香紅", 一名"秋牧丹", 一名"紅粉樓", 一名"車輪紅".

其花粉紅. 徑可三寸, 厚三之二. 其開也遲.

瓣圓而厚, 比次整齊, 中深紅突起, 上作重臺, 色易淡. 葉稠, 靑而毛, 狹而尖. 其亞深, 葉根冗甚. 枝幹亦與白西施同, 壯大過之】

3-11) 취서시(醉西施)

【군방보】[276] 꽃은 옅은 홍색이다. 겹꽃이다. 드리워진 꽃송이가 취양비(醉楊妃)[277]와 비슷하다】

醉西施

【又】淡紅, 千葉. 垂英似醉楊妃】

---

274 금려지(金荔枝) : 앞의 '2-29'에 '금려지(錦荔枝)'가 보인다. 하지만 '금(金)'과 '금(錦)'이 다르다. 아마도 두 글자를 혼용하여 사용한 것으로 추정된다.
275 《二如亭群芳譜》, 위와 같은 곳.
276 《二如亭群芳譜》, 위와 같은 곳.
277 취양비(醉楊妃) : 위의 '2-18'과 아래의 '7-8'에 보인다.

3-12) 승비도(勝緋桃)

【군방보】[278] 일명 '홍벽도(紅碧桃)'이다. 꽃의 구조와 모양이 벽도(碧桃)[279], 추해당(秋海棠)[280]과 비슷하다. 가지와 잎은 자작약(紫芍藥)[281]과 비슷하지만 높이와 크기는 그에 미치지 못한다】

勝緋桃

【又】一名"紅碧桃". 格局似碧桃, 似秋海棠. 枝葉似紫芍藥而高大不及】

3-13) 분포사(粉褒姒)

【군방보】[282] 꽃은 분홍색이다. 꽃의 크기가 작다. 꽃의 지름은 0.25척이다. 꽃잎은 뾰족하고 짧으며, 두텁고 무늬가 없다. 잎은 녹색에 윤기가 흘러 장원홍(狀元紅)과 비슷하지만 그보다 더 뾰족하다. 그 잎가장귀가 적고, 잎뿌리에 혹이 있다. 가지와 줄기가 높이 솟아 있어서 간혹 결국 분서시(粉西施)[283]에 해당하는 품종이라고 하지만 이는 잘못이다】

粉褒姒

【又】花粉紅而小. 徑二寸[24]有半. 瓣尖短, 厚而無紋. 葉綠而澤, 似狀[25]元紅而尖. 其亞少, 葉根有冗. 枝幹偃蹇, 或遂以粉西施當之, 非也】

3-14) 대양비(大楊妃)

【군방보】[284] 일명 '양비국(楊妃菊)', '경환국(瓊環菊)'이다. 꽃은 분홍색이다. 겹꽃이다. 어지러운 잔털[茸]처럼 흩어져 핀다. 가지와 잎은 가늘고 작아서

大楊妃

【又】一名"楊妃菊", 一名"瓊環菊". 粉紅, 千瓣. 散如亂茸, 而枝葉細小, 嫋嫋

---

278 《二如亭群芳譜》〈貞部〉"花譜" 3 '菊'(《四庫全書存目叢書補編》80, 764~765쪽).
279 벽도(碧桃) : 복숭아나무의 일종. 겹꽃이며, 열매를 맺지 않는다. 천엽도(千葉桃)라고도 한다.
280 추해당(秋海棠) : 쌍떡잎식물 베고니아과의 여러해살이풀. 《예원지》 권3〈꽃류〉"추해당"에 자세히 보인다.
281 자작약(紫芍藥) : 아래의 '4-20'에 보인다.
282 《二如亭群芳譜》〈貞部〉"花譜" 3 '菊'(《四庫全書存目叢書補編》80, 765쪽).
283 분서시(粉西施) : 위의 '3-7)'에 보인다.
284 《二如亭群芳譜》, 위와 같은 곳.
[24] 花粉紅而小徑二寸 : 저본에는 없음. 대신 이 공간에 '3-12) 승비도(勝緋桃)'의 첫 구절인 "一名紅碧桃格局似"로 잘못 적었다가 지운 흔적만 있다. 오사카본·《二如亭群芳譜·貞部·花譜》에 근거하여 보충.
[25] 狀 : 저본에는 "壯". 《二如亭群芳譜·貞部·花譜》에 근거하여 수정.

하늘하늘한 자태가 있다】 有態】

3-15) 새양비(賽楊妃)

【군방보 285 꽃은 분홍색이다. 겹꽃이다. 꽃이 대략 작다】

賽楊妃
【又 粉紅, 千瓣. 花略小】

3-16) 분영롱(粉玲瓏)

【군방보 286 일명 '자정향(紫丁香)'이다. 꽃은 분홍색이다. 작은 꽃이다. 심긍(沈兢)의 《국보(菊譜)》《심씨국보》를 살펴보니, 영롱(玲瓏)과 만권(萬卷)·만관(萬管)이 들어가는 꽃이름들이 모두 실려 있다.287 지금 사람들은 이들이 서로 비슷하다고 하여 많이들 섞어 부른다. 그러면서 영롱이란 말이, 시원하게 뻥 뚫려 있는 모습임을 알지 못한다.

권(卷)은 서권(書卷, 서적), 화권(畫卷, 두루마리식 회화) 따위에 쓰는 말이고, 관(管)은 소관(簫管)288, 필관(筆管)289 따위에 쓰는 말이다. 따라서 형상을 취한 것이 제각각 같지 않다. 온갖 노래가 고리를 이어 놓은 듯 이어지기 때문에 곧 영롱이라는 별칭을 붙인 것이다. 그런데 이름을 붙인 뜻이 점차 잘못되고 있으므로 구별하지 않아서는 안 된다】

粉玲瓏
【又 一名"紫丁香". 粉紅, 小花. 按沈《譜》, 玲瓏與萬卷、萬管竝載, 今人類多混稱, 不知玲瓏者疏朗通透之物.

卷則書卷、畫卷之類, 管則簫管、筆管之類, 取象各不同. 百詠之連環絡索, 卽玲瓏之別號, 于命名之意寖失, 不可不辨㉖】

285《二如亭群芳譜》, 위와 같은 곳.
286《二如亭群芳譜》, 위와 같은 곳.
287 심긍(沈兢)의……있다: 출전 확인 안 됨.
288 소관(簫管): 관악기의 하나인 대금을 달리 이르는 말.
289 필관(筆管): 붓대. 붓촉을 박는 가는 대를 가리킨다.
㉖ 辨: 저본에는 "瓣".《二如亭群芳譜·貞部·花譜》에 근거하여 수정.

수원화성의 영롱담

3-17) 팔보마노(八寶瑪瑙)

【군방보290 일명 '팔보국(八寶菊)'이다. 겹꽃이다. 분홍색인 꽃이다. 꽃은 홍색·황색 등 여러 가지 색을 갖추었다】

八寶瑪瑙

【又 一名"八寶菊". 千瓣, 粉紅花. 花具紅、黃衆色】

3-18) 자부용(紫芙蓉)

【군방보291 일명 '승부용(勝芙蓉)', '부용국(芙蓉菊)'이다. 겹꽃이다. 꽃이 피면 매우 크다. 잎은 뾰족하면서 작다】

紫芙蓉

【又 一名"勝芙蓉", 一名"芙蓉菊". 千瓣, 開極大. 其葉尖而小】

3-19) 분만권(粉萬卷)

【군방보292 꽃은 분홍색이다. 겹꽃이다】

粉萬卷

【又 粉紅, 千瓣】

290《二如亭群芳譜》, 위와 같은 곳.
291《二如亭群芳譜》, 위와 같은 곳.
292《二如亭群芳譜》, 위와 같은 곳.

3-20) 분수구(粉繡毬)

【군방보 293 겹꽃이다. 옅은 홍색인 꽃이다】

粉繡毬

【又 千瓣, 淡紅花】

3-21) 불견소(佛見笑)

【군방보 294 꽃은 분홍색이다. 겹꽃이다】

佛見笑

【又 粉紅, 千瓣】

3-22) 홍부분(紅傅粉)

【군방보 295 꽃은 분홍색이다. 겹꽃이다】

紅傅粉

【又 粉紅, 千瓣】

293《二如亭群芳譜》, 위와 같은 곳.
294《二如亭群芳譜》, 위와 같은 곳.
295《二如亭群芳譜》, 위와 같은 곳.

4) 자색류(32항목 32종)

4-1) 순성천자(順聖淺紫)

【범촌국보】296 진주(陳州)와 등주(鄧州)297에서 나왔다. 9월에야 꽃이 핀다. 다엽이다. 꽃잎이 여러 국화들에 비해서 가장 크다. 1송이 꽃에 꽃잎이 불과 6~7장이 난다. 하지만 잎마다 모두 3~4겹으로 서려 겹쳐 핀다. 꽃잎 사이 빈 공간에 대롱 같은 꽃잎이 받치고 있다.

대체로 꽃모양이나 가지, 줄기가 수사체당(垂絲棣棠)298과 비슷하다. 다만 그와는 달리 색이 자주색이고, 꽃의 크기가 클 뿐이다. 국화 중에서 이 품종만이 가장 크다. 그러므로 풍류와 자태 또한 귀하게 여길 만하다. 유독 아쉬운 것은 색깔이 황백색이 아니라서 여러 국화와 선두를 다툴 수 없다는 점이다】

4-2) 하만령(夏萬鈴)

【범촌국보】299 부주(鄜州)300에서 나왔다. 5월에 꽃이 핀다. 자색의 자잘한 방울[鈴]이 쌍무늬가 있는 큰 꽃잎 위에 생긴다. 하(夏, 여름)라는 계절로 이름을 구별한 까닭은 가을에 자색 꽃이 피는 국화가 있기

紫類

順聖淺紫

【范氏菊譜】出陳州、鄧州. 九月中方開. 多葉. 葉比諸菊最大. 一花不過六七葉, 而每葉盤疊凡三四重. 花葉空處間, 有筒葉輔之.

大率花形、枝幹, 類垂絲27棣棠. 但色紫, 花大爾. 菊中惟此最大, 而風流態度, 又爲可貴. 獨恨色非黃白, 不得與諸菊爭先耳】

夏萬鈴

【又】出鄜州. 開以五月. 紫色細鈴生于雙紋大葉之上. 以時別之者, 以有秋時紫花故也. 或以菊皆秋生花,

---

296 출전 확인 안 됨;《劉氏菊譜》〈順聖淺紫〉第26(《文淵閣四庫全書》845, 24쪽).
297 등주(鄧州) : 지금 중국의 하남성(河南省) 등현(鄧縣) 일대.
298 수사체당(垂絲棣棠) : 앞의 '1-39' 체당(棣棠)'에 보인다. 가지와 줄기가 가늘고 약해 아래로 축 늘어져 핀다. 수사해당(垂絲海棠)·수사국(垂絲菊) 등도 있다.
299 출전 확인 안 됨;《劉氏菊譜》〈夏萬鈴〉第27(《文淵閣四庫全書》845, 24~25쪽).
300 부주(鄜州) : 지금 중국의 섬서성(陝西省) 북부에 있는 부현(富縣)의 옛 명칭.
27 垂絲 : 저본에는 없음.《劉氏菊譜·順聖淺紫》에 근거하여 보충.

때문이다. 어떤 사람은 국화가 모두 가을에 꽃이 핀
다고 한다. 하지만 이 국화는 유독 여름에 무성하여
의아해하기도 한다.

살펴보건대, 《영보방(靈寶方)》301에서는 "국화는
자백(紫白)색이다."302라 했고, 도홍경(陶弘景)은 "5월
에 채취한다."303라 했다. 지금 이 꽃이 자색이면서
여름에 꽃이 핀다. 이는 위에서 인용한 글들과 비교
했을 때 시기의 바름[正]을 얻은 것이니, 무릇 어찌
의심하겠는가!】

而疑此菊獨以夏盛.

按,《靈寶方》曰"菊花紫白",
又陶隱居云"五月採", 今此
花紫色而開于夏時, 是其
得時之正也, 夫何疑哉!】

4-3) 추만령(秋萬鈴)

【범촌국보 304 부주(鄜州)에서 나왔다. 9월에 꽃
이 핀다. 겹꽃이다. 꽃은 옅은 자색이다. 그중에 가
는 꽃잎은 모두 5장으로 나온 방울모양이다. 그 아
래로 쌍무늬가 그려진 큰 잎이 받치고 있다.

여러 국화가 체당(棣棠)과 같지만, 이는 그중에
서도 가장 크다. 오직 이 국화만이 순성천자(順聖淺
紫)305보다 크다. 어떤 사람이 "여름 꽃 1종과 같은
종류이다. 다만 가을과 여름 사이에 다시 피는 것
일 뿐이다."라 했다. 지금 사람들이 간혹 풀을 보고
꽃이라 여기면서 대부분 이 국화를 가리킨다고 말

秋萬鈴

【又 出鄜州. 開以九月中.
千葉, 淺紫. 其中細葉盡爲
五出鐸形, 而下有雙紋大
葉承之.
諸菊如棣棠, 是其最大.
獨此菊與順聖過焉. 或云:
"與夏花一種, 但秋夏再開
爾". 今人間起草爲花, 多
作此菊, 蓋以其瑰美可愛
故也】

---

301 영보방(靈寶方): 중국 오대 후촉의 의술가인 나보선(羅普宣)이 편찬한 《광정집령보방(廣正集靈寶方)》으로
　추정된다. 총 100권이며, 현재 전하지 않는다.
302 국화는 자백(紫白)색이다: 출전 확인 안 됨.
303 5월에 채취한다: 출전 확인 안 됨.
304 출전 확인 안 됨;《劉氏菊譜》〈秋萬鈴〉第28《文淵閣四庫全書》845, 25쪽).
305 순성천자(順聖淺紫): 위의 '4-1)'에 보인다.

하는 까닭은 아마도 특별한 아름다움이 사랑스럽기
때문일 것이다】

4-4) 수구(繡毬)

【범촌국보306 서경(西京, 장안)에서 나왔다. 9월에
꽃이 핀다. 겹꽃이다. 자색인 꽃이다. 꽃잎이 뾰족
하고 넓으며, 차례대로 모여 피어난다. 이는 마치 금
령국(金鈴菊) 속 방울꽃잎의 형상과 같다. 대체로 이
꽃은 여지국(荔枝菊)과 비슷하지만 꽃 가운데에 대롱
같은 꽃잎이 없다. 그렇지만 꽃받침 가장자리가 바
르고 평평할 뿐이다. 꽃모양은 커서 대금령국(大金鈴
菊)만 하다】

繡毬

【又 出西京. 開以九月中.
千葉, 紫花. 花葉尖闊, 相
次聚生, 如金鈴菊中鈴葉
之狀. 大牽此花似荔枝菊
花, 中無筒葉, 而萼邊正平
爾. 花形之大, 有若大金鈴
菊者焉】

4-5) 여지자(荔枝紫)

【범촌국보307 서경에서 나왔다. 9월에 꽃이 핀
다. 겹꽃이다. 자색인 꽃이다. 꽃잎은 말려서 대롱
과 같고, 크고 작은 꽃잎이 섞여 있다. 일반적으로
국화의 방울[鈴]과 꽃술은 모두 탁엽(托葉) 위에 난
다. 꽃잎 뒷면에 마침내 꽃받침이 있어 가지와 서로
연결되어 있다.

그런데 이 국화는 위아래와 좌우에서 서로 모여
나기 때문에 민간에서 여지(荔枝)라 한다. 이는 꽃모
양이 완전히 동그랗기 때문이다. 홍색 꽃이 피는 국
화 중에 이 종과 이름이 같은 품종이 있다. 하지만

荔枝紫

【又 出西京. 九月中開. 千
葉, 紫花. 葉卷爲筒, 大小
相間. 凡菊鈴竝蕊皆生托
葉之上, 葉背乃有花萼, 與
枝相連.

而此菊上下左右攢聚而生,
故俗以爲荔枝者, 以其花
形正圓故也. 花有紅者, 與
此同名, 而純紫者蓋不多

---

306 출전 확인 안 됨;《劉氏菊譜》〈繡毬〉第29(《文淵閣四庫全書》845, 25쪽).
307 출전 확인 안 됨;《劉氏菊譜》〈荔枝〉第30(《文淵閣四庫全書》845, 25쪽).

순수한 자색은 아마도 많지 않을 것이다】 　　爾】

4-6) 해아국(孩兒菊)

孩兒菊

【사씨국보308 자색 꽃받침에 백색 꽃술이 무성　【史氏菊譜 紫萼白心茸茸
하다. 잎 위에 광채가 난다. 이런 점이 다른 국화와　然, 葉上有光, 與他菊異.
는 다르다.

【유씨국보309 일명 '자국(紫菊)'이다. 꽃은 자색 잔털　【劉氏菊譜 一名"紫菊". 花
[紫茸]과 같아서 더부룩하고 자잘하다. 국화 향기가　如紫茸, 叢茁細碎, 微有菊
약간 난다. 어떤 이는 택란(澤蘭)이라고 한다. 국화와　香. 或云卽澤蘭也, 以其與
같은 시기에 피고, 또 항상 중구일(重九日)310일까지　菊同時, 又常及重九, 故附
피어 있기 때문에 국화의 분류에 붙였다】　　於菊】

4-7) 자말리(紫茉莉)

紫茉莉

【군방보311 뒤에서 소개한 매화국(梅花菊)312과　【群芳譜 似梅花菊而紫.
비슷하지만 그와는 달리 자색이다. 꽃이 비록 작지　花雖小, 而標格瀟灑, 氣味
만 기품이 맑고 고상하며 냄새가 향기롭다. 이 때문　芬馥, 不可以常品目之】
에 보통의 품종이라 할 수 없다】

4-8) 조천자(朝天紫)

朝天紫

【군방보313 일명 '순성자(順聖紫)'이다. 꽃봉오리　【又 一名"順聖紫". 蓓蕾

308《史氏菊譜》〈黃〉"孩兒菊"《文淵閣四庫全書》845, 31쪽).
309 출전 확인 안 됨;《范村菊譜》〈菊品〉"雜色" '紫菊'《文淵閣四庫全書》845, 40쪽).
310 중구일(重九日) : 음력 9월 9일을 이르는 말. 세시 명절의 하나이다. 양수(陽數)인 홀수 9가 겹치는 날이기
　　때문에 길하다고 여겼다. 중양절(重陽節)이라고도 한다.
311《二如亭群芳譜》〈貞部〉"花譜" 3 '菊'《四庫全書存目叢書補編》80, 761쪽).
312 매화국(梅花菊) : 아래의 '6-9'에 보인다.
313《二如亭群芳譜》, 위와 같은 곳.

는 청벽(靑碧)색이다. 꽃은 처음에는 짙은 자색이다가 뒤에는 옅은 자색이 된다. 향기가 난다. 꽃잎은 처음에는 토끼귀 같다가 나중에는 뾰족해지면서 뒤집히고, 무성해지면서도 가지런해진다. 꽃의 지름은 0.25척이다. 잎은 녹색이며 성글게 나고, 뾰족하다. 잎가장귀는 실가닥처럼 가늘고 조밀하다. 잎뿌리가 맑고 깨끗하다. 가지와 줄기는 가늘고 자색이며, 굳세고 곧다. 높이는 5~6척이 된다】

靑碧. 花初深紫, 後淺紫. 氣香. 瓣初如兔耳, 後尖而覆, 觻鬆而整齊. 徑二寸有半. 葉綠而稀尖. 亞細密如縷, 葉根淸淨. 枝幹細紫, 勁而直. 高可五六尺】

4-9) 장원자(壯元紫)

【군방보】314 꽃이 자옥련(紫玉蓮)315과 비슷하지만 색이 그보다 더 짙다】

壯元紫

【又 花似紫玉蓮而色深】

4-10) 자모란(紫牡丹)

【군방보】316 일명 '자서시(紫西施)', '산도홍(山桃紅)', '단심자(檀心紫)'이다.

꽃이 처음 필 때에는 홍색과 황색이 비단처럼 섞여 있다가 나중에 분자(粉紫)색이 된다. 꽃의 지름은 0.3척이 된다. 꽃잎은 차례대로 나서 가지런하다. 꽃이 늦게 핀다. 향기가 난다. 잎은 녹색으로 윤택하며, 길고 두터우며 뾰족하다. 그 잎가장귀가 깊고, 잎뿌리에 혹이 있다. 가지와 줄기는 살지고 튼튼하다. 높이는 겨우 3~4척이다】

紫牡丹

【又 一名"紫西施", 一名"山桃紅", 一名"檀心紫". 花初開紅、黃間雜如錦, 後粉紫. 徑可三寸. 瓣比次而整齊. 開遲, 氣香. 葉綠而澤, 長厚而尖. 其亞深, 葉根有冗. 枝幹肥壯. 高僅三四尺】

314《二如亭群芳譜》, 위와 같은 곳.
315 자옥련(紫玉蓮) : 아래의 '4-22'에 보인다.
316《二如亭群芳譜》, 위와 같은 곳.

4-11) 벽강하(碧江霞)

【군방보】317 자색 꽃에 청색 꼭지가 달려 있다. 꼭지모서리는 꽃 밖으로 튀어 나와 있다. 꽃이 작다. 꽃 중에서도 기이한 품종이다】

碧江霞

【又】紫花青蒂, 蒂角突出花外. 小花, 花之奇異者】

4-12) 쌍비연(雙飛燕)

【군방보】318 일명 '자쌍비(紫雙飛)'이다. 꽃은 옅은 자색이다. 겹꽃이다. 꽃마다 꽃술 2개가 있다. 꽃잎은 마치 날아다니는 제비[飛燕]의 날개와 같이 비스듬히 말려 있다】

雙飛燕

【又】一名"紫雙飛". 淡紫, 千瓣. 每花有二心, 瓣斜捲如飛燕之翅】

4-13) 전하초(翦霞綃)

【군방보】319 꽃은 자색이다. 다판이다. 꽃잎의 가장자리는 오려낸[翦] 듯하다. 그 꽃의 지름은 0.2척 정도이다. 꽃잎이 성글고 크며, 그 가장자리는 수를 놓은 듯하다】

翦霞綃

【又】紫, 多瓣. 瓣邊如翦, 其花徑二寸許. 瓣疏而大, 其邊如繡】

4-14) 불좌련(佛座蓮)

【군방보】320 꽃은 자색이다. 겹꽃이다. 꽃잎이 제법 크다. 게다가 꽃이 피면 여러 국화들보다 뛰어나다. 어떤 이는 자모란(紫牡丹)321이라 하지만 이는 잘못이다】

佛座蓮

【又】紫, 千瓣. 瓣頗大, 且開殿衆菊. 或以爲紫牡丹, 非】

---

317 《二如亭群芳譜》, 위와 같은 곳.
318 《二如亭群芳譜》, 위와 같은 곳.
319 《二如亭群芳譜》, 위와 같은 곳.
320 《二如亭群芳譜》, 위와 같은 곳.
321 자모란(紫牡丹) : 위의 '4-10)'에 보인다.

4-15) 서향자(瑞香紫)

【 군방보 】322 일명 '금서향(錦瑞香)'이다. 꽃은 옅은 자색이다. 서향(瑞香)323색깔과 같다. 꽃의 지름은 0.1척 정도이다. 꽃잎은 성기고 뾰족하면서 반듯하게 서 있다. 가지와 잎은 금려지(金荔枝, 위의 '2-29)')와 비슷하다】

瑞香紫

【 又 】 一名"錦瑞香". 花淡紫, 如瑞香色. 徑寸許. 瓣疏尖而豎. 枝葉類金荔枝】

4-16) 자사도(紫絲桃)

【 군방보 】324 일명 '자소도(紫蘇桃)', '효천하(曉天霞)'이다. 꽃봉오리는 청록색이고, 꽃은 가지색이다. 가운데에는 색이 진하게 어려 있고, 바깥쪽은 조금 옅게 어려 있다. 꽃잎은 길고 뾰족한 것이 처음에는 국자[勺]모양 같다가, 뒤에는 평평하게 펼쳐진다.

꽃잎에 무늬가 있고, 그 색이 더욱 자줏빛이 난다. 꽃의 지름은 0.25척이며, 두께는 그에 걸맞다. 꽃이 피고 질 때는 터부룩해지면서 환하게 윤기가 난다. 가지와 잎은 모두 아래에서 소개한 자옥련(紫玉蓮)325과 비슷하다】

紫絲桃

【 又 】 一名"紫蘇桃", 一名"曉天霞". 蓓蕾靑綠, 花茄色, 中暈濃而外暈稍淡. 瓣長而尖, 初如勺, 後平鋪.

瓣上有紋, 色更紫. 花徑二寸有半, 厚稱之. 開徹髵鬆明潤. 枝葉俱類紫玉蓮】

4-17) 묵국(墨菊)

【 군방보 】326 일명 '조자(早紫)'이다. 꽃은 자하상(紫

墨菊

【 又 】 一名"早紫". 花似紫霞

322《二如亭群芳譜》〈貞部〉 "花譜" 3 '菊'《四庫全書存目叢書補編》80, 761~762쪽).

323 서향(瑞香) : 쌍떡잎식물 팥꽃나무과의 상록 관목. 중국이 원산지이며 우리나라에 있는 것은 대부분 수나무이므로 열매를 보기 힘들다. 꽃·뿌리껍질·잎을 약재로 쓴다. 향이 1,000리를 간다고 하여 천리향이라고도 한다. 《예원지》 권2 〈꽃류〉 "서향"에 자세히 보인다.

324《二如亭群芳譜》〈貞部〉 "花譜" 3 '菊'《四庫全書存目叢書補編》80, 762쪽).

325 자옥련(紫玉蓮) : 아래의 '4-22)'에 보인다.

326《二如亭群芳譜》, 위와 같은 곳.

霞觸)327과 비슷하지만 그보다 더 두텁고 크다. 색은 자흑색이 농염하다. 9일 전에 꽃이 핀다.328 줄기와 잎은 위에서 소개한 자포금대(紫袍金帶)329와 비슷하다. 높이는 5~6척이 된다.

사주(史鑄)의 《사씨월중국보(史氏越中菊譜)》에 "살펴보니 송나라 가우(嘉祐) 연간(1056~1063)에 광택이 나는 자색[油紫]이 있었다. 그리고 영종(1064~1067) 때에 흑자(黑紫)색이 있었다. 신종(1068-1085) 때에는 여기에 선명한 적색이 더하여져 순성자(順聖紫)로 이름 붙였다."330라 했다. 이는 모두 자색의 순도를 말한 것이라, 민간에서 꽃에 물들였다는 설이 아니다】

觸而厚大. 色紫黑穠艷. 開於九日前. 莖葉與紫袍金帶相似. 高可五六㉘尺.

史《譜》云："按宋 嘉祐中有油紫, 英宗時有黑紫, 神宗時色加鮮赤, 目爲順聖紫." 皆紫之極, 非世俗點染之說也】

4-18) 자포사(紫褒姒)

【군방보331 분포사(粉褒姒, 위의 '3-13)')와 비슷하지만 그보다 색깔이 더 자색이다】

紫褒姒

【又 似粉褒姒而色紫】

4-19) 새서시(賽西施)

【군방보332 일명 '의란교(倚欄嬌)'이다. 꽃은 옅은 자색이다. 작은 꽃송이가 취한 듯이 거꾸로 기울어진 모양이다】

賽西施

【又 一名"倚欄嬌". 淡紫, 小花頭倒側如醉】

---

327 자하상(紫霞觴) : 위의 '2-9)'에 보인다.
328 9일……핀다 : 원문의 "開於九日前"을 풀이한 것이다. 이 내용만 보아서는 어떤 날의 9일 전인지 알 길이 없다. 아마도 '月'을 '日'로 잘못 표기한 것으로 보인다. 하지만 저본과 오사카본·규장각본·《二如亭群芳譜·貞部·花譜》에 모두 '日'로 되어 있다.
329 자포금대(紫袍金帶) : 위의 '2-7)'에 보인다.
330 살펴보니……붙였다 : 《百菊集譜補遺》〈雜識〉(《文淵閣四庫全書》845, 112쪽).
331 《二如亭群芳譜》, 위와 같은 곳.
332 《二如亭群芳譜》, 위와 같은 곳.
㉘ 五六 : 《二如亭群芳譜·貞部·花譜》에는 "四五".

4-20) 자작약(紫芍藥)

【군방보】333 일명 '홍전춘(紅翦春)'이다. 꽃이 처음에는 홍색으로 피었다가 나중에는 자색이 되고, 다시 옅은 홍색이 되었다가 창백(蒼白, 회백)색으로 변한다. 꽃의 지름은 0.3척이 되고, 두께는 그에 걸맞다.

그 꽃잎은 넓고 크며 터부룩하다. 꽃이 일찍 피며, 향기가 난다. 잎은 얇고, 녹색에 윤기가 나며 성글다. 그리고 뾰족한 부분이 많다. 그 가지와 줄기는 곧게 자란다. 높이는 4~5척이 된다】

4-21) 자학령(紫鶴翎)

【군방보】334 일명 '자분반(紫粉盤)', '자작설(紫雀舌)'이다. 꽃은 처음에 옅은 자색으로 피었다가 나중에 분백(粉白)색이 된다】

4-22) 자옥련(紫玉蓮)

【군방보】335 일명 '자하의(紫荷衣)', '자랍판(紫蠟瓣)'이다. 꽃봉오리는 청록색이다. 꽃은 자홍색이다. 바탕은 밀랍색과 같다. 꽃의 지름은 0.2척이 된다. 꽃잎은 국자[勺]모양과 같다. 꽃이 필 때부터 질 때까지 위로 솟아 반듯하게 서 있다. 잎은 모두 위에서 소개한 조천자(朝天紫)336와 비슷하다】

紫芍藥

【又】一名"紅翦春". 花先紅後紫, 復淡紅變蒼白. 徑可三寸, 厚稱之.

其瓣闊大而鬇鬆. 開早氣香. 葉薄, 綠而澤, 稀而多尖. 其枝幹順直. 高可四五尺】

紫鶴翎

【又】一名"紫粉盤", 一名"紫雀舌". 花先淡紫, 後粉白色】

紫玉蓮

【又】一名"紫荷衣", 一名"紫蠟瓣". 蓓蕾靑綠. 花紫而紅, 質如蠟. 徑可二寸. 瓣如勺. 終始上豎. 葉全似朝天紫】

333《二如亭群芳譜》, 위와 같은 곳.
334《二如亭群芳譜》, 위와 같은 곳.
335《二如亭群芳譜》, 위와 같은 곳.
336 조천자(朝天紫) : 위의 '4-8)'에 보인다.

4-23) 마노반(瑪瑙盤)

【군방보337 꽃은 옅은 자색이다. 적색인 꽃술이다. 겹꽃이다. 꽃이 매우 풍만하고 크다】

瑪瑙盤

【又 淡紫, 赤心, 千瓣, 花極豐大】

4-24) 자장미(紫薔薇)

【군방보338 꽃은 대략 작다. 자옥련(紫玉蓮, 위의 '4-22)')과 비슷하지만 색이 그보다 더 옅다】

紫薔薇

【又 花略小. 似紫玉蓮而色淡】

4-25) 자라산(紫羅繖)

【군방보339 일명 '자라포(紫羅袍)'이다. 꽃은 자학령(紫鶴翎)340과 비슷하지만 그보다 더 작고 두터우며, 색이 고르다. 꽃잎은 동심원무늬[羅紋]가 있으면서 가늘다. 잎은 청색이고, 크고 조밀하다. 잎뿌리에는 혹이 많다. 가지와 줄기는 굳세고 곧으며, 높고 크다】

紫羅繖

【又 一名"紫羅袍". 花似紫鶴翎, 小而厚, 色均. 其瓣羅紋而細. 葉靑, 大而稠. 根多冗. 枝幹勁直高大】

4-26) 자수구(紫繡毬)

【군방보341 일명 '자라삼(紫羅衫)'이다. 그 꽃은 분자(粉紫)색이다. 제대로 키우면 자모란(紫牡丹)의 색처럼 곱고 선명하다. 하지만 잘 키우지 못하면 청색·홍색·황색·백색이 뒤섞여 고르지 못하게 된다. 꽃잎이 엉겨서 펼쳐지지 않는다. 잎은 금수구(錦繡

紫繡毬

【又 一名"紫羅衫". 其花粉紫. 得養則如紫牡丹之色儁麗, 失養則靑、紅、黃、白夾雜而不均. 瓣結不舒, 葉類錦繡毬, 綠而混, 厚

337《二如亭群芳譜》, 위와 같은 곳.
338《二如亭群芳譜》, 위와 같은 곳.
339《二如亭群芳譜》, 위와 같은 곳.
340 자학령(紫鶴翎) : 위의 '4-21)'에 보인다.
341《二如亭群芳譜》, 위와 같은 곳.

毬)342와 비슷하지만 그와 달리 녹색이 섞였고, 그보 다 더 두터우며 주름이 졌다】

而皺】

4-27) 자전융(紫翦絨)

【군방보343 황전융(黃翦羢)344, 홍전융(紅翦絨)345, 자전융, 백전융(白翦絨)346 4가지 색깔의 전융이 모두 작고 어여쁘다. 하지만 자전융이 유독 그 명성을 떨친다】

紫翦絨

【又 四翦絨俱小巧, 紫者 其名獨振】

4-28) 금사국(金絲菊)

【군방보347 자색인 꽃이다. 황색 꽃술이다. 꽃술색깔 때문에 이렇게 이름 붙였다】

金絲菊

【又 紫花, 黃心, 以蕊得 名】

4-29) 수홍련(水紅蓮)

【군방보348 일명 '함담홍(菡萏紅)', '하화구(荷花毬)', '분모란(粉牡丹)', '자분련(紫粉蓮)', '자분루(紫粉樓)'이다.

꽃은 분자(粉紫)색이다. 처음 필 때에는 자모란과 비슷하다가 뒤에는 점차 옅어져서 수홍화(水紅花, 여뀌꽃)색깔처럼 된다. 꽃의 지름은 0.2척이다. 꽃의 모양은 둥글다. 꽃잎은 성글다. 꽃이 일찍 핀다.

水紅蓮

【又 一名"菡萏紅", 一名"荷 花毬", 一名"粉牡丹", 一名 "紫粉蓮", 一名"紫粉樓". 花粉紫. 初開似紫牡丹, 其 後漸淡如水紅花色. 徑二 寸. 形圜, 瓣疏. 開早.

---

342 금수구(錦繡毬) : 위의 '2-24'에 보인다.
343《二如亭群芳譜》, 위와 같은 곳.
344 황전융(黃翦羢) : 위의 '1-65'에 보인다.
345 홍전융(紅翦絨) : 위의 '2-23'에 보인다.
346 백전융(白翦絨) : 아래의 '5-63'에 보인다.
347《二如亭群芳譜》, 위와 같은 곳.
348《二如亭群芳譜》, 위와 같은 곳.

잎은 녹색이며, 성글어서 그 숫자를 헤아릴 수 있을 정도이다. 넓고 크고 두터우며, 주름지고 오무라든 모양이 가시연[芡]잎과 비슷하다. 가지와 줄기는 군세고 곧다. 높이는 10척이 된다. 어떤 이는 태액련(太液蓮)이라 하지만 이는 잘못이다】

葉綠, 稀而可數, 闊大而厚, 皺而蹙, 似芡葉. 枝幹勁直. 高可一丈. 或以爲太液蓮, 非】

4-30) 계관자(鷄冠紫)

【군방보349 일명 '자봉관(紫鳳冠)'이다. 겹꽃이다. 높고 큰 꽃잎이 누대처럼 켜켜이 겹쳐져 있다. 계관자라는 이름은 계관화(鷄冠花, 맨드라미꽃)에서 모양을 취한 것이지, 닭볏과 모양이 비슷하기 때문에 그에 비유하여 이름 붙인 것은 아니다】

鷄冠紫

【又 一名"紫鳳冠". 千[29]瓣, 高大起樓. 取象于鷄冠花, 非以鷄之冠爲比也】

4-31) 복주자(福州紫)

【군방보350 꽃은 자색이다. 다판이다】

福州紫

【又 紫, 多瓣】

4-32) 소금자국(銷金紫菊)

【사씨국보351 무주(婺州)352에서 나왔다. 자색 꽃잎에 황색 가장자리이다】

銷金紫菊

【史氏菊譜 出婺州. 紫瓣, 黃沿】

349《二如亭群芳譜》, 위와 같은 곳.
350《二如亭群芳譜》, 위와 같은 곳.
351 출전 확인 안 됨:《百菊集譜》〈黃〉"孩兒菊"(《文淵閣四庫全書》845, 31쪽).
352 무주(婺州): 지금 중국의 절강성(浙江省) 금화(金華) 일대의 옛 지명.
[29] 千: 저본에는 "子".《二如亭群芳譜·貞部·花譜》에 근거하여 수정.

5) 백색류(76항목 76종)

5-1) 구화국(九華菊)

【 군방보 】353 이 품종은 바로 도연명(陶淵明)354이 칭송하던 국화로, 지금 월(越) 지역 민간에서는 대부분 '대소(大笑)'라고 부른다. 꽃잎이 2층인 경우에 '구화(九華)'라 한다.

백색 꽃잎에 황색 꽃술이 있다. 꽃송이는 매우 커서 너비가 0.24~0.25척이나 되는 것도 있다. 그 자태가 일반적인 국화와는 달라서 백색 국화 중에 으뜸이며 향기 또한 맑고 뛰어나다. 가지와 잎은 성글면서 흩어져 핀다. 9월 중순에야 핀다.

옛날에 도연명이 "가을 국화 정원에 가득하네."355라 말한 적이 있다. 그의 시집 가운데에 '구화'라는 이름 하나만 겨우 남아 있다】

5-2) 희용(喜容)

【 유씨국보 】356 겹꽃인 꽃이다. 처음 필 때에는 옅은 황색이고 꽃술이 매우 작다. 꽃 중앙의 색은 짙고, 밖에는 약간 옅게 어려 있다. 살지고 어여뻐서

白類

九華菊

【 群芳譜 】此品乃淵明所賞, 今越俗多呼爲"大笑", 瓣兩層者曰"九華".

白瓣黃心, 花頭極大, 有闊及二寸四五分者. 其態異常, 爲白色之冠, 香亦清勝. 枝葉疏散, 九月半方開.

昔淵明嘗言"秋菊盈園", 其詩集中僅存"九華"之一名】

喜容

【 劉氏菊譜 】千葉花, 初開微黃, 花心極小. 花中色深, 外微暈淡, 欣然豐艷

353《二如亭群芳譜》〈貞部〉 "花譜" 3 '菊'《四庫全書存目叢書補編》80, 758쪽).

354 도연명(陶淵明) : 365~427. 중국 동진(東晉)의 시인. 자는 무량(無亮), 호는 오류선생(五柳先生). 집 앞에 버드나무 5그루를 심어 놓고 스스로 오류(五柳)선생이라 칭하였다. 팽택현(彭澤縣)의 현령이 된 적이 있어 '도팽택(陶彭澤)'이라 불리기도 한다. 시는 4언체(四言體) 9편과 5언체(五言體) 47편이 전해지며 기교를 그다지 부리지 않고, 담박한 시풍이 그의 특징이다.

355 가을……가득하네 : 도연명이 중양절에 회포를 읊은 〈구일한거(九日閑居)〉라는 시의 서문(序文)에 나온다. 전문은 다음과 같다. "나는 한가롭게 살고 있어도 중양(重陽)이라는 이름을 좋아한다. 가을 국화가 정원에 가득해도 술을 마련할 수 없어서 중양절의 국화[九華]를 헛되이 바라보다 가슴의 회포를 시에 부친다(余閑居, 愛重九之名. 秋菊盈園, 而持醪靡由, 空服九華, 寄懷於言)."

356 출전 확인 안 됨;《范村菊譜》〈菊品〉 "白" '喜容千葉'《文淵閣四庫全書》845, 39쪽).

흔연(欣然)히 기뻐하는 듯한 모습[喜色]이다. 이름과 참 잘 맞는다. 오래되면 백색으로 변한다. 더욱 잘 북돋아 커지게 하면 0.7~0.8척까지도 키울 수 있다. 높이가 10척에 이르면 또한 다발로 묶을 수도 있다. 백색 국화 중에 고귀한 품종이다】

有喜色, 甚稱其名. 久則變白, 尤耐封殖, 可以引長七八尺. 至一丈, 亦可攬結, 白花中高品也】

5-3) 금배옥반(金杯玉盤)

【 유씨국보 [357] 가운데 꽃술은 황색이고, 사방의 가장자리는 옅은 백색이다. 큰 잎은 2~3층이고, 꽃송이는 지름이 0.3척이다. 국화 중에 큰 경우라 하더라도 이 품종보다 꽃이 크지 않다. 본래 강동(江東)[358]에서 나왔다. 요즘에는 오하(吳下)[359] 지역으로 조금씩 옮겨 심는다】

金杯玉盤

【 又 中心黃, 四旁淺白. 大葉三數層. 花頭徑三寸, 菊之大者不過此. 本出江東, 比年稍移栽吳下】

5-4) 분단(粉團)

【 群芳譜 [360] 이 품종은 여러 국화와는 전혀 다르다. 꽃술을 머금었을 때에는 색이 옅은 황색에 옅은 청색을 띠고 있다. 꽃잎은 대롱이 나란히 서 있는 모습으로, 꽃받침 위에 난다. 그 가운데는 처음에 보면 꽃술이 없는 듯하고 모양이 등국(橙菊)[361]과 같다. 그러다 활짝 피면 전체가 순백색으로 변한다. 모양이 매우 둥글고, 향기가 매우 강렬하다.

粉團

【 群芳譜 此品, 與諸菊絕異. 含蕊時, 色淺黃帶微靑, 花瓣成筒排豎, 生于蕚上. 其中央初看一似無心, 狀如橙菊, 盛開則變作一團純白色, 形甚圓, 香甚烈.

---

357 출전 확인 안 됨;《范村菊譜》〈菊品〉"白"'金杯玉盤'(《文淵閣四庫全書》845, 39쪽).
358 강동(江東):중국 양자강(揚子江) 남부 동쪽 지역.
359 오하(吳下):지금 중국의 강소성(江蘇省) 남부와 절강성(浙江省) 북부 일대.
360《二如亭群芳譜》〈貞部〉"花譜" 3 '菊'(《四庫全書存目叢書補編》80, 758쪽).
361 등국(橙菊):위의 '1-44'에 보인다.

백색 꽃잎이 시들어 떨어지고 나서야 꽃잎 아래 꽃술이 아주 크다는 사실을 알 수 있다. 흰 꽃잎이 모두 둘러져 있으며 위로 솟아난다. 서리를 맞으면 자색으로 변한다. 이때 더욱 아름답다. 녹색잎은 가장자리가 매우 반듯하지 않다. 줄기는 부드럽고 약하다】

至白瓣凋謝, 方見瓣下有如心者甚大. 白瓣皆匝匝, 出于上. 經霜則變紫色, 尤佳. 綠葉甚麤, 其㉚梗柔弱】

5-5) 신라(新羅)

新羅

【범촌국보 362 일명 '옥매(玉梅)', '왜국(倭菊)'이다. 어떤 이는 "바다 건너 나라에서 나왔다."라고 한다. 9월말에 핀다. 겹꽃이다. 꽃은 순백색이다. 길고 짧은 것들이 서로 차례대로 늘어서 있다. 꽃잎은 뾰족하고 얇으며, 선명하고 투명하기가 마치 아름다운 옥과 같다.

【范氏菊譜 一名"玉梅", 一名"倭菊". 或云: "出海外國中." 開以九月末. 千葉, 純白. 長短相次, 而花葉尖薄, 鮮明瑩徹, 若瓊瑤然.

꽃이 처음 필 때에는 가운데에 청황색의 가는 잎이 마치 꽃술 같은 모습이다. 활짝 핀 뒤에 가는 잎이 펼쳐지면서 마침내 그 꽃술을 드러낸다. 가지는 정자(正紫)색이고 잎은 청색이다. 사람의 사지(四肢)처럼 갈라졌으며 크기가 작다.

花始開時, 中有靑黃細葉, 如花蕊之狀. 盛開之後, 細葉舒展, 乃始見其蕊焉. 枝正紫色, 葉靑. 支股而小.

일반적으로 국화의 종류에는 뾰족하거나 이지러진 부분이 많다. 그런데 이 꽃의 꽃술은 갈라져 5장이 나오는 모습이 사람에게 사지(四肢)가 있는 것과 같다. 꽃술이 꽃과 서로 비춘다. 운치와 격조, 고아

凡菊類多尖缺, 而此花之蕊分爲五出, 如人之有支股也. 與花相映. 標韻高雅, 非尋常比㉛.

---

362 출전 확인 안 됨;《劉氏菊譜》〈新羅〉第2(《文淵閣四庫全書》845, 20쪽).
㉚ 其 : 저본에는 "甚". 오사카본·규장각본·《二如亭群芳譜·貞部·花譜》에 근거하여 수정.
㉛ 比 :《劉氏菊譜·新羅》에는 "之比也".

함이 일반적인 국화에 비할 것이 아니다.

지봉유설(芝峯類說) 363 364 우리나라의 백국(白菊)이 이 품종이다】

芝峯類說 我東白菊是也】

5-6) 용뇌(龍腦)

【범촌국보 365 일명 '소은대(小銀臺)', '요정란(瑤井欄)'이다. 경사(京師, 도읍)에서 나왔다. 9월말에 핀다. 금만령(金萬鈴)366과 비슷하지만 잎이 그보다 뾰족하다. 꽃색은 민간에서 사용하는 염료인 울금(鬱金)367과 비슷하다. 바깥잎은 순백색이다. 향기가 강렬하여 용뇌(龍腦)368와 아주 비슷하다. 그 향기와 빛깔이 모두 고귀하다 할 만하다】

龍腦

【范氏菊譜 一名"小銀臺", 一名"瑤井欄32". 出京師. 開以九月末. 類金萬鈴而葉尖. 花色類人間染鬱金, 而外葉純白. 香氣芬烈, 甚似龍腦, 其香與色俱可貴也】

5-7) 옥구(玉毬)

【범촌국보 369 진주(陳州)에서 나왔다. 9월말에 핀다. 다엽이다. 백색인 꽃이다. 꽃술 언저리는 홍색을 약간 띤다. 꽃의 바깥쪽으로 난 큰 꽃잎에는 쌍무늬가 있고, 맑고 백색이며, 가지런하고 길다.

玉毬

【又 出陳州. 開以九月末. 多葉, 白花. 近蕊微有紅色. 花外大葉有雙紋, 瑩白齊長, 而蕊中小葉如蔚茸.

---

363 지봉유설(芝峯類說): 조선 중기의 문인 지봉(芝峯) 이수광(李睟光, 1563~1629)이 1614년(광해군 6)에 편찬한 백과사전적 저서. 각종 문헌에서 발췌한 천문·지리·역사·초목·곤충 등에 대한 내용을 수록하고 있다.

364 《芝峯類說》卷20〈卉木部〉"花"(한국고전종합DB).

365 출전 확인 안 됨;《劉氏菊譜》〈龍腦〉第1(《文淵閣四庫全書》845, 20쪽).

366 금만령(金萬鈴): 위의 '1-25'에 보인다.

367 울금(鬱金): 생강과의 다년초. 울금의 뿌리와 줄기는 약재, 향료, 염료 등으로 사용된다.

368 용뇌(龍腦): 용뇌향과의 용뇌향의 수간창구에서 나온 수지 또는 수간과 가지를 썰어 수증기 증류하여 얻은 백색의 결정체.

369 출전 확인 안 됨;《劉氏菊譜》〈玉毬〉第5(《文淵閣四庫全書》845, 21쪽).

32 一名瑤井欄:《劉氏菊譜·龍腦》에는 없음.

꽃술 가운데의 작은 꽃잎은 마치 오려 낸 잔털[剜茸] 같다.

처음 필 때에는 청색 껍질이 있다. 오래되면 비로소 떨어져 나간다. 활짝 핀 뒤에는 작은 꽃잎이 펼쳐지면서 모두 꽃 바깥쪽의 긴 꽃잎들과 함께 서로 차례를 지어 거꾸로 늘어진다. '옥구(玉毬)'라고 이름 붙인 이유는 잎이 둥글게 모여드는 형상이 있기 때문이다.

가지와 줄기는 매우 굵지 않다. 잎은 뾰족하고 길며, 닳거나 이지러진 부분이 없다. 가지와 잎에는 모두 뜬 털[浮毛]이 있다. 이런 점이 여러 국화와 상당히 다르다. 그러나 빛깔과 운치가 진실로 평범하지 않다. 근년 이래에 비로소 이 품종이 생겼다】

初開時有靑殼. 久乃退去. 盛開後小葉舒展, 皆與花外長葉相次倒[33]垂. 以玉毬目之者, 以其有圓聚之形也.

枝幹不甚麤, 葉尖長, 無刓缺. 枝葉皆有浮毛, 頗與諸菊異. 然顏色標致, 固自不凡. 近年以來, 方有此本】

5-8) 옥령(玉鈴)

【범촌국보[370] 9월에 꽃이 핀다. 꽃은 순백색이다. 겹꽃이다. 가운데에 자잘한 방울[鈴]이 있다. 이는 대금령국(大金鈴菊)과 매우 비슷하다. 일반적으로 백색 국화 중에서는 위에서 소개한 옥구(玉毬)[371]와 신라(新羅)[372]와 같은 품종이 자태가 고아하여 가장 윗길이다. 그런데 옥령은 이들과 아름다움을 겨룰 정도이다】

玉鈴

【又 開以九月中. 純白, 千葉. 中有細鈴, 甚類大金鈴菊. 凡白花中, 如玉毬、新羅, 形態高雅, 出於其上, 而此菊與之爭勝】

---

370 출전 확인 안 됨;《劉氏菊譜》〈玉鈴〉第6(《文淵閣四庫全書》845, 21쪽).
371 옥구(玉毬): 위의 '5-7'에 보인다.
372 신라(新羅): 위의 '5-5'에 보인다.
[33] 倒: 저본에는 "側".《劉氏菊譜·玉毬》에 근거하여 수정.

5-9) 도미(酴醾)

【범촌국보】[373] 상주(相州)[374]에서 나왔다. 9월말에 핀다. 꽃은 순백색이다. 겹꽃이다. 가운데서부터 바깥쪽으로 길고 짧은 잎들이 차례 지어 난다. 꽃의 크기가 도미(酴醾)[375]와 꼭 비슷하다. 가지와 줄기는 가늘고 부드러워 제법 자태가 있다. 만약 꽃잎이 조금 둥글고 붉은 꽃술을 더한다면 진짜 도미이다】

5-10) 옥분(玉盆)

【범촌국보】[376] 활주(滑州)[377]에서 나왔다. 9월말에 핀다. 다엽이다. 황색 꽃술이다. 안쪽은 색깔이 짙고 바깥쪽은 옅다. 아래로 넓고 백색인 큰 잎이 잇대어져 받치고 있어 화분에 꽃이 가득 핀 모양과 같다】

5-11) 등주백(鄧州白)

【범촌국보】[378] 9월말에 핀다. 홑꽃이며, 쌍무늬가 있다. 백색 꽃잎이다. 가운데에 가느다란 꽃술이 있다. 이는 방울 같은 꽃받침[鈴萼] 속에서 나온다.

일반적으로 국화 중에 장미국(薔薇菊) 품종과 같은 홑꽃은 대체로 꽃잎이 둥글면서 조밀하게 서로

酴醾

【又】出相州. 開以九月末. 純白, 千葉. 自中至外, 長短相次. 花之大小, 正如酴醾. 而枝幹纖柔, 頗有態度. 若花葉稍圓, 加以檀蕊, 眞酴醾也】

玉盆

【又】出滑州. 開以九月末. 多葉, 黃心. 內深外淡, 而下有闊白大葉, 連綴承之, 有如盆盂盛花狀】

鄧州白

【又】九月末開. 單葉, 雙紋, 白葉[34]. 中有細蕊, 出鈴萼中.

凡菊, 單葉如薔薇菊之類, 大率花葉圓密相次, 而此

---

373 출전 확인 안 됨;《劉氏菊譜》〈酴醾〉第21《文淵閣四庫全書》845, 23~24쪽).

374 상주(相州) : 지금 중국의 하남성(河南城) 안양시(安陽市) 일대의 옛 지명.

375 도미(酴醾) : 백합과에 속한 여러해살이풀. 높이는 30~50cm. 뿌리가 짧고 굵다.

376 출전 확인 안 됨;《劉氏菊譜》〈玉盆〉第22《文淵閣四庫全書》845, 24쪽).

377 활주(滑州) : 지금 중국의 하남성(河南城) 활현(滑縣)의 옛 지명.

378 출전 확인 안 됨;《劉氏菊譜》〈鄧州白〉第23《文淵閣四庫全書》845, 24쪽).

[34] 葉 :《劉氏菊譜·鄧州白》에는 "花".

차례대로 이어져 있다. 그런데 이 꽃잎은 모두 뾰족하고 가늘며, 성글게 떨어져 있다. 그러나 향기는 여러 국화들과 비교할 때 더욱 강렬하여 또 약으로도 쓰인다. 대개 이들은 등주(鄧州)의 국담(菊潭)379에서 나온 품종이다.

가지와 줄기가 매우 가늘고 부드럽다. 잎 끝은 사람의 사지처럼 갈라졌으며, 길이가 길다. 또한 그리 청색을 띠지는 않는다】

花葉皆尖細, 相去稀疏. 然香比諸菊甚烈, 又爲藥中所用. 蓋鄧州 菊潭所出.

枝幹甚纖柔, 葉端有支股而長, 亦不甚靑】

5-12) 백국(白菊)

白菊

【범촌국보380 홑꽃이다. 백색인 꽃이다. 꽃술은 위에서 소개한 등주백(鄧州白)381과 비슷하다. 다만 그와 달리 꽃잎이 조금 널찍하고, 서로 차례대로 둥글고 조밀하게 이어져 있다. 가지는 굵고 잎은 풍성하다. 사람들이 대부분 이 백국을 등주백이라 부른다. 지금 그 이름을 바로잡아 '백국'이라 한다】

【又 單葉, 白花. 蕊, 與鄧州白相類. 但花葉差闊, 相次圓密, 而枝葉麤繁. 人多謂此爲鄧州白, 今正其名, 曰"白菊"】

5-13) 은분(銀盆)

銀盆

【범촌국보382 서경(西京)에서 나왔다. 9월에 꽃이 핀다. 꽃은 모두 자잘한 방울처럼 난다. 위에서 소

【又 出西京. 開以九月中. 花皆細鈴, 比夏、秋萬鈴差

---

379 국담(菊潭) : 중국 하남성(河南城) 내향현에 있는 백하(白河)의 지류인 국수(菊水)의 이칭. 이 강 언덕에 있는 국화의 이슬이 이 강으로 떨어져 물맛이 매우 달다고 한다.

380 출전 확인 안 됨 ; 《劉氏菊譜》〈白菊〉第24(《文淵閣四庫全書》 845, 24쪽).

381 등주백(鄧州白) : 위의 '5-11)'에 보인다.

382 출전 확인 안 됨 ; 《劉氏菊譜》〈銀盆〉第25(《文淵閣四庫全書》 845, 24쪽).

개한 하만령(夏萬鈴)383 · 추만령(秋萬鈴)384과 비교하여 조금 성글지만 모양이나 색은 비슷하다.

　방울꽃잎 아래에 쌍무늬가 그려진 백색 잎이 별도로 있다. 이를 '은분(銀盆)'이라 하는 까닭은 이렇게 아래의 꽃잎이 정백(正白)색이기 때문이다. 이 국화는 근래에 나오기 시작하여 많이 보이지는 않는다. 기름진 거름을 쓰고 좋은 땅에 심으면 꽃 1송이가 화분만큼 큰 경우도 있다】

疏, 而形色似之.

鈴葉之下別有雙紋白葉. 謂之"銀盆"者, 以其下葉正白故也. 此菊近出, 未多見. 至其茂肥得地, 則一花之大有若盆者焉】

5-14) 오월국(五月菊)

【유씨국보385 꽃술이 매우 크다. 수염 하나하나는 모두 가운데가 비었다. 이들이 모여서 한 개의 평평한 공처럼 된다. 홍백색 홑꽃잎이 이 꽃술을 둘러받치고 있다. 가지마다 1송이씩만 꽃이 핀다. 꽃의 지름은 0.2척이다. 잎은 쑥갓[蒿蒿]과 비슷하다. 여름철에 꽃이 핀다. 근년에 원체(院體)386를 즐겨 그리는 이들이 풀과 벌레 그림을 그리면서 이 국화를 있는 그대로 그리기를 즐긴다】

五月菊

【劉氏菊譜 花心極大, 每一鬚皆中空, 攢成一匾毬子, 紅白單葉繞承之. 每枝只一花, 徑二寸. 葉似茼蒿, 夏中開. 近年院體畫草蟲, 喜以此菊寫生】

5-15) 어의황(御衣黃)

【유씨국보387 겹꽃인 꽃이다. 처음 필 때에는 짙

御衣黃

【又 千葉花. 初開深鵝黃.

---

383 하만령(夏萬鈴): 위의 '4-2)'에 보인다.
384 추만령(秋萬鈴): 위의 '4-3)'에 보인다.
385 출전 확인 안 됨;《范村菊譜》〈菊品〉"白" '五月菊'《文淵閣四庫全書》845, 39쪽).
386 원체(院體): 회화(繪畫) 유파(流派)의 일종. 중국 남송 시기에 남송 시기의 화가 마원(馬遠, 1140~1225)과 하규(夏珪, 1195~1224)에 의해 형성되어 성행했던 화풍이다. 정교함을 바탕으로 사실주의적인 경향을 띠었으며, 기교가 많고 화려함을 중시하였다.
387 출전 확인 안 됨;《范村菊譜》〈菊品〉"白" '御衣黃'《文淵閣四庫全書》845, 39쪽).

은 아황색이다. 위에서 소개한 희용(喜容)388과 얼추 비슷하지만 그보다 약간 더 성글며 말랐다. 오래되면 백색으로 변한다】

大略似喜容, 而差疏瘦. 久則變白】

5-16) 만령국(萬鈴菊)

【유씨국보389 가운데 꽃술은 옅은 황색이고, 추자(錘子)390 옆은 백색이다. 꽃잎이 에워싸고, 꽃잎 끝이 매우 뾰족하다. 향기는 더욱 맑고 강렬하다】

萬鈴菊

【又 中心淡黃, 錘子傍白. 花葉繞之, 花端極尖, 香尤淸烈】

5-17) 연화국(蓮花菊)

【유씨국보391 소백련화(小白蓮花)392와 같다. 다엽이다. 하지만 꽃술이 없다. 꽃송이가 매우 성글어 꽃잎이 흩어져 있으며 뛰어나게 맑다. 가지 1개에 꽃 1송이만 핀다. 녹색 잎은 또한 매우 섬세하고 교묘하다】

蓮花菊

【又 如小白蓮花. 多葉, 而無心. 花頭疏極, 蕭散淸絶. 一枝只一葩, 綠葉亦甚纖巧】

5-18) 부용국(芙蓉菊)

【유씨국보393 활짝 핀 부용국은 소목부용(小木芙蓉)394과 비슷하다. 더욱 무성한 부용국은 누자작약

芙蓉菊

【又 開就者, 如小木芙蓉; 尤穠盛者, 如樓子芍藥. 但

---

388 희용(喜容) : 위의 '5-2'에 보인다.

389 출전 확인 안 됨 ;《范村菊譜》〈菊品〉 "白" '萬鈴菊'(《文淵閣四庫全書》845, 39쪽).

390 추자(錘子) : 미상. 본래는 쇠망치나 저울추를 의미하지만, 여기서는 모두 적절하지 않다. 문맥상 중심부 꽃술 부분에 솟아 난 길쭉한 꽃술을 가리키는 듯하다.

391 출전 확인 안 됨 ;《范村菊譜》〈菊品〉 "白" '蓮花菊'(《文淵閣四庫全書》845, 39쪽).

392 소백련화(小白蓮花) : 연꽃의 일종. 크기가 작고, 백색이다.《예원지》권3〈꽃류〉 "연꽃"에 보인다.

393 출전 확인 안 됨 ;《范村菊譜》〈菊品〉 "白" '芙蓉菊'(《文淵閣四庫全書》845, 39쪽).

394 소목부용(小木芙蓉) : 목부용의 일종. 크기가 작다.《예원지》권2〈꽃류(하)(풀꽃)〉 "목부용"에 자세히 보인다.

(樓子芍藥)395과 비슷하다. 다만 꽃을 북주어 키우기 　難培植, 多不能繁】
가 어려워서 대부분 풍성하게 할 수가 없다】

5-19) 말리국(茉莉菊)

【 유씨국보 396 꽃잎이 풍성하여 말리(茉莉)397와 완전히 비슷하다. 녹색 잎 또한 비슷하지만 그보다 더 길고 크며, 둥그스름하고 깨끗하다】

茉莉菊

【 又 花葉繁縟, 全似茉莉. 綠葉亦似之, 長大而圓淨】

5-20) 목향국(木香菊)

【 유씨국보 398 다엽이다. 위에서 소개한 어의황 (御衣黃)399과 얼추 비슷하다. 처음 필 때는 옅은 아 황색이다가 오래되면 백색이 된다. 꽃잎은 뾰족하고 얇다. 활짝 피면 꽃잎이 살짝 말린다. 향기가 가장 강렬하다. 일명 '뇌자국(腦子菊)'이다.

木香菊

【 又 多葉, 略似御衣黃. 初開淺鵝黃, 久則白. 花葉 尖薄, 盛開則微卷, 芳氣最 烈. 一名"腦子菊".

군방보 400 일명 '옥전(玉錢)'이다. 크기는 작은 동전 보다 크다. 백색 꽃잎에 옅은 황색 꽃술이 있다. 꽃 잎에는 3~4층이 있다. 제법 가느다랗다. 그 모양이 마치 봄에 병풍처럼 울타리를 이루며 자라는 덩굴성 식물[春架] 가운데 목향화(木香花)401와 같다. 또 처음

群芳譜 一名"玉錢". 大 過小錢, 白瓣淡黃心. 瓣有 三四層, 頗細, 狀如春架中 木香花. 又如初開纏枝白, 但此花頭舒展, 稍平坦耳.

---

395 누자작약(樓子芍藥) : 작약의 일종으로 추정된다. 꽃송이에 금색 선이 있으며 향이 매우 깊다.
396 출전 확인 안 됨;《范村菊譜》〈菊品〉"白" '茉莉菊'(《文淵閣四庫全書》845, 39쪽).
397 말리(茉莉) : 쌍떡잎식물 용담목 물푸레나무과의 상록관목. 꽃은 봄부터 가을까지 피며, 가지 끝에 3~12개씩 달린다.
398 출전 확인 안 됨;《范村菊譜》〈菊品〉"白" '木香菊'(《文淵閣四庫全書》845, 39쪽).
399 어의황(御衣黃) : 위의 '5-15'에 보인다.
400 출전 확인 안 됨;《廣群芳譜》卷47 〈花譜〉"菊花", 1158쪽.
401 목향화(木香花) : 쌍떡잎식물 장미목 장미과의 상록 덩굴성 관목.

목향(목향국이란 이 목향과 비슷하게 생긴 국화 품종으로 추정된다)

필 때의 전지백(纏枝白)402과 같다. 다만 이 꽃송이　亦有黃色者】
가 펼쳐지면 조금 편편할 뿐이다. 또한 황색 품종
도 있다】

5-21) 애엽국(艾葉菊)　　　　　　　　　　　艾葉菊

【유씨국보403 꽃술이 작다. 홑잎이다. 녹색 잎　【劉氏菊譜 心小, 葉單.
은 뾰족하고 길어서 쑥잎[蓬艾, 봉애]과 비슷하다】　綠葉尖長, 似蓬艾】

5-22) 백사향(白麝香)　　　　　　　　　　　白麝香

【유씨국보404 사향(麝香)405과 비슷하다. 황색인　【又 似麝香, 黃花, 差小.
꽃이다. 크기가 약간 작다. 또 풍만하여 운치가 뛰　亦豐腴韻勝】
어나다】

---

402 전지백(纏枝白) : 아래의 '5-52) 옥구국(玉甌菊)'에 보인다. 전지백은 옥구국의 이칭이다.
403 출전 확인 안 됨;《范村菊譜》〈菊品〉 "白" '艾葉菊'(《文淵閣四庫全書》 845, 40쪽).
404 출전 확인 안 됨;《范村菊譜》〈菊品〉 "白" '白麝香'(《文淵閣四庫全書》 845, 40쪽).
405 사향(麝香) : 튤립[郁金香, 울금향]의 별칭.

5-23) 은행국(銀杏菊)

【유씨국보 [406] 꽃은 옅은 백색이다. 가끔 옅은 홍색도 있다. 꽃잎은 뾰족하다. 녹색 잎은 은행나무 잎과 완전히 비슷하다】

銀杏菊

【又 淡白, 時有微紅. 花葉尖. 綠葉全似銀杏葉】

5-24) 백려지(白荔枝)

【유씨국보 [407] 금령국(金鈴菊)과 같다. 다만 꽃이 백색이다】

白荔枝

【又 與金鈴同, 但花白耳】

5-25) 파사국(波斯菊)

【유씨국보 [408] 꽃송이가 매우 크다. 가지 1개에 꽃 1송이만 핀다. 거꾸로 드리워지기를 좋아한다. 오래 되면 곱슬머리처럼 살짝 말린다.

군방보 [409] 꽃은 백색이다. 겹꽃이다. 꽃모양은 황파사(黃波斯)[410]와 같다】

波斯菊

【又 花頭極大. 一枝只一葩, 喜倒垂下. 久則微捲如髮之鬈.

群芳譜 白, 千瓣. 狀同黃波斯】

5-26) 출로은(出爐銀)

【군방보 [411] 일명 '은홍서시(銀紅西施)', '분부용(粉芙蓉)'이다. 꽃은 보배로운 색이 난다. 꽃잎이 두터우며 크다. 처음에는 옅은 홍색이다가 나중에는 창백(蒼白, 회백)색이 된다. 이 창백색은 마치 도가니 속에서

出爐銀

【又 一名"銀紅西施", 一名"粉芙蓉". 花寶色. 瓣厚大. 初微紅, 後蒼白, 如銀出爐. 終始可愛. 徑三寸

---

406 출전 확인 안 됨;《范村菊譜》〈菊品〉"白" '銀杏菊'(《文淵閣四庫全書》845, 40쪽).
407 출전 확인 안 됨;《范村菊譜》〈菊品〉"白" '白荔枝'(《文淵閣四庫全書》845, 40쪽).
408 출전 확인 안 됨;《范村菊譜》〈菊品〉"白" '波斯菊'(《文淵閣四庫全書》845, 40쪽).
409《二如亭群芳譜》〈貞部〉"花譜" 3 '菊'(《四庫全書存目叢書補編》80, 757쪽).
410 황파사(黃波斯) : 위의 '4-24' 금단록(錦團綠)'에 보인다. 파사(波斯)는 금단록의 옛 이름이다.
411《二如亭群芳譜》〈貞部〉"花譜" 3 '菊'(《四庫全書存目叢書補編》80, 758쪽).

달아오른 은물[銀]이 막 밖으로 나온[出爐] 색과 같
다. 꽃이 필 때부터 지고 나서까지도 사랑스럽다. 꽃
의 지름은 0.3척 정도이다. 모양은 둥글다.

잎은 청색이면서 황색을 띤다. 무늬가 있다. 밀랍
색 주름이 지고 기와처럼 둥그렇게 휘었다. 길고 두
터우며 뾰족하다. 잎뿌리에 혹이 매우 도드라졌다.
줄기는 청색이다. 가지와 줄기는 이리저리 굽었다.
높이는 겨우 3~4척이다】

許, 形團.

葉靑而黃, 有紋, 蠟色皺
而瓦, 長厚而尖. 葉根冗
甚. 莖靑, 枝幹屈曲. 高僅
三四尺】

5-27) 백수구(白繡毬)

【군방보】[412] 일명 '은수구(銀繡毬)', '백라삼(白羅衫)',
'경수구(瓊繡毬)', '옥수구(玉繡毬)', '백목서(白木犀)', '옥구
(玉毬)'이다.

꽃색은 청백색이며 불꽃 같은 광채가 있고, 꽃이
꼭지를 싸고 있다. 거위알보다 크다. 꽃잎에는 무늬
가 있다. 가운데에 가느다란 꽃받침이 있다. 가장 오
래도록 핀다. 시들면 아홍(牙紅)색이 된다.

잎은 성글고 청색이며, 길고 크면서, 뾰족한 부
분이 많다. 잎가장귀가 깊다. 가지와 줄기는 굳세고
곧으며, 무성하다. 높이는 10척이 된다】

白繡毬

【又】一名"銀繡毬", 一名"白
羅衫", 一名"瓊繡毬", 一名
"玉繡毬", 一名"白木犀", 一
名"玉毬".
色靑白而有光焰, 花抱蔕,
大于鵝卵. 其瓣有紋, 中有
細蕚, 開最久. 殘則牙紅.

葉稀而靑, 長大而多尖. 亞
深. 枝幹勁直而扶疏. 高可
一丈】

5-28) 옥모란(玉牡丹)

【군방보】[413] 일명 '청심옥모란(靑心玉牡丹)', '연화국

玉牡丹

【又】一名"靑心玉牡丹", 一

---

412 《二如亭群芳譜》, 위와 같은 곳.
413 《二如亭群芳譜》, 위와 같은 곳.

(蓮花菊)'이다. 꽃은 겹꽃이다. 옥처럼 깨끗하고 백색이다. 꽃의 지름은 0.2척 정도이다. 가운데에 청벽색이 어려 있다. 꽃이 일찍 핀다. 꽃이 피고 질 때는 성글고 깔끔하다.

잎은 청색이고 성글다. 길고 두터우며, 좁고 뾰족하다. 잎가장귀가 깊고, 잎뿌리에 혹이 있다. 줄기는 옅은 홍색이다. 가지와 줄기가 굳세고 곧다. 높이는 겨우 2~3척이다】

名"蓮花菊". 花千瓣, 潔白如玉. 徑二寸許. 中暈青碧, 開早. 開徹疏爽.

葉靑而稀, 長而厚, 狹而尖. 亞深, 葉根有冗. 莖淡紅, 枝幹勁挺. 高僅二三尺】

5-29) 옥부용(玉芙蓉)

【군방보】414 일명 '도미국(酴醾菊)', '은부용(銀芙蓉)'이다. 처음 필 때에는 옅은 황색이다가 뒤에 순백색이 된다. 꽃의 지름은 0.25척이다. 향기가 매우 짙다. 꽃이 일찍 핀다. 꽃잎은 두텁고 맑으며, 성글고 깔끔하다. 가장 오래도록 피어 있다. 시들면 분홍색이다.

잎은 전색(靛色, 남색)으로 은작약(銀芍藥)415과 약간 비슷하지만 그보다 더 주름지고 뾰족하다. 잎뿌리에 혹이 많다. 줄기 또한 전색이다. 가지와 줄기는 높이 솟아 있다. 높이는 겨우 3~4척이다】

玉芙蓉

【又】 一名"酴醾菊", 一名"銀芙蓉". 初開微黃, 後純白. 徑二寸有半. 香甚, 開早. 瓣厚而瑩, 疏而爽. 開最久. 其殘也, 粉紅.

葉靛色, 微似銀芍藥, 皺而尖. 葉根多冗. 莖亦靛色, 枝幹偃蹇. 高僅三四尺】

5-30) 은뉴사(銀紐絲)

【군방보】416 일명 '백만권(白萬卷)', '만권서(萬卷書)', '은교사(銀絞絲)', '연은조(撚銀條)', '아모국(鵝毛菊)', '은연

銀紐絲

【又】 一名"白萬卷", 一名"萬卷書", 一名"銀絞絲",

---

414 《二如亭群芳譜》, 위와 같은 곳.

415 은작약(銀芍藥) : 국화의 일종. 꽃색이 은색으로 추정된다. 《예원지》 권3 〈꽃류〉 "국화"에 보이고, 작약 항목에는 보이지 않는다.

416 《二如亭群芳譜》〈貞部〉 "花譜" 3 '菊'(《四庫全書存目叢書補編》 80, 758~759쪽).

사(銀撚絲)'이다.

처음에는 옅은 황색이다가 뒤에 눈처럼 새하얗게
된다. 꽃의 지름은 0.3척이 된다. 몸체는 얇다. 꽃이
일찍 피며, 향기가 난다. 맛이 달다.

꽃받침은 황색이다. 꽃이 피고 질 때 꽃잎의 끝이
동그랗게 맺히면[紐] 꽃받침 또한 보이지 않는다. 꽃
잎은 종이를 꼬아 놓은 듯이 맺혀 있다가 시들면 옅
은 홍색이 된다. 잎은 청색이고 조밀하다. 잎가장귀
가 얕다. 가지와 줄기는 굳세고 곧으며, 무성하다.
높이는 6~7척이 된다】

一名"撚銀條", 一名"鵝毛
菊", 一名"銀撚絲".
初微黃, 後瑩白如雪. 徑
可三寸. 體薄. 開早, 氣香,
味甘.
蕚黃, 開徹瓣紐則蕚亦不
見. 瓣如紙撚, 殘則淡紅.
葉靑而稠. 亞淺. 枝幹勁直
扶疏. 高可六七尺】

5-31) 일닉설(一搦雪)

【군방보】417 일명 '승경화(勝瓊花)'이다. 꽃이 크고,
보배로운 색이 난다. 그 꽃잎이 무성하게 핀 모습이
마치 육각형의 눈꽃과 같다. 잎은 뒤에서 소개한 백
서시(白西施)418와 비슷하지만 그보다 더 길고 크다.
줄기와 가지는 곧게 자란다. 높고 크다】

一搦雪

【又】一名"勝瓊花". 花碩
大, 有寶色. 其瓣茸茸然
如雪花之六出. 葉似白西
施而長大. 幹枝順直. 高
大】

5-32) 옥보상(玉寶相)

【군방보】419 꽃은 백색이다. 다판이다. 처음 필
때는 옅은 홍색이다】

玉寶相

【又】白, 多瓣. 初開微紅】

---

417 《二如亭群芳譜》〈貞部〉"花譜" 3 '菊'(《四庫全書存目叢書補編》80, 759쪽).
418 백서시(白西施) : 아래의 '5-44'에 보인다.
419 《二如亭群芳譜》, 위와 같은 곳.

5-33) 납판서시(蠟瓣西施)

【군방보】⁴²⁰ 일명 '밀서랍판(蜜西蠟瓣)'이다. 꽃은 그다지 크지 않다. 하지만 온화한 느낌을 주는 옥색 바탕이라서 그 품등이 매우 높다. 이 외에 홍랍판(紅蠟瓣)·대랍판(大蠟瓣)이라는 품종이 있다. 비록 납판(蠟瓣)이라는 이름을 무리하게 같이 쓰고는 있지만 실제로는 비슷하지 않다. 오로지 자랍판(紫蠟瓣)만이 꽃이 얼추 비슷하다. 하지만 가지와 잎은 또 전혀 다르다】

5-34) 백첩라(白疊羅)

【군방보】⁴²¹ 일명 '신라국(新羅菊)', '첩설라(疊雪羅)', '옥매(玉梅)', '백첩설(白疊雪)', '왜국(倭菊)'이다.

꽃봉오리 피우기가 어렵다. 가운데 청색이 어려 있으며, 옅은 황색이다. 꽃이 피고 질 때는 눈처럼 새하얗다. 꽃의 지름은 0.3척이고, 두께는 0.2척이 된다. 꽃잎에는 동심원무늬[羅紋]가 있다. 시들면 분홍색이다.

잎은 청색이고 조밀하다. 크기가 크고 위를 향해 자란다. 잎 끝부분이 둥글다. 잎가장귀가 깊다. 가지와 줄기가 굳세고 곧다. 높이는 겨우 3~4척이다】

蠟瓣西施

【又】一名"蜜³⁵西蠟瓣". 花不甚大, 而溫然玉質, 其品甚高. 此外有紅蠟瓣、大蠟瓣. 雖冒蠟瓣之名, 而實不相似. 惟紫蠟瓣, 花略相似, 而枝葉又全不類】

白疊羅

【又】一名"新羅菊", 一名"疊雪羅", 一名"玉梅", 一名"白疊雪", 一名"倭菊". 蓓蕾難開, 中暈青而微黃. 開徹瑩白如雪. 徑可三寸, 厚三之二. 其瓣羅紋. 其殘, 粉紅.

葉青而稠, 大而仰. 其末團. 其亞深. 枝幹勁挺. 高僅三四尺】

420《二如亭群芳譜》, 위와 같은 곳.
421《二如亭群芳譜》, 위와 같은 곳.
35 蜜 : 저본에는 "密".《二如亭群芳譜·貞部·花譜》에 근거하여 수정.

5-35) 일단설(一團雪)

【군방보】[422] 일명 '백설단(白雪團)', '족향구(簇香毬)', '투선연(鬪嬋娟)'이다.

꽃은 매우 백색이며, 밝고 투명하다. 꽃잎은 국자 [勺]와 같다. 길고 두터우며, 성글게 나서 시원하며, 향이 맑다. 가운데 꽃받침은 황색이다. 꽃이 늦게 피지만 가장 오래 핀다. 꽃의 지름은 0.2척이 된다. 시들 때는 자홍색이다.

잎은 쑥[艾]처럼 드문드문 난다. 백색이면서 청색을 띤다. 크고 길며, 뾰족하면서 두터우며, 손바닥만큼 넓다. 잎가장귀가 가장 깊다. 잎은 햇빛을 매우 잘 견딘다. 한겨울에도 5가지 색이 그림처럼 알록달록하다. 가지와 줄기가 굳세고 곧다. 높이는 6~7척이 된다】

一團雪

【又】 一名"白雪團", 一名"簇香毬", 一名"鬪嬋娟".
花極白, 晶瑩. 瓣如勺, 長而厚, 疏朗, 香淸. 中蕚黃. 開遲最久. 徑可二寸. 殘時紫紅.

葉稀如艾. 白而靑, 大而長, 尖而厚, 闊如掌. 亞最深. 葉極耐日, 深冬五色斑然如畫. 枝幹勁直. 高可六七尺】

5-36) 옥영롱(玉玲瓏)

【군방보】[423] 일명 '옥련환(玉連環)'이다. 꽃봉오리가 처음에는 옅은 황색에 조금 청색이다가 점차 아홍(牙紅)색이 된다. 꽃이 피고 나면 순백색이다. 꽃잎은 처음에는 위를 향하다가 나중에는 뒤집어진다.

잎은 청색이고, 길고 넓으며, 두텁고 크다. 모서리가 있다. 잎뿌리가 깨끗하다. 가을에는 잎이 화려한 빛깔을 띤다. 줄기는 옅은 홍색이다. 가지와 줄기는 곧게 자란다. 높이는 10척까지 된다】

玉玲瓏

【又】 一名"玉連環". 蓓蕾初淡黃而微青, 漸作牙紅. 旣開純白. 其瓣初仰而後覆.
葉青, 長而闊, 厚而大, 有稜角. 葉根淨, 秋有采色. 莖淡紅, 枝幹順直. 高可至丈】

422《二如亭群芳譜》, 위와 같은 곳.
423《二如亭群芳譜》, 위와 같은 곳.

5-37) 월하백(月下白)

【군방보】424 일명 '옥토화(玉兔華)'이다. 꽃은 청색이나 마치 달빛 아래에서 볼 때의 색과 같이 백색이다. 꽃의 지름은 겨우 0.2척이다. 모양은 둥글다. 꽃잎은 가늘면서도 두텁다.

잎은 청색이다. 아래에 소개한 수정구(水晶毬)425와 비슷하지만 그보다 더 길면서 좁다. 그 뒷면은 구부정하게 자란다. 그 잎가장귀가 얕다. 그 가지와 줄기는 굳세고 곧다. 높이는 3~4척이 된다】

5-38) 수정구(水晶毬)

【군방보】426 꽃이 하얗게 빛나며 부드럽다. 처음 필 때는 옅은 청색이다. 꽃의 지름은 0.2척 정도이다. 꽃잎은 가늘고 무성하며, 가운데는 옅은 황색을 띤다. 꽃받침은 처음에는 좁고 얇다가 뒤에 가서야 건조해지면서 넓어진다.

잎은 성글고 구부정하게 자라며, 청색이고 미끄럽다. 그리고 살지고 두터우며, 크고 길다. 잎가장귀가 얕고, 잎뿌리에 혹이 있다. 줄기는 청색이다. 가지와 줄기는 곧고 굳세다. 높이는 7~8척이 된다】

5-39) 상아구(象牙毬)

【군방보】427 꽃이 풍성하고 크다. 처음 필 때에는

月下白

【又】一名"玉兔華". 花青色, 白如月下觀之. 徑僅二寸, 其形圓. 其瓣細而厚.

葉靑. 似水晶毬, 長而狹, 其背弓. 其亞淺. 其枝幹勁挺. 高可三四尺】

水晶毬

【又】其花瑩白而嫩, 初開微靑. 徑二寸許. 其瓣細而茸, 中微有黃. 蕚初褊薄, 後乃暄泛.

葉稀而弓, 靑而滑, 肥而厚, 大而長. 亞淺, 根有冗. 莖靑, 枝幹挺勁. 高可七八尺】

象牙毬

【又】其花豐碩. 初開黃白

424《二如亭群芳譜》, 위와 같은 곳.
425 수정구(水晶毬) : 아래의 '5-38)'에 보인다.
426《二如亭群芳譜》, 위와 같은 곳.
427《二如亭群芳譜》, 위와 같은 곳.

황백색이다가 뒤에는 상아색이다. 약간 오리알모양
이 된다. 꽃자루가 약하여 꽃송이를 견디지 못한다.
청색이면서 털이 있다. 줄기도 청색이다】

色, 其後牙色. 微作鴨卵之
形. 柄弱不任. 其葉[36]稠,
靑而毛. 莖亦靑】

5-40) 벽파옥(劈破玉)

【군방보】[428] 크기가 작다. 백색인 꽃이다. 꽃잎
마다 선으로 그은 듯한 황색무늬가 있어서 이를 경
계로 두 부분으로 나뉜다】

劈破玉

【又】 小, 白花. 每瓣有黃
紋如線, 界之爲二】

5-41) 대소국(大笑菊)

【군방보】[429] 백색 꽃잎에 황색 꽃술이 있다. 본
래 구화(九華)[430]와 같은 종류이다. 구화 중에 꽃잎이
단층(單層)인 경우에 대소(大笑)라 했다. 꽃송이가 약
간 작아서 2층인 구화의 크기에는 미치지 못한다.
그 잎이 밤나무잎[栗木葉]과 비슷하기 때문에 '율엽국
(栗葉菊)'이라고도 이름 붙였다】

大笑菊

【又】 白瓣黃心. 本與九華
同種. 其單層者爲大笑. 花
頭差小, 不及兩層者之大.
其葉, 類栗木葉, 亦名"栗
葉菊"】

5-42) 배회국(徘徊菊)

【군방보】[431] 옅은 백색 꽃잎에 황색 꽃술이 있
다. 색은 옅은 녹색을 띠고 있다. 꽃잎에는 4층이

徘徊菊

【又】 淡白瓣黃心. 色帶微
綠, 瓣有四層. 初開時先吐

428《二如亭群芳譜》, 위와 같은 곳.
429《二如亭群芳譜》, 위와 같은 곳.
430 구화(九華) : 위의 '5-1'에 보인다.
431《二如亭群芳譜》, 위와 같은 곳.
[36] 葉 : 저본·《二如亭群芳譜》에는 "花色".《예원지》의 용례에 근거하여 수정. 이 글자 뒤의 글자인 "조(稠, 조
밀하다)"가《예원지》권5의 "국화" 항목에서 사용된 용례를 보면 총 12회가 나오며, 예외없이 출전이《군방
보》였다. 그리고 역시 예외없이 잎[葉]의 모습을 형용할 때만 사용되었다. 그러나 여기서는 "稠" 앞에 "花
色"으로 기재되어 있었고, 이 글자는 이상의 이유들로 인해 잘못되었다고 판단하였다. 이와 동일한 문장구
조는 위의 '3-10) 누자분서시(樓子粉西施)'에 보인다.

있다. 처음 필 때에 먼저 꽃잎 3~4조각을 토해 낸다. 다만 한쪽 가장자리에서만 피고 나머지는 피지 않는다. 그러다가 10일이 되어서야 비로소 주변까지 두루 피면서 꽃송이가 그제서야 둥그렇게 드러난다.

《자서(字書)》를 살펴보니, "배회(徘徊)는 나아가지 못한다는 뜻이다."432라 했다. 이 꽃이 피는 모습이 또한 이와 같다. 그 이름이 괜히 붙여진 것이 아니다. 10월초에 비로소 꽃이 핀다.

간혹 가지 1개에 꽃송이가 많이 달린 경우에는 떨기지어 5~6송이에 이르기도 한다. 이런 특징은 뒤에서 소개한 회남국(淮南菊)433과 완전히 비슷하다】

瓣三四片, 只開就一邊, 未及其餘, 開至旬日, 方及周徧, 花頭乃見團圓.

按《字書》, "徘徊, 爲不進", 此花之開亦若是矣. 其名不妄. 十月初方開.

或有一枝花頭多者, 至攢聚五六顆, 近似淮南菊】

5-43) 옥루춘(玉樓春)

【 군방보 434 일명 '토분서(土粉西)'이다. 꽃은 처음에는 도홍색이다가 뒤에 창백(蒼白, 회백)색이 된다. 꽃의 지름은 0.25척이 된다. 꽃잎은 두터우며 크고, 밝고 넓다. 꽃이 피면 성글게 피고 깔끔하다.

잎은 청색이면서 털이 있다. 잎이 성글어서 그 숫자를 헤아릴 수 있을 정도이다. 크기는 가지[茄]잎만 하다. 잎가장귀가 얕다. 가지와 줄기는 나무처럼 굳세고 곧다. 높이는 6~7척이 된다】

玉樓春

【又 一名"土粉西". 花初桃紅, 後蒼白. 徑可二寸有半. 瓣厚而[37]大, 瑩而闊, 開疏爽.
葉青而毛, 稀可數, 大如茄葉. 亞淺. 枝幹勁直如木. 高可六七尺】

---

432 배회(徘徊)는……뜻이다:《御定康熙字典》卷9〈寅集〉下 "彳部" '徊'(《文淵閣四庫全書》229, 403쪽).
433 회남국(淮南菊):아래의 '5-49'에 보인다.
434《二如亭群芳譜》, 위와 같은 곳.
[37] 而:저본에는 "曰".《二如亭群芳譜·貞部·花譜》에 근거하여 수정.

5-44) 백서시(白西施)

【군방보】435 일명 '백분서(白粉西)', '백이색(白二色)'이다. 꽃은 처음에는 옅은 홍색이고, 가운데에 홍황색이 어려 있다. 꽃이 피고 나면 백색으로 투명해진다. 꽃의 지름은 0.3척 이상이며 두께는 0.2척 정도이다. 꽃잎은 들쑥날쑥하다. 꽃이 일찍 핀다.

잎은 청색이고 조밀하며, 좁고 뾰족하다. 그 잎가장귀가 깊고, 잎뿌리에 혹이 많다. 가지와 줄기는 높이 솟아 있다. 높이는 겨우 3~4척이다】

白西施

【又】 一名"白粉西", 一名"白二色". 花初微紅, 其中暈紅而黃, 旣則白而瑩. 徑三寸以上, 厚二寸許. 瓣參差, 開早.

葉靑而稠, 狹而尖. 其亞深, 葉根[38]多冗. 枝幹偃蹇. 高僅三四尺】

5-45) 은반(銀盤)

【군방보】436 백색 꽃잎이 2층이다. 황색 꽃술이 제법 높이 솟아올라 있다. 꽃송이는 크기도 하고 작기도 하여 크기가 같지 않다. 생각건대 땅이 거름지기도 하고 척박하기도 하기 때문이다】

銀盤

【又】 白瓣二層, 黃心突起頗高. 花頭或大或小, 不同. 想地有肥瘠故也】

5-46) 금잔은대(金盞銀臺)

【군방보】437 일명 '은대(銀臺)', '만령국(萬鈴菊)', '은만관(銀萬管)'이다.

꽃의 겉잎[花外]은 홑꽃이거나 협판(夾瓣, 겹꽃)이다. 얇고 뾰족하고, 백색이면서 밝다. 가운데에 대

金盞銀臺

【又】 一名"銀臺", 一名"萬鈴菊", 一名"銀萬管".

花外單瓣或夾瓣, 薄而尖, 白而瑩, 中筒瓣. 初鵝黃,

435《二如亭群芳譜》〈貞部〉 "花譜" 3 '菊'(《四庫全書存目叢書補編》80, 760쪽).
436《二如亭群芳譜》, 위와 같은 곳.
437《二如亭群芳譜》, 위와 같은 곳.

[38] 根 : 저본·《二如亭群芳譜·貞部·菊》에는 "枝". 《예원지》의 용례에 근거하여 수정. 이 글자 뒤의 글자인 "용(冗)"이 《예원지》 권5의 "국화" 항목에서 사용된 용례를 보면 총 31회가 나오며, 예외없이 출전이 《군방보》였다. 그리고 예외없이 잎뿌리[葉根 또는 根]의 모습을 형용할 때만 사용되었다. 이에 근거하여 교감하였다.

롱 같은 꽃잎이 난다. 처음에는 아황색이다가 뒤에는 상아색이다. 꽃의 지름은 0.2척이 된다. 시들면 옅은 홍색이다.

잎은 청색이고 좁으며, 길다. 그리고 뾰족한 부분이 많다. 그 잎가장귀가 깊고, 잎뿌리에 혹이 매우 도드라졌다. 가지와 줄기는 가늘면서 높이 솟아 있다. 높이는 5~6척이 된다】

後牙色. 徑可二寸. 殘則淡紅.

葉靑而狹, 長而多尖. 其亞深, 葉根冗甚. 枝幹細偭蹇. 高可五六尺】

5-47) 불정국(佛頂菊)

【군방보】[438] 일명 '경분국(瓊盆菊)', '불두국(佛頭菊)', '대병자(大餠子)'이다.

크기는 절이전(折二錢)보다 크고 간혹 절삼전(折三錢)만 하다. 단층(單層)이다. 초가을에 먼저 백색 꽃잎이 핀다. 이것이 점차 옅은 홍색으로 물들고, 옅은 황색 꽃술이 높이 솟아오른다.

처음에는 양매(楊梅)[439]의 꽃봉오리 같다가 뒤에는 모두 퍼지면서 대롱처럼 된다. 씨모양은 벌집[蜂窠]과 같다. 끝부분이 매우 높이 솟아올라 있다. 또 크기도 가장 크다. 가지와 줄기가 견고하면서도 굵다. 잎도 가장자리가 반듯하지 않으며 두텁다.

다른 한 종류는 가지마다 대부분 곧게 솟아난다. 가지에 다만 꽃 1송이만 달릴 뿐이다. 옆으로 돋는 가지가 적다.

【又】 一名"瓊盆菊", 一名"佛頭菊", 一名"大餠子".

大過折二錢, 或如折三錢. 單層. 初秋先開白瓣, 漸沁微紅, 突起淡黃心.

初如楊梅之肉蕾, 後皆舒爲筒. 子狀如蜂窠, 末後突起甚高, 又且最大. 枝幹堅麤, 葉亦麤厚.

一種, 每枝多直生, 上只一花, 少有旁出枝.

---

438 《二如亭群芳譜》, 위와 같은 곳.
439 양매(楊梅):소귀나무과에 딸린 늘푸른큰키나무. 잎은 어긋맞게 나고 거꿀바소꼴이며, 4월에 누르스름한 붉은 꽃이 암수딴그루에 핀다. 앵두처럼 둥근 열매는 먹을 수 있으며, 껍질은 물감으로 쓰인다.

또 다른 한 종류는 가지마다 끝이 3~4개로 갈라
져 작은 가지에 꽃이 1송이씩 핀다】

一種, 每一枝頭分爲三四,
小枝各一花】

5-48) 소백불정(小白佛頂)

【군방보 440 꽃술이 크고 높이 솟아올라 있다.
불정(佛頂, 부처의 정수리)과 비슷하다. 홑꽃이다】

小白佛頂

【又 心大突起, 似佛頂,
單瓣】

5-49) 회남국(淮南菊)

【군방보 441 한 종류는 백색 꽃잎에 황색 꽃술이
있다. 꽃잎에는 4층이 있다. 윗층은 꽃술을 싸고 있
고, 옅은 황색을 띤다. 아랫층은 어두운 순백색을
띠고 있다. 크기는 절이전(折二錢)에 미치지 못한다.
가지 끝의 한 떨기에 6~7장 꽃이 모여 핀다.

다른 한 종류는 옅은 백색 꽃잎에 옅은 황색 꽃
술이 있다. 두 색깔이 꽃잎과 꽃술에 서로 스며들지
는 않는다. 꽃잎에는 4층이 있다. 가지 하나에 6~7
장의 꽃이 모여 핀다. 가지 끝의 6장 꽃은 마치 6면
이 있는 장고(仗鼓)442처럼 서로 잇닿아 있다. 오직 중
앙의 꽃 하나만이 절삼전(折三錢)보다 크다. 이는 생
산되는 땅의 힘이 같지 않기 때문이다.

대체로 이 꽃에는 원래 세 절기가 있으며, 그때마
다 꽃 피는 모습이 같지 않다. 처음 필 때에는 꽃의

淮南菊

【又 一種白瓣黃心. 瓣有
四層, 上層抱心, 帶微黃
色, 下層黯淡純白, 大不及
折二錢. 枝頭一簇六七花.

一種淡白瓣淡黃心, 顏色不
相染惹. 瓣有四層, 一枝攢
聚六七花, 其枝杪六花如
六面仗鼓相抵, 惟中央一
花大于折三錢. 此則所産
之地力有不同也.

大率此花自有三節, 不同,
初開花面微帶黃色, 中節

440《二如亭群芳譜》, 위와 같은 곳.
441《二如亭群芳譜》, 위와 같은 곳.
442 장고(仗鼓):북을 여러 개 연결하여 연주하거나 들고 다니는 의장(儀仗)용 악기로 추정된다. 서유구 부친인
서호수(徐浩修, 1736~1799)의 《연행기(燕行紀)》 권3에 천자의 거동 행렬을 묘사한 장면이 나온다. 그중
요가대악(鐃歌大樂)의 악기에서 '장고(仗鼓)'가 넷'이라는 구절이 보인다. 참고로 우리나라의 국가제례에서
는 뇌고(雷鼓)나 영도(靈鼗) 등을 사용했다.

뇌고(雷鼓)

영도(靈鼗)(이상 국립국악원)

표면이 옅은 황색을 약간 띠다가 중간 절기가 되면
백색으로 변한다. 그리고 10월이 되어 꽃 피는 시기
가 지나면서 서리를 맞으면 옅은 자색으로 변한다.
또 처음 꽃이 필 때 꽃잎이 4층으로 보인다. 피고 여
러 날이 지나고서야 6~7층이 된다. 이때 꽃송이도
더 커진다】

變白. 至十月, 開過見霜,
則變淡紫色. 且初開之瓣
只見四層. 開至多日, 乃至
六七層, 花頭亦加大焉】

5-50) 옥반국(玉盤菊)

【군방보443 황색 꽃술이 솟아올라 있다. 옅은
백록색이 둘러 있다】

玉盤菊

【又 黃心突起, 淡白[39]綠
邊】

443《二如亭群芳譜》, 위와 같은 곳.
[39] 白:저본·《광군방보》에는 "黃".《二如亭群芳譜·貞部·花譜》에 근거하여 수정.

5-51) 분장미(粉薔薇)

【군방보444 꽃은 위에서 소개한 자장미(紫薔薇)445 와 비슷하지만 그와 달리 분홍색이다】

粉薔薇

【又 花似紫薔薇而粉色】

5-52) 옥구국(玉甌菊)

【군방보446 어떤 이는 "구자국(甌子菊)은 곧 전지 백국(纏枝白菊)이다."라고 했다. 꽃이 필 때 층수가 많 지 않은 까닭은 꽃잎이 마치 사발[甌]이나 술잔모양 과 같이 둥그렇게 에워싸면서 피기 때문이다. 10월 에 서리를 맞으면 자색으로 변한다】

玉甌菊

【又 或云: "甌子菊, 卽纏 枝白菊也." 其開層數末及 多者, 以其花瓣環拱如甌、 盞之狀也. 至十月經霜, 則 變紫色】

5-53) 백포사(白褒姒)

【군방보447 일명 '은포사(銀褒姒)'이다. 다판이다. 작은 꽃이 핀다. 이 꽃에는 4가지 색이 있다. 채색 무늬가 최고이다. 자색이 다음이며, 분홍색이 또 그 다음이다. 백색은 그중에서 더욱 뛰어나다】

白褒姒

【又 一名"銀褒姒". 多瓣, 少花. 此花四色, 錦者爲 最, 紫者次之, 粉者又次 之, 白其尤勝者】

5-54) 백오구국(白五九菊)

【군방보448 일명 '은령국(銀鈴菊)', '하옥령(夏玉鈴)' 이다. 바깥쪽 꽃잎은 1층의 순백색이다. 그 중앙의 방울 같은 꽃받침[鈴蕚]은 옅은 황색이다. 꽃의 지름은 겨우 동전만 하다. 여름과 가을에 2번 꽃이 핀다. 잎

白五九菊

【又 一名"銀鈴菊", 一名 "夏玉鈴". 外瓣一層純白, 其中鈴蕚淡黃. 徑僅如錢. 夏秋二度開. 葉靑, 長大而

444《二如亭群芳譜》, 위와 같은 곳.
445 자장미(紫薔薇) : 위의 '4-24)'에 보인다.
446《二如亭群芳譜》, 위와 같은 곳.
447《二如亭群芳譜》, 위와 같은 곳.
448《二如亭群芳譜》〈貞部〉 "花譜" 3 '菊'(《四庫全書存目叢書補編》80, 760~761쪽).

은 청색이고, 길고 크며, 뾰족하다. 잎가장귀가 깊
고, 잎뿌리에 혹이 있다. 높이는 겨우 2~3척이다】

尖. 亞深, 葉根有冗. 高僅
二三尺】

5-55) 팔선국(八仙菊)

【군방보 449 꽃이 처음에는 청백색이다가 나중
에는 분홍색이다. 한 송이에 7~8개의 꽃술이 달린
다. 잎은 뾰족하고 길며, 청색이다】

八仙菊

【又 花初靑白色, 後粉色.
一花七八蕊. 葉尖長而靑】

5-56) 납판분서시(蠟瓣粉西施)

【군방보 450 일명 '분서교(粉西嬌)', '서시교(西施
嬌)'이다. 잎과 줄기가 삼랍판(三蠟瓣)과 완전히 비
슷하다. 위에서 소개한 분서시(粉西施)451와 비슷
하지만 그보다 약간 작다. 꽃잎은 두터워서 밝지
않다】

蠟瓣粉西施

【又 一名"粉西嬌", 一名
"西施嬌". 葉幹全類三蠟
瓣. 似粉西施而差小. 瓣厚
不瑩】

5-57) 백모란(白牡丹)

【군방보 452 꽃은 순백색이다】

白牡丹

【又 純白】

5-58) 노사국(鷺鷥菊)

【군방보 453 엄주(嚴州)454에서 나왔다. 꽃은 무성
한 잔털[茸毛]과 비슷하고, 순백색이다. 가운데 꽃술

鷺鷥菊

【又 出嚴州. 花如茸毛,
純白色, 中心有一叢簇起,

---

449 《二如亭群芳譜》〈貞部〉"花譜" 3 '菊'(《四庫全書存目叢書補編》 80, 761쪽).
450 《二如亭群芳譜》, 위와 같은 곳.
451 분서시(粉西施) : 위의 '3-7'에 보인다.
452 《二如亭群芳譜》, 위와 같은 곳.
453 《二如亭群芳譜》, 위와 같은 곳.
454 엄주(嚴州) : 중국 절강성(浙江省) 서부 전당강(錢塘江)유역에 있던 옛 지명으로, 현재 동로현(桐廬縣)·순안
현(淳安縣)·건덕시(建德市) 일대를 가리킨다.

에 한 떨기로 무리지어 솟은 모양이 마치 해오라기 如鷺鷥頭】
[鷺鷥]의 대가리 같다】

5-59) 잠금백(蘸金白)

【군방보 455 일명 '잠금향(蘸金香)'이다. 꽃은 백색
이다. 겹꽃이다. 꽃잎 가장자리는 스며든[蘸] 것처럼
황색이 배어 있다】

蘸金白

【又 一名"蘸金香". 白, 千
瓣. 瓣邊有黃色似蘸】

5-60) 경영롱(瓊玲瓏)

【군방보 456 꽃은 백색이다. 겹꽃이다. 들쑥날쑥
하여 가지런하지 않다】

瓊玲瓏

【又 白, 千瓣. 參差不齊】

5-61) 벽예영롱(碧蕊玲瓏)

【군방보 457 꽃은 백색이다. 겹꽃이다. 잎은 짙
은 녹색이다】

碧蕊玲瓏

【又 白, 千瓣. 葉色深綠】

5-62) 백융구(白絨毬)

【군방보 458 꽃은 분백색(粉白色, 백색 띠는 녹색)이
다. 나머지는 뒤에서 소개한 자융구(紫絨毬)459와 비
슷하다】

白絨毬

【又 花粉白. 餘類紫絨毬】

455《二如亭群芳譜》, 위와 같은 곳.
456《二如亭群芳譜》, 위와 같은 곳.
457《二如亭群芳譜》, 위와 같은 곳.
458《二如亭群芳譜》, 위와 같은 곳.
459 자융구(紫絨毬) : 아래의 '6-14'에 보인다.

5-63) 백전융(白翦絨)

【군방보】460 일명 '전아모(翦鵝毛)', '전아령(翦鵝翎)'이다. 꽃은 설백(雪白)색이다】

白翦絨

【又】 一名"翦鵝毛", 一名 "翦鵝翎". 色雪白】

5-64) 은려지(銀荔枝)

【군방보】461 대체로 금려지(金荔枝)와 비슷하다】

銀荔枝

【又】 大槪似金荔枝】

5-65) 벽도국(碧桃菊)

【군방보】462 꽃은 순백색이다. 잎은 자작약과 서로 비슷하다】

碧桃菊

【又】 其花純白. 葉, 與紫芍藥相似】

5-66) 백학정(白鶴頂)

【군방보】463 위에서 소개한 학정홍(鶴頂紅)464과 비슷하지만 색이 그와 비교해 더 백색이다】

白鶴頂

【又】 似鶴頂紅而色較白】

5-67) 백학령(白鶴翎)

【군방보】465 일명 '은학령(銀鶴翎)', '은작설(銀雀舌)', '옥작설(玉雀舌)'이다. 이 꽃은 순백색이다.

위에서 소개한 분학령(粉鶴翎)466과 같다. 꽃잎이 모두 뾰족하고 아래로 드리워져 있다】

白鶴翎

【又】 一名"銀鶴翎", 一名 "銀雀舌", 一名"玉雀舌". 此花純白, 與粉鶴翎同. 瓣 皆有尖, 下垂】

460《二如亭群芳譜》, 위와 같은 곳.
461《二如亭群芳譜》, 위와 같은 곳.
462《二如亭群芳譜》, 위와 같은 곳.
463《二如亭群芳譜》, 위와 같은 곳.
464 학정홍(鶴頂紅) : 위의 '2-25'에 보인다.
465《二如亭群芳譜》, 위와 같은 곳.
466 분학령(粉鶴翎) : 위의 '3-5'에 보인다.

5-68) 분호접(粉蝴蝶)

【군방보 467 일명 '옥호접(玉蝴蝶)', '백협접(白蛺蝶)' 이다. 겹꽃이다. 크기가 작다. 백색인 꽃이다】

粉蝴蝶

【又 一名"玉蝴蝶", 一名 "白蛺蝶". 千瓣, 小, 白花】

5-69) 백랍판(白蠟瓣)

【군방보 468 일명 '옥함담(玉菡萏)'이다. 꽃은 순백색이다. 분랍판(粉蠟瓣)469과 같다】

白蠟瓣

【又 一名"玉菡萏". 花純白. 與粉蠟瓣同】

5-70) 전추백(殿秋白)

【군방보 470 일명 '옥매괴(玉玫瑰)'이다. 꽃송이, 잎, 줄기가 모두 전추황(殿秋黃)과 비슷하다】

殿秋白

【又 一名"玉玫瑰". 花朵、葉幹俱類殿秋黃】

5-71) 한국(寒菊)

【군방보 471 꽃의 크기는 작은 동전보다 크다. 길이가 짧다. 백색 꽃잎이다. 꽃이 핀 지 많은 날이 되면 꽃잎이 한창 자라고 선명해진다. 황색 꽃술이고, 꽃술이 떨기지어 난다. 자잘한 잎이 제법 높게 솟아올라 있다. 가지가 약하고 가늘다. 10월에서야 꽃이 핀다】

寒菊

【又 大過小錢, 短, 白瓣. 開多日, 其瓣方增長明. 黃心, 心乃攢聚. 碎葉突起頗高. 枝條柔細. 十月方開】

467《二如亭群芳譜》, 위와 같은 곳.
468《二如亭群芳譜》, 위와 같은 곳.
469 분랍판(粉蠟瓣) : 위의 '3-6'에 보인다.
470《二如亭群芳譜》, 위와 같은 곳.
471《二如亭群芳譜》, 위와 같은 곳.

5-72) 첨색희용(添色喜容)　　　　　　　　添色喜容

【사씨국보 472 꽃술이 약간 솟아올라 있다. 꽃잎　　【史氏菊譜 心微突起, 瓣
은 조밀한 데다 크다】　　　　　　　　　密且大】

5-73) 단심국(單心菊)　　　　　　　　　單心菊

【사씨국보 473 가는 꽃잎이 있다. 꽃잎은 크다】　【又 細花心, 瓣大】

5-74) 누자국(樓子菊)　　　　　　　　　樓子菊

【사씨국보 474 꽃이 누대[樓子]처럼 겹겹이 포개진　【又 層層狀如樓子】
모양이다】

5-75) 뇌자국(腦子菊)　　　　　　　　　腦子菊

【사씨국보 475 꽃잎이 뇌모양[腦子]처럼 약간 주름　【又 花瓣微縐縮如腦子
져서 오므라들었다】　　　　　　　　　狀】

5-76) 수정국(水晶菊)　　　　　　　　　水晶菊

【심씨국보 476 서주(舒州)에서 나왔다. 꽃이 아주　【沈氏菊譜 出舒州. 花面
크다. 백색을 띠며 투명하고 밝다】　　　甚大, 色白而透明】

472 《史氏菊譜》〈黃〉 "添色喜容"(《文淵閣四庫全書》845, 30쪽).
473 《史氏菊譜》〈黃〉 "單心菊"(《文淵閣四庫全書》845, 30쪽).
474 《史氏菊譜》〈黃〉 "樓子菊"(《文淵閣四庫全書》845, 30~31쪽).
475 《史氏菊譜》〈黃〉 "腦子菊"(《文淵閣四庫全書》845, 31쪽).
476 출전 확인 안 됨;《百菊集譜》卷2〈諸州及禁苑品類〉(《文淵閣四庫全書》845, 58쪽).

6) 특이한 품종류(17항목 17종)

6-1) 주자국(珠子菊)

【군방보】477 꽃은 백색이다. 《도경본초(圖經本草)》의 주석에는 "남경(南京)478에 한 종류가 있다. 작은 꽃을 피운다. 꽃잎 아래쪽이 작은 구슬과 같다."479라 했다】

6-2) 단국(丹菊)

【군방보】480 혜함(嵇含)481의 〈국화명(菊花銘)〉을 보면 "빛나는구나, 붉은 국화여[丹菊]. 늦가을에 더욱 번성하도다!"482라 했다】

6-3) 만천성(滿天星)

【군방보】483 일명 '봉령국(蜂鈴菊)'이다. 봄에 싹이 나면 그 꼭지를 따 버린다. 그러면 가지가 갈라져 나오므로, 이때 또 꼭지를 따 버린다. 이렇게 꼭지를 따 버리면 또 갈라진다. 이런 식으로 하여 가을이 되면 줄기 1개에 수백 송이의 꽃이 핀다】

異品類

珠子菊

【群芳譜】白色. 見《本草》注云: "南京有一種, 開小花. 瓣下, 如小珠子"】

丹菊

【又】見嵇含《菊銘》, 云: "煌煌丹菊, 暮秋彌榮"】

滿天星

【又】一名"蜂鈴菊". 春苗掇去其顚. 岐而又掇, 掇而又岐, 至秋而一幹數千百朵】

477《二如亭群芳譜》〈貞部〉 "花譜" 3 '菊' 《四庫全書存目叢書補編》80, 765쪽).

478 남경(南京) : 중국 동부 양자강 하류에 있는 강소성(江蘇省)의 성도(省都).

479 남경(南京)에……같다 : 《本草圖經》 卷4 〈草部〉 "菊花", 88쪽.

480《二如亭群芳譜》, 위와 같은 곳.

481 혜함(嵇含) : 263~306. 중국 서진(西晉) 시대의 정치가. 글을 잘 지었다. 중국 최초의 식물학 문헌인 《남방초목상(南方草木狀)》을 썼다. 《남방초목상》은 현존하는 가장 오래된 중국의 지방 식물서로, 초(草)·목(木)·과(果)·죽(竹)으로 나누어 광동(廣東)·광서(廣西) 및 월남(越南) 지역의 식물 80종을 수록하고 있다.

482 빛나는구나……성대하도다 : 출전 확인 안 됨; 《藝文類聚》 卷81 〈草部〉 上 "菊" 《文淵閣四庫全書》 888, 657~658쪽).

483《二如亭群芳譜》, 위와 같은 곳.

6-4) 이색서시(二色西施)

【군방보】484 일명 '홍이색(紅二色)', '황이색(黃二色)', '이색백(二色白)', '평분추색(平分秋色)'이다.

꽃의 지름은 0.3척이고, 두께는 그의 반이 된다. 가장 오래도록 피어 있으며 꽃잎과 잎, 줄기와 가지가 모두 백서시와 같다.

처음 필 때 몇 송이는 옅은 홍색, 몇 송이는 옅은 황색이어서 전혀 비슷하지 않다. 하지만 반쯤 피었을 때 5가지 빛깔의 보배로운 색이 현란하게 눈길을 빼앗는다. 꽃이 피고 질 때면 모두 옅은 도홍색이다】

6-5) 이색양비(二色楊妃)

【군방보】485 일명 '이교(二喬)', '금국대부용(金菊對芙蓉)'이다. 다판이다. 옅은 홍색·짙은 황색 2가지 색이다. 금은화(金銀花)486처럼 쌍으로 핀다. 꽃의 지름은 겨우 0.2척이다. 그 꽃받침은 황색이고, 꽃잎은 토끼의 귀 같다. 잎은 녹색이며 윤기가 없고, 두터우며 뾰족하고, 주름지고 기와처럼 둥그렇게 휘었다】

6-6) 적금반(赤金盤)

【군방보】487 일명 '지훈황(指暈黃)', '호박배(琥珀杯)'

二色西施

【又】 一名"紅二色", 一名"黃二色", 一名"二色白", 一名"平分秋色".

徑可三寸, 厚半之. 開最久. 瓣葉、枝幹, 皆與白西施同.

初開時數朶淡紅, 數朶淡黃, 迥然不類. 半開時, 五彩寶色炫爛奪目, 開徹則皆淡桃紅色矣】

二色楊妃

【又】 一名"二喬⎯40", 一名"金菊對芙蓉". 多瓣, 淺紅淡黃二色, 雙出如金銀花. 徑僅二寸. 其蕚黃, 其瓣如兔耳. 其葉綠而不澤, 厚而尖, 皺而瓦】

赤金盤

【又】 一名"指暈黃", 一名

484《二如亭群芳譜》, 위와 같은 곳.
485《二如亭群芳譜》, 위와 같은 곳.
486 금은화(金銀花) : 인동덩굴의 꽃봉오리 또는 막 피기 시작한 꽃. 인동(忍冬)·인동초(忍冬草)·좌전등(左纏藤)이라고도 한다.
487《二如亭群芳譜》, 위와 같은 곳.
⎯40 喬 :《二如亭群芳譜·貞部·花譜》에는 "梅".

이다. 꽃이 처음 피었을 때에는 홍황색으로 붉어서 황금색 별이 떠다니는 듯이 하다가 그 뒤로 점차 짙은 검붉은 색[醬色]이 된다.

꽃의 지름은 0.2척이 된다. 모양은 얇으면서 기와처럼 둥그렇게 휘었다. 꽃잎은 국자[杓]모양 같으면서 뾰족하다. 잎은 성글고, 녹색이며 윤기가 난다. 그 끝이 둥글다. 가지와 줄기는 자홍색이고, 곧게 자라며 무성하다. 높이는 10척이 된다】

6-7) 금정향(錦丁香)

【군방보】488 꽃은 대략 홍전융(紅翦絨)489과 비슷하다. 크기는 0.1척 정도이다. 꽃잎이 성글다. 처음 피었을 때에는 황색에서 홍색으로 변하다가 나중에는 홍색에서 황색으로 변한다. 쉽게 시든다. 잎은 녹색이고, 두터우며 짧고, 뾰족하면서 길다】

6-8) 단향국(檀香菊)

【군방보】490 일명 '소단향(小檀香)'이다. 잎과 줄기는 단향구(檀香毬)491와 비슷하다. 꽃도 서로 비슷하다】

"琥珀杯". 其花初開紅黃而赤, 金星浮動, 其後漸作醬色.

徑可二寸. 形薄而瓦. 瓣如杓而尖. 葉稀, 綠而澤, 其末團. 枝幹紫紅, 順直而扶疏. 高可一丈】

錦丁香

【又】花略似紅翦絨. 大寸許, 瓣疏. 初開黃而紅, 後紅而黃色. 易衰. 葉綠, 厚而短, 尖而長】

檀香菊

【又】一名"小檀香". 葉幹似檀香毬, 花亦相似】

488《二如亭群芳譜》, 위와 같은 곳.
489 홍전융(紅翦絨) : 위의 '2-23'에 보인다.
490《二如亭群芳譜》, 위와 같은 곳.
491 단향구(檀香毬) : 위의 '1-50'에 보인다.

6-9) 매화국(梅花菊)

【군방보】⁴⁹² 일명 '시매국(試梅菊)', '은정향(銀丁香)', '시매장(試梅妝)', '수양장(壽陽妝)', '은매(銀梅)'이다.

꽃마다 꽃잎이 몇 장에 지나지 않는다. 꽃잎크기는 손가락끝만 하다. 꽃잎마다 말리고 주름져서, 조밀하게 오그라들었다.

아랫부분은 짙은 황색, 윗부분은 투명한 백색이다. 겹꽃잎으로, 흡사 수선화(水仙花)⁴⁹³와 같다. 아래로 드리워져 이삭이 된 모양은 마치 매화(梅花)의 맑고 속되지 않은 모습과 같다.

꽃이 일찍 피며 향기가 짙다. 잎은 녹색이며, 크고 주름지며, 뾰족하면서 길다. 잎가장귀가 깊고, 잎뿌리에 혹이 많다. 줄기와 가지는 부드럽고 가늘면서, 무성하다. 높이는 10척이 된다. 더러는 이를 말리국(茉莉菊)이라고도 하지만 이는 잘못이다】

6-10) 해당국(海棠菊)

【군방보】⁴⁹⁴ 일명 '금국(錦菊)', '해당춘(海棠春)', '해당교(海棠嬌)', '해당홍(海棠紅)', '소도홍(小桃紅)', '철간홍(鐵幹紅)'이다.

梅花菊

【又】一名"試梅菊", 一名"銀丁香", 一名"試梅妝", 一名"壽陽妝", 一名"銀梅". 每花不過數瓣, 瓣大如指頂. 每瓣卷皺密蹙.

下截深黃, 上截瑩白. 重臺彷彿水仙花. 下垂成穗, 如梅花淸逸.

開早, 香甚. 葉綠, 大而皺, 尖而長. 其亞深, 葉根多冗. 其枝幹柔細而扶疏. 高可一丈. 或以爲茉莉菊, 非⁴¹】

海棠菊

【又】一名"錦菊", 一名"海棠春", 一名"海棠嬌", 一名"海棠紅", 一名"小桃紅", 一名"鐵幹紅".

492《二如亭群芳譜》, 위와 같은 곳.
493 수선화(水仙花) : 백합목 수선화과의 여러해살이풀. 설중화·수선(水仙)이라고도 한다. 지중해 연안 원산이다. 《예원지》 권3 〈꽃류(하)(풀꽃)〉 "수선(水仙)"에 자세히 보인다.
494《二如亭群芳譜》, 위와 같은 곳.
41 非 :《二如亭群芳譜·貞部·花譜》에는 "甚謬".

색은 수사해당과 비슷하다. 꽃의 지름은 0.15척 이다. 형태는 얇으면서 기와처럼 둥그렇게 휘었다.

꽃잎은 짧고 무늬가 많으며 뾰족하다. 피면 필수록 더욱 기이해진다. 보배로운 색이 난다. 가운데는 적색이 어려 있고, 바깥쪽에는 황색이 어려 있고, 가장자리로는 순백색이 어려 있다. 간혹 몇 가지 색이 뒤섞여 나오면서 끝없이 변하기도 한다.

잎은 녹색이고 윤택하며, 두텁고 작다. 잎가장귀가 깊다. 줄기와 가지는 굳세고 곧으며 무성하다. 높이는 4~5척이 된다】

色類垂絲海棠. 徑寸有半. 形薄而瓦.

瓣短多紋而尖, 愈開愈奇. 有寶色. 中暈赤外暈黃, 邊暈純白. 或數色錯出, 變態不窮.

葉綠而澤, 厚而小. 亞深. 其枝幹勁直扶疏. 高可四五尺】

6-11) 밀서시(蜜西施)

【군방보】495 꽃은 밀랍색이다. 겹꽃이다】

蜜西施

【又 蜜色, 千瓣】

6-12) 밀학령(蜜鶴翎)

【군방보】496 꽃은 밀랍색이다. 겹꽃이다. 금학령 (金鶴翎)497과 같다. 밀학령을 다음에 소개한 밀수구 (蜜繡毬)498라 하지만 이는 옳지 않다】

蜜鶴翎

【又 蜜色, 千瓣. 與金鶴翎埒. 以爲蜜繡毬, 非是】

6-13) 밀수구(蜜繡毬)

【군방보】499 일명 '금시구(金翅毬)', '금봉단(金鳳團)', '밀서모란(蜜西牡丹)'이다.

蜜繡毬

【又 一名"金翅毬", 一名"金鳳團", 一名"蜜西牡丹".

495《二如亭群芳譜》, 위와 같은 곳.
496《二如亭群芳譜》, 위와 같은 곳.
497 금학령(金鶴翎):밀학령(蜜鶴翎)의 이칭. 학령(鶴翎)은 국화의 일종으로, 꽃모양이 학의 날개를 닮았다고 하여 이름 붙여졌다. 홍학령(紅鶴翎)·황학령(黃鶴翎)·백학령(白鶴翎) 등이 있다.
498 밀수구(蜜繡毬):아래의 '6-13)'에 보인다.
499《二如亭群芳譜》, 위와 같은 곳.

꽃은 밀랍색에 투명하고 윤기가 난다. 꽃의 지름은 0.2척 남짓이다. 향기가 난다. 꽃잎은 펼쳐진다. 꽃은 늦게 핀다. 꽃이 질 때에는 홍색이며 아름답다.

잎은 청색이고 조밀하며, 크고 뾰족하다. 잎가장귀가 깊고, 잎뿌리에 혹이 있다. 가지와 줄기는 높이 솟아 있다. 높이는 4~5척이 된다】

花蜜色, 瑩潤. 徑二寸餘. 氣香, 瓣舒. 開遲. 其殘也, 紅而麗.
葉靑而稠, 大而尖. 亞深, 葉根冗. 枝幹偃蹇. 高可四五尺】

6-14) 자용구(紫絨毬)

【군방보】[500] 일명 '자사구(紫絲毬)', '자소도(紫蘇桃)'이다. 꽃봉오리가 동그랗고 녹색을 띤다. 작은 용안(龍眼)[501]의 크기만 하다. 꽃이 필 때에는 벽색, 녹색, 홍색, 자색, 황색, 백색 등 여러 색들이 섞여 있다. 하지만 자색의 불꽃 같은 꽃잎이 많다. 꽃잎이 잘면서 꽃송이에 박혀 있다. 사방이 들쑥날쑥 가지런하지 않고 잔 꽃잎이 오려 놓은 듯 무성하다.

꽃의 지름은 겨우 0.1척 정도이며, 공처럼 둥글다. 잎은 조천자(朝天紫)[502]와 비슷하지만 그보다 더 작고 청색이다. 뾰족한 잎가장귀가 적은 듯하고, 잎뿌리는 맑고 깨끗하다. 가지와 줄기는 가늘고 곧으며 굳세다. 높이는 4~5척이 된다】

紫絨毬

【又】 一名"紫絲毬", 一名 "紫蘇桃". 蓓蕾圓而綠, 如小龍眼大. 其開也, 碧、綠、紅、紫、黃、白諸色間雜, 而紫焰爲多, 瓣細而鑲, 四面參差, 茸茸如翦.

徑僅[42]寸許, 圓如毬. 葉類朝天紫, 小而靑. 尖亞似少, 葉根淸淨. 枝幹細直而勁. 高可四五尺】

500 《二如亭群芳譜》〈貞部〉 "花譜" 3 '菊'(《四庫全書存目叢書補編》80, 765~766쪽).
501 용안(龍眼) : 쌍떡잎식물 무환자나무목 무환자나무과의 상록교목의 열매. 계원(桂圓)이라고도 한다.
502 조천자(朝天紫) : 위의 '4-13)'에 보인다.
[42] 僅 : 저본에는 "徑". 오사카본·규장각본·《二如亭群芳譜·貞部·花譜》에 근거하여 수정.

6-15) 승의갈(僧衣褐)

【군방보 503 일명 '치의국(緇衣菊)'이다. 심허자색
(深柎子色, 도토리 우려 낸 짙은 색)이다. 크기가 작다】

6-16) 자위국(刺蝟菊)

【군방보 504 일명 '율엽화(栗葉花)'이다. 토끼털과
같다. 꽃송이는 둥글다. 꽃잎은 고슴도치가시[蝟刺]
와 같다. 크기는 계란만 하다. 잎은 길고 뾰족하다.
가지와 줄기는 굳세고 곧다. 높이는 3~4척이 된다】

6-17) 십양금(十樣錦)

【유씨국보 505 한 그루에서 꽃이 피는데도 그 형
태와 모양이 제각각 다르다. 다판이기도 하고 홑꽃
이기도 하고, 크기가 크거나 작기도 하며, 금령국(金
鈴菊)506 같기도 하다. 이따금 6~7가지 색으로 피기
도 한다.

사씨국보 507 황백색이며, 여러 가지 모양이 있다.
또한 옅은 자색도 있다. 꽃송이가 작다】

僧衣褐

【又 一名"緇衣菊". 深柎
子色, 小】

刺蝟菊

【又 一名"栗葉花". 如兔
毛, 朶團, 瓣如蝟之刺, 大
如鷄卵. 葉長而尖, 枝幹勁
挺. 高可三四尺】

十樣錦

【劉氏菊譜 一本開花, 形
模各異. 或多瓣或單瓣, 或
大或小, 或如金鈴, 往往有
六七色.

史氏菊譜 黃白雜樣. 亦有
微紫, 花頭小】

503《二如亭群芳譜》〈貞部〉"花譜" 3 '菊'(《四庫全書存目叢書補編》80, 766쪽).
504《二如亭群芳譜》, 위와 같은 곳.
505 출전 확인 안 됨;《范村菊譜》〈菊品〉"黃" '十樣菊'(《文淵閣四庫全書》845, 39쪽).
506 금령국(金鈴菊) : 위의 '1-24)'에 보인다.
507《史氏菊譜》〈黃〉"十樣菊"(《文淵閣四庫全書》845, 31쪽).

7) 우리나라 국화 품종(26항목 36종)

東國菊品

7-1) 감국(甘菊)

【금화경독기】508 꽃은 짙은 황색이다. 다엽이다. 꽃잎의 지름은 0.1척 남짓이 된다. 9월에 꽃이 핀다. 이는 위에서 소개한 중국의 감국(甘菊)509과 같다】

甘菊

【金華耕讀記】 深黃, 多葉. 瓣徑可寸餘. 開以九月. 與中國甘菊同】

7-2) 황학령(黃鶴翎)

【금화경독기】510 꽃술 근처는 짙은 황색이고, 사방의 가장자리는 아황색이다. 겹꽃이다. 꽃잎이 큰 경우에는 꽃의 지름이 0.2척 남짓이 된다. 9월말에 핀다】

黃鶴翎

【又】 近蕊深黃, 四圍鵝黃. 千葉. 瓣大者徑可二寸餘. 開以九月末】

7-3) 백학령(白鶴翎)

【금화경독기】511 꽃은 순백색이다. 겹꽃이다. 꽃의 지름이 0.2척 남짓이 된다. 9월말에 핀다】

白鶴翎

【又】 純白, 千葉. 徑可二寸餘. 開以九月末】

7-4) 홍학령(紅鶴翎)

【금화경독기】512 꽃은 옅은 홍색이다. 겹꽃이다. 꽃의 지름이 0.2척 남짓이 된다. 9월말에 핀다】

紅鶴翎

【又】 淺紅, 千葉. 徑可二寸餘. 開以九月末】

---

508 출전 확인 안 됨.
509 감국(甘菊) : 위의 '1-1)'에 보인다.
510 출전 확인 안 됨.
511 출전 확인 안 됨.
512 출전 확인 안 됨.

7-5) 대설백(大雪白)

【금화경독기】513 꽃은 순백색이다. 겹꽃이다. 꽃잎이 큰 경우에는 꽃의 지름이 0.3척 남짓이 된다. 9월말에 핀다. 이수광(李晬光)514의 《지봉유설(芝峯類說)》에서 이 품종이 바로 《범촌국보》에서 일컬었던 '신라국(新羅菊)'515이라 했다.516 하지만 정말 그러한지는 알지 못하겠다】

大雪白

【又】純白, 千葉. 瓣大者徑可三寸餘. 開以九月末. 李晬光《芝峯類說》以此爲卽《范氏菊譜》所稱"新羅菊", 未知果然也】

7-6) 오홍(烏紅)

【금화경독기】517 꽃은 짙은 적색이다. 겹꽃이다. 꽃의 지름은 학령(鶴翎)518보다 약간 작다. 9월말에 핀다.

烏紅

【又】深赤, 千葉. 徑差小於鶴翎. 開以九月末.

청천양화록 519 지금의 오홍(烏紅)·연경황백(燕京黃白)·규심(閨深)·금은양홍(錦銀兩紅)·학정홍(鶴頂紅)·소설오(笑雪烏) 등의 국화는 모두 고려(高麗) 충숙왕(忠肅王)520 때 우리나라로 전래된 품종이다】

菁川養花錄 今之烏紅、燕京黃白、閨深、錦銀兩紅、鶴頂紅、笑雪烏等菊, 皆於高麗 忠肅王時東來】

---

513 출전 확인 안 됨.
514 이수광(李晬光):1563~1628. 조선 중기의 문신. 자는 윤경(潤卿), 호는 지봉(芝峯)이다. 1578년(선조 11) 초시에 합격하고, 1582년 진사가 되었다. 공조참판, 대사헌, 이조판서 등을 역임하였다. 강직하면서도 온화한 입장을 유지하여 그 시대의 성실하고 양식 있는 관료이자 선비로서의 자세를 지켰다. 저서로 《지봉집(芝峯集)》이 있다.
515 신라국(新羅菊):위의 '5-34) 백첩라(白疊羅)'에 보인다. 신라국은 백첩라의 이칭이다.
516 이수광의……했다:《芝峯類說》卷20 〈卉木部〉 "花"(한국고전종합DB).
517 출전 확인 안 됨.
518 학령(鶴翎):국화의 일종. 꽃색깔에 따라 학령홍(鶴翎紅)·황학령(黃鶴翎)·분학령(粉鶴翎)·자학령(紫鶴翎)·백학령(白鶴翎) 등이 있다.
519 《養花小錄》〈菊花〉, 204~205쪽.
520 충숙왕(忠肅王):1294~1339(재위 1313~30; 1332~1339). 고려 제27대 왕. 초명은 도(燾), 자는 의효(宜孝). 충선왕의 둘째 아들이다.

7-7) 금원황(禁苑黃)

【금화경독기】[521] 꽃은 짙은 황색이다. 겹꽃이다. 꽃잎은 학령보다 약간 작다. 9월말에 핀다】

禁苑黃

【金華耕讀記】 深黃, 千葉. 瓣差小於鶴翎. 開以九月末】

7-8) 취양비(醉楊妃)

【금화경독기】[522] 꽃은 분홍색이다. 겹꽃이다. 꽃잎은 학령보다 약간 작다. 9월말에 핀다】

醉楊妃

【又】 粉紅, 千葉. 瓣差小於鶴翎. 開以九月末】

7-9) 왜황(倭黃)

【금화경독기】[523] 꽃은 짙은 황색이다. 겹꽃이다. 꽃잎의 지름이 0.3척이다. 근래에 일본에서 전래되었기 때문에 이렇게 이름 붙였다】

倭黃

【又】 深黃, 千葉. 瓣徑三寸. 近自日本來故名】

7-10) 왜백(倭白)

【금화경독기】[524] 꽃은 순백색이다. 겹꽃이다. 꽃잎의 크기는 위에서 소개한 왜황(倭黃)[525]과 같다. 일본에서 전래되었기 때문에 이렇게 이름 붙였다】

倭白

【又】 純白, 千葉. 瓣大如倭黃. 來自日本故名】

7-11) 노인홍(老人紅)

【금화경독기】[526] 겹꽃이다. 꽃잎은 학령보다 약간 작다. 처음 꽃이 필 때에는 홍색이다가 햇볕을 쬐

老人紅

【又】 千葉. 瓣差小於鶴翎. 始開色紅, 漸曝漸白, 將枯

---

521 출전 확인 안 됨.
522 출전 확인 안 됨.
523 출전 확인 안 됨.
524 출전 확인 안 됨.
525 왜황(倭黃) : 위의 '7-9)'에 보인다.
526 출전 확인 안 됨.

면 쬘수록 점차 백색이 된다. 시들려 할 때는 순백　　則純白矣】
색이다】

7-12) 통주홍(通州紅)

【금화경독기】[527] 겹꽃이다. 꽃의 지름은 0.2척 남
짓이 된다. 꽃잎은 꽃받침이 가까운 곳에서 하나하
나가 모두 말려서 대롱모양이 된다. 안쪽은 짙은 홍
색, 뒷면은 옅은 홍색이다. 9월에 꽃이 핀다】

通州紅

【又 千葉. 徑可二寸餘.
花葉近蕚處箇箇捲作筒子
樣. 內深紅, 背淡. 九月
開】

7-13) 통주백(通州白)

【금화경독기】[528] 위에서 소개한 통주홍(通州紅)[529]
과 비슷하지만 그와 달리 꽃이 백색이다】

通州白[43]

【又 如通州紅而色白】

7-14) 취서시(醉西施)

【금화경독기】[530] 꽃잎 크기가 작다. 꽃은 분홍색
이다】

醉西施

【又 瓣小, 粉紅色】

7-15) 백운타(白雲朶)

【금화경독기】[531] 꽃잎 크기가 크다. 꽃은 백색이
다】

白雲朶

【又 瓣大, 色白】

---

[527] 출전 확인 안 됨.
[528] 출전 확인 안 됨.
[529] 통주홍(通州紅):위의 '7-12)'에 보인다.
[530] 출전 확인 안 됨.
[531] 출전 확인 안 됨.
[43] 通州白:오사카본은 여기서부터 서체가 바뀐다. 이 점으로 보아, 시간의 격차를 두고 기재되었을 것으로
보인다.

7-16) 자하총(紫霞叢)　　　　　　　　　　　　　　紫霞叢

【금화경독기】532 꽃은 옅은 홍색이다. 겹꽃이다.　　　【又】淺紅色, 千葉. 有金
금색 실[絲]이 있다】　　　　　　　　　　　　　　絲】

7-17) 황금루(黃金縷)　　　　　　　　　　　　　　黃金縷

【금화경독기】533 꽃색은 옅은 황색이다. 금색 실　　　【又】色44淺黃, 而如金縷】
[縷]과 같다】

7-18) 연홍(蓮紅)　　　　　　　　　　　　　　　　蓮紅

【금화경독기】534 위에 소개한 오홍(烏紅)535처럼　　　【又】小如烏紅, 色如菡萏】
크기가 작다. 색은 함담(菡萏)536의 색과 같다】

7-19) 별홍(別紅)·도홍(桃紅)·선금사홍(仙金絲紅)　　別紅、桃紅、仙金絲紅

【금화경독기】537 꽃은 모두 홍색이다】　　　　　　【又】俱紅色】

7-20) 대판분홍(大瓣粉紅)　　　　　　　　　　　　大瓣粉紅

【금화경독기】538 뒤에 소개한 별황(別黃)539과 같　　【又】如別黃, 而粉紅色】
다. 꽃색은 분홍색이다】

---

532 출전 확인 안 됨.
533 출전 확인 안 됨.
534 출전 확인 안 됨.
535 오홍(烏紅) : 위의 '7-6)'에 보인다.
536 함담(菡萏) : 연꽃이 아직 피지 않았을 때의 꽃봉오리.
537 출전 확인 안 됨.
538 출전 확인 안 됨.
539 별황(別黃) : 아래의 '7-23)'에 보인다.
44 色 : 저본에는 "包". 일반적인 용례에 근거하여 수정.

7-21) 소판분홍(小瓣粉紅)　　　　　　　　　　小瓣粉紅

【금화경독기 540 색이 조금 더 깨끗하다】　　【又 色稍潔】

7-22) 왜별홍(倭別紅)·왜진홍(倭眞紅)·왜대홍(倭大紅)·　倭別紅、倭眞紅、倭大紅、
　　　왜별황(倭別黃)　　　　　　　　　　　倭別黃

【금화경독기 541 모두 일본에서 전래되었기 때문　【又 俱自日本來故名】
에 이렇게 이름 붙였다】

7-23) 별황(別黃)　　　　　　　　　　　　　別黃

【금화경독기 542 꽃은 황색이다. 앞에 소개한 별　【又 黃色, 如別紅】
홍(別紅)543과 같다】

7-24) 조개황(早開黃)　　　　　　　　　　　早開黃

【금화경독기 544 앞에 소개한 감국(甘菊)545과 같　【又 如甘菊而深黃. 早開
지만 그보다 더 짙은 황색이다. 꽃이 일찍 피기[開]기　故名】
때문에 이렇게 이름 붙였다】

7-25) 대설황(大雪黃)·대감국(大甘菊)·승금황(勝金黃)　大雪黃、大甘菊、勝金黃

【금화경독기 546 꽃은 모두 황색이다】　　　【又 俱黃色】

---

540 출전 확인 안 됨.
541 출전 확인 안 됨.
542 출전 확인 안 됨.
543 별홍(別紅) : 위의 '7-19)'에 보인다.
544 출전 확인 안 됨.
545 감국(甘菊) : 위의 '7-1)'에 보인다.
546 출전 확인 안 됨.

7-26) 소설백(掃雪白) · 별백(別白) · 노인백(老人白) · 당백　　掃雪白、別白、老人白、唐白
(唐白)

【금화경독기】547 꽃은 모두 백색이다. 품등이 좋다.　　【又】俱白色, 品佳.

[안] 우리나라의 국화 품종은 무려 100여 종이나 된　　[案] 東菊品無慮百餘種, 而
다. 하지만 내가 궁벽한 시골에서 살기 때문에 일　　坐在窮鄕, 無由訪名錄入,
일이 국화 이름을 물어서 기록할 방법이 없다. 그　　姑書所見以俟知者】
러므로 우선 직접 본 국화만 써서 지자(知者)를 기다
린다】

예원지 권제5 끝　　　　　　　　　　　　藝畹志卷第五

---

547 출전 확인 안 됨.

《예원지》 참고문헌 서목

경서류

《毛詩正義》, 毛亨 傳, 鄭玄 箋, 孔穎達 疏(《十三經注疏整理本》4-6, 北京大學出版社, 2000)

《禮記正義》, 鄭玄 注, 孔穎達 疏(《十三經注疏整理本》12-15, 北京大學出版社, 2000)

《周易正義》, 王弼 注, 孔穎達 疏(《十三經注疏整理本》1, 北京大學出版社, 2000)

《楚辭集注》, 朱熹 撰(《文淵閣四庫全書》1062, 商務印書館, 1983)

제자류

《老子道德經》, 河上公 章句(《文淵閣四庫全書》1055, 商務印書館, 1983)

《莊子翼》, 莊周 撰, 焦竑 編(《文淵閣四庫全書》1058, 商務印書館, 1983)

《抱朴子》, 葛洪 撰(《中華道藏》25, 華夏出版社, 2004)

자전과 운서류

《埤雅》, 陸佃 撰(《文淵閣四庫全書》222, 商務印書館, 1983)

《爾雅翼》, 羅願 撰(《文淵閣四庫全書》222, 臺灣商務印書館, 1983)

문집류

《歐陽文忠公集》, 歐陽修 著(《文淵閣四庫全書》1102, 商務印書館, 1983)

《東坡集》, 蘇軾(《文淵閣四庫全書》845, 臺灣商務印書館, 1983)

《謝康樂集》, 謝靈運 著(ctext.org)

《李太白集注》, 王琦 撰(《文淵閣四庫全書》1067, 商務印書館, 1983)

《全芳備祖集》, 陳景沂 輯(《文淵閣四庫全書》935, 商務印書館, 1983)

《楚辭辯證》, 朱熹 撰(《文淵閣四庫全書》1062, 商務印書館, 1983)

《楓石全集》, 徐有榘 著(《韓國文集叢刊》288, 民族文化推進會, 2002)

유서류

《居家必用事類全集》, 작자미상(《續修四庫全書》1184, 上海古籍出版社, 1995)

《古今秘苑》, 曾慥 撰(《古今秘苑全書》, 上海校經山房印行, 1921)

《本史》, 徐命膺 著(《保晚齋叢書》6, 서울大學校 奎章閣韓國學研究院, 2006)

《山堂肆考》, 彭大翼 撰(《文淵閣四庫全書》978, 商務印書館, 1983)

《三才圖會》, 王圻 著, 王思義 輯(《續修四庫全書》1184, 上海古籍出版社, 1995)

《林園經濟志 灌畦志》, 徐有榘 著(오사카본, 고려대본, 규장각본, 연세대본, 국
　　립중앙도서관본)

《林園經濟志 晩學志》, 徐有榘 著(오사카본, 고려대본, 규장각본, 연세대본)

《遵生八牋校注》, 高濂 撰, 趙立勛 等 校注(人民衛生出版社, 1994)

《芝峯類說》, 李睟光(규장각한국학연구원 소장본)

《芝峯類說》, 李睟光 著(국립중앙도서관 한古朝91-50)

《和漢三才圖會》, 寺島良安 撰(《倭漢三才圖會》, 국학자료원, 2002)

그외원전

《格古要論》, 曹昭 撰(《文淵閣四庫全書》871, 商務印書館, 1983)

《格古要論》, 曹昭 撰(《叢書集成初編》1554~1556, 商務印書館, 1936)

《癸辛雜志》, 周密(《文淵閣四庫全書》1040, 商務印書館, 1983)

《癸辛雜識續集》, 周密 撰(《叢書集成初編》1561, 商務印書館, 1936)

《戒菴老人漫筆》, 李詡 撰(《續修四庫全書》1173, 上海古籍出版社, 1995))

《廣群芳譜》, 聖祖敕 撰, 王雲五 主編(臺灣商務印書館, 1968)

《臞仙神隱書》, 朱權 著(《四庫全書存目叢書》260, 齊魯書社, 1996)

《金漳蘭譜》, 趙時庚(《文淵閣四庫全書》845, 商務印書館, 1983)

《金華耕讀記》, 徐有榘(東京都立日比谷圖書館, 1959)

《洛陽牡丹記》, 歐陽修(《叢書集成初編》1355, 商務印書館, 1936)

《洛陽牡丹記》, 周師厚 撰(《文淵閣四庫全書》882, 臺灣商務印書館, 1983)

《農桑輯要校注》, 石聲漢 校注(中華書局, 2014)

《農政全書校注》, 徐光啓 著(上海古籍出版社, 1979)

《茅亭客話》, 黃休復 撰(《文淵閣四庫全書》1042, 商務印書館, 1983)

《物類相感志》, 贊寧 撰(《文淵閣四庫全書》877, 商務印書館, 1983)

《亳州牡丹史》, 薛鳳翔 撰(《續修四庫全書》1116, 上海古籍出版社, 1995)

《方氏墨譜》, 方于魯 撰(《續修四庫全書》1114, 上海古籍出版社, 1995)

《范村菊譜》, 范成大 撰(《文淵閣四庫全書》845, 臺灣商務印書館, 1983)

《瓶史》, 袁宏道 撰(《叢書集成初編》1559, 商務印書館, 1936)

《瓶花譜》, 張謙德 撰(《四庫全書存目叢書》81, 齊魯書社, 1996)

《百菊集譜》, 史鑄(《文淵閣四庫全書》845, 臺灣商務印書館, 1983)

《范村梅譜》, 范成大 撰(《文淵閣四庫全書》845, 商務印書館, 1983)

《分門瑣碎錄》, 溫革 撰(《續修四庫全書》975, 上海古籍出版社, 1995))

《山林經濟》, 洪萬選(《農書》2, 아세아문화사, 1981)

《山林經濟》, 洪萬選(한국고전번역원 한국고전종합DB)

《山海經》, 郭璞 撰(《文淵閣四庫全書》1042, 商務印書館, 1983)

《西溪叢語》, 姚寬 撰(《叢書集成初編》287, 商務印書館, 1936)

《續博物志》, 李石 撰(《文淵閣四庫全書》1047, 商務印書館, 1983)

《揚州芍藥譜》, 王觀 撰(《文淵閣四庫全書》845, 臺灣商務印書館, 1983)

《養花小錄》, 姜希顔(고려대 해외한국학자료센터DB)

《御定月令輯要》, 李光地 撰(《文淵閣四庫全書》467, 商務印書館, 1983)

《御定佩文齋廣群芳譜》, 汪灝 等撰(《文淵閣四庫全書》845, 商務印書館, 1983)

《廬山記》, 陳舜俞 撰(《文淵閣四庫全書》585, 商務印書館, 1983)

《汝南圃史》, 周文華 撰(《續修四庫全書》1119, 上海古籍出版社, 1995)

《五雜組》, 謝肇淛 撰(국립중앙도서관본)

《五雜組》, 謝肇淛 撰(上海書店出版社, 2001)

《王氏蘭譜》, 王貴學 撰(《文淵閣四庫全書》882, 商務印書館, 1983)

《劉賓客嘉話錄》, 韋絢 撰(《叢書集成初編》2830, 商務印書館, 1936)

《劉氏菊譜》, 劉蒙 撰(《文淵閣四庫全書》845, 臺灣商務印書館, 1983)

《酉陽雜俎》, 段成式 撰(《叢書集成初編》276, 商務印書館, 1936)

《遊宦紀聞》, 張世南 撰, 張茂鵬 點校(中華書局, 1981)

《二如亭群芳譜》, 王象晉(《四庫全書存目叢書》, 齊魯書社出版, 1995)

《紫桃軒雜綴》, 李日華 著(ctext.org)

《長物志》, 文震亨 撰(《文淵閣四庫全書》872, 商務印書館, 1983)

《齊民要術校釋》, 賈思勰 原著, 繆啓愉 校釋(中國農業出版社, 1998)

《種樹書》, 郭橐駝 撰(《叢書集成初編》1469, 商務印書館, 1936)

《重訂增補陶朱公致富奇書》, 陳繼儒 輯, 石巖 增定(국립중앙도서관DB)

《增補山林經濟》, 柳重臨(《農書》 4-5, 아세아문화사, 1981)

《天彭牡丹譜》, 陸游(《文淵閣四庫全書》882, 臺灣商務印書館, 1983)

《清異錄》, 陶穀 撰(《文淵閣四庫全書》1047, 商務印書館, 1983)

《快雪堂漫錄》, 馮夢禎 撰(《四庫全書存目叢書》247 ,齊魯書社, 1996)

《退齋雅聞錄》, 侯延慶 撰(《文淵閣四庫全書》877, 商務印書館, 1983)

《便民圖纂》, 鄺璠 著, 石聲漢 康成懿 校注(農業出版社, 1982)

《風俗通義》, 應邵 撰(《文淵閣四庫全書》862, 商務印書館, 1983)

《學圃雜疏》, 王世懋 撰(《叢書集成初編》1355, 商務印書館, 1936)

《漢官儀》, 應邵 撰(《文淵閣四庫全書》879, 商務印書館, 1983)

《杏蒲志》, 徐有榘 著(《農書》36, 亞細亞文化社, 1986)

《花鏡》, 陳淏子 著(《中國農書叢刊》, 農業出版社, 1962)

의서류

《救荒本草》, 朱橚 撰(《文淵閣四庫全書》730,商務印書館, 1983)

《本草綱目》, 李時珍 著, 劉衡如 校 (人民衛生出版社, 1982)

《本草圖經》, 蘇頌 編撰(安徽科學技術出版社, 1994)

《御定淵鑑類函》, 張英(《文淵閣四庫全書》990,商務印書館, 1983)

《千金翼方》, 孫思邈 著(《孫思邈醫學全書》,中國中醫藥出版社, 2015)

사전과 도감류

《大漢和辭典》, 諸橋轍次 著(大修館書店, 1984)

《중국역대인명사전》, 임종욱 외 1인 (이회문화사, 2010)

《한국민족문화대백과사전》, 한국정신문화연구원편찬부 (한국정신문화연구원)

《한국삼재도회》, 박성훈 편 (시공사, 2002)

《漢語大詞典》, 羅竹風 主編, 漢語大詞典編輯委員會, 漢語大詞典編纂處
　　編纂 (上海, 漢語大詞典出版社, 1990-93)

번역서

《증보산림경제 I~Ⅲ》, 노재준·윤태순·홍기용 옮김 (고농서국역총서, 농촌
　　진흥청. 2003)

《양화소록》, 강희안 지음, 서윤희·이경록 옮김(눌와, 2012)

《임원경제지 본리지(林園經濟志 本利志)》1, 풍석 서유구 지음, 임원경제연구
　　소 옮김(소와당, 2008)

《임원경제지 섬용지(林園經濟志 贍用志)》1, 풍석 서유구 지음, 임원경제연
　　구소 옮김(풍석문화재단, 2016)

《임원경제지 섬용지(林園經濟志 贍用志)》3, 풍석 서유구 지음, 임원경제연구
　　소 옮김(풍석문화재단, 2017)

《임원경제지 유예지(林園經濟志 遊藝志)》3, 서유구 지음, 임원경제 연구소
　　옮김(풍석문화재단, 2018)

《임원경제지 이운지(林園經濟志 怡雲志)》1, 풍석 서유구 지음, 임원경제연구
　　소 옮김(풍석문화재단, 2019)

《임원경제지 상택지(林園經濟志相宅志)》, 풍석서유구 지음, 임원경제연구소

옮김(풍석문화재단, 2019)

《임원경제지 전어지(林園經濟志 佃漁志)》2, 풍석 서유구 지음, 임원경제연구
소 옮김(풍석문화재단, 2021)

《금화경독기》, 서유구 저, 진재교 외 역(자연경실, 2019)

연구논저

김용옥, 《노자가 옳았다》, 통나무, 2020

윤제규, 《(국역) 扐堂 尹濟奎 先生文集》〈斗陵〉(영인본), 한국학술정보,
2012

《임원경제지 : 조선 최대의 실용 백과사전》, 서유구 지음, 정명현·민철기·
정정기·전종욱 외 옮기고 씀(씨앗을 뿌리는 사람, 2012)

전종욱, 《임원경제지와 조선의 일용기술》, 들녘, 2022(근간).

鄭良婉·洪允杓·沈慶昊·金乾坤, 《朝鮮後期漢字語彙檢索辭典》, 韓國精
神文化研究院, 1997.

논문류

김지영, 〈조선 후기 斗陵 일대에 대한 공간 인식의 변화와 그 의미〉, 《大
東漢文學》 53집, 대동한문학회, 2017.

전종욱, 《《林園經濟志》와 朝鮮 養生의 志向에 대한 研究 : "몸−자연−사
회의 연계를 중심으로"〉, 《대한한의학원전학회지》 35(2), 대한한의학
원전학회, 2022.

서정남, 김광진, 한경숙, 고연희, 김남이, 〈임원경제지 예원지에 기술된
초본화훼류의 동정〉, 한국원예학회 학술발표지, 2017

김동현·이원호, 〈조선시대 정원의 지식정보 전개와 수용−15~19세기 편
찬된 정원 및 화훼 관련 서적을 중심으로−〉, 《한국전통조경학회지》 38
호, 한국전통조경학회, 2020.

윤지안, 〈조선후기 화훼문화의 확산과 화훼지식의 체계화〉, 《농업사연구》

15, 한국농업사학회, 2016.

김대중, 〈화훼에 대한 서유구의 감수성과 그 의미〉, 《한국실학연구》 11, 한국실학학회, 2006.

고연희, 〈예원지 해제〉(미출간본) 참고.

검색사이트

고전용어 시소러스 (한국고전번역원)

Google (구글) http://www.google.com

DAUM(다음) http://www.daum.net/

NAVER(네이버) http://www.nave.com

고려대 해외한국학자료센터 http://kostma.korea.ac.kr/

고려대학교 중앙도서관 http://library.korea.ac.kr/

국립중앙도서관 http://www.nl.go.kr/

국립수목원 https://kna.forest.go.kr/kfsweb/kfi/kfs/cms/cmsView.do?mn=UKNA_02_02&cmsId=FC_003212

국립중앙박물관 http://www.museum.go.kr/

규장각 한국학연구원 (서울대학교) http://kyujanggak.snu.ac.kr/

네이버 지식백과

문화재청 국가문화유산포털 http://www.heritage.go.kr/

百度 (바이두) http://www.baidu.com

서울대학교 중앙도서관 http://library.snu.ac.kr/

역사정보통합시스템 http://www.koreanhistory.or.kr/

유튜브 www.youtube.com

異體字字典 (中華民國敎育部) http://dict.variants.moe.edu.tw/

한국고전번역원 http://www.itkc.or.kr

한국한의학고전DB https://www.mediclassics.kr/

색인

주요용어

ㄱ

가지[段] 1권 206
갈무리하기[藏] 2권 31, 32
거름물[肥水] 1권 211, 281, 394
겨울눈[橐芽, 탁아] 1권 210, 216
겹꽃[千葉] 1권 192, 312
겹꽃[重瓣] 1권 239
겹꽃누자모란류 2권 131
경칩(驚蟄) 1권 205, 418
계설(鷄舌) 1권 301
곡우(穀雨) 1권 161, 166, 211, 378, 381
골[稜] 1권 234
관(管) 2권 313
관목류(灌木類) 1권 298, 304, 305
광한(廣寒) 1권 139
구석(九錫) 1권 129
구전(區田) 1권 378
권(卷) 2권 313
근락(筋絡) 2권 94
금(金)기운 2권 54, 89
금옥(金屋) 1권 125
금즙(金汁) 1권 110, 394
금홍(金紅)색 2권 296
기미(氣味) 1권 219
기조(氣條) 1권 263

기창(氣窓) 1권 217
까치골[鵲腦] 1권 248
꺾꽂이[扦枝] 1권 97, 99, 254, 287, 288,
   293, 299, 302, 304, 316, 330, 332,
   374, 375, 376, 378, 381, 383, 384,
   400
꼬챙이모양꽃[串子] 1권 226
꼬투리[花瓶] 1권 194, 195, 198, 199,
   200, 311, 452
꽃망울[花頭] 1권 197, 419, 420
꽃받침[甕] 1권 141, 200, 214, 235, 241,
   256, 275, 279, 291, 297, 300, 305,
   322, 350, 422, 423, 441, 446, 452
꽃받침[尊] 2권 109
꽃봉오리[花蕊] 1권 392
꽃봉오리[蕊] 1권 214
꽃솎기[打剝, 타박] 1권 213, 214, 216
꽃솎기[打掐, 타도] 1권 214
꽃술[正蕊] 1권 420
꽃술[花蕊] 1권 213
꽃자루[瓶] 2권 101
꽃자루[花柄] 2권 298
꽃턱잎[花苞] 2권 52

ㄴ

난슬(蘭虱) 1권 364
노수(老鬚) 1권 379, 385

노황색(老黃) 2권 273
녹엽(綠葉, 녹색 잎) 2권 201
눈 녹은 물[臘雪水] 2권 83
눈수(嫩鬚) 1권 379, 385

ㄷ
다엽(多葉) 2권 108, 115, 184, 185, 186,
　205, 206, 209, 210, 268, 269
다판(多瓣, 다엽) 2권 279
단 이슬[甘露] 2권 116
단자(檀紫)색 2권 138
닭이나 거위를 튀한 물 2권 83
닭혀[鷄舌] 1권 301
대롱 같은 꽃잎[筒葉] 2권 291, 292,
　306, 307, 316, 318, 348
대목[臺木] 1권 102, 242
대목[祖子] 1권 202, 213
대목[體] 1권 258
대백색(大白色, 매우 흰색) 2권 181
대서(大暑) 1권 392
대설(大雪) 1권 382
대엽(大葉, 큰 잎) 2권 201
대접(對接) 1권 102, 103
도기(陶器) 1권 259
도안(搯眼) 1권 399
도홍색(桃紅色) 2권 125, 132, 136, 138,
　140, 147, 191, 292, 295, 298, 347,
　359
동심원무늬[羅紋] 2권 325, 343
동지(冬至) 1권 216, 261, 371
따기[摘] 2권 31

ㅁ
마노색(瑪瑙色) 2권 295
만관(萬管) 2권 313

만권(萬卷) 2권 313
말귀[馬耳] 1권 206, 207
망종(芒種) 1권 162, 252, 287, 288,
　391, 392, 396, 403, 483
머리에 낀 때[頭垢] 1권 394
명근(命根) 1권 99
모여 난 촉[箆叢] 1권 348
묘목[山篤] 2권 103, 113
묘목[山菌] 2권 103, 113
물기운[水氣] 2권 54
미시(未時) 1권 406
미인(國色) 1권 135
밑나무[祖子] 1권 193

ㅂ
밖에 두기[露] 2권 31
배양(培養) 1권 215
백예(白翳) 1권 379
벽사(辟麝)나무 1권 219
병두(垃頭) 2권 145
분경(盆景) 2권 55, 67, 80
분앙법(分秧法) 1권 378, 385
비색(緋色, 붉은색의 일종) 2권 205,
　206, 209
빗물[天落水] 1권 110
뿌리[根窠] 1권 421
뿌리줄기[蘆頭] 1권 348

ㅅ
사농사(司農司) 1권 252, 254
사두(絲頭) 2권 154
사시(巳時) 1권 406
사일(社日) 1권 194, 213
산초잎[椒葉] 1권 328
삼가(三加) 1권 129

삼변(三變) 2권 190
삽접(揷接) 1권 103
상강(霜降) 1권 167, 397
상품(上品) 2권 70, 225, 228, 229
생울타리[翠屏, 취병] 1권 116, 117
서재[齋頭] 1권 140
석기(石器) 2권 31
선(禪) 1권 156
선계(仙界)의 품등 2권 49
성목[成樹] 2권 120, 128, 134, 138,
    142, 153, 177
소만(小滿) 1권 403
소설(小雪) 1권 197, 382
소엽(小葉, 작은 잎) 2권 201, 250, 252
쇄금(碎金) 2권 186
수등일(收燈日) 1권 374
수사(垂絲) 2권 306
수홍(水紅) 2권 128
술[絛絲] 2권 68, 69
신품(神品) 2권 140
심취(深醉) 2권 129
심허자색(深栩子色) 2권 364
쌍두(雙頭) 2권 118
씨[子] 1권 96

ㅇ
압삽법(壓揷法) 1권 383
양기(陽氣) 1권 161
양물(陽物) 1권 349
양분[脈理] 1권 407, 420
어린싹[句萌] 2권 59
연방(蓮房) 1권 141, 422, 465
연줄기[蓮柄] 1권 425, 427
연지(攣枝) 1권 225, 226
영롱(玲瓏) 2권 313, 314

영롱무늬 1권 118
영실(營實) 1권 285
오시(午時) 1권 406
오행(五行) 2권 54
옥당(玉堂) 1권 125
옥루(玉樓) 2권 116, 186
온실[煙室] 1권 232
우색(藕色) 2권 157, 184, 191
우색(藕色, 옅은 회홍색) 2권 184, 191
움집[土宇] 1권 263, 410
원예가[花工, 화공] 1권 217
유록(柳綠)색(버들잎의 연녹색) 2권 133
유록(柳綠)색 2권 133
육홍(肉紅) 2권 107, 108, 110, 111, 113,
    122, 138, 189
은록(銀綠) 2권 211
은록(銀綠)색 2권 211
은홍(殷紅)색 2권 296, 297, 300
은홍색(銀紅色) 2권 134, 141, 194, 210,
    300, 302
의접(倚接) 1권 243
임원(林園) 1권 111, 238
입동(立冬) 1권 211, 346
입춘(立春) 1권 97, 99, 161, 164, 177,
    191, 287, 288, 374, 375, 376, 443
입하(入夏) 1권 248
입하(立夏) 1권 161, 403, 425
잎가장귀 2권 247, 250, 254, 256,
    257, 259, 267, 269, 271, 276, 277,
    283, 284, 292, 294~298, 300, 302,
    303, 305, 309~312, 320, 340~345,
    347~349, 353, 361~363

ㅈ
자기(瓷器) 1권 259

자르기[剪] 2권 31
자색의 붉은 꽃술[紫檀心] 2권 101
자월(子月) 1권 355
잡초벌레[莠蟲] 1권 393, 394, 403, 405
장맛비 2권 29, 31, 42, 76, 79
적두(摘頭) 1권 398
전지(轉枝, 가지를 서로 번갈아 들다)
　　2권 115
접지(접가지) 1권 102, 242
접지[接頭] 1권 202
죽미일(竹迷日) 1권 166
줄[脊] 2권 27
중기(中氣) 1권 346
중양(重陽) 1권 190
중춘(仲春) 1권 374
지맥[土脈] 1권 220
지접(地接) 1권 228, 323
진맥(津脈) 1권 199, 202, 414
질그릇 2권 31, 33
쪽빛[藍色] 1권 223

ㅊ
창구(瘡口) 1권 203
처마[廊廡] 1권 229
처서(處暑) 1권 167, 414, 420
천심(千心, 천 개의 꽃술) 2권 102
천홍(茜紅)색 2권 303
첩접(貼接) 1권 205
청명(淸明) 1권 378, 418, 478
청벽색(靑碧色) 2권 341
체기(體氣) 1권 220
추분(秋分) 1권 100, 196, 199, 398,
　　404
추사(秋社) 1권 190~192, 194
춘분(春分) 1권 100, 161, 165, 206,

258, 365, 371, 378, 379, 385, 415,
　　425, 427

ㅋ
칼로 벤 부분[瘡口] 1권 192, 193

ㅌ
탁엽(托葉) 2권 275, 306, 318
탁판(托瓣) 2권 105, 124, 125, 153
퇴엽(堆葉, 쌓여 있는 듯한 잎)
　　2권 201
털[鬚] 1권 379, 385
토맥(土脈) 1권 251

ㅍ
편접(偏接) 1권 102, 103
평두(平頭) 2권 106
푸른 꽃받침[靑趺] 2권 109

ㅎ
하지(夏至) 1권 161, 406
하품(下品) 2권 220
학슬(鶴膝) 1권 97
한로(寒露) 1권 346, 350
한식(寒食) 1권 242, 501
함릉(含稜) 2권 161
합접(合接) 1권 103
핵[核] 1권 96
향기롭고 꽃다운 풀[芳草] 1권 106
협판(夾瓣, 겹꽃) 2권 348
호사자(好事者) 2권 53, 196
호힐(湖纈) 2권 207
홀치기염색 2권 202, 204, 210, 211
홍자(紅紫)색 2권 293
화본(花本) 1권 397

화붕(花棚, 꽃 시렁) 1권 214, 216

화사(華事) 1권 367

화상(花床, 꽃받침) 1권 214, 216

화성(火性) 2권 38

화왕(花王, 꽃의 왕) 2권 107

화태(花胎) 1권 215

휘묻이[壓枝] 1권 100, 101, 165, 167,
　　253, 287, 383

휴전(畦田) 1권 193, 251, 296, 466

흑홍(黑紅)색 2권 293

흙더미[土墩子] 1권 193, 195

인명

ㄱ

가립(賈立) 2권 120

강희안(姜希顔) 2권 197

곽박(郭璞) 1권 445

곽탁타(郭橐馳) 1권 173

구양수(歐陽修) 1권 134, 188, 2권 100

굴원(屈原) 1권 340

ㄴ

노담씨(老聃氏, 노자) 1권 90

ㄷ

도연명(陶淵明) 2권 328

도홍경(陶弘景) 2권 272

등씨(鄧氏) 2권 182

등창우(滕昌祐) 1권 427

ㅁ

마씨(馬氏) 2권 126

모모(嫫母) 1권 322

문언박(文彦博) 2권 102, 170, 186

민씨(閔氏) 2권 102

ㅂ

방씨(方氏) 2권 123, 126, 127, 190

방회(方回) 1권 341

범성대(范成大) 2권 249

ㅅ

사도인(謝道人) 1권 134

사령운(謝靈運) 1권 185

사마광(司馬光) 2권 115

서광계(徐光啓) 1권 496

서시(西施) 1권 133, 322, 2권 149, 225,
　　255

설봉상(薛鳳翔) 2권 105, 106, 120,
　　121~141, 152, 153, 172~176, 182,
　　183, 188~194

소식(蘇軾) 1권 265, 459

신종(神宗) 2권 103, 187

심립(沈立) 1권 274, 279, 280

심씨(沈氏) 2권 138

심약(沈約) 1권 130

ㅇ

양신(楊愼) 1권 341

양자화(楊子華) 1권 185

영령왕(永寧王) 2권 195

오징(吳澄) 1권 341

왕관(王觀) 1권 417, 2권 198

왕씨(王氏) 2권 127, 132

요백성(姚伯聲) 1권 158

우약영(于若瀛) 1권 434, 485, 486

원진(元稹) 1권 326

위인보(魏仁溥) 2권 107

유몽(劉蒙) 2권 252, 258

유몽천(劉蒙泉) 2권 288, 308

유씨(劉氏) 2권 112

유우석(劉禹錫) 1권 137

육유(陸游) 2권 103

은이씨(銀李氏) 2권 102, 113, 152

이길보(李吉甫) 1권 274

이백(李白) 1권 276

이시진(李時珍) 1권 317, 321, 326, 460

이신(李紳) 1권 325

이통(李侗) 1권 363

ㅈ

장건(張騫) 1권 138

장겸덕(張謙德) 1권 155

장경수(張景修) 1권 157, 158

장씨(張氏) 2권 123, 133, 134, 135

장익(張翊) 1권 155

장자(張鎡) 1권 102, 161, 162

장제현(張齊賢) 2권 107, 108

전유연(錢惟演) 2권 107

정강성(鄭康成, 정현) 2권 57

조시경(趙時庚) 1권 343

조의주(趙宜主) 1권 135

주두산(朱斗山) 1권 374

주사후(周師厚) 1권 190, 2권 101~103,
    109~116, 151, 152, 160~163, 169,
    170, 185~187

주씨(朱氏) 2권 176, 290

주일용(周日用) 1권 222

주자(朱子) 1권 340

증조(曾慥) 1권 156

진계상(陳季象) 1권 351

진씨(陳氏) 2권 218

진정민(陳正敏) 1권 341

ㅊ

충숙왕(忠肅王) 1권 227, 2권 196, 366

ㅎ

하(夏)씨 2권 122

한씨(韓氏) 2권 134

황정견(黃庭堅) 1권 266, 268, 340, 341

지명

ㄱ

가주(嘉州) 1권 275

감주(贛州) 2권 84

강남(江南) 1권 275, 338, 2권 64

강동(江東) 2권 261, 329

강소성(江蘇省) 1권 162

고려(高麗) 2권 366

곤산(崑山) 2권 38

광(廣) 1권 352, 496, 2권 52, 53

광릉(廣陵) 1권 136

구강(九江) 2권 304

국담(菊潭) 2권 334

귀산원(龜山院) 2권 237

금강산(金剛山) 2권 67, 68

금병산(錦屛山) 2권 108

금화(金華)산장 1권 276, 277

기원(淇園) 1권 130

ㄴ

낙곡(駱谷) 1권 325

낙양(洛陽) 1권 155, 164, 168, 186,

188, 190, 192, 193, 195, 202, 203,
209, 213, 214, 217, 219, 414, 416,
420, 488

남건(南建) 2권 237

남경(南京, 당시 남송의 수도) 2권 250

남경(南都) 1권 200

남양(南陽) 2권 272

남원(南園) 2권 192

남월(南越) 1권 475

남해(南海) 1권 275, 423

ㄷ

담주(儋州) 1권 423

대마도(對馬島) 2권 246

대송천(大宋川) 2권 163

대홍색(大紅色, 진한 홍색) 2권 167

등주(鄧州) 2권 316, 333, 334

ㅁ

마승(馬塍) 1권 173

모산(茅山) 2권 203, 2107

묘향산(妙香山) 67, 68

민(閩) 1권 352, 496, 2권 52, 53

민월(閩粤) 2권 56

민중(閩中) 1권 238, 2권 238

ㅂ

박주(亳州) 2권 121

법화산(法華山) 2권 239

복건(福建) 1권 144, 250, 496, 2권 240

복암원(福巖院) 2권 169

복주(福州) 2권 84

부주(鄜州) 2권 316, 317

북경 1권 271, 431, 457

ㅅ

산동(山東) 2권 57

산동성(山東省) 1권 269, 270

살주(薩州) 2권 85

상주(相州) 2권 333

서경(西京, 장안) 2권 119, 164, 291,
306, 318, 334

서부(西府) 1권 132

서역(西域) 1권 138, 249

서주(舒州) 2권 289, 357

석취산(石脆山) 2권 92

소주(蘇州) 2권 42

소주 1권 137

소흥(紹興) 2권 117

송강(松江) 1권 267

수안현(壽安縣) 2권 108

숭산(嵩山) 1권 305

숭악(嵩岳) 2권 111

ㅇ

안승원(安勝院) 2권 162

언릉(鄢陵) 2권 192

엄주(嚴州) 2권 353

여산(廬山) 1권 224

여현(酈縣) 2권 272

연경(燕京) 1권 305

연계(燕薊) 2권 73

연주(延州) 2권 170

연중(燕中) 1권 270, 290

영남(嶺南) 1권 258, 326, 2권 53

영녕현(永寧縣) 2권 163

예장(豫章) 1권 381

오중(吳中) 2권 184, 274

오하(吳下) 1권 263, 2권 329

요강(姚江) 2권 267

운남(雲南) 1권 139, 237
원(元)나라 2권 196
월(越) 2권 328
유구(琉球) 2권 85
유수산(劉水山) 2권 192
유포(柳浦) 2권 201
융(戎) 1권 445
응천원(應天院) 2권 103, 187
일본 2권 84, 85, 88, 162, 246, 367, 370
일본 본주[城中] 2권 162

ㅈ
장안(長安) 1권 186, 2권 112
장태(長泰) 2권 218, 236
절강성(浙江省) 1권 162
조현(曹縣) 2권 126, 127, 132, 135
중주(中州) 1권 211
지바현[千葉縣] 2권 162
진주(陳州) 2권 139, 144, 163, 187, 249, 316, 331

ㅊ
천주(泉州) 2권 42
천팽(天彭) 2권 103, 104, 117~120, 154, 155, 162~164, 171, 172, 183, 184, 187, 188
청주(青州) 2권 107
초(楚) 2권 67
촉(蜀) 1권 158, 274, 275, 445, 499, 2권 121
치천현(淄川縣) 2권 57

ㅌ
태강(太康) 2권 129

태읍(泰邑) 2권 235

ㅍ
팽택(彭澤) 2권 304

ㅎ
하남(河南) 1권 266
하씨(夏氏) 2권 189, 191
한양 1권 240
항주(杭州) 1권 432, 2권 46, 82, 240
허주(許州) 2권 121, 126, 140, 175
현포(玄圃) 1권 422
형양(荊襄) 1권 266
호남(湖南) 1권 258, 326, 347, 2권 53
호남 2권 53, 246
화산(華山) 1권 423
활주(滑州) 2권 333
회계(會稽) 2권 151
횡산(橫山) 2권 239
횡산(黌山) 2권 57
휘주(徽州) 1권 249
흥화(興化) 2권 237

서명

ㄱ
개보본초(開寶本草) 1권 302
거가필용(居家必用) 1권 107, 111, 228, 230, 2권 31
격고론(格古論) 1권 235
계신잡지(癸辛雜識) 1권 97, 98, 163, 174, 374, 378, 2권 41
계암만필(戒菴漫筆) 1권 282

고금비원(古今秘苑) 1권 113, 122
고금의통(古今醫統) 1권 379
고금의통대전(古今醫統大全) 2권 89
관원야사(灌園野史) 1권 172
관휴지 1권 123, 193
구선신은서(臞仙神隱書) 2권 48
군방보(群芳譜) 1권 99, 101, 109,
    121, 124, 174, 176, 185, 189, 191,
    198~200, 208, 210, 216, 218, 220,
    221, 223, 225, 228, 231, 232, 241,
    243, 248, 253, 254, 258, 259, 266,
    268, 269, 271, 281, 283~285,
    287~290, 293, 295, 298~300,
    304~309, 311, 313~315, 328,
    330, 333, 338, 344, 346, 353, 357,
    360, 365, 366, 369, 371, 375, 376,
    381, 383, 384, 389, 393, 394, 398,
    400, 402, 406, 408, 412, 414, 415,
    418~420~422, 432, 433, 436, 439,
    440, 442, 444, 446, 447, 448, 450,
    452~456, 458, 460, 461, 463~465,
    469, 470, 472~481, 484, 486, 490,
    491, 498, 500, 2권 27, 35, 39, 42,
    44~47, 49, 50, 54, 55, 57~66, 78,
    79~83, 106, 109, 131, 141~150, 155,
    156~158, 160, 164~168, 177~181,
    183, 194, 195, 238, 239, 247, 250,
    251, 253~261, 263, 266~287,
    292~304, 308~315, 319~329, 337,
    339~356, 358~364
금장난보(金漳蘭譜) 2권 213, 215~223,
    225~235
금화경독기(金華耕讀記) 1권 112, 118,
    119, 123, 130, 131, 277, 278, 329,
    330, 431, 457, 486, 494, 499~502,

504, 2권 55, 67, 73, 74, 212, 246,
    365~371

ㄴ

낙양모란기(洛陽牡丹記) 1권 188, 190,
    192, 202, 209, 213, 217, 219
낙양모란기(洛陽牡丹記)(구양수)
    2권 101, 101, 107~109, 159, 160,
    169, 184, 185, 190
낙양모란기(洛陽牡丹記)(주사후)
    2권 101~103, 109~116, 151, 152,
    160~163, 169, 170, 186, 187
낙양화목기(洛陽花木記) 1권 168, 190,
    193, 195, 203, 214, 414, 416, 420
농상집요(農桑輯要) 1권 252, 254
농정전서(農政全書) 1권 99, 161, 252,
    372, 377, 385, 386, 395, 398, 402,
    407, 425, 426, 428, 443, 2권 75, 76

ㄷ

도경본초(圖經本草) 2권 29, 30, 85, 91,
    94, 358
도씨본초주(陶氏本草註) 2권 248
동리품휘록(東籬品彙錄) 1권 112
동파집(東坡集) 2권 29

ㅁ

만학지(晚學志) 2권 68, 75
모란보(牡丹譜) 1권 134
모정객화(茅亭客話) 1권 427
물류상감지(物類相感志) 1권 124, 175,
    258, 271, 353, 464, 2권 45

ㅂ

박문록(博聞錄) 1권 466, 467

박주모란기(亳州牡丹記) 2권 120~141,
152, 153, 157, 172~176, 182, 183,
188~194
백씨집(百氏集) 1권 459
범씨국보(劉氏菊譜) 2권 250, 262, 264,
265, 268, 269, 271, 274
범촌국보(范村菊譜) 2권 249, 257, 258,
261, 287, 288, 291, 306, 307, 308,
316~318, 330~334, 366
범촌매보(范村梅譜) 1권 257, 263
병사(瓶史) 1권 133
병화보(瓶花譜) 1권 155
본리지 1권 143, 378, 410, 446, 447
본사(本史) 1권 208, 317, 319, 321, 325,
326
본초강목(本草綱目) 2권 26, 29, 49,
92~94
본초별설(本草別說) 2권 31
본초습유(本草拾遺) 1권 301, 445
본초회편(本草會編) 1권 432

ㅅ
사민월령 1권 123
사씨국보(史氏菊譜) 2권 285, 286, 291,
319, 327, 357, 364
사씨월중국보(史氏越中菊譜) 2권 290,
307, 323
산곡시화(山谷詩話) 1권 249
산해경(山海經) 2권 91
삼재도회(三才圖會) 2권 32, 33, 49, 62,
244
서계총화(西溪叢話) 1권 160
석함론(石函論) 1권 121
송씨종식지(宋氏種植志) 1권 443
쇄쇄록(瑣碎錄) 1권 283

시경(詩經) 1권 331, 339, 440, 450
심씨국보(沈氏菊譜) 2권 255, 288, 289,
292, 313, 357
십객도(十客圖) 1권 158, 159

ㅇ
양주작약보(楊州芍藥譜) 2권 198~211
여씨춘추(呂氏春秋) 2권 26
예화보(藝花譜) 2권 29
오잡조(五雜組) 2권 67, 85, 240~245
왕씨난보(王氏蘭譜) 2권 214, 215,
217~223, 225, 229, 232~237
유씨국보(劉氏菊譜) 2권 252, 253, 258,
261, 264, 266, 273, 274, 277, 279,
281, 288, 291, 307, 308, 319, 328,
329, 335~339, 364
약포동춘(藥圃同春) 1권 244
양란구결(養蘭口訣) 1권 363
양주작약보서(楊州芍藥譜序) 1권 417,
418, 420, 421
여남포사(汝南圃史) 1권 106
여산기(廬山記) 1권 224
여초태설(呂初泰說) 1권 129
예기(禮記) 1권 339
예원지 1권 98, 178, 180, 333, 412, 504
완화잡지(浣花雜志) 1권 100, 288, 494
왕씨난보(王氏蘭譜) 1권 350, 355
원포일고(園圃日考) 1권 196, 210, 211,
345, 346, 350, 351, 359, 364, 417,
418
월령(月令) 1권 169, 367
유빈객가화록(劉賓客嘉話錄) 1권 185
유양잡조(酉陽雜俎) 1권 249
유환기문(游宦紀聞) 1권 102, 162
이아(爾雅) 1권 413, 445, 458

이아익(爾雅翼) 1권 413

ㅈ

준생팔전(遵生八牋) 2권 36

증보도주공서(增補陶朱公書) 2권 30,
56, 61, 62

증보산림경제(增補山林經濟)
2권 53~55, 71, 72

지봉유설(芝峯類說) 2권 331, 366

장락지(長樂志) 1권 281

장춘비용(長春備用) 1권 280, 282

조화지남(造化指南) 1권 492

종수서(種樹書) 1권 97, 99, 104, 105,
106, 109, 123, 173, 175, 188, 191,
204, 214, 230, 259, 300, 390, 414,
425, 426, 429

준생팔전(遵生八牋) 1권 140, 150, 360,
428

증보도주공서(增補陶朱公書) 1권 96,
100, 103, 107, 110, 111, 114, 120,
122, 124, 175, 211, 233, 241, 242,
372, 389, 470, 478, 488, 489, 498,
500

증보산림경제(增補山林經濟) 1권 108,
114, 116, 118, 178, 229, 261, 288,
327, 332, 346, 373, 388, 410, 421,
489

ㅊ

천팽모란보(天彭牡丹譜) 2권 103, 104,
117~119, 120, 154, 155, 162~164,
171, 172, 183, 184, 187, 188

청천양화록(菁川養花錄) 1권 108, 111,
114, 115, 122, 131, 177, 227, 228,
231, 232, 240, 244, 245, 254, 257,

259, 261, 263, 273, 292~297, 300,
316, 323, 324, 347, 354, 357, 360,
365, 387, 409, 426, 427, 2권 40,
68~70, 77, 196, 366

초(楚) 2권 67

초목기(草木記) 1권 441

초본화보(草本花譜) 1권 485, 487

초사(楚辭) 1권 339, 340

초화보(草花譜) 1권 249, 252, 256, 289,
290, 300, 304, 315, 329, 330, 331,
373, 431, 432, 434, 438, 439, 447,
466, 469, 470, 473, 474, 480, 483,
488, 490, 496

ㅋ

쾌설당만록(快雪堂漫錄) 1권 351, 359

ㅌ

퇴거편(退居篇) 1권 253

퇴재아문록(退齋雅聞錄) 1권 230, 231

ㅍ

편민도찬(便民圖纂) 2권 93, 94

포박자(抱朴子) 1권 332

풍속통(風俗通) 1권 339

ㅎ

학포여소(學圃餘疏) 1권 188, 211, 244,
245, 262, 264, 265, 271, 314, 316,
359, 424, 436, 443, 468, 487, 490

해당기(海棠記) 1권 274, 279, 280, 281

행포지(杏蒲志) 1권 277, 497

화경(花經) 1권 153

화경(花鏡) 1권 270, 318

화목기(花木記) 1권 274

화한삼재도회(和漢三才圖會) 1권 201,
212, 223, 238, 242, 243, 293, 299,
313, 316, 374, 426, 429, 432, 435,
443, 2권 85, 88, 89, 245
회남자(淮南子) 1권 366

물명

ㄱ

가(椵) 1권 331
가국(家菊) 2권 247
가자(茄紫) 1권 135
가지[茄] 1권 191, 251
각홍(覺紅) 2권 121
간간홍[間間紅] 1권 145
간금(間金) 2권 111, 113, 186
갈건자(葛巾紫) 2권 164
감국(甘菊) 1권 396, 2권 247, 263, 269,
365, 370
감국화(甘菊花) 1권 146
감로(甘露) 2권 52
감방(坎方) 1권 360
감자국(柑子菊) 2권 290
감천수(甘泉水) 1권 417
감초(甘蕉) 2권 50
감초황(甘草黃) 2권 101, 102
갑오징어뼈 1권 219
강도(絳桃) 1권 137
강매(江梅) 1권 436
강성서대초(康成書帶草) 2권 57
갯버들[杞柳] 1권 118, 119
갱생(更生) 1권 367
거개(車蓋) 1권 397

거륜홍(車輪紅) 2권 311
거름물[肥水] 1권 211, 281, 394
거상(距霜) 1권 312, 314
거상화(拒霜花) 1권 147
건도자(乾道紫) 2권 163
건란(建蘭) 1권 141, 359, 2권 46, 237,
239
건막교홍(褰幕嬌紅) 2권 133
건홍국(乾紅菊) 2권 292
건화(乾花) 2권 155
검척(劍脊) 2권 28
결백(潔白) 2권 176
겹꽃말리[千瓣茉莉] 1권 141
겹꽃백작약[千瓣白芍] 1권 141
겹꽃산다[重葉山茶] 2권 196
겹꽃석류 1권 155
겹꽃수선화[千瓣水仙] 1권 148
겹꽃은련[千瓣銀蓮] 1권 149
겹꽃흰무궁화[千瓣白槿] 1권 140
겹동백[千葉冬柏] 1권 237, 240
겹매화[重葉梅] 1권 132
겹반도홍(半桃紅)목부용 1권 313
겹백목부용 1권 313
겹접시꽃[千葉戎葵] 1권 155
경구(磬口) 1권 237
경구납매(磬口臘梅) 1권 139
경구향(磬口香) 1권 133
경구화(磬口花) 1권 241
경라홍(輕羅紅) 2권 148
경분(輕粉) 1권 198, 2권 192
경분국(瓊盆菊) 2권 349
경수구(瓊繡毬) 2권 340
경영롱(瓊玲瓏) 2권 354
경영황(瓊英黃) 2권 256
경운홍(慶雲紅) 1권 134, 2권 295

경운황(慶雲黃) 2권 104

경천향(慶天香) 2권 155, 179

경화(瓊花) 1권 151, 158, 164

경환국(瓊環菊) 2권 312

계관(鷄冠) 1권 166

계관자(鷄冠紫) 2권 327

계관홍(鷄冠紅) 2권 301

계관화(鷄冠花, 맨드라미) 1권 171, 476

계녀(季女) 1권 437

계설향(鷄舌香) 1권 301

계소화(鷄蘇花) 1권 339

계손(溪蓀) 2권 27

계파옥(界破玉) 2권 191

고니[黃鵠] 1권 441

고등(孤燈) 1권 160

고량강(高良薑) 1권 155

고매(古梅) 1권 259

고매채[苦蕒菜] 2권 226

고억(苦薏) 1권 368

고의(苦薏) 2권 248

고자화(鼓子花) 1권 148, 159, 482,
    2권 115

고자화[鼓子] 1권 153

곤수구(滾繡毬) 2권 167

공섬[草篅] 2권 71

공작미(孔雀尾) 2권 256

과양황(瓜瓤黃) 2권 106

관구(罐口) 1권 408

관군방(冠群芳) 1권 132, 136, 2권 201

관당주(觀堂主) 2권 231, 232

관모(菅茅) 1권 340

관음국(觀音菊) 2권 284

관음면(觀音面) 2권 156, 193

관음현(觀音現) 2권 193

관주다(串珠茶) 1권 235

광랑(桄榔) 2권 85, 86

괴석(怪石) 1권 126, 128

교(莜) 1권 450

교가서과양(喬家西瓜瓤) 2권 135

교백무쌍(嬌白無雙) 2권 176

교용삼변(嬌容三變) 2권 132, 190

교홍(嬌紅) 2권 138, 148, 150

교홍누대(嬌紅樓臺) 2권 136

구기(枸杞) 1권 154

구기화(枸杞花) 1권 149

구맥(瞿麥) 1권 488

구승(狗蠅) 1권 267

구악홍(九萼紅) 2권 151

구영(九英) 1권 267

구영(狗英) 1권 139

구영화(九英花) 1권 267

구예진주홍(九蘂眞珠紅) 2권 185

구일황(九日黃) 2권 254, 276

구자(毬子) 1권 133, 2권 261

구자국(毬子菊) 2권 260

구자국(甌子菊) 2권 352

구자화(舊紫花) 2권 164

구자황(毬子黃) 2권 260

구조복(舊朝服) 2권 296

구홍(口紅) 1권 426

구화국(九華菊) 2권 328

국우(菊牛) 1권 403, 407

국의(菊蟻) 1권 405

국향경(掬香瓊) 2권 210

국호(菊虎) 1권 379, 382, 403, 406

국화[菊, 국] 1권 126, 133, 367

군용자(軍容紫) 2권 160

궁금(宮錦) 2권 124

궁분다(宮粉茶) 1권 235, 236, 240

권배(勸杯) 1권 331

귀구(鬼臼) 1권 438

귀리[燕麥] 1권 488

그리마요황(姚黃) 2권 62

근근(筋根) 1권 482

근수화(槿樹花) 1권 149

근추황(近秋黃) 2권 277

금(琴) 1권 142

금가화(錦茄花) 1권 147

금경화(金莖花) 1권 147

금계(金桂) 1권 139

금계요(金繫腰) 2권 111, 114

금골타(金骨朶) 2권 250

금공작(金孔雀) 2권 275

금구(金毬) 2권 259

금국(錦菊) 2권 361

금국대부용(金菊對芙蓉) 2권 359

금규(錦葵, 당아욱) 1권 154, 450

금기린(錦麒麟) 2권 283

금년선(金撚線) 2권 280

금뉴사(金紐絲) 2권 280

금단록(錦團綠) 2권 166

금대(錦帶) 1권 153

금대위(金帶圍) 1권 136, 2권 278

금대화(錦帶花, 병꽃나무) 1권 147

금돈국(金墩菊) 2권 286

금두화(金荳花) 1권 148

금등(金燈) 1권 149, 154

금등롱(金燈籠) 1권 149

금라산(綿羅傘) 2권 295

금랍판(錦蠟瓣) 2권 303

금려지(金荔枝) 2권 311, 322, 355

금려지(錦荔枝) 2권 302

금려지(錦荔枝, 여주) 1권 495

금련(金蓮) 1권 149, 153

금령(金鈴) 1권 393

금령국(金鈴菊) 2권 261, 274, 285, 318, 339

금루자(金樓子) 2권 259

금릉변(金稜邊) 2권 218

금린국(錦鱗菊) 2권 254

금만령(金萬鈴) 2권 262, 264, 265, 331

금모란(金牡丹) 2권 250

금모란(錦牡丹) 2권 273

금문사(金紋絲) 2권 280

금반등(金盤橙) 2권 271

금발우(金鉢盂) 1권 147, 286

금배옥반(金杯玉盤) 2권 329

금변련(金邊蓮) 1권 133, 423, 424

금변서향(金邊瑞香) 1권 226

금변자령(金邊紫鈴) 1권 384

금변정향(金邊丁香) 1권 146

금보상(金寶相) 1권 142, 145, 384, 2권 250

금봉(金鳳) 1권 152, 154

금봉단(金鳳團) 2권 362

금봉모(金鳳毛) 2권 259

금부용(金芙蓉) 2권 277, 296

금사(金沙) 1권 152

금사국(金絲菊) 2권 272, 326

금사대홍(金絲大紅) 2권 194

금사도(金絲桃) 1권 148

금사도(錦絲桃) 2권 280

금사라(金沙羅) 1권 145

금사백(金絲白) 2권 180

금사해당(金沙海棠) 1권 279

금서시(錦西施) 2권 281

금서풍(錦西風) 2권 61

금서향(錦瑞香) 2권 322

금석죽(金石竹) 1권 165

금선관자(金線冠子) 2권 199

금선국(金線菊) 2권 296

금선홍(金線紅) 2권 194

금소도(錦蘇桃) 2권 280

금쇄구(金鎖口) 2권 254, 255

금수구(金繡毬) 2권 259

금수구(錦繡毬) 2권 284, 300, 325

금시구(金翅毬) 2권 362

금심수구(錦心繡口) 2권 292

금여지(金荔枝) 2권 267

금영국(金纓菊) 2권 260

금영롱(金玲瓏) 2권 280

금요대(金腰帶) 1권 328

금요루(金腰樓) 2권 187

금욕국(金褥菊) 2권 275

금운홍(錦雲紅) 2권 295

금원황(禁苑黃) 2권 367

금원황(禁院黃) 2권 103

금은화(金銀花) 2권 359

금임금(金林禽) 1권 162

금자(金紫) 2권 164

금작(金雀) 1권 143, 154

금작설(錦雀舌) 2권 279

금작약(金芍藥) 1권 142, 393, 2권 250,
   259

금잔은대(金盞銀臺) 2권 348

금전(金錢) 1권 153, 2권 28, 265

금전표(金錢豹) 2권 310

금전화(金錢花) 1권 148, 167, 458

금전화씨[金錢子] 1권 165

금정설랑(金精雪浪) 2권 193

금정향(錦丁香) 2권 360

금추자(金䭔子) 2권 269

금탄자(金彈子) 2권 260

금포사(錦褒姒) 2권 281

금포홍(錦袍紅) 2권 144, 145

금피퇴(錦被堆) 1권 145, 153, 167

금학령(金鶴翎) 2권 362

금화장원홍(金花壯元紅) 2권 194

금훤(金萱) 1권 154, 443

급성자(急性子) 1권 464

길상초(吉祥草) 2권 46, 47, 49

길상초화(吉祥草花) 1권 144

꼭두서니뿌리[茜花] 2권 149

ㄴ

나팔꽃[牽牛花, 견우화] 1권 147

나팔꽃[白牽牛] 1권 483

나포도(癩葡萄) 1권 495

낙양임금(洛陽林禽) 1권 155

낙양홍(洛陽紅) 2권 196, 197

낙양화(洛陽花) 1권 169, 190, 193, 195,
   203, 214, 414, 416, 420, 488

난(蘭) 1권 125

난교봉우(鸞交鳳友) 2권 256

난발(亂髮) 1권 353

난새[鸞] 2권 215

난채(蘭茝) 1권 339

난천죽(闌天竹, 남천) 2권 78, 79

난화(蘭花) 1권 338, 345

남경란(南京蘭) 2권 241

남미춘(婪尾春) 1권 413

남해당(南海棠) 1권 275

납매(蠟梅) 1권 133, 139, 151, 154, 158,
   162, 238, 265~268, 436

납판분서시(蠟瓣粉西施) 2권 353

납판서시(蠟瓣西施) 2권 343

납판홍(蠟瓣紅) 2권 303

내오란(奈吾蘭) 2권 245

냉음탕(冷飮湯) 1권 467

노갑(露甲) 1권 224

노금황(老金黃) 2권 302

노란 원추리[黃萱花] 1권 141, 142

노사국(鷺鷥菊) 2권 353

노소년(老少年, 색비름) 1권 145, 146, 2권 61, 62

노송(老松) 2권 67, 68, 70, 71, 85

노승모(老僧帽) 2권 139

노은홍구(老銀紅毬) 2권 128

노인백(老人白) 2권 371

노인홍(老人紅) 2권 367

노회청수(爐灰淸水) 1권 356

녹구(鹿韭) 1권 184

녹두꽃 1권 148

녹악매(綠萼梅) 1권 132, 139, 256

녹의랑(綠衣郞) 2권 226

녹천(綠天) 2권 50

녹총(鹿蔥) 1권 144

녹태(鹿胎) 2권 185, 188

녹태홍(鹿胎紅) 2권 188

녹태화(鹿胎花) 2권 185, 188

녹호접(綠蝴蝶) 1권 132, 136, 2권 195

놋쇠쟁반 1권 261

뇌자국(腦子菊) 2권 337, 357

누관(樓觀) 2권 118

누금낭(縷金囊) 2권 204

누금의(縷金衣) 2권 140

누금장(縷金妝) 2권 296

누자국(樓子菊) 2권 357

누자모란(樓子牡丹) 1권 207, 208

누자분서시(樓子粉西施) 2권 311

누자불두(樓子佛頭) 2권 283

누자옥(樓子玉) 2권 173

누자작약 2권 199, 203, 204, 208, 209, 336

능소화[凌霄] 1권 145, 170

능장류(稜杖榴) 1권 272

능풍국(凌風菊) 2권 290

ㄷ

다국(茶菊) 2권 247

다매(茶梅) 1권 154

다매화(茶梅花) 1권 140

다미(茶蘼) 1권 145, 156

다엽자(多葉紫) 2권 160

닥풀[葵] 1권 146, 153, 159, 453

단국(丹菊) 2권 358

단사(丹砂) 2권 82, 109, 123

단심옥봉(檀心玉鳳) 2권 180

단심자(檀心紫) 2권 320

단엽소금전(單葉小金錢) 2권 266

단장화(斷腸花) 1권 485

단주홍(丹州紅) 2권 109

단주황(丹州黃) 2권 101, 102

단판백도(單瓣白桃) 1권 136

단판백분이색류(單瓣白粉二色榴) 1권 138

단풍나무 1권 173

단향구(檀香毬) 2권 273, 360

단향국(檀香菊) 2권 360

닭볏[鷄冠] 2권 301

담병초(膽甁蕉) 2권 52

담복화(薝葍花) 1권 249

담아황(淡鵝黃) 2권 106

담우사(淡藕絲) 2권 184

담죽엽(淡竹葉) 1권 155

담죽화(淡竹花, 솜대) 1권 147

담황장미(淡黃薔薇) 1권 286

당두(棠杜) 1권 276

당리(棠梨, 팥 배나무꽃) 1권 160, 165, 275

당백(唐白) 2권 371

당체국(棣棣菊) 2권 265

당해석류(唐海石榴) 1권 239

당화(堂花) 1권 173

당화(塘花) 1권 173

대감국(大甘菊) 2권 370

대교홍(大嬌紅) 2권 138

대금구(大金毬) 2권 260

대금국(大金菊) 2권 265

대금령(大金鈴) 2권 249, 262, 263,
    265, 268

대금안(大金眼) 2권 278

대금전(大金錢) 2권 266

대금황(大金黃) 2권 251, 253, 258

대나무 1권 100, 103, 116, 117, 128,
    129, 130, 154, 166, 170, 173, 200,
    221, 293, 296, 359, 361, 382, 386,
    388, 400, 402, 420, 460, 467, 471,
    474, 479, 487, 490, 501, 504

대랍판(大蠟瓣) 2권 277, 343

대련(臺蓮) 1권 141

대모(玳瑁) 1권 136

대모과(大木瓜) 1권 165

대병자(大餠子) 2권 349

대설백(大雪白) 2권 366

대설황(大雪黃) 2권 370

대소(大笑) 1권 381

대소(大素) 2권 173

대소국(大笑菊) 2권 346

대송자(大宋紫) 2권 162

대양비(大楊妃) 2권 312

대어포황(大御袍黃) 2권 257

대엽도홍(大葉桃紅) 2권 131, 143

대장청(大張靑) 2권 218

대정(大鄭) 2권 234

대천엽(大千葉) 2권 155

대청(大淸) 1권 153

대총(薹蔥) 1권 407

대춘(大春) 2권 78

대판분홍(大瓣粉紅) 2권 369

대포(薹蒲) 2권 28

대홍근(大紅槿, 대홍무궁화) 1권 140

대홍단판도(大紅單瓣桃, 대홍홑복숭아꽃)
    1권 137

대홍련(大紅蓮) 2권 303

대홍무청예(大紅舞靑猊) 1권 132,
    2권 142

대홍부용(大紅芙蓉) 1권 146

대홍불상(大紅佛桑, 하와이무궁화)
    1권 141

대홍서과양(大紅西瓜瓤) 2권 142

대홍수구(大紅繡毬) 2권 149, 297

대홍전다(大紅滇茶) 1권 140

대홍전융(大紅翦絨) 2권 145

대홍포(大紅袍) 2권 294

대화주(大火珠) 2권 137

대황(大黃) 2권 105

도경(盜庚) 1권 458

도미(酴醾) 1권 151, 160, 2권 333

도미국(酴醾菊) 2권 341

도승(都勝) 2권 110, 249, 268

도장성(道粧成) 2권 199

도홍(桃紅) 2권 134, 190, 369

도홍국화(桃紅菊花) 2권 307

도홍루자(桃紅樓子) 2권 139

도홍무청예(桃紅舞靑猊) 2권 143

도홍봉두(桃紅鳳頭) 2권 147

도홍서과양(桃紅西瓜瓤) 2권 145

도홍서번두(桃紅西番頭) 2권 150

도홍선(桃紅線) 2권 147, 191

도화(桃花) 2권 307

도훈단심(倒暈檀心) 2권 184

독(纛) 2권 68

독두란(獨頭蘭) 2권 232

돈장초(狄腸草) 1권 482

동격자(銅擊子) 2권 167

동국(冬菊) 2권 304

동라(冬羅) 1권 473, 474

동백(冬柏) 1권 240

동백기름[冬柏油] 1권 240

동운홍(彤雲紅) 2권 114, 186

동유(桐油) 1권 219, 404

동청(冬靑) 1권 219, 220

동청(冬靑)나무 1권 242, 258

돼지 뛰한 물[燖豬湯] 1권 210, 230

두견(杜鵑) 1권 153

두견홍(杜鵑紅) 2권 130

두견화(杜鵑花, 진달래) 1권 170, 235,
  317, 318, 325

두구(豆蔲) 1권 151, 154

들겨자[野芥菜] 1권 394

들국화[野菊, 야국] 2권 286

등국(橙菊) 2권 270, 329

등귤(橙橘) 1권 171

등자나무[橙] 2권 270

등주백(鄧州白) 2권 272, 333, 334

등주황(鄧州黃) 2권 271, 272

등황(藤黃) 1권 223

뗏장 잔디[莎草] 2권 71

ㄹ

로(耮) 1권 446

ㅁ

마[山藥] 1권 171

마[薯蕷] 1권 482

마노다(瑪瑙茶) 1권 237

마노반(瑪瑙盤) 2권 106, 325

마노산다(瑪瑙山茶) 1권 140

마노서시(瑪瑙西施) 2권 281

마늘 1권 122, 123, 364, 405, 430, 431

마대동(馬大同) 2권 229

마름[菱] 1권 171

마름[蘋] 1권 171

마발(馬勃) 1권 408

마병수(麻餠水) 1권 271

마엽분단(麻葉粉團) 1권 136

마엽수구(麻葉繡毬) 1권 498

만권서(萬卷書) 2권 179, 299, 341

만년송(萬年松, 향나무) 2권 67

만년청화(萬年靑花) 1권 149

만년화(萬年花) 2권 70

만다라(蔓陀羅) 1권 159

만당금(滿堂金) 2권 289

만두국(饅頭菊) 2권 263

만령국(萬鈴菊) 2권 336, 348

만원춘(滿園春) 1권 466, 470

만은령(萬銀鈴) 2권 287

만절황(晚節黃) 2권 277

만조홍(滿條紅) 1권 309

만천성(滿天星) 1권 149

만첩설봉(萬疊雪峯) 2권 172

만향홍(晚香紅) 2권 311

만화일품(萬花一品) 2권 120, 121

만황구(晚黃毬) 2권 260

말갈기[騣鬣] 2권 92

말리(茉莉) 1권 151, 156

말리국(茉莉菊) 2권 282, 337, 361

말리화(茉莉花) 2권 282

망선(望仙) 1권 166, 167

망우(忘憂) 1권 151, 154, 440

매괴(玫瑰) 1권 141, 154, 156, 160, 162,
　　166, 286, 305, 306, 307, 308

매소(買笑) 1권 285

매주홍(梅州紅) 2권 127

매홍루자(梅紅樓子) 2권 149

매홍평두(梅紅平頭) 2권 147

매화[梅] 1권 125, 132

매화국(梅花菊) 2권 302, 319, 361

맥문동(麥門冬) 1권 338, 340

멀구슬나무[楝] 1권 169

멧대추나무[棘] 1권 205, 213

면등(綿橙) 1권 162

면충(綿蟲) 1권 404

명제(名弟) 2권 231, 232

명주황(明州黃) 2권 252, 266

명협화(蓂莢花) 1권 147

명화(茗花) 1권 140

모과[楙楂] 1권 166

모과꽃[木瓜花] 1권 148

모과해당(木瓜海棠) 1권 137

모란(牡丹) 1권 132, 184, 185

모란(茅蘭) 2권 223

모시 1권 125, 172

모정향(母丁香) 1권 302

모회(茅灰) 1권 405

목곡(木斛) 1권 220

목난(木難) 1권 125

목단(木丹) 1권 247

목란(木蘭) 1권 153, 164

목련(木蓮) 1권 312

목련[木筆] 1권 105

목부용(木芙蓉) 1권 312

목서(木樨) 1권 108, 133

목서[巖桂] 1권 151, 156, 172

목서[桂] 1권 128, 157

목서구(木犀毬) 2권 259

목작약(木芍藥) 1권 184, 185

목청화(木淸花) 1권 147, 148

목필(木筆) 1권 152, 164, 170

목향(木香) 1권 145, 170, 304

목향국(木香菊) 2권 337, 338

목홍구(木紅毬) 2권 297

묏대추[棘] 1권 121

무[蘿蔔] 1권 97

무강석(武康石) 2권 37, 38

무궁화(舞宮花) 1권 332

무궁화[木槿] 1권 153, 313, 446

무예백(舞霓白) 1권 136

무청예(舞靑霓) 1권 135

무하옥(無瑕玉) 2권 173

묵국(墨菊) 2권 322

묵규(墨葵) 2권 182, 183

묵매(墨梅) 1권 257, 258

묵자(墨紫) 2권 159

묵전융(墨翦絨) 2권 182

문공홍(文公紅) 2권 119

물총새[翠羽] 1권 484

미각화(米殼花) 1권 465

미낭(米囊, 앵속) 1권 152

미인초(美人蕉) 2권 52

미인홍(美人紅) 2권 144, 292

미초(美草) 1권 482

민달팽이[蜒蚰] 1권 405

민지홍(黽池紅) 2권 207

민황(閩黃) 2권 102

밀교(密嬌) 2권 183

밀랍[黃蠟] 1권 221, 266, 291

밀서랍판(蜜西蠟瓣) 2권 343

밀서모란(蜜西牡丹) 2권 362

밀서시(蜜西施) 2권 362
밀수구(蜜繡毬) 2권 362
밀우(密友) 2권 287
밀작약(蜜芍藥) 1권 142, 384, 393
밀전구(密氊毬) 2권 259
밀학령(蜜鶴翎) 2권 251, 362

ㅂ

박판(拍板) 2권 169
박하(薄荷) 2권 247
반면지(礬綿紙) 1권 197
반장홍(半丈紅) 1권 162
반장홍(半杖紅) 1권 164
반화(潘花) 2권 215, 216
발묵자(潑墨紫) 1권 135, 2권 183
발바리[猲] 1권 126
배[梨] 1권 239
배꽃[梨花] 1권 152, 158, 169
배도(緋桃) 2권 196
배회국(徘徊菊) 2권 346
배회황(徘徊黃, 노랑 매괴) 1권 161
백계관(白鷄冠) 1권 143
백국(白菊) 2권 331, 334
백냥금(百兩金) 1권 184
백뉴사(白紐絲) 2권 309
백다매(白茶梅) 1권 245
백대타화(白大朵花) 1권 304
백동유나무 1권 170
백두화(白荳花) 1권 149
백라삼(白羅衫) 2권 340
백란(白蘭) 2권 241
백랍판(白蠟瓣) 2권 356
백려지(白荔枝) 2권 339
백련화(白蓮花) 2권 175
백렴(白蘞) 1권 192, 196, 199

백릉(白菱) 1권 154, 245, 246
백만권(白萬卷) 2권 341
백매(白梅) 1권 139
백모란(白牡丹) 1권 142, 384, 2권 196,
    197, 353
백목련[玉蘭] 1권 105, 170, 314
백목서(白木犀) 2권 340
백무청예(白舞靑猊) 2권 177
백미(白薇, 흰배롱나무) 1권 139
백반(白礬) 1권 222
백보주(白寶珠) 1권 237
백부(百部) 1권 122, 217
백분서(白粉西) 2권 348
백불두국(白佛頭菊) 2권 285
백불정(白佛頂) 2권 274
백빈화(白蘋花) 1권 149
백사향(白麝香) 2권 338
백산다(白山茶) 1권 245
백산단(白山丹) 1권 141
백색월계화(白色月季花) 1권 141
백서시(白西施) 2권 309, 310, 311, 342,
    348, 359
백설단(白雪團) 2권 344
백세타화(白細朶花) 1권 304
백수구(白繡毬) 2권 340
백악(白蕚) 1권 437
백양류(柏樣榴) 1권 272, 293
백엽류(百葉榴) 1권 272, 273
백엽상매(百葉緗梅) 1권 132
백엽선인(百葉仙人) 2권 158
백영락(白纓絡) 2권 178
백오구국(白五九菊) 2권 352
백옥공경(白屋公卿) 2권 176
백운타(白雲朶) 2권 368
백융구(白絨毬) 2권 354

백이색(白二色) 2권 348

백일홍(百日紅) 1권 291, 292

백작약(白芍藥) 2권 212

백장미(白薔薇) 1권 286

백전융(白氊絨) 2권 178, 326, 355

백주(白酒) 1권 433

백중타화(白中朵花) 1권 304

백창포(白菖蒲) 2권 27

백첩라(白疊羅) 2권 343

백첩설(白疊雪) 2권 343

백출(白朮) 1권 222

백포사(白褒姒) 2권 352

백학령(白鶴翎) 2권 251, 355, 365

백학선(白鶴仙) 1권 437

백학정(白鶴頂) 2권 174, 355

백합화(百合花) 1권 143

백해당(白海棠) 1권 137

백협접(白蛺蝶) 2권 356

백화손(白花蓀) 1권 143, 144

백화홍연(白花紅緣) 1권 270

버섯[菌] 2권 48

번산단(番山丹, 참나리) 1권 144, 454, 455, 456

번초(番椒) 1권 148

번초(番蕉) 2권 85

번화류(番花榴) 1권 269

벽강하(碧江霞) 2권 321

벽대련(碧臺蓮) 1권 133, 424

벽도(碧桃) 2권 196, 312

벽도(碧桃, 흰복사꽃) 1권 129, 136, 151

벽도국(碧桃菊) 2권 355

벽란(碧蘭) 2권 237

벽사롱(碧紗籠) 2권 123

벽예영롱(碧蕊玲瓏) 2권 354

벽오동(碧梧桐) 1권 129

벽옥간(碧玉幹) 2권 227

벽옥루(碧玉樓) 2권 174

벽파옥(劈破玉) 2권 346

별백(別白) 2권 371

별홍(別紅) 2권 369, 370

별황(別黃) 2권 369, 370

병두련(竝頭蓮) 1권 422

병자류(餠子榴) 2권 269, 270

병체화(幷蔕花) 1권 270

보군지(報君知) 2권 254, 293

보상(寶相) 1권 152, 286

보장성(寶粧成) 2권 208

보장성(寶裝成) 1권 133

보주(寶珠) 1권 235

보주다(寶珠茶) 1권 240

보주말리(寶珠茉莉) 1권 154

보주학정산다(寶珠鶴頂山茶) 1권 140

복가백(伏家白) 2권 180

복숭아꽃[桃] 1권 127, 152, 158, 169, 174

복엄자(福嚴紫) 2권 164

복주자(福州紫) 2권 327

봉란(棒蘭) 2권 244

봉래상공(蓬萊相公) 2권 168

봉래자(蓬萊紫) 1권 224

봉령(蜂鈴) 2권 264, 265

봉령국(蜂鈴菊) 2권 358

봉미(鳳尾, 봉황새의 꼬리) 2권 131

봉미백(鳳尾白) 2권 180

봉미초(鳳尾蕉) 2권 52, 84, 85

봉미화홍(鳳尾花紅) 2권 130

봉선(鳳仙) 1권 463

봉선화[鳳仙] 1권 147

봉아국(蜂兒菊) 2권 289

봉익(鳳翼) 1권 492

부거(芙蕖) 1권 422

부공(傅公) 1권 367

부귀홍(富貴紅) 2권 118

부도(浮圖) 2권 120, 261

부들[蒲] 2권 26

부들가리개 1권 213

부용(芙蓉) 1권 127, 154, 312, 452

부용국(芙蓉菊) 2권 303, 314, 336

부용삼변(芙蓉三變) 2권 190

부평초[萍] 1권 169

분뉴사(粉紐絲) 2권 308

분단(粉團) 1권 152, 2권 310, 329

분단자(粉團子) 1권 168

분도(粉桃) 2권 196

분랍판(粉蠟瓣) 2권 309, 356

분만권(粉萬卷) 2권 314

분부용(粉芙蓉) 2권 339

분서(粉西) 2권 309

분서교(粉西嬌) 2권 353

분서시(粉西施) 2권 179, 309, 310, 312,
   353

분석(盆石) 1권 439

분수구(粉繡毬) 1권 136, 2권 315

분아교(粉娥嬌) 2권 156

분영롱(粉玲瓏) 2권 313

분작설(粉雀舌) 2권 308

분장미(粉薔薇) 2권 352

분장성(粉粧成) 2권 223

분포사(粉褒姒) 2권 281, 312

분학령(粉鶴翎) 2권 251, 308, 355

분호접(粉蝴蝶) 2권 356

분홍미(粉紅薇, 분홍배롱나무) 1권 139

분홍산다(粉紅山茶) 1권 139

분홍작약(粉紅芍藥) 2권 212

불건소(佛見笑) 1권 286, 2권 315

불두국(佛頭菊) 2권 284, 285, 292, 349

불두청(佛頭靑) 2권 195

불로홍(不老紅) 2권 301

불반(佛飯) 2권 87

불상(佛桑) 1권 145

불상(하와이무궁화) 1권 154

불정(佛頂) 1권 381

불정국(佛頂菊) 2권 349

불좌련(佛座蓮) 2권 321

불훈홍(不暈紅) 2권 152

붕국(棚菊) 2권 288

비도(緋桃) 1권 137

비름[莧] 1권 166, 2권 61

비연장(飛燕妝) 2권 126

비연홍장(飛燕紅妝) 2권 126

비파(枇杷) 1권 172, 225, 326

비하(非霞) 2권 136

빈주홍(賓州紅) 2권 304

ㅅ

사(紗) 1권 126

사간(射干, 범부채) 1권 492

사계련(四季蓮) 1권 423

사계류(四季榴) 1권 269, 270

사계화(四季花) 1권 114, 115, 148, 242,
   295, 296

사군자화(史君子花) 1권 148

사낭(麝囊) 1권 232

사두황(絲頭黃) 2권 102

사면련(四面蓮) 1권 143, 423

사면불(四面佛) 2권 256

사면화(四面花) 1권 313

사석(沙石) 2권 27

사석토(沙石土) 2권 29

사자(榲子) 1권 164

사자국(柤子菊) 2권 288
사자두(獅子頭) 2권 167
사철나무[杜沖, 두충] 1권 117
사향(麝香) 1권 123, 219, 441
사향노루배꼽[麝臍] 1권 408
사향황(麝香黃) 2권 274
산개황(繖蓋黃) 2권 278
산다(山茶) 1권 114, 152, 172, 234
산다[茶花] 1권 154
산다화(山茶花) 1권 134, 237, 238, 239,
　　241, 242, 243, 245
산단(山丹) 1권 165, 454, 455
산도홍(山桃紅) 2권 320
산란(山蘭) 1권 339
산반(山礬) 1권 143, 154, 172, 2권 64
산비파(山枇杷) 1권 325, 326
산석류(山石榴) 1권 317
산수화(散水花) 1권 150
산조(山棗) 1권 285
산척촉(山躑躅) 1권 317, 321, 325
산춘(山春) 1권 239
산치자(山梔子) 1권 248, 249
산호루(珊瑚樓) 2권 137
산호봉두(珊瑚鳳頭) 2권 141
산화(散花) 1권 152
살구 1권 151, 154, 258
살구꽃 1권 127, 159, 170
삼금황(滲金黃) 2권 269
삼나무[杉木] 1권 217
삼랍판(三蠟瓣) 2권 353
삼춘괴(三春魁) 2권 140
상간(象幹) 1권 404, 407
상아구(象牙毬) 2권 345
상운홍(瑞雲紅) 2권 186
상운홍(祥雲紅) 2권 117

상포홍(相袍紅) 2권 296
새군방(賽群芳) 2권 201
새금련(賽金蓮) 2권 250
새란(賽蘭) 1권 154
새박뿌리[土芋] 1권 486
새서시(賽西施) 2권 323
새양비(賽楊妃) 2권 313
새홍하(賽紅荷) 2권 303
색비름[老少年] 2권 61
생명주[絁絹] 2권 131
생칠(生漆) 1권 219
서가자(徐家紫) 2권 165
서고(鼠姑) 1권 184
서과양(西瓜瓤) 1권 132
서대(書帶) 2권 40, 57, 58
서대초(書帶草) 2권 40, 57
서련홍(瑞蓮紅) 1권 136
서로선(瑞露蟬) 2권 154
서번련(西番蓮) 2권 303
서부해당(西府海棠) 1권 137, 154, 280,
　　281, 282
서시(西施) 1권 133, 322
서시교(西施嬌) 2권 353
서운(瑞雲, 상서로운 구름) 2권 111
서운홍(瑞雲紅) 2권 110
서자(西子) 2권 148
서자홍(西子紅) 2권 147
서천향(西天香) 2권 157
서하류(西河柳) 1권 281
서향(瑞香) 1권 108, 156, 172, 224,
　　225, 323, 2권 196, 3222
서향자(瑞香紫) 2권 165, 322
서향화(瑞香花) 1권 230, 328
석가홍(石家紅) 2권 146
석국(石菊) 1권 155

석남(石南) 1권 164

석류(石榴) 1권 114

석류[榴花] 1권 133

석류꽃 1권 115, 128, 170

석류다(石榴茶) 1권 235, 240

석류화 1권 134, 269

석문홍(石門紅) 2권 221

석선(石蟬) 1권 153

석선화(石蟬花) 1권 149, 150

석암화(石巖花) 1권 149

석양홍(夕陽紅) 2권 231

석죽(石竹, 패랭이꽃) 1권 144, 153, 488

석죽화(石竹花) 1권 471

석창포(石菖蒲) 2권 26, 27

선금사홍(仙金絲紅) 2권 369

선면계관(扇面鷄冠) 1권 476, 477

선모과(宣木瓜) 1권 164

선복(旋葍) 1권 482

선복(旋覆) 1권 458, 482

선복화(旋覆花) 1권 461

선선(扇仙) 2권 50

선심작약(旋心芍藥) 2권 152

선지(鮮支) 1권 247

선차(鏇車) 2권 304, 305

선초(仙草) 2권 245

선하(仙霞) 2권 235

성성홍(猩猩紅) 2권 301

세란(歲蘭) 2권 240

세엽수안(細葉壽安) 2권 108

세장홍(洗妝紅) 2권 113

소금구(小金毬) 2권 260

소금국(銷金菊) 2권 269, 292

소금련(小金蓮) 2권 258

소금령(小金鈴) 2권 247, 263, 264

소금안(小金眼) 2권 278

소금자국(銷金紫菊) 2권 327

소금전(小金錢) 2권 266, 276, 279

소금황(小金黃) 2권 252, 277

소나무 1권 128, 129, 173, 2권 67, 70,
    71, 182, 289

소단향(小檀香) 2권 360

소도홍(小桃紅) 1권 134, 463, 2권 361

소만교(素鸞嬌) 2권 177

소목부용(小木芙蓉) 2권 336

소백련화(小白蓮花) 2권 336

소백불정(小白佛頂) 2권 274

소백화(小白花) 1권 148

소사화(繰絲花) 1권 149

소설백(掃雪白) 2권 371

소소(小素) 2권 173

소어포황(小御袍黃) 2권 257, 271

소엽(笑靨) 2권 250, 252

소엽대홍(小葉大紅) 2권 146

소은대(小銀臺) 2권 287, 331

소은황국(銷銀黃菊) 2권 289

소장잔(素粧殘) 2권 203

소전추황(小殿秋黃) 2권 277

소주도(蘇州桃) 1권 137

소중화(蕭仲和) 2권 222

소천엽(小千葉) 2권 155

소철[鐵蕉, 철초] 2권 84

소추계관(掃箒鷄冠) 1권 476

소추계관화(掃帚鷄冠花) 1권 150

소판분홍(小瓣粉紅) 2권 370

소형(素馨) 1권 143, 154, 158

소황(小黃) 2권 105

소황불정(小黃佛頂) 2권 285

소흥춘(紹興春) 2권 117

속근근(續筋根) 1권 482

손(蓀) 2권 26, 239

송국(松菊) 2권 289
송지(松枝) 1권 154
쇄금도홍(灑金桃紅) 2권 139
쇄금련(灑金蓮) 1권 423
쇄금봉선화(灑金鳳仙花) 1권 145
쇄금향(灑金香) 2권 310
쇄금홍(灑金紅) 2권 310
쇄금홍(碎金紅) 2권 186
쇄판무하옥(碎瓣無瑕玉) 2권 172
쇠뜨기[土筆菜, 토필채] 2권 87
수객(瘦客) 1권 298
수구(繡毬) 1권 498, 2권 124, 318
수련(睡蓮) 1권 423
수록선(睡綠蟬) 2권 143
수목서(水木樨) 1권 144
수부용(水芙蓉) 1권 422
수부용(繡芙蓉) 2권 285, 302
수사국(垂絲菊) 2권 273
수사분홍(垂絲粉紅) 2권 306
수사해당(垂絲海棠) 1권 137, 151, 276,
　　281, 283, 2권 273
수석류(藪石榴) 1권 272
수성계관(壽星鷄冠) 1권 476
수안진주(壽安眞珠) 2권 289
수안홍(壽安紅) 2권 113, 115
수양장(壽陽妝) 2권 361
수의홍(繡衣紅) 2권 122
수장홍(壽妝紅) 2권 152
수정구(水晶毬) 2권 179, 345
수정국(水晶菊) 2권 357
수정목(壽庭木) 2권 81
수죽(脩竹) 1권 128
수창포(水菖蒲) 2권 27
수초(水蕉) 2권 52
수춘홍(壽春紅) 2권 146

수학선(睡鶴仙) 2권 153
수향(睡香) 1권 151, 224, 225
수홍구(水紅毬) 2권 155
수홍련(水紅蓮) 2권 326
수홍화(水紅花, 여뀌꽃) 2권 326
숙장은(宿粧殷) 2권 209
순(蕣) 1권 331
순감량(淳監糧) 2권 220
순성(順聖) 2권 163, 187
순성천자(順聖淺紫) 2권 316, 317
숯화로 1권 261
승경(僧磬) 1권 266
승경화(勝瓊花) 2권 342
승교용(勝嬌容) 2권 127, 129
승금황(勝金黃) 2권 253, 370
승로자(承露紫) 2권 116
승로홍(承露紅) 2권 115
승부용(勝芙蓉) 2권 314
승비도(勝緋桃) 2권 312
승서시(勝西施) 2권 190
승요황(勝姚黃) 2권 101
승위(勝魏) 2권 110
승의갈(僧衣褐) 2권 364
승정홍(勝䞓紅) 2권 149
승첩라(勝疊羅) 2권 120
승춘(勝春) 1권 298
시농장(試濃粧) 2권 205
시란(施蘭) 2권 233
시매국(試梅菊) 2권 361
시매장(試梅妝) 2권 361
시매장(試梅粧) 2권 211
신라(新羅) 2권 330, 332
신라국(新羅菊) 2권 343, 366
신은홍구(新銀紅毬) 2권 127
신이(辛夷) 1권 151, 154, 164

신이화(辛夷花) 1권 137
신자화(新紫花) 2권 162, 183
신홍교염(新紅嬌艶) 2권 123
신홍기관(新紅奇觀) 2권 123
신홍수구(新紅繡毬) 2권 123
심가백(沈家白) 2권 174
심색어포황(深色御袍黃) 2권 271
십양금(十樣錦) 1권 146, 2권 61, 62, 364
십자매(十姊妹) 1권 145, 286
십채구(十采毬) 2권 260
쌍두자(雙頭紫) 2권 187
쌍두홍(雙頭紅) 2권 118, 187
쌍비연(雙飛燕) 2권 321
쌍원국(雙鴛菊) 1권 145
써레[杷] 1권 194
쑥[蒿艾] 1권 368
쑥갓[茼蒿] 2권 335
쑥잎[蓬艾, 봉애] 2권 338

ㅇ

아모(鵝毛) 2권 275
아모국(鵝毛菊) 2권 341
아아황(鵝兒黃) 2권 275
아초(牙蕉) 2권 52
아황장미(鵝黃薔薇) 1권 286
악록화(萼綠華) 2권 195
악산홍(岳山紅) 2권 111
악자(渥赭) 2권 121
악주홍(岳州紅) 2권 304
안래홍(雁來紅) 2권 61
안래홍(雁來紅, 색비름의 일종) 1권 146
안석류(安石榴) 1권 159
안승자(安勝紫) 2권 162, 163
안자국(鞍子菊) 2권 262

암계(巖桂) 1권 154
압단청(鴨蛋靑) 2권 195
애국(艾菊) 1권 461
애엽국(艾葉菊) 2권 338
앵도(櫻桃) 1권 151
앵무백(鸚鵡白) 2권 174
앵속(罌粟) 1권 144, 145, 170, 448, 465, 466, 468
앵속홍(罌粟紅) 2권 149
앵우황(鶯羽黃) 2권 283
앵유황(鶯乳黃) 2권 283
야객(野客) 1권 286
야락금전화(夜落金錢花) 1권 458
야장미(野薔薇) 1권 286, 287, 2권 275
야포도(野葡萄) 1권 495
야합(夜合, 자귀나무) 1권 152, 153, 170
야합화(夜合花) 1권 144
야훤화(野萱花) 1권 492
약각(弱脚) 2권 231, 232
양두석(羊肚石) 2권 39
양류(楊柳) 1권 162
양매(楊梅) 1권 224, 225, 2권 267, 349
양매구(楊梅毬) 2권 278
양비(楊妃) 2권 306
양비국(楊妃菊) 2권 290, 312
양비산다(楊妃山茶) 1권 245, 246
양비수구(楊妃繡毬) 2권 125
양비심취(楊妃深醉) 2권 129
양비천거홍(楊妃茜裾紅) 2권 292
양뿔 1권 122, 428
양양홍(襄陽紅) 2권 303
양주홍(楊州紅) 2권 296
양지옥(羊脂玉) 2권 177
양척촉(羊躑躅) 1권 149, 321
양혈홍(羊血紅) 2권 146

양화(楊花) 1권 152

양화관자(楊花冠子) 2권 210

어미화(御米花) 1권 465

어심란(魚鯕蘭) 2권 233

어애(御愛) 2권 250, 257, 268

어애황(御愛黃) 1권 381

어의황(御衣黃) 1권 132, 135, 2권 198,
　　257, 335, 337

어자란(魚子蘭) 1권 142

어포황(御袍黃) 2권 103, 256, 278, 297

엄나무[奄木] 1권 208

여용(餘容) 1권 413

여지(荔枝) 1권 496, 2권 261, 318

여지국(荔枝菊) 2권 261, 267, 269, 285,
　　307, 318

여지자(荔枝紫) 2권 318

여지홍(荔枝紅) 2권 268

여지황(荔枝黃) 2권 267

여진황(女眞黃) 2권 102, 103

여춘(麗春, 개양귀비) 1권 145, 167, 469,
　　470

연(鋋) 1권 413

연[荷] 1권 130, 225

연꽃[蓮花] 1권 133

연꽃[蓮] 1권 126, 157

연년(延年) 1권 367

연롱자(烟籠紫) 2권 166

연분루(烟粉樓) 2권 133

연산모과(軟山木瓜) 1권 164

연성옥(連城玉) 2권 176

연예홍(蓮蕊紅) 2권 144

연은조(撚銀條) 2권 341

연조(軟棗) 1권 166

연조화(軟條花) 2권 170

연주(連珠) 1권 454

연주홍(延州紅) 2권 109

연지(臙脂) 1권 275, 325

연지(蓮池) 1권 129

연지계분(臙脂界粉) 2권 193

연지국(臙脂菊) 2권 291

연지루(胭脂樓) 2권 117, 188

연지루(臙脂樓) 1권 135

연초(淵綃) 2권 105

연판은홍(軟瓣銀紅) 2권 122, 135

연향백(連香白) 2권 178

연홍(蓮紅) 2권 369

연화국(蓮花菊) 2권 336, 340

연화악(蓮花萼) 2권 109

염교[薤] 1권 123, 405, 430, 431

염노교(念奴嬌) 2권 134

염양교(艷陽嬌) 2권 140

염지갑초(染指甲草) 1권 463

엽대시(葉大施) 2권 228

엽저자(葉底紫) 2권 159

영락계관(纓絡鷄冠) 1권 476

영산홍(映山紅) 1권 317, 319, 325, 326,
　　327

영아화(鈴兒花, 등대꽃) 1권 147

영일홍(映日紅) 2권 142

영일홍(迎日紅) 2권 119

영지(靈芝) 2권 47, 48, 49

영춘(迎春) 1권 152, 154

영춘화(迎春花) 1권 143, 169,
　　328~330

오두수(烏豆水) 1권 244

오란(吳蘭) 2권 215

오색융규(五色戎葵) 1권 143

오색장미(五色薔薇) 1권 285

오선(烏扇) 1권 492

오운루(五雲樓) 2권 194

오월국(五月菊) 2권 335

오홍(烏紅) 2권 196, 366, 369

오화(烏禾, 돌피) 1권 123

오훈사(五暈絲) 2권 229

옥구(玉毬) 2권 331, 332, 340

옥구국(玉甌菊) 2권 352

옥근(玉筋) 1권 166

옥란(玉蘭) 1권 154

옥란화(玉蘭花) 1권 137

옥련환(玉連環) 2권 344

옥령(玉鈴) 2권 332

옥롱(玉瓏) 2권 179

옥루(玉樓) 2권 116, 186

옥루관음현(玉樓觀音現) 2권 175

옥루춘(玉樓春) 2권 170, 171, 347

옥루춘로(玉樓春老) 2권 137

옥루홍(玉樓紅) 2권 116, 186

옥매(玉梅) 2권 330, 343

옥매괴(玉玫瑰) 2권 356

옥명(玉茗) 1권 241

옥모란(玉牡丹) 2권 340

옥미인(玉美人) 1권 457, 2권 175

옥반국(玉盤菊) 2권 351

옥반단(玉盤丹) 2권 308

옥반우(玉盤盂) 1권 136, 2권 178

옥반장(玉盤妝) 2권 152

옥보상(玉寶相) 2권 342

옥복분(玉覆盆) 2권 172

옥부용(玉芙蓉) 1권 146, 2권 177, 181, 341

옥분(玉盆) 2권 333

옥불자(玉佛子) 1권 164

옥선장(玉仙粧) 2권 179

옥소요(玉逍遙) 1권 136

옥수구(玉繡毬) 2권 180 340

옥영롱(玉玲瓏) 1권 431, 2권 344

옥완백(玉盌白) 2권 181

옥요루(玉腰樓) 2권 187

옥작설(玉雀舌) 2권 355

옥잠(玉簪) 1권 165

옥잠백(玉簪白) 2권 174

옥잠화(玉簪花) 1권 437

옥잠화[玉簪] 1권 145

옥전(玉錢) 2권 337

옥접매(玉蝶梅) 1권 132, 139, 257

옥중루(玉重樓) 2권 177

옥증(玉蒸) 1권 331

옥증병(玉蒸餠) 2권 170

옥천선(玉天仙) 2권 179

옥천엽(玉千葉) 2권 169, 170

옥천향(玉天香) 2권 181

옥취병(玉炊餠) 2권 172

옥토천향(玉兔天香) 2권 194

옥판백(玉板白) 2권 169

옥함담(玉菡萏) 2권 356

옥호접(玉胡蝶) 1권 164

옥호접(玉蝴蝶) 2권 356

온발(榅桲) 1권 164, 165

와거화(萵苣花) 1권 149

와분(瓦盆) 1권 205, 206

완두(豌豆) 2권 64

왕가대백(王家大白) 2권 176

왕가대홍(王家大紅) 2권 142

왕가홍(王家紅) 1권 134, 2권 136, 141, 149

왕개미 2권 62

왜계관(矮鷄冠) 1권 145

왜국(倭菊) 2권 330, 343

왜대홍(倭大紅) 2권 370

왜백(倭白) 2권 367

왜별홍(倭別紅) 2권 370
왜별황(倭別黃) 2권 370
왜진홍(倭眞紅) 2권 370
왜황(倭黃) 2권 367
외란(隈蘭) 2권 241
요강[尿缸] 1권 352
요구(堯韭) 2권 26
요금자(腰金紫) 2권 195, 278
요대옥로(瑤臺玉露) 2권 176
요사(磠砂) 1권 176
요수(療愁) 1권 440
요양화(鬧陽花) 1권 144
요정란(瑤井欄) 2권 331
용뇌(龍腦) 2권 331
용뇌국(龍腦菊) 2권 287
용안(龍眼) 2권 363
용안각(龍眼殼) 1권 174
용전포(龍錢蒲) 2권 27
우극(牛棘) 1권 285
우륵(牛勒) 1권 285
우미인(虞美人) 1권 145, 466, 470
우정(牛頂) 2권 28
우황(牛黃) 2권 100
욱리(郁李) 1권 152, 159
욱리화(郁李花) 1권 148, 149
운교(雲嶠) 2권 236
운소(雲素) 2권 176
운향(芸香) 2권 64, 65, 66
울금(鬱金) 2권 272, 331
웅황(雄黃) 1권 123, 218
원가자(袁家紫) 2권 163
원앙계관(鴛鴦鷄冠) 1권 476
원앙국(鴛鴦菊) 2권 281
원앙매(鴛鴦梅) 1권 258
원앙면(鴛鴦錦) 2권 256

원추리 1권 130, 147, 148, 170, 341,
    440~454, 493
원춘홍(怨春紅) 2권 205
원황관자(袁黃冠子) 2권 199
월계(月季) 1권 295
월계화(月季花) 1권 298~300, 307
월도(越桃) 1권 247
월산홍누자(越山紅樓子) 2권 151
월월홍(月月紅) 1권 298
월하백(月下白) 1권 411, 2권 345
월홍(月紅) 1권 152
위가화(魏家花) 2권 107, 114
위화(魏花) 2권 110, 160, 162, 170
유구풍란(琉球風蘭) 2권 245
유다(油茶) 1권 362
유란(幽蘭) 1권 141
유병관주(琉甁灌朱) 2권 135
유사가(劉師哥) 2권 172
유사각(劉師閣) 2권 112
유아(柳芽) 1권 154
유육백(劉六白) 2권 173
유채 1권 172
유홍(油紅) 2권 182
유화홍(榴花紅) 2권 128
유황(硫黃) 1권 196, 217, 408
육서(肉西) 2권 155
육홍(肉紅) 1권 286
율엽국(栗葉菊) 2권 346
율엽화(栗葉花) 2권 364
융규(戎葵) 1권 144, 445
은교사(銀絞絲) 2권 341
은뉴사(銀紐絲) 2권 280, 341
은대(銀臺) 2권 287, 348
은등(銀燈) 1권 149
은란(銀蘭) 2권 243

은려지(銀荔枝) 2권 355
은령국(銀鈴菊) 2권 352
은만관(銀萬管) 2권 348
은매(銀梅) 2권 361
은반(銀盤) 2권 348
은병(銀瓶) 1권 128
은보상(銀寶相) 1권 384
은부용(銀芙蓉) 2권 341
은쇄구(銀鎖口) 2권 255
은수구(銀繡毬) 2권 340
은연사(銀撚絲) 2권 341
은작설(銀雀舌) 2권 355
은작약(銀芍藥) 1권 142, 393, 411, 2권
　　304, 341
은정향(銀丁香) 2권 361
은포사(銀褒姒) 2권 352
은학령(銀鶴翎) 2권 355
은함릉(銀含稜) 2권 211
은행국(銀杏菊) 2권 339
은홍교(銀紅嬌) 2권 122, 138
은홍금수(銀紅錦繡) 2권 132
은홍묘품(銀紅妙品) 2권 141
은홍범(銀紅犯) 2권 125
은홍상승(銀紅上乘) 2권 141
은홍서시(銀紅西施) 2권 339
은홍수구(銀紅繡毬) 2권 124
은홍염장(銀紅艶妝) 2권 141
은홍절창(銀紅絶唱) 2권 141
응애[蛛網] 1권 122
의남(宜男) 1권 440, 441
의란교(倚欄嬌) 2권 138, 323
의발련(衣鉢蓮) 1권 423
의수천(擬繡韉) 2권 207
의신장(倚新妝) 2권 153
의향영(擬香英) 2권 209

이(彝) 1권 126, 127
이교(二喬) 2권 359
이금(泥金) 2권 251, 294, 297
이분홍(膩粉紅) 2권 153
이색계관(二色鷄冠) 1권 141
이색도(二色桃) 1권 137
이색련(二色蓮) 2권 303
이색마노(二色瑪瑙) 2권 281
이색백(二色白) 2권 359
이색서시(二色西施) 2권 359
이색양비(二色楊妃) 2권 359
이색홍(二色紅) 2권 185
이식(犁食) 1권 413
이엽해당(梨葉海棠) 1권 162
이창포(泥菖蒲) 2권 27
이통판(李通判) 2권 227, 235
일급(日及) 1권 331
일념홍(一捻紅) 1권 135, 236, 2권 299
일닉설(一搦雪) 2권 342
일단설(一團雪) 2권 344
일륜홍(日輪紅) 2권 304
일백오(一百五) 2권 113, 170
일봉설(一捧雪) 1권 411
일엽홍(一擪紅) 2권 185
일장홍(一丈紅) 1권 445
일정(日精) 1권 367
일척홍(一尺紅) 2권 118
일품련(一品蓮) 1권 422
임군마(林郡馬) 2권 236
임금(林禽) 1권 151, 152, 165, 322
임란(林蘭) 1권 247
임중공(林仲孔) 2권 223

ㅈ
자경어포황 2권 256

자고(慈姑) 2권 242

자고반(鷓鴣斑) 1권 361

자고화(茨菇花) 1권 149

자골타(紫骨朶) 2권 297

자국(紫菊) 2권 319

자금(紫錦) 1권 132, 275

자금령(紫金鈴) 1권 384, 393

자금하(紫金荷) 2권 166

자단(紫檀) 1권 267

자당(紫幢) 2권 295

자동(刺桐) 1권 153

자두꽃 1권 128, 154

자라란(紫羅襴) 1권 148

자라산(紫羅繖) 2권 325

자라삼(紫羅衫) 2권 325

자라포(紫羅袍) 2권 165, 325

자란(紫蘭) 2권 246

자랍판(紫蠟瓣) 2권 324, 343

자루자(紫樓子) 2권 165

자말리(紫茉莉) 2권 319

자매퇴(刺梅堆) 1권 285

자모란(紫牡丹) 1권 142, 384, 2권 320,
  321, 325, 326

자무청예(紫舞青猊) 2권 164

자미(紫薇) 1권 139, 152, 154, 162, 291

자미수(紫薇樹) 1권 291

자미화(紫薇花, 배롱나무) 1권 291, 292

자보상(紫寶相) 1권 384

자봉관(紫鳳冠) 2권 327

자부용(紫芙蓉) 2권 314

자분단(紫粉團) 2권 283

자분반(紫粉盤) 2권 324

자사구(紫絲毬) 2권 363

자사도(紫絲桃) 2권 280, 322

자사선심(紫絲旋心) 2권 152

자색가지매괴[紫條玫瑰] 1권 167, 168

자서시(紫西施) 2권 320

자선반(紫線盤) 1권 393

자소(紫笑, 함소화) 1권 162

자소도(紫蘇桃) 2권 322, 363

자수구(紫繡毬) 1권 136, 2권 161, 163,
  300, 325

자수금장(紫綬金章) 2권 293

자심백목향(紫心白木香) 1권 145

자쌍비(紫雙飛) 2권 321

자오화(子午花) 1권 458, 459

자옥련(紫玉蓮) 2권 320, 322, 324

자운방(紫雲芳) 2권 168

자위국(刺蝟菊) 2권 364

자융구(紫絨毬) 2권 354, 363

자작설(紫雀舌) 2권 324

자작약(紫芍藥) 1권 142, 397, 2권 312,
  324

자장미(紫薔薇) 2권 325, 352

자전융(紫翦絨) 2권 326

자정향(紫丁香) 2권 313

자중루(紫重樓) 2권 165, 293

자포금대(紫袍金帶) 2권 293, 299, 323

자포사(紫褒姒) 2권 323

자포황(柘袍黃) 2권 257

자풍류(紫風流) 1권 151

자하배(紫霞杯) 2권 294

자하상(紫霞觴) 2권 294, 298, 322

자하의(紫荷衣) 2권 324

자하총(紫霞叢) 2권 369

자학령(紫鶴翎) 1권 480, 2권 251, 324,
  325

자형(紫荊, 박태기나무) 1권 309

자홍(刺紅) 1권 285, 364

자홍방(紫紅芳) 2권 166

자화(柘花) 2권 64

자화손(紫花蓀) 1권 144

자화아(紫花兒) 1권 145

작약(芍藥) 1권 126, 132, 157, 185, 413

작은치자꽃[小梔子花] 1권 146

잠계비심홍(潛溪緋深紅) 2권 144

잠금백(蘸金白) 2권 354

잠금향(蘸金香) 2권 208, 354

잠사(蠶沙) 1권 111

잣[海松子] 1권 239

장고(仗鼓) 2권 350

장리(將籬) 1권 413

장미(薔薇) 1권 285, 298, 2권 274

장미국(薔薇菊) 2권 270, 333

장사천엽[長沙千葉] 1권 286

장원자(壯元紫) 2권 320

장원홍(壯元紅) 2권 109, 110, 111, 114

장원홍(狀元紅) 1권 134, 2권 292, 294, 312

장원황(壯元黃) 2권 258

장춘화(長春花) 1권 298

재스민 1권 157, 170

저두(筯頭) 2권 75

적교홍(積嬌紅) 2권 203

적금(赤金) 2권 269

적금반(赤金盤) 2권 359

적로(滴露) 1권 154

적로화(滴露花) 1권 148

적목(赤木, 주목) 1권 117

적심황(赤心黃) 2권 302

적옥반(赤玉盤) 2권 157

적적금(滴滴金, 금불초) 1권 458, 459, 461, 462, 2권 265

적주의(赤朱衣) 2권 120

전관화(轉觀花) 1권 313

전규(錢葵) 1권 450

전금구(翦金毬) 2권 259

전금황(翦金黃) 2권 259

전다(滇茶) 1권 154, 237

전라화(翦羅花) 1권 475

전신홍(轉身紅) 1권 162

전아령(翦鵝翎) 2권 355

전아모(翦鵝毛) 2권 355

전융(翦絨) 1권 133, 135, 137, 446, 491

전지(轉枝) 2권 115, 192

전지련(纏枝蓮) 1권 149

전지모란(纏枝牡丹, 메꽃류) 1권 148, 482, 483

전지백(纏枝白) 2권 338

전지백국(纏枝白菊) 2권 352

전지홍(轉枝紅) 2권 115

전채(翦綵) 1권 125

전추라(翦秋羅) 1권 141, 155, 472

전추라[漢宮秋] 1권 172

전추백(殿秋白) 2권 356

전추황(殿秋黃) 2권 277, 356

전춘라(翦春羅) 1권 144, 155, 471

전춘방(殿春芳) 2권 143

전포(錢蒲) 2권 27

전하초(翦霞綃) 2권 321

전홍라(翦紅羅) 1권 471

전홍사화(翦紅紗花) 1권 471

절삼전(折三錢) 2권 251, 252, 287, 349, 350

절이전(折二錢) 1권 462, 2권 253, 266, 349, 350

절화(節華) 1권 367

점장홍(點粧紅) 2권 202

접골초(接骨草) 1권 148

정력(葶藶) 2권 247, 248

정력자(葶藶子) 1권 465

정백양(鄭白羊) 2권 234

정소거(鄭少擧) 2권 229

정자향(丁子香) 1권 301

정향(丁香) 1권 151, 154, 156, 159, 224,
226, 301~303

정홍(鞓紅) 2권 107

정홍모란(頳紅牡丹) 2권 196

정화(楟花) 2권 64

정화(鄭花) 2권 227, 230, 231, 232

정화춘(政和春) 2권 154

제녀화(帝女花) 1권 367

제두자(齊頭紫) 2권 161

제로(濟老) 2권 225

제일향(第一香) 1권 338

조개황(早開黃) 2권 370

조란(趙蘭) 2권 221

조모과(條木瓜) 1권 164

조사부(趙師傅) 2권 217

조산(竈山) 2권 226

조수매(照水梅) 1권 139, 256

조십사(趙十四) 2권 216

조자(早紫) 2권 322

조천자(朝天紫) 2권 164, 319, 324, 363

조현장원홍(曹縣壯元紅) 2권 142

조화(趙花) 2권 233

조황(早黃) 1권 133, 2권 254

족향구(簇香毬) 2권 344

족홍사(簇紅絲) 2권 205

좁쌀[金粟] 1권 275

종(椶) 2권 92

종려(棕櫚) 2권 86, 91

종오(鍾杵, 종을 치는 막대) 2권 94

종유(鍾乳) 1권 216

종죽(棕竹, 종려죽) 2권 75

좌자(左紫) 2권 160, 161

좌화(左花) 2권 159

주근(朱槿) 1권 331

주란(朱蘭) 1권 141, 2권 235

주무(朱撫) 2권 229

주사(硃砂) 1권 140

주사홍(朱砂紅) 2권 109

주석류(柱石榴) 1권 272

주염화(周染花) 2권 231

주영(周盈) 1권 367

주자국(珠子菊) 2권 358

주천장미(朱千薔薇) 1권 285

주초(朱蕉) 2권 52

준화낭자(鐫花娘子) 1권 307

중대(重臺) 1권 133

중대련(重臺蓮) 1권 422, 2권 151

중대석류화(重臺石榴花) 1권 270

중미(仲美) 2권 223

중엽매(重葉梅) 1권 258

중정화(中庭花) 1권 455, 456

즉묵자(卽墨子) 2권 183

지각(枳殼) 1권 154, 155

지갑화(指甲花) 1권 147

지래백(遲來白) 2권 181

지정국(枝亭菊) 2권 289

지초(芝草) 1권 171

지치[紫草, 자초] 1권 222

지훈황(指暈黃) 2권 359

직송(直松) 1권 117

진국(眞菊) 2권 247, 248

진궁포(進宮袍) 2권 135, 136

진몽량(陳夢良) 2권 213, 214, 217

진주(眞珠) 1권 152

진주자(陳州紫) 2권 163, 187

진주홍(陳州紅) 2권 139, 144

진주화(眞珠花) 1권 148

진천공(盡天工) 2권 201

진팔사(陳八斜) 2권 219, 223

짐승 튀한 물[退牲水] 1권 231

짚둥구미[草篅] 1권 178

짚풀가리개[草罩] 1권 206

ㅊ

참깨 1권 124, 387

참난천[糯] 2권 78

참죽나무[椿樹] 1권 207

참죽나무[樗樹] 1권 208

창구화(鸎口花) 1권 241

창양(昌陽) 2권 26

창촉(菖歜) 2권 26

창포[菖陽, 창양] 1권 154

창포화(菖蒲花) 1권 144

채하(彩霞) 2권 119

채하초(采霞綃) 2권 141

채하홍(彩霞紅) 2권 146

척소백(尺素白) 1권 135

척촉다(躑躅茶) 1권 235

척촉화(躑躅花) 1권 321

천강구(川强瞿) 1권 454

천고홍(蒨膏紅) 2권 137

천교홍(淺嬌紅) 2권 147

천금국(川金菊) 2권 290

천기원금(天機圓錦) 2권 125

천렴초(天歛草) 1권 482

천색어포황(淺色御袍黃) 2권 257

천심황(千心黃) 2권 101

천엽도(千葉桃) 1권 153, 155 2권 133

천엽련(千葉蓮) 1권 423

천엽리(千葉李) 1권 152

천엽백(千葉白) 1권 136, 236

천엽소금전(千葉小金錢) 2권 266

천엽오얏 1권 154

천엽홍(千葉紅) 1권 236

천장균(淺粧均) 2권 204

천저(天苴) 2권 50

천지송(千枝松) 2권 68

천판대홍중대석류(千瓣大紅重臺石榴)
　1권 138

천판백류(千瓣白榴, 겹꽃흰석류화)
　1권 138

천판백산다(千瓣白山茶, 겹꽃흰산다)
　1권 139

천판분도(千瓣粉桃) 1권 137

천판분홍류(千瓣粉紅榴, 겹꽃분홍석류화)
　1권 138

천판아황류(千瓣鵝黃榴, 겹꽃아황석류화)
　1권 138

천해당(川海棠) 1권 162

천향(天香) 2권 156, 168

천향일품(天香一品) 2권 120, 123, 125

천홍교(淺紅嬌) 2권 148

철간홍(鐵幹紅) 2권 361

철경해당(鐵梗海棠) 1권 137

철초(鐵蕉, 소철) 2권 84

첨색홍(添色紅) 2권 184, 190

첨색희용(添色喜容) 2권 357

첩간해당(貼幹海棠) 1권 276

첩경해당(貼梗海棠) 1권 280, 281, 282,
　284, 436

첩금황(疊金黃) 2권 252

첩라(疊羅) 2권 119, 120

첩라황(疊羅黃) 1권 461, 2권 277, 285

첩설라(疊雪羅) 2권 343

첩취(疊翠) 2권 123

첩향영(疊香英) 2권 208

청간(靑竿) 1권 295

청경어포황(靑梗御袍黃) 2권 257

청란(靑蘭) 2권 243, 244

청반(淸礬) 1권 223

청상(靑箱) 1권 477, 478

청심무하옥(靑心無瑕玉) 2권 172, 173

청심백(靑心白) 2권 180

청심황(靑心黃) 2권 104

청주홍(靑州紅) 2권 107

청포(靑蒲) 2권 236

체당(棣棠) 1권 159, 169, 2권 268, 269, 317

초소군(楚素君) 2권 176

초송(草松) 2권 73, 74

촉규(蜀葵, 접시꽃) 1권 445

촉다(蜀茶) 1권 154, 238, 240, 242, 243, 244

촌백충[白虱] 1권 254, 403

추규(秋葵, 닥풀) 1권 146, 171, 452

추금령(秋金鈴) 2권 264

추라(秋羅) 1권 473, 474

추만령(秋萬鈴) 2권 263, 317, 335

추모란(秋牡丹, 대상화) 1권 148, 384, 480, 481, 2권 273

추모란(秋牧丹) 2권 311

추수장(秋水粧) 2권 189

추엽도홍(縐葉桃紅) 2권 131

추엽수안(麤葉壽安) 2권 108, 147

추초(帚草) 2권 243

추해당(秋海棠) 1권 141, 155, 484, 485, 486, 487, 2권 312

축가당(祝家棠) 1권 162

축금구(蹙金毬) 2권 113

축금루자(蹙金樓子) 2권 114

축항(縮項) 2권 133

축항교홍(縮項嬌紅) 2권 133

춘계(春桂) 2권 64

춘라(春羅) 1권 473, 474

춘란(春蘭) 2권 241, 242

춘백(春柏) 1권 240

출경도홍(出莖桃紅) 2권 148

출곡전(出谷箋) 2권 280

출로금(出爐金) 2권 296

출로은(出爐銀) 2권 339

취경환(醉瓊環) 2권 298

취교홍(醉嬌紅) 2권 148, 204

취미(翠微) 2권 229

취부용(醉芙蓉) 1권 148, 313

취서시(醉西施) 1권 397, 2권 119, 152, 188, 203, 311, 368

취성성(醉猩猩) 2권 138

취양비(醉楊妃) 2권 156, 191, 217, 298, 311, 367

취연지(醉臙脂) 2권 143

취옥루(醉玉樓) 2권 177

취옥환(醉玉環) 2권 190

취운(翠雲) 1권 130

취운초(翠雲草, 부처손) 2권 59, 60

취전(翠鈿) 2권 59

취차장(取次粧) 2권 206

취춘용(醉春容) 2권 156, 181

취팔선(聚八仙) 1권 152

취향사(聚香絲) 2권 209

취홍장(翠紅妝) 2권 144

측금잔(側金盞) 1권 452, 2권 258

측백(側柏) 1권 117

치(卮) 1권 247

치의국(緇衣菊) 2권 364

치자(卮子) 1권 247

치자(梔子) 1권 114, 157

치장(治藏) 1권 367
칠리향(七里香) 2권 64
칠보관(七寶冠) 2권 143
칠보선심(七寶旋心) 2권 143
칠자매(七姉妹) 1권 286

ㅌ

타갈구(駝褐裘) 2권 183
탁령(鐸鈴) 2권 262, 263
탈금(奪錦) 2권 121
탈자류주(脫紫留朱) 2권 138
탈취(奪翠) 2권 120, 121
탐춘구(探春毬) 2권 113
탑자국(塔子菊) 2권 262
탕화(場花) 2권 64
태액련(太液蓮) 2권 327
태진만장(太眞晚妝) 2권 132
태진홍(太眞紅) 2권 299
태진황(太眞黃) 2권 279
태평누각(太平樓閣) 2권 106
택란(澤蘭) 1권 339, 342
택란(澤蘭) 2권 319
토끼털[兎毛] 2권 286
토분서(土粉西) 2권 347
토색황(兎色黃) 2권 285
토주(土朱) 2권 88
토주(土硃) 2권 304
토주홍(土硃紅) 2권 304
통군(統裙) 2권 270
통주백(通州白) 2권 368
통주홍(通州紅) 2권 368
투교홍(妬嬌紅) 2권 125, 204
투류홍(妬榴紅) 2권 128
투선연(鬪嬋娟) 2권 344
투아황(妬鵝黃) 2권 200

ㅍ

파사(波斯) 2권 167
파사국(波斯菊) 2권 282, 339
파사두(波斯頭) 2권 179
파양수(怕痒樹) 1권 291
파저(芭苴) 2권 50
파죽(巴竹) 1권 171
파초(芭蕉) 1권 130, 172, 2권 50~56,
　60
파초[蕉] 2권 50
팔보국(八寶菊) 2권 314
팔보마노(八寶瑪瑙) 2권 314
팔선국(八仙菊) 2권 353
팔선화(八仙花) 1권 104, 105, 164, 499,
　500
팔염장록화(八艶粧綠花) 2권 182
팔월춘(八月春) 1권 484
팥꽃나무꽃[芫花] 1권 122
팥배나무[杜] 1권 275, 276
패랭이[石竹, 석죽] 1권 119
편귤(匾橘) 1권 162
편죽(扁竹) 1권 492
평두백(平頭白) 2권 180
평두자(平頭紫) 2권 159, 165
평분추색(平分秋色) 2권 359
평실홍(平實紅) 2권 132
포금자(包金紫) 2권 167
포동(泡桐) 1권 493
포통령(蒲統領) 2권 219
포황관자(鮑黃冠子) 2권 199
풍란(風蘭) 2권 244, 245
풍류수(風流樹) 1권 224
피설(皮屑) 1권 271
피설수(皮屑水) 1권 355, 357

ㅎ

하국(夏菊) 1권 461
하국 2권 264
하국화(夏菊花) 2권 264
하금령(夏金鈴) 2권 264
하라(夏羅) 1권 146, 473
하란(何蘭) 2권 217
하만령(夏萬鈴) 2권 316, 335
하수좌(何首座) 2권 222
하옥령(夏玉鈴) 2권 352
하월불정국(夏月佛頂菊) 2권 291
하화(荷花, 연꽃) 1권 156, 285, 312,
　　422
하화장미(荷花薔薇) 1권 285
하화홍(荷花紅) 2권 308
학령(鶴翎) 1권 133
학령홍(鶴翎紅) 2권 108, 137, 188, 192
학정다(鶴頂茶) 1권 237
학정홍(鶴頂紅) 2권 301, 355, 366
한구(寒毬) 1권 162
한국(寒菊) 1권 396
한국(寒菊) 2권 356
한궁추(漢宮秋) 1권 473
한궁춘(漢宮春) 2권 134
한련(旱蓮) 1권 502
한련[旱蓮] 1권 165
한련초(旱蓮草) 2권 286
한진주(旱珍珠) 1권 463
함담(菡萏) 1권 170, 422, 2권 369
함소(含笑) 1권 151, 154
함소화(含笑花) 1권 145, 159
합선(合蟬) 2권 306, 307
합환교(合歡嬌) 2권 136
합환금(合歡金) 2권 282
합환방(合歡芳) 2권 206

합환화(合歡花) 2권 156
항란(杭蘭) 2권 239, 240
해납(海納) 1권 463
해당(海棠) 1권 127, 132, 157, 274
해당교(海棠嬌) 2권 361
해당국(海棠菊) 2권 361
해당춘(海棠春) 2권 361
해당홍(海棠紅) 2권 126, 127, 188, 361
해동홍(海東紅) 2권 296
해류(海榴) 1권 269
해류다(海榴茶) 1권 234, 235
해석류(海石榴) 1권 234, 239
해아국화(孩兒菊花) 1권 149
해오라기[鷺鷥] 2권 354
해운홍(海雲紅) 2권 147, 296
해조황(蟹爪黃) 2권 254
해천하(海天霞) 2권 146
해충(蟹蟲) 1권 404
해홍(海紅) 1권 274, 276
향[香馥] 2권 64
향나무[檜] 1권 167
향묘(香苗) 2권 27
향유(香油, 참기름) 1권 122
향유지(香油紙) 1권 197
향자(香紫) 1권 135
향조(香祖) 1권 338
향초(香草) 2권 65
허경초(許景初) 2권 221
헌래홍(獻來紅) 2권 108
현도(玄都) 1권 137
협석황관자(峽石黃冠子) 2권 199
협접화(蛺蝶花) 1권 492
협죽도(夾竹桃) 1권 463
협죽도화(夾竹桃花) 1권 141
형규(荊葵) 1권 450

혜(蕙) 1권 151, 340

혜란(蕙蘭) 1권 141, 155, 2권 242, 243

혜지용(惠知容) 2권 228

호규(胡葵, 촉규) 1권 153

호박배(琥珀杯) 2권 359

호수창포[虎鬚蒲] 2권 41

호수포(虎鬚蒲) 2권 27

호자나무[虎刺] 2권 60, 81, 82

호자화(虎茨花) 1권 149

호접(蝴蝶) 1권 470

호접만원춘(蝴蝶滿園春) 1권 145

호힐(湖纈) 2권 207

홍뉴사(紅紐絲) 2권 299

홍다매(紅茶梅) 1권 245

홍도(紅桃, 분홍복사꽃) 1권 129

홍두화(紅荳花) 1권 147

홍라삼(紅羅衫) 2권 297

홍랍판(紅蠟瓣) 2권 343

홍료화(紅蓼花) 1권 149

홍만권(紅萬卷) 2권 299

홍말리(紅茉莉) 2권 302

홍맥(紅麥) 1권 148

홍모란(紅牡丹) 2권 302

홍백합(紅百合) 1권 454

홍벽도(紅碧桃) 2권 312

홍부분(紅傅粉) 2권 315

홍분단(紅粉團) 2권 310

홍분루(紅粉樓) 2권 311

홍분서(紅粉西) 2권 309

홍산단(紅山丹) 1권 143

홍서시(紅西施) 2권 309

홍선(紅線) 2권 191

홍수구(紅繡毬) 2권 297

홍유(紅油) 1권 382

홍이색(紅二色) 2권 291, 359

홍자하상(紅紫霞觴) 2권 304

홍작(紅芍, 홍색작약) 1권 141

홍작 2권 212

홍작약(紅芍藥) 2권 212

홍장미(紅薔薇) 1권 279

홍전금(紅轉金) 2권 303

홍전융(紅翦絨) 2권 300, 326, 360

홍전춘(紅翦春) 2권 324

홍척촉(紅躑躅) 1권 317

홍충(紅蟲) 1권 371

홍학령(紅鶴翎) 2권 365

홍화(紅花, 잇꽃) 1권 222

홍화백연(紅花白緣) 1권 270

홍화채(紅花菜) 1권 454

홑꽃수선화(單瓣水仙花) 1권 141

화고홍(花膏紅) 2권 130, 137

화련금(火煉金) 2권 297

화목(華木) 1권 312

화상(花相) 1권 185

화석류(火石榴) 1권 147, 269

화왕(花王) 1권 185, 2권 107

화적(花賊) 1권 233

화제(火齊) 1권 125

화제(花梯, 꽃사다리) 2권 222

화홍독승(花紅獨勝) 2권 140

화홍무적(花紅無敵) 2권 140

화홍무청예(花紅舞靑猊) 2권 130

화홍보루대(花紅寶樓臺) 2권 138

화홍수구(花紅繡毬) 2권 124, 125, 136

화홍신품(花紅神品) 2권 129

화홍영락(花紅纓絡) 2권 133, 134

화홍전융(花紅翦絨) 2권 133

화홍첩취(花紅疊翠) 2권 128

화홍췌반(花紅萃盤) 2권 125

화홍평두(花紅平頭) 2권 129, 138, 139

환단(歡團) 1권 136

황금루(黃金縷) 2권 369

황금린(黃錦鱗) 2권 254

황기구(黃氣毬) 2권 104

황라산(黃羅繖) 2권 254

황라삼(黃羅衫) 2권 259

황랍판(黃蠟瓣) 2권 279

황련(黃蓮) 1권 141

황루자(黃樓子) 1권 132, 2권 198, 200

황류(黃榴) 1권 269

황만권(黃萬卷) 2권 271

황매(黃梅) 1권 265

황매괴(黃玫瑰) 1권 145

황매화(黃梅花) 1권 265

황모란(黃牡丹) 2권 196, 280

황목향(黃木香) 1권 147, 304, 2권 279

황밀우화(黃密友花) 2권 287

황백산다(黃白山茶) 1권 154

황병자(黃餅子) 2권 284

황부용(黃芙蓉) 2권 277

황분단(黃粉團) 2권 279

황불두(黃佛頭) 2권 285

황불정(黃佛頂) 2권 284

황산다(黃山茶) 1권 245

황산단(黃山丹) 1권 141

황서시(黃西施) 2권 281

황수구(黃繡毬) 2권 259

황오구국(黃五九菊) 2권 276

황이색(黃二色) 2권 269, 359

황장미(黃薔薇) 1권 142, 286, 288

황전강[黃殿講, 시화(施花)] 2권 227

황전융(黃翦羢) 2권 279, 326

황주(黃酒) 1권 419

황초(黃蕉) 2권 52

황파사(黃波斯) 2권 339

황팔형(黃八兄) 2권 230

황학령(黃鶴翎) 2권 251, 255, 365

황한국(黃寒菊) 2권 274

황해당(黃海棠) 1권 162, 276

황호접(黃蝴蝶) 1권 144

황화아(黃花兒) 1권 149

황화향(黃花香) 1권 242, 243

회남국(淮南菊) 2권 347, 350

회두견자화(回頭見子花) 1권 454

회면(饙面) 2권 192, 193

회면교(饙面嬌) 2권 192

회백(檜柏) 1권 165

회백(蒼白) 2권 324, 339, 347

회분(灰糞) 1권 353

회삼영(會三英) 2권 206

회회국(回回菊) 2권 283

회회분서(回回粉西) 2권 157

효은장(效殷粧) 2권 206

효장신(曉粧新) 2권 210

효천하(曉天霞) 2권 322

후자탈(猴刺脫) 1권 291

후정(後庭) 1권 153

훈롱(熏籠) 1권 397

훤(萱, 원추리) 1권 440

흑각충(黑殼蟲) 1권 403

흑란(黑蘭) 2권 240

흑수구(墨繡毬) 2권 183

흑유(黑蚰) 1권 405

희용(喜容) 2권 250, 328, 336

흰 이[白虱] 1권 406

✿ 임원경제연구소

임원경제연구소는 고전 연구와 번역, 출판을 주요 목적으로 하는 사단법인이다. 문사철수(文史哲數)와 의농공상(醫農工商) 등 다양한 전공 분야의 소장학자 40여 명이 회원 및 번역자로 참여하여, 풍석 서유구의 《임원경제지》를 완역하고 있다. 또한 번역 사업을 진행하면서 축적한 노하우와 번역 결과물을 대중과 공유하기 위해 관련 전문가 및 단체들과 교류하고 있다. 연구소에서는 번역 과정과 결과를 통하여 '임원경제학'을 정립하고 우리 문명의 수준을 제고하여 우리 학문과 우리의 삶을 소통시키고자 노력한다. 임원경제학은 시골살림의 규모와 운영에 관한 모든 것의 학문이며, 경국제세(經國濟世)의 실천적 방책이다.

번역, 교열, 교감, 표점, 감수자 소개

번역

김남이(金南伊)

부산 출신. 이화여대 국어국문학과를 졸업하고, 동 대학원에서 한국한문학 전공으로 석사와 박사학위를 받았다. 주요 논문으로 〈입법과 창제의 시대, 문장의 책무와 한계〉(진단학보 135), 〈조선 전기 여성 주체의 경험과 감정에 대한 사례 연구〉(여성학연구 28) 등이 있고, 공동 번역서로 《역주 점필재집》, 《용재총화》 등이 있다. 현재 부산대 한문학과 교수로 재직하고 있다.

고연희(高蓮姬)

서울 출신. 이화여대 국어국문학과를 졸업하고, 동 대학원에서 한문학 및 미술사학으로 박사학위를 받았으며, 한국고등교육재단에서 한문교육을 받았다. 저서로 《조선시대 산수화》, 《그림 문학에 취하다》 등이 있고, 번역 및 해설집으로 《고전과 경영, 조선왕실의 그림책 예원합진》이 있다.

현재 성균관대학교 동아시아학술원 동아시아학과 교수로 재직하고 있다.

정명현(鄭明炫)

광주광역시 출신. 고려대 유전공학과를 졸업하고, 도올서원과 한림대 태동 고전연구소에서 한학을 공부했다. 서울대 대학원 '과학사 및 과학철학 협동 과정'에서 전통 과학기술사를 전공하여 석사와 박사를 마쳤다. 석사와 박사 논문은 각각 〈정약전의 《자산어보》에 담긴 해양박물학의 성격〉과 《서유구 의 선진농법 제도화를 통한 국부창출론》이다. 《임원경제지》 중 《본리지》· 《섬용지》·《유예지》·《상택지》·《예규지》·《이운지》·《정조지》·《보양지》·《향 례지》·《전어지》·《전공지》를 공역했다. 또 다른 역주서로 《자산어보 : 우리나 라 최초의 해양생물 백과사전》이 있고, 《임원경제지 : 조선 최대의 실용백과 사전》을 민철기 등과 옮기고 썼다. 현재 임원경제연구소 소장으로, 《임원경 제지》 번역 사업에 참여하고 있다.

강민우(姜玟佑)

서울 출신. 한남대 사학과를 졸업하고 한림대 태동고전연구소에서 한학 을 공부했다. 성균관대학교 대학원 사학과에서 박사과정을 수료했다. 《섬 용지》를 교열했고, 《유예지》·《상택지》·《예규지》·《이운지》·《정조지》를 공 역했으며, 《보양지》·《향례지》를 교감·교열했다.

서문

도올 김용옥(金容沃)

우리시대가 지향해야 할 모든 가치의 지표를 만들어가고 있는 사상가이다. 고 려대학교 생물과, 철학과, 한국신학대학 신학과에서 수학하고 원광대학교 한 의과대학, 대만대학, 동경대학, 하바드대학에서 소정의 학위를 획득했다. 고 려대학교, 중앙대학교, 한국예술종합학교, 연변대학, 사천사범대학 등 한국 과 중국의 수많은 대학에서 제자를 길렀다. 《동양학 어떻게 할 것인가》 등 90

여 권에 이르는 다양한 주제의 저술을 통해 끊임없이 민중과 소통하여 왔으며, EBS 56회 밀레니엄특강《노자와 21세기》를 통해 고전의 세계가 민중의 의식 속으로 전파되는 새로운 문화의 혁명적 장을 열었다. 최근에는 우리나라 KBS1 TV프로그램《도올아인 오방간다》(2019, KBS1 TV), 여수MBC 3부작《도올 말하다! 여순민중항쟁》(2018. 10)을 통하여 우리 현대사 100년의 의미를 국민에게 전했으며, 여순사건특별법이 제정되는 계기를 만들었다. 그가 직접 연출한《도올이 본 한국독립운동사 10부작》(2005, EBS)은 동학으로부터 해방에 이르는 다난한 민족사를 철학자의 시각에서 영상으로 표현한 20세기 한국역사의 대표적인 걸작으로 꼽히며, 향후의 모든 근대사 탐구의 기준을 제시했다. 역사에 대한 탐색은 여기에 그치지 않고, 국학(國學)의 정립을 위하여《삼국유사》·《일본서기》·《고려사》·《조선왕조실록》의 역사문헌과 유적의 연구에 정진하며, 고대와 근세 한국사에 대한 인식을 새롭게 하고 있다. 최근에는 광주MBC에서 마한문명을 고조선의 중심으로 파악하는 파격적인 학설을 주장하여 사계 학자들의 관심을 집중시켰다. 도올 김용옥 선생은 역사와 문학과 철학, 문화인류학, 고고학, 그리고 치열한 고등문헌학을 총체적으로 융합시킬 수 있는 당대의 거의 유일한 학자로서 후학들의 역사이해를 풍요롭게 만들어가고 있다. 최근 50년 학문 역정을 결집시킨《노자도덕경》주석서,《노자가 옳았다》는 인류문명 패러다임의 전환에 대한 새로운 시각을 제시하였으며, 그 사상의 실천으로서 농산어촌개벽대행진을 감행하며 8개 도 19 시군에서 민중의 소리를 듣는 민회를 열었다. 동학의 성경을 온전히 주석한《동경대전》1·2권과《용담유사—수운이 지은 하느님 노래》, 그리고《도올주역강해》는《임원경제지》국역작업과 함께, 국학의 역사를 새로 써나가고 있다.

교열, 교감, 표점

최시남(崔時南)

강원도 횡성 출신. 성균관대학교 유학과(儒學科) 학사 및 석사를 마쳤으며 동대학원 박사과정을 수료했다. 성균관(成均館) 한림원(翰林院)과 도올서원(檮杌書院)에서 한학을 공부했고 호서대학교에서 강의를 했다. IT회사에서 조선시대 왕실 자료와 문집·지리지 등의 고문헌 디지털화 작업을 했다. 현재 임원경제연구소 팀장으로 근무하며 《섬용지》·《유예지》·《상택지》·《예규지》·《이운지》·《정조지》·《향례지》·《전공지》를 공역했고, 《보양지》·《전어지》를 교감·교열했다.

민철기(閔喆基)
서울 출신. 연세대 철학과를 졸업하고 도올서원에서 한학을 공부했다. 연세대 대학원 철학과에서 학위논문으로 《세친(世親)의 훈습개념 연구》를 써서 석사과정을 마쳤다. 임원경제연구소 번역팀장과 공동소장을 역임했고, 현재는 선임연구원으로 재직하며 《섬용지》를 교감 및 표점했고, 《유예지》·《상택지》·《예규지》·《이운지》·《정조지》·《전어지》를 공역했으며, 《보양지》·《향례지》·《전공지》를 교감·교열했다.

김용미(金容美)
전라북도 순창 출신. 동국대 철학과를 졸업하고, 고전번역원 국역연수원과 일반연구과정에서 한문 번역을 공부했다. 고전번역원에서 추진하는 고전 전산화 사업에 교정교열위원으로 참여했고, 《정원고사(政院故事)》 공동번역에 참여했다. 전통문화연구회에서 추진하고 있는 《모시정의(毛詩正義)》 공동번역에 참여했다. 현재 임원경제연구소 연구원으로 근무하며, 《유예지》·《이운지》·《정조지》를 공역했고, 《보양지》·《향례지》·《전어지》·《전공지》를 교감·교열했다.

김광명(金光明)
전라북도 정읍 출신. 전주대학교 한문교육학과를 졸업하고 한국고전번역원에서 한학을 공부했으며, 성균관대 대학원 고전번역협동과정에서 석박사통합과정을 수료했다. 현재 임원경제연구소 연구원으로 근무하며, 《유예지》·《상택지》·《예규지》·《이운지》·《정조지》·《향례지》를 공역했고, 《보양지》·《전공지》를 교감·교열했다.

김수연(金秀娟)

서울 출신. 한국전통문화대학교 전통조경학과를 졸업하고 한림대 태동고전연구소에서 한학을 공부했다. 현재 임원경제연구소 연구원으로 근무하며《섬용지》를 교감 및 표점했고,《유예지》·《상택지》·《예규지》·《이운지》·《정조지》·《전공지》를 공역했으며,《보양지》·《향례지》·《전어지》를 교감·교열했다.

김현진(金賢珍)

경기도 평택 출신. 공주대 한문교육과를 졸업하고 한림대 태동고전연구소와 한국고전번역원에서 한학을 공부하고 성균관대학교 대학원 한문학과에서 석사과정을 수료했다. 현재 임원경제연구소 연구원으로 근무하며《섬용지》를 교열했고,《유예지》·《상택지》·《예규지》·《이운지》·《정조지》·《전어지》를 공역했으며,《보양지》·《향례지》·《전공지》를 교감·교열했다.

감수

서정남(농촌진흥청 국립원예특작과학원 원예작물부 화훼과 연구사)

교감·표점·교열·자료조사

임원경제연구소

🌐 풍석문화재단

(재)풍석문화재단은 《임원경제지》 등 풍석 서유구 선생의 저술을 번역 출판하는 것을 토대로 전통문화 콘텐츠의 복원 및 창조적 현대화를 통해 한국의 학술 및 문화 발전에 기여함을 목적으로 설립되었다.

재단은 ①《임원경제지》의 완역 지원 및 간행, ②《풍석고협집》, 《금화지비집》, 《금화경독기》, 《번계시고》, 《완영일록》, 《화영일록》 등 선생의 기타 저술의 번역 및 간행, ③풍석학술대회 개최, ④《임원경제지》 기반 대중문화 콘텐츠 공모전, ⑤풍석디지털자료관 운영, ⑥《임원경제지》 등 고조리서 기반 전통음식문화의 복원 및 현대화 사업 등을 진행 중이다.

재단은 향후 풍석 서유구 선생의 생애와 사상을 널리 알리기 위한 출판·드라마·웹툰·영화 등 다양한 문화 콘텐츠 개발 사업, 《임원경제지》 기반 전통문화 콘텐츠의 전시 및 체험교육 등을 목적으로 하는 서유구 기념관 건립 등을 추진 중이다.

풍석문화재단 웹사이트 및 주요 연락처

웹사이트

풍석문화재단 홈페이지 : www.pungseok.net

출판브랜드 자연경실 블로그 : https://blog.naver.com/pungseok

풍석디지털자료관 : www.pungseok.com

풍석문화재단 음식연구소 홈페이지 : www.chosunchef.com

주요 연락처

풍석문화재단 사무국

주　소 : 서울 서초구 방배로19길 18, 남강빌딩 301호

연락처 : 전화 02)6959-9921 팩스 070-7500-2050 이메일 pungseok@naver.com

풍석문화재단 전북지부

연락처 : 전화 063)290-1807 팩스 063)290-1808 이메일 pungseokjb@naver.com

풍석문화재단우석대학교음식연구소

주　소 : 전북 전주시 완산구 향교길 104

연락처 : 전화 063-291-2583 이메일 zunpung@naver.com

조선셰프 서유구(음식연구소 부설 쿠킹클래스)

주　소 : 전북 전주시 완산구 향교길 104

연락처 : 전화 063-291-2583 이메일 zunpung@naver.com

서유구의 서재 자이열재(풍석 서유구 홍보관)

주　소 : 전북 전주시 완산구 향교길 104

연락처 : 전화 063-291-2583 이메일 pungseok@naver.com

풍석학술진흥연구조성위원회

(재)풍석문화재단은 《임원경제지》의 완역완간 사업 등의 추진을 총괄하고 예산 집행의 투명성을 기하기 위해 풍석학술진흥연구조성위원회를 두고 있습니다. 풍석학술진흥연구조성위원회는 사업 및 예산계획의 수립 및 연도별 관리, 지출 관리, 사업 수익 관리 등을 담당하며 위원은 아래와 같습니다.

위원장 : 신정수(풍석문화재단 이사장)

위　원 : 서정문(한국고전번역원 고전번역연구소장), 진병춘(풍석문화재단 사무총장)
　　　　안대회(성균관대학교 한문학과 교수), 유대기(공생사회적협동조합 이사장)
　　　　정명현(임원경제연구소장)

풍석문화재단 사람들

이사장	신정수 ((前) 주택에너지진단사협회 이사장)
이사진	김윤태 (우석대학교 평생교육원장) 김형호 (한라대학교 이사) 모철민 ((前) 주 프랑스대사) 박현출 ((前) 서울시농수산식품공사 사장) 백노현 (우일계전공업그룹 회장) 서창석 (대구서씨대종회 총무이사) 서창훈 (우석재단 이사장 겸 전북일보 회장) 안대회 (성균관대학교 한문학과 교수) 유대기 (공생사회적협동조합 이사장) 이영진 (AMSI Asia 대표) 진병춘 (상임이사, 풍석문화재단 사무총장) 채정석 (법무법인 웅빈 대표) 홍윤오 ((前) 국회사무처 홍보기획관)
감사	홍기택 (대일합동회계사무소 대표)
음식연구소장	곽미경 《조선셰프 서유구》 저자)
재단 전북지부장	서창훈 (우석재단 이사장 겸 전북일보 회장)
사무국	박시현, 박소해
고문단	이억순 (상임고문) 고행일 (인제학원 이사) 김영일 (한국AB.C.협회 고문) 김유혁 (단국대 종신명예교수) 문병호 (사랑의 일기재단 이사장) 신경식 (헌정회 회장) 신중식 ((前) 국정홍보처 처장) 신현덕 ((前) 경인방송 사장) 오택섭 ((前) 언론학회 회장) 이영일 (한중 정치외교포럼 회장) 이석배 (공학박사, 퀀텀연구소 소장) 이수재 ((前) 중앙일보 관리국장) 이준석 (원광대학교 한국어문화학과 교수) 이형균 (한국기자협회 고문) 조창현 ((前) 중앙인사위원회 위원장) 한남규 ((前) 중앙일보 부사장)

《임원경제지·예원지》 완역 출판을 후원해 주신 분들

㈜DYB교육 ㈜우리문화 Artic(아틱) ㈜벽제외식산업개발 ㈔인문학문화포럼 ㈜오가닉시드 ㈜우일계전공업 ㈜청운산업 ㈜토마스건축사무소 굿데이영농조합법인 눈비산마을 대구서씨대종회 문화유산국민신탁 엠엑스(MX)이엔지 옹기뜸골 홍주발효식품 푸디스트주식회사 한국에너지재단 강성복 강윤화 강흡모 계경숙 고경숙 고관순 고옥희 고유돈 고윤주 고혜선 공소연 곽미경 곽유경 곽의종 곽정식 곽중섭 곽희경 구도은 구자민 권경숙 권다울 권미연 권소담 권순용 권정순 권희재 김경용 김근희 김남주 김남희 김대중 김덕수 김덕욱 김도연 김동관 김동범 김동섭 김두섭 김문경 김문자 김미숙 김미정 김병돈 김병호 김상철 김석기 김선유 김성건 김성규 김성자 김 솔 김수경 김수향 김순연 김영환 김용대 김용도 김유숙 김유혁 김은영 김은형 김은희 김익래 김인혜 김일웅 김재광 김정기 김정숙 김정연 김종덕 김종보 김종호 김지연 김지형 김창욱 김태빈 김현수 김혜례 김홍희 김후경 김 훈 김흥룡 김희정 나윤호 노창은 류충수 류현석 문석윤 문성희 민승현 박낙규 박동식 박록담 박미현 박민숙 박민진 박보영 박상용 박상일 박상준 박석무 박선희 박성희 박수금 박시자 박영재 박용옥 박용희 박재정 박종규 박종수 박지은 박찬교 박춘일 박해숙 박현영 박현자 박현출 박혜옥 박효원 배경옥 백노현 백은영 변흥섭 서국모 서봉석 서영석 서정표 서창석 서청원 석은진 선미순 성치원 손민정 손현숙 송상용 송원호 송은정 송형록 신나경 신동규 신미숙 신영우 신응수 신종출 신태복 안순철 안영준 안철환 양덕기 양성용 양인자 양태건 양휘웅 염정삼 오미환 오민하 오성열 오영록 오영복 오은미 오인섭 오항녕 용남곤 우창수 유미영 유영준 유종숙 유지원 윤남철 윤명숙 윤석진 윤신숙 윤영실 윤은경 윤정호 이건호 이경근 이경제 이경화 이관옥 이광근 이국희 이근영 이기웅 이기희 이남숙 이동규 이동호 이득수 이명정 이범주 이봉규 이상근 이선이 이성옥 이세훈 이순례 이순영 이승무 이영진 이우성 이원종 이윤실 이윤재 이인재 이재민 이재용 이정란 이정언 이종기 이주희 이진영 이진희 이천근 이 철 이태영 이태인 이태희 이현식 이현일 이형배 이형운 이혜란 이효지 이희원 임각수 임상채 임승운 임윤희 임재춘 임종태 임종훈 자원스님 장상무 장영희 장우석 장은희 전명배 전종욱 전치형 전푸르나 정갑환 정경숙 정 극 정금자 정명섭 정명숙 정상현 정소성 정여울 정연순 정연재 정영미 정외숙 정용수 정우일 정정희 정종모 정지섭 정진성 정창섭 정태경 정태윤 정혜경 정혜진 조규식 조문경 조민제 조성연 조숙희 조은미 조은필 조재현 조주연 조창록 조헌철 조희부 주석원 주호스님 지현숙 진묘스님